二宮尊徳の仕法と藩政改革

松尾公就――著

勉誠出版

目次

序章　報徳仕法の研究と本書の構成

はじめに——本書の問題意識——

平成という時代になって、経済的にはバブル崩壊後の不況、近年は一〇〇年に一度と言われる大不況に見舞われた。こうした不景気になると、いつも二宮尊徳（金治郎・金次郎）がもてはやされるようになる。二宮尊徳（天明七年〈一七八七〉～安政三年〈一八五六〉）は江戸時代後期から幕末にかけて、領主から農民・商人までの財政や経済的な危機を救ったとされ、彼の思想（報徳思想）とやり方は不況・不景気に対する万能薬のごとく考えられていた時期もあった。今なおそう考えている信奉者も少なくはない。

二宮金次郎といえば、かつて多くの小学校の校庭に建立されていた「金次郎像」がよく知られている。その金次郎像の主なスタイルは、薪か柴を背負い、歩きながら手に持った本（大学）を読む姿のものであろう。この姿の像を「負薪読書像」と呼ぶ人もいるが、いずれにせよ金次郎が勤勉で倹約家であったことを表した像であったことに変わりはない。勤勉で倹約することで当時の経済的危機を救った、今の大不況も救えると考える信奉者の多くが影響を受けたのが『報徳記』や『二宮翁夜話』であり『二宮先生語録』であった。『報徳記』は相馬中村藩出身の富田高慶が（『二宮尊徳全集』第三六巻五七～五八頁、佐々井典比古訳注『補注 報徳記』現代版報徳全書一・二巻）、『二宮翁夜話』は相模国箱根湯本村の名主をつとめた福住正兄（『二宮尊徳全集』第三六巻一九四～三七七頁、佐々井典比古訳注『補注 二宮翁夜話』現代版報徳全書八・九巻）、『二宮先生語録』は富田高慶と同様、相馬中村藩出身で、高慶の甥であった斎藤高行（『二宮尊徳全集』第三六巻三二三～四七六頁、佐々井典比古訳注『訳注 二宮先生語録』現代版報徳全書五・六巻）が著したものである。『報徳記』は尊徳が死去した翌月の安政三年（一八五六）一一月から書き始められたと言われ、公刊は明治一六年（一八八三）に宮内省版が出されたのが最初で、『二宮翁夜話』は福住正兄が尊徳に師事していた時に記した手控『如是我聞録』をもとに書かれたといわれ、明治一七年から二〇年にかけて刊行された。『二宮先生語録』は、少し遅れて明治二五年から三九年にかけて、雑誌『大日本帝国 報徳』に「誠明二宮先生語録」と題して連載されたのがはじまりである。富田高慶・福住正兄・斎藤高行の著作はこの外にもあるが、右の代表作はいずれも明治一〇年代後半から二〇年代以降に公刊されたもので、しかも弟子という立場で師尊徳の言行を記したという点で、客観性に欠けていると言わざるをえない。

三人の中で最も長く尊徳のもとで指導を受けた富田は『報徳記』の例言において「余（高慶）未だ先生（尊徳）の門に入らざるの前事は之を目視せず、故に先後順序を誤る者あらん」と、入門以前の事は見ていないので誤りもあろうというのである。さらに、

先生（尊徳）幼年の艱難困苦長ずるに至り出群の英才を以て行ふ所の事業一も自ら之を発言せず、故に往々邑民の口碑且伝聞に由りて其概略を記すと雖も何を以て其一端を挙るに足らん、将誤聞なきを保する能はず

と記したように、尊徳は子供のころの艱難困苦も、成長してからの優れた事業についても語らなかったという。そこで高慶は関係の村々の村民から聞いた話やうわさをまとめて『報徳記』に記したのであり、誤聞がないという保証はないというのである。このように、最も長く尊徳のもとで修行を重ねた富田高慶でさえ、尊徳のことを正しく著すことができない、できていないことを自ら明らかにしている。

もう一つ注意しなければいけないのは、「出群の英才を以て行ふ所の事業」とあるように、常に師尊徳の行った事業を顕彰する立場でこれらが著されていることであろう。例言において記している代表的な箇所を次に引用しておく。

聖賢にあらざれは聖賢の心志を知る能はず、豈庸愚にして高徳大才の蘊奥を知を得ん、知らずして謾に之を記す果して其大徳を損するのみに非ず、其功業を以て区たる平常の事に比するに至らん、是大に恐るゝ所にして、数十年間之を記す能はざる所以なり

師尊徳を「聖賢」という最も徳の高い人とし、庸愚の我々には聖賢の志や、高徳大才の奥深さを知ることはできないことであると、尊徳を「聖賢」としてこれを顕彰している。聖賢の言動を十分理解しないで猥りにこれを記すと、師尊徳の大徳を損ねることになり、その功業を理解できず、普通の扱いになってしまう。そのことは大変恐ろしいことで、数十年間「報徳記」を書けなかったわけもここにあるというのである。高慶は、これに続けて書くには書いたが極めて不十分で、一端を著したのであって、万分の一でもと思って記すことにしたと、自らその足りないところを明らかにした。

これまでの二宮尊徳による報徳仕法の研究は、富田高慶をはじめとする門人らが著した記述にもとづいて進められてきた。尊徳および報徳思想、報徳仕法の研究は、確かに古くからあるが、当面、我々は研究史を見る場合、佐々井信太郎著『二宮尊徳伝』（日本評論社刊、昭和一〇年、昭和五二年に経済往来社より復刻）から出発して良いであろう。実は、同書も基本的には『報徳記』や『二宮翁夜話』などの記述に基づいているが、そこに若干の客観的な史料を用いながら構成している点がそれまでとは異なる。その客観的な史料とは著者が編集刊行した『二宮尊徳全集』掲載の史料で、著書の最後に「この一巻は二宮全集を中心として先生（尊徳）の生涯を概説したもの」と述べている。氏は、新たに編集した『二宮尊徳全集』全三六巻（二宮尊徳偉業宣揚会、昭和元年〜七年、のちに龍渓書舎より復刻）にある各冊の解説、各巻の解題を集めてまとめれば、尊徳の事業を概観するに足りると考えた。

自らの著作に問題点が多いとしつつ、彼らが出版という形で尊徳の存在や彼の思想である報徳思想、そのやりかたである報徳仕法を世に示し広めようとしたのには一定の狙いがあった。富田高慶は出身地である相馬地方において興復社を設立して、報徳金貸し付け事業を軸とした農村復興を指導するとともに、それを全国規模で行うことを中央政府に働きかけようとしていた。また、福住正兄は相模国箱根湯本の旅館業を子どもに継がせると、小田原・箱根地方の振興に大きな役割を果たした。さらに、彼は福沢諭吉や足柄県知事の柏木忠俊らとの交流を深めつつ、富田高慶と同様に報徳思想の浸透と報徳仕法の全国規模での実施を図り、その実施母体として全国各地に「報徳社」の設立を考えた。報徳社設立の手引書ともいえる『富国捷径』（『二宮尊徳全集』三六巻四八八〜六六五）を著したのもその一連のことと考えてよい。

このように、富田や福住が明治にはいって師尊徳の言行録をまとめて刊行したのは、尊徳による富国・安民の思想と仕法、尊徳の偉業の正当性を世に示す必要があったからであって、江戸時代の尊徳の思想・仕法を正確に伝えることよりも、明治期に受け入れられる感覚での正当性が問題だったのである。確かに、彼らの著作の中には見るべき内容が数多くあるが、我々が尊徳の報徳思想や仕法（復興事業）を歴史学として見る場合の史料としては、極めて客観性を失う。

これまで、二宮尊徳や報徳思想、報徳仕法について論じる際に使う史料について、充分吟味されてこなかったという問題、門人の著書を無前提に使用してきたことに対する反省さえなされないままに進められてきたという問題を考えた時に、尊徳の思想を含む仕法全体の見直しが必要ではないだろうか。

では、我々が尊徳に関する仕法の研究を行うにはどのような史料を用いるのが相応しいだろうか。尊徳自身の記録は極めて少ないが、そうした史料が一級の史料であることは間違いない。尊徳の言行に関して、門人らが直接聞いた時に記録した史料（メモ）を用いることは問題ないと考えてよいが、明治期になって言行録を整理し直した著作は門人の恣意（正当性の主張など）が入り込み、明治という時代の感覚が盛り込まれている。当時は意識されないまま門人によって著されたとはいえ、そこには門人らが理解しアレンジした「報徳」が著わされており、それは必ずしも尊徳の「報徳思想」や「報徳仕法」と同じとは限らないことから、歴史史料として用いることは適当でないと考える。「報徳仕法」に関しては尊徳の筆によらなくても、仕法の計画から仕法の内容について客観性のある史料である限り研究には活用すべきであろう。また、尊徳と尊徳を取り巻く人びととの往復書簡や尊徳の日記も一級の史料として報徳仕法研究に避けることのできない史料といえる。

これらの史料は多くが『二宮尊徳全集』に収録されているほか、各地、各家に伝存されてきた古文書を使用することができる。これらの客観性をもった史料によって、これまでとは異なる方法と、新たな視点によって、新たな尊徳像――富国安民を実現するための報徳仕法の実像――を再構築しなければならないと考える。本来こうした議論はすでに行われていなければならないが、尊徳の考えを信奉する名のある研究家が述べたこと書いたことは全て正しいものとして無批判に受け入れられ、さらに新たな信奉を生むという風潮が受け継がれてきた。これらを見直し、真の尊徳像を議論する機会を作りたいというのが、本書の大きなねらいである。

尊徳による報徳仕法は、(1)大きな成果をあげたとされる下野国桜町領（桜町仕法）をはじめとして、(2)旗本川副勝三郎知行所の常陸国青木村の仕法（青木村仕法）、(3)同国谷田部領と下野国茂木領を領有した谷田部藩細川氏の仕法（谷田部・茂木仕法）、(4)下野国烏山藩領の仕法（烏山仕法）、(5)常陸国下館藩領の仕法（下館仕法）、(6)そして磐城国相馬中村藩の仕法（相馬仕法）などが主な仕法地であるが、本論では尊徳が生まれ育ち、天保大飢饉直後に仕法を導入した相州小田原藩領の報徳仕法（小田原仕法）を対象とした。小田原での仕法は報徳仕法誕生の原点であるとともに、藩政改革を進める藩との考え方の違いから、突然「畳置」になるという経過を経るが、そこに報徳仕法と藩との方針の違いや軋轢、問題点、矛盾点を見ることができるであろう。そうした実態をさまざまな視点から検討してみたいと考える。

尊徳が自ら書いた手紙類など客観的な史料を使用すると述べながらも、自筆史料を用いる研究者は極めて少ない。例えば、平成九年三月に栃木県立博物館から刊行された『今市報徳二宮神社所蔵資料――二宮尊徳関連草稿資料――』（栃木県立博物館調査研究報告書）には七九点の尊徳自筆草稿が掲載されている。その第五八号史料には「一、小田原ハ小田原ニ而引受取行相成候」、「一、諸家方仕法金、西久保相廻し、同所ニ而取行相成候、尤御本家ゟ被仰付候義、御同所御頼相成候小田原之事、御仕法金一ツ取纏、右之内小田原分ハ小田原ニ而取行」という文言が見られる。これは断簡であって、宛名も年代も不詳である。難読の箇所が多いが、概略は諸家での報徳仕法は江戸屋敷が「西久保」にあった宇津家で取り纏めて行うが、小田原領分の仕法は小田原で行うようにするといった内容であろう。ある時点で尊徳は小田原仕法を他の地域の仕法とは別に、独立させる形で行う方針に変更したのではないだろうか。小田原が尊徳の生まれ育った地であるから、そうした思い入れから小田原仕法を実施したかったという観念的な指摘が横行してきたが、実際には小田原藩との様々な軋轢から、他所からの援助も、他所への援助もしないという独立した形での仕法にするとしている。本書で小田原藩領という地域の仕法を取り上げて検討しようと考えた理由の一つである。

もう一つ、本論で検討するうえで、これまでの報徳仕法研究と異なる前提がある。それは尊徳を見出して桜町仕法を命じ、さらに小田原仕法を彼に命じたとする小田原藩主大久保忠真についてである。尊徳を顕彰する人達は彼を登用した忠真を名君とし、本来は尊徳に小田原藩領の復興仕法をさせるつもりであったが、藩内に反対勢力があったので、その前に分家である旗本宇津家の知行地である桜町領を復興させ、その成功という成果をもって小田原藩領の復興仕法を命じる積もりであったというのが、これまでの指摘であったといえよう。忠真について、幕府勘定方に登用された川路聖謨《としあきら》は「遊芸園随筆」（『日本随筆大成』第一期二三巻七五頁）において次のように回顧している。

頃日御不快に被為在、御風邪御一通りとは乍申、御寒気御往来有之候は御宿疾の様にて、速急御登城無覚束被為在候との候事、右は御家来の物語迄の儀にて、乍憚安心も仕兼るに付、尚又牧野備前守江承り合候処、御家来の物語と相替候儀も無之候に付、先づ安心仕、廿八日林大学頭に承り候処、追々御快方との事に御座候間、漸安心仕候儀に御座候、閣下御身分御大切の儀は不及申儀にて、乍憚御勤向其外世上にて奉議候事共、少も懸念仕候儀無之候処、私は世上のもの奉感伏候儀に甚懸念仕候儀御座候。第一、都ての事御直裁にて、少も御家来の手に御懸不被遊、第二に御右筆の手に御ゆだね無之、第三に聊以、御遊山ケ間敷儀無之、御用向計に御取懸切にて、私共懶惰の性質にては恐入候計の儀に御座候

川路聖謨は老中大久保忠真の仕事が激務であることから体調を心配して記している箇所であるが、彼は忠真が全ての政事について「御直裁」していること、右筆をはじめ家来に手を掛けさせないでいる、少しも遊びがない、と述べている。このような忠真像から、家臣が尊徳の登用に反対したからといって、忠真が妥協的に桜町の復興仕法をまずやらせて、そのうえで小田原藩領の復興仕法を命じようと考えるタイプではなかったように思える。右の史料は、確かに尊徳の登用について家臣の反対意見を聞き入れなかったということを記したものではないとの反論もあろうが、ならば尊徳の登用に関しては家臣の反対意見を聞き入れ妥協しなければならなかったのかとの説明が必要になるであろう。名君大久保忠真を顕彰することで、客観的に忠真と彼の業績を検討することを等閑にしてきた結果できあがった忠真像ではないだろうか。二宮尊徳による報徳仕法の実態を検討するうえで、尊徳を登用し、やがて小田原仕法を命じた大久保忠真の実像も併せて検討しておく必要があると考えている。

本書は以上のような問題意識にたって、これまで発表してきた個別の論文や研究ノートなどに若干の修正を加えて収録したものである。

第一節　報徳仕法研究の成果──小田原仕法を中心に──

二宮尊徳に関する著述は、彼の門人らによる伝記、夜話、訓話などをもとにして、明治期から行われてきた。

その中心は尊徳の考え方、思想である「報徳思想」に関するもので、尊徳が実際に計画を立案し実施した領主財政の再建や村・個人の家などの再建という「報徳仕法」についての客観的な史料に基づいた研究は最近まで等閑にされてきた感が強い。尊徳が「報徳思想」に基づいて仕法を実施したという議論が主流であったが、再建のための仕法の基本は収入の増大と支出の減少を同時に行うことで多くは達成されよう。それを当事者は勿論のこと、周囲の者に対してどのように説明し納得させ実践させていくかが問題なのであって、「報徳思想」そのものは直接的に再建に寄与するものではない。「報徳仕法」そのものが領主財政や村・個人の再建に直接寄与するものである。しかしながら、その「報徳仕法」の研究が後回しにされてきたことを我々は大いに反省しなければならないし、本論はそれを克服しようと一歩踏み出すことに大きなねらいがある。

戦前の「報徳仕法」研究は、「報徳思想」のみが対象とされ、その時々の体制的維持を目的に、「収入の増加」と「支出の減少」さえも思想的に説かれてきた、収入（生産）の増加は労働の強化、「支出の減少」は民衆の節約・耐乏につながり、そこで生み出された余剰は報徳思想でいうところの「推譲」と称して半強制的に国や社会に寄付する、こうした行為行動は戦時下の経済体制と自らの生活を支えることを説き、美化したのであった。まさに、明治期以降の「報徳」研究が軍国主義下の日本の社会や経済の一端を担っていたことは否定できない。じつは、戦前に著述された尊徳の伝記をはじめとする「報徳」研究は見直されることもなく引き継がれて、近年では他分野に携わっている人までも自らの著書に無批判で尊徳の思想を紹介している。(1) こうした状況を生み出してきた原因の一つに、「報徳仕法」研究の遅れがあったことは否めない。そこで客観的な史料の検討と分析を通して、尊徳による「報徳仕法」に関する研究を前進させる必要がある。その成果をもって「報徳思想」にキックバックすることで将来新たな「尊徳」像が再構築されるであろうと考えている。

先述したような古典的「報徳思想」「報徳仕法」研究についてはすでに大藤修氏「戦後歴史学における尊徳研究の動向」(二宮尊徳生誕二百年記念事業会報徳実行委員会編『尊徳開顕』有隣堂、一九八七年)で整理されている。大藤氏はこの五年前に「関東農村の荒廃と尊徳仕法――谷田部藩仕法を事例に――」(『史料館研究紀要』第一四号、一九八二年九月)を発表され、後の「二宮尊徳の飢民救急仕法と駿州駿東郡藤曲村仕法」(『東北大学文学部研究年報』第四七・四八号、一九九七・九八年)とともに、豊富な研究成果を『近世の村と生活文化――村落から生まれた知恵と報徳仕法――』(吉川弘文館、二〇〇一年)としてまとめられた。同氏のこれらの研究によって「報徳仕法研究」はようやく緒についたといえる。現在、我々が「報徳仕法」研究を振り返るとき、基本的には大藤氏の研究にさかのぼることで十分であると考える。

1　大藤修氏の報徳仕法研究――『近世の村と生活文化』より――

大藤氏(2)は一九七〇年代以降、近世の農民たちが生産を営むうえで「家」はどのような意味をもち、彼らは何ゆえに「家」を形成し、それを守ろうとしてきたのかという問題関心から研究を積み重ね、九六年には学位論文のうち第一部と第二部をまとめて『近世農民と家・村・国家――生活史・社会史の視座から――』(吉川弘文館、一九九六年)を発表された。第三部は「家・村の復興と報徳運動」と題して『近世の村と生活文化――村落から生まれた知恵と報徳仕法――』(前掲)の骨格をなし、近世後期に家や村の復興を課題として二宮尊徳が編み出した報徳仕法を、「家」と「村」の中から生み出された知恵・思想文化という視点から考究している。

『近世の村と生活文化』第Ⅰ部第一章の「戦後歴史学における尊徳研究の動向」は、尊徳仕法や彼の思想が歴史学研究のうえでどう取り扱われてきたか、その研究史を整理して論評を加えている。尊徳の思想(報徳思想)は戦前の国家主義に組み込まれた経緯があり、歴史学の立場からの研究は等閑にされてきたと指摘する。著者は、同思想を現代社会に活かすことを目的とした尊徳顕彰の論稿でも「学問的手続きを踏まえて立論」（三六頁）したものには理解を示すべきと主張する。だが、超歴史的見解に学問的検討がなされていることはなく、著者が言われるようにこれまで具体的・実証的・体系的な研究書が出されていないのが実状である。本章部分が発表された一九八七年以降の研究史も「付記」として新たに整理されている。

第二章「関東農村の荒廃と尊徳仕法」は、農村荒廃と藩財政の逼迫、報徳思想浸透の背景、そして尊徳仕法の内容を谷田部藩領を事例に検討したもので、著者の尊徳思想・報徳仕法研究の出発点となった論稿である。本章では、最初に尊徳の思想と仕法の実態を有機的に考察することがなかった従前の研究姿勢に反省を促す。そして尊徳の天道人道論をはじめ、分度・推譲論などを検討し、尊徳は社会の公共福祉を分度・推譲の法則によって実現しようとしたのであり、たんに家や村の存続のみを目的としたのではなく、それを基礎にした社会・国家の福祉と繁栄——尊徳のいう「興（富）国安民」——を実現しようとしたところに思想の特徴と歴史的な意義があるとする（一七頁）。「分度」は財政の枠組みを設けることで領主側の恣意的な年貢搾取を防ぎ、それを超えた収納は「無尽蔵」と称する特別会計に繰り入れ、農村復興の仕法資金にすることが仕法実施の要であった。だが、報徳思想が政治過程に組み込まれると、「安民」こそが「興（富）国」の基礎であり前提であるとする尊徳と、藩財政の再建を第一義的に考えて「分度」を守らない藩側との間で確執が生まれ、やがて仕法は撤廃されていく。

尊徳と藩側との確執は、第三章「二宮尊徳の飢民救済仕法と駿州駿東郡藤曲村仕法」で検討した小田原藩でも同じである。彼は天保八年（一八三七）二月から飢民救済に着手し、藩に「分度」設定を要求するが、藩側はこれを拒否し続け、次第に尊徳から離脱し、仕法一〇年目の弘化三年（一八四六）七月に仕法撤廃を決定する。二章・

三章ともに領内での仕法内容と成果を詳述し、飢民救済に多大な成果をあげた尊徳は、領民から「報徳様」などと敬われたことで、藩内からは批判を浴びることになったという。

第四章の「維新・文明開化と岡田良一郎の言論」は尊徳の基本的な理念を、明治以降の報徳運動の中でどのように実現しようとしたのかを、遠州の一豪農であり地域のリーダーであった岡田良一郎の言論・思想を通して検討している。彼も尊徳の「富国安民」を目指すが、それは「強兵」を基礎とするものであった。「報徳」の考え方は、国家に「安民」を強く求める点にあったが、明治期の報徳運動は専ら勤倹自助努力、相互扶助を強制するものと理解され、国家の「富国」と結びついて展開した点を鮮明にしている。

第Ⅱ部の第二章「村落の生活文化」では、駿州駿東郡御厨地方（小田原藩領）の村落指導者の多くは報徳主義を受容し、同運動の指導者となる一方で、寺子屋を開設し、尊徳思想の普及と徹底を支える原動力になったと指摘する。そして有用な人材の育成を目的に、児童を学校に囲い込み、知識や技術、イデオロギーを注入しようとした明治国家の学校教育との違いを明らかにしている。

著者は尊徳の本来的目的が「富国安民」にあり、それは尊徳自身の言葉と言われるが、おそらくそれは尊徳の門人である福住正兄らの著作を出典としているのであろう。尊徳自身の著書が少ないために、門人らの著書を用いることは仕方のないことであるが、彼らは明治維新を経て、文明開化を経験し、明治一〇～二〇年代以降に、彼らが理解した尊徳の思想や仕法内容を、その時代に適合するよう著している。そうした叙述を無前提に用いて、尊徳の考え方が近代的であったとする尊徳賛美論が後を絶たないが、門人らの文献を使うにしても、そこから彼らがアレンジした部分を取り除かなければ、真の尊徳像が見えてこないのではないだろうか。どうすればその作業ができるのかは今後模索していかなければならないが、そうしたフィルターに通さない限り、従来の尊徳・報徳研究から脱却できないのではないだろうか。

次に、大藤氏は尊徳と小田原藩の関係が悪化した理由として、藩が「分度」の設定そのものを拒否し続けたからと指摘している点について触れておきたい。何ゆえに藩が「分度」を受け入れなかったかという疑問に対し、農民だった尊徳を登用し藩財政再建の中心に据えることに、藩内で感情的な反発が強かったから、と従来通りの感情論で説明されている。これも尊徳の高弟富田高慶が著した『報徳記』の記述を根拠としているが、実は仕法導入以前から藩は「四分の御分台」（朱印高に対して）という分度設定を目指していた。藩はこの「御分台」を財政の基軸に据えており、藩としては譲ることのできないラインだったのである。尊徳が過去の年貢収納高という実績に基づいた「分度」設定を要求しても、藩の「御分台」とは考え方が基本的に異なっており、これこそ両者が対立する大きな要因だったと考える。藩が尊徳の言う「分度」を受け入れなかったのは、感情的な対立が主ではなく、藩財政上の問題として捉えるべきではないだろうか。

従来の研究で、尊徳仕法は困窮農民を本百姓、あるいは「役」負担に耐えられる「百姓」に再建することが目的とされてきた点で、大藤氏の研究もその延長線上にあるように思われる。ゆえに、仕法で再興された例を取り上げて尊徳を賛美する論考と、再建できなかった例を取り上げて仕法の成果はなく、下層農民を切り捨てた反動的なものと評価する論考に分かれてきた。小田原領の困窮人書き上げを見ると、仕法時期にプロレタリア化した最下層の農民は意外に借財が少ない。彼らより所持高が多く離農しなかった者の方が多くの借財を抱えている。借金こそが家没落の主因と考える尊徳は、農業を営み続けても「家」の再建ができない者と、できる者を分け、前者には土地などを処分させるなどして借財を少なくし、そのうえで仕法を講じたのであった。彼らには家業である農業を続けさせるよりも、むしろ積極的に離農させ、新たな家業による生活と家名存続を講じたのであって、全ての困窮農民を本百姓として再建することが報徳仕法の目的とする従来の考え方には問題があるように思われる。尊徳は、家業と家名をそのまま存続させる者と、家名存続のために家業を変更させる者を明確に分けて仕法を講じたのであろう。このように見ることができるならば、報徳仕法で再建された「家」の問題が著者の問題関心の中でより重要な意味を持つようになるのではなかろうか。

大藤氏の研究は、多くの事実関係を明らかにしただけでなく、戦前に国家による恣意的な報徳主義の利用を許した尊徳思想や報徳運動の研究姿勢に反省を求め、新たな視点での尊徳・報徳研究の方向性を示したところにその意義があると思う。その意味でも、後の研究者に与えた影響は大きかった。

2 小田原仕法の研究成果

報徳仕法（尊徳仕法）の具体的な研究は決して多くないが、それらの研究は前述の仕法地ごとに行われてきた。本論は小田原仕法を分析の対象にしており、同仕法の検討がどのように進められてきたかを見直し、本論との関わりの前段階としたい。

（1） 下層農民の切り捨て論

前項で取り上げた大藤修氏の研究以前から小田原仕法については論じられてきた。その最初は、大江よしみ「天保期小田原藩領の農村の動向」(3)である。大江氏は足柄上郡金井島村（足柄上郡開成町）を事例に、農民が天保飢饉をどのように受けとめ、報徳仕法をいかなる意識の下に受け入れていったかを、小前百姓の側から新興地主の動向と関連させて検討しようとした。困窮人の実態把握からはじまり、天保飢饉直後は「お救い米を下すことしか、とりあえず行われなかった」が、本格的な村落再建の動きは、天保九年（一八三八）に近隣の曽比村（小田原市）・竹松村（南足柄市）に尊徳による報徳仕法が着手されたのをうけて、同一一年に報徳仕法の実施を藩に嘆願し、農民らが自主的に始めたとする。金井島村再建の主たる課題は、一八二九貫文に及ぶ借財の返済にあった。このうち、名主の瀬戸家が六〇六貫文、同族の平八が五〇六貫文、新興地主の下山家が一六四貫文の借財を抱えていた。同村には近世中期以降酒造業や小商いなどを営み、経営を拡大し、名主家に次ぐ有力地主となった内藤家が、文政一〇年（一八二七）頃から急速に経営を縮小している。その原因は明らかでないが、名主に匹敵するような有力地主となった新興地主が文政期後半に経済的な行き詰まりをあらわしていたことは伺えよう。大江氏は、彼らが報徳仕法の導入を期待していたというのである。結局、報徳仕法は領主側から押しつけられたものではなく、農民生活から生まれてきた社会改良運動で、彼らの積極的・自主的な生活立て直しの動きであるとする。その一方で、名主や下山家に代表される新興地主層に有利な自力更生運動だったとも言える、とまとめた。藩側の動きなどは検討の対象外にされているほか、報徳仕法が農民各層にいかに受けとめられたのか、報徳仕法に対応するところの階層とはどのような農民か、農民がどのような意識のもとに仕法を受け入れていったかという当初の課題にはほとんど触れられなかった。仕法実施後の状況として、村落内部の質的変化と指導者の交代などから、農民の経済的自立や報徳仕法への十分な意識高揚をみることなく幕末をむかえたとする。大江氏は、尊徳による報徳仕法が領主側の都合によるものか、農民側の意図による復興か、また報徳仕法を農民の生活の中から生まれた社会改良とするが、一方では名主や新興地主層に有利な自力更生運動とするなど、どの階層にとって有利な運動であったかを見ることに視点がおかれてしまったように思われる。

大江氏の論文が発表された翌年、菅野則子氏が「天保期下層農民の存在形態」(4)を発表された。菅野氏の問題意識は、都市前期プロレタリアと鋭く対立しなければならなかったであろう農民、なかんずく下層農民を幕藩制における一つの大きな転換期である天保期の中に位置づけることにあった。足柄上郡金子村（足柄上郡大井町）と曽比村（小田原市）を中心に、農民を各層に分類し、各層の再生産、生活状況を分析する。そして、天保期には農民層分解が進行し、農業のみでは再生産できない下層農民が増大しつつあり、生産条件から切り離された下層農民は半プロレタリア化されつつあったという。彼らが進む道は、天保一一年から一三年にかけての賃金の大幅高騰という経済構造の変化と相俟って、奉公人や日雇い稼ぎなどの労働力販売層への移行が見られた。下層農民にとっては、農業生産のみに閉じ込められるよりも、労働力販売によって再生産を維持することの方が、再生産に有利であり、この傾向が押し進められるはずであった。それがスムーズに進まなかったのは、報徳仕法の実施とその効果に関連していたというのである。つまり、報徳仕法の実施は下層農民の半プロレタリア化を押し止めた、あるいはその速度を緩めたと考えられたのであった。菅野氏は最後に、報徳仕法は農村を再興することを目的に、貸与した報徳金返済可能能力を持つ者を広範に創出することを意図し、確かに一応の効果をもたらした。上層農民の手余り地を「作取り田」などとして巧みに利用して中農層の強化をめざした。しかし下層農民は仕法の対象外に置かれ、経済構造の変化と相俟って、生産条件から遊離させられ、半プロレタリア化していかざるを得なかったと、報徳仕法は村落下層農民を対象外とし、仕法によって彼らの脱農化、半プロレタリア化を促進させつつ、中上層農民を報徳金返済可能能力を持つ農民にすることが「再興」であったという。

続いて、内田哲夫氏が(1)一九七一年に「近世後期における小田原藩の諸相」、(2)一九七八年に「報徳仕法と御殿場村」で尊徳仕法、報徳仕法を取り上げた。(5) (1)では大江論文や菅野論文で検討された金井島村・竹松村・曽比村を例に、これらの村々では「借財返済を当面の目標とする報徳仕法がとられた」と述べつつも、その具体的な分析は行われなかった。内田氏は、(a)田畑の集積を進めた金井島村の下山家のような新興地主層が報徳仕法を推進し、(b)竹松・曽比村ではいずれも名主や有力農民が報徳仕法の推進者で、(c)復興の基盤がない貧農層はもともと報徳仕法の視野になく、彼らは村内の上層農民に寄生するか欠落や消滅を余儀なくされたと考えるべきとした。このように、村落の下層農民を貧農層とし、彼らは報徳仕法の対象外で、復興という点から見れば切り捨てられたという主張が引き継がれた。その一方で、藩との関わりについても触れ、(d)尊徳は独自の仕法による農村復興を叫び、幕藩制下の農村の危機に立ち向かった、(e)報徳仕法は藩権力を背景として領内農村の更正運動とかかわった、(f)仕法は農民の更正のために厳しい規制を強制するとともに、支配者（藩）に対して農民の最低生活を保障させた、(g)支配者（藩）自身にも厳しい規制を強制する性質をともなっていた、(h)藩内保守派が非協力で、藩主大久保忠真（尊徳の有力な庇護者）の死後、尊徳は孤立化し、やがて仕法が中止になる、(i)やがて報徳仕法は補助金交付政策とよぶべきものに安住する藩内保守派の上層家臣との間で、幕藩制の危機に対する認識の差を露呈した、と指摘した。

また、(2)の「報徳仕法と御殿場村」では駿河国駿東郡御殿場村（静岡県御殿場市）を事例に、商業的要素の濃い村の報徳仕法の実態を考察している。大江氏の論稿を受け継ぎ、小田原領内は近世後期に名主層の没落と、新興商人の台頭が見られ、御殿場地方では新興商人層が他国から移住してきた者を中心に形成されたとする。そして、尊徳は以前から竈新田村の指導者であった平兵衛と、新興商人の日野屋を報徳仕法推進の両輪としたという。個人への仕法は、特に新興の商人佐野屋に先行して実施されたほか、名主平右衛門にも行われたが、名主家の衰退は御殿場村に報徳仕法を展開させるうえで大きなブレーキとなった。村全体の復興仕法は天保一一年（一八四〇）三月に着手し、報徳金貸し付けによる極難者ら困窮人の当座凌ぎのほか、再建の基礎固めを進めた。仕法は出精人への報徳金貸し付けや、倹約奨励による報徳加入金の拠出、縄ないや草鞋作りなどによる日掛け金の積み立てといった内容で、特別なものではなかった。以上の分析から内田氏は、(a)無難者は多くの報徳加入金を拠出しており、彼らが報徳仕法推進の中核的存在であった、(b)貸し付けられた報徳金の多くは商業およびその他の職業関係で占められていることから、窮迫した村の建て直しの手段が農業ではなく、農間稼ぎ渡世、商業などに求められた、(c)一村仕法では「潰」の存在を前提にして、これを他家の二男、三男からの填補で減少させ、村全体の負担の軽減を図ることに重点がおかれた、と指摘する。借財の返済を目的に行われた報徳金貸し付けは、総じて村内の無難層に行われ、中層農民には出精人の顕彰と融資によって立ち直らせる刺激策がとられた。一方の極難層については十分な対策が施されず、「潰」への転落を防ぎ得なかったところに、報徳仕法の限界が見られるとした。

内田氏は前掲「近世後期における小田原藩の諸相」と同様に、報徳仕法は村落の中上層農民や新興の地主・商人に手厚く融資し、下層困窮農民は村落の復興を大儀とする報徳仕法の枠外におかれ、切り捨てられたことを論述しようとした。しかし、当該時期の下層困窮農民や中上層農民の実態を明らかにしないままでの論述であること、また天保飢饉直後の飢民救済での仕法と、天保一一年からの復興仕法との関連性や、各層の農民への仕法内容の有機的な対応の有無などは全く欠けてしまい、下層困窮農民の切り捨て論ありきの論述であったと言える。

このように、一九七〇年代の報徳仕法研究は、具体的な内容よりも、仕法の成果そのものに視点がおかれ、報徳仕法はどの層の農民に有効だったのかが議論の中心であった。大江氏をはじめとして菅野・内田両氏ともに、報徳仕法による復興に有効だったのは地主や中上層農民で、下層困窮農民はもともと枠外におかれたというものであった。

これに対して、報徳仕法は一時的にせよ下層困窮農民にも有効であったと述べたのは内田清「天保期の小田原藩領中里村と報徳仕法」(6)であった。同氏は中里村（小田原市）の農民が天保期にどのような状況に追い込まれ、どのような形で脱出を図ったかを、報徳仕法との関連で明らかにしようとした。同村は文政期に新百姓の取り立てによって村内の労働力不足を解消しようとする動きが見られたが、天保期には農民層分解が進み、貧農層は小作あるいは日雇い労働への欲求が強く、天保飢饉を契機に中農層（内田氏は所持地を自家労働で耕作し、近世村落社会の基本単位となっている農民を「中農層」とした）の没落と貧農層の脱農化傾向が進んだという。名主であり地主であった治郎左衛門は小作をしてくれる安定した貧農層の存在が必要で、そのために貧農層の脱農化を阻止する必要があり、報徳仕法へ志向していった。藩の東筋郡奉行も困窮人らに資金を無利子で貸与し、田畑を与えて自作部分を増すことで貧農層の脱農化を阻止し、小作人を確保して鍬入地の増加を防ぎ、年貢を確保して農村社会の安定を意図したとして、報徳仕法の導入が現実化した。貸付金は質地となった名田の請け戻しを優先しており、没落した中農層や出精人としての小作農に対する貸し付けを優遇していた。つまり、名田の回復による中農層の再生と、田畑買取による困窮人の土地への緊縛を意図していたというのである。氏は、中里村が天保飢饉を契機に中農層の没落と貧農層の脱農現象が一挙に進行した極難村で、名主治郎左衛門は天保一一年に「当座凌ぎ」として報徳金の貸与をうけ、報徳仕法の指導者として自主的な仕法を展開したという。貸し付けられた報徳金で田畑が請け戻され、中農没落層が救われた。貧農層の脱農化防止策は農村労働力、小作人の確保につながり、仕法による一時的な効果は確かにあった。だが、宅地だけを有する層が四〇パーセントを占めるようになるなど、脱農化（賃労働化）を食い止めることはできず、報徳仕法は一時的効果しかあげられなかった、とまとめた。

この論稿には引用史料と論述内容で不明な箇所があり、また中農層についての説明はあるものの、貧農層とはどのような層であるかを説明していないこと、また貧農層の脱農化を阻止することは近世村落の復興につながるのか、貧農層を村落内に止めることが彼らの再建につながるのか、賃労働化が進んだから困窮したのか、困窮したから賃労働化が進んだのかなど、論者の考えを汲み取ることができない点も多い。そうした課題があるにせよ、報徳仕法が貧農層を切り捨てる形で中上層農の経営を再建し、村々を復興してきたとするこれまでの視点とは明らかに異なる論点を示したことに、この論稿の意義があったといえる。

(2) 小田原藩と尊徳との確執論

長倉保氏が一九七八年に発表された「小田原藩における報徳仕法について――とくに一村仕法の問題――」[7]はそれまで検討されることのなかった小田原藩政との関わりで報徳仕法を見直そうとしたものである。同氏はこれ以前(一九七六年)に下野国烏山藩を事例に「烏山藩における文政・天保改革と報徳仕法の位置」[8]を発表され、藩政改革の全過程の中に報徳仕法の導入・中廃・復法・停廃の背景をさぐり、藩政改革と報徳仕法の関係を捉えようとした。烏山藩の報徳仕法撤廃の理由が、小田原藩の弘化三年(一八四六)七月の仕法撤廃通告に衝撃を受けてのことであり、その意味でも小田原藩の事情解明に関心を寄せざるを得なかったという。報徳仕法そのものの具体的な検討よりも、藩政改革に報徳仕法の実施を位置付け、やがてそれが撤廃されたことから近世後期の譜代藩政の諸問題を明らかにすることに力点があった。

領内に報徳仕法を実施するにあたって、小田原藩は仕法を「地方引請」で行うとし、それまでの地方役所の一部で推し進めようとした。また、尊徳が曽比村など一村仕法の成功により藩は逆に「国乱れ候」との危機感を強めたという。藩内では仕法推進派(尊徳支持派)と反対派との対立があり、報徳仕法の要である藩の「分度」設定ができない状態をまねき、次第に尊徳から距離をおくようになった。特に、天保一一年（一八四〇）八月には辻七郎左衛門に代わって大久保武太夫が家老職に就き、勝手方頭取を兼ねる頃から前代（前藩主大久保忠真時代）の残影を払拭し、尊徳から脱離した挙藩体制確立を志向したというのである。そして、大磯沖に異国船が姿を見せ、小田原藩も領内に防備の強化と浦賀表へに砲術方を派遣した翌月の弘化三年七月に報徳仕法の撤廃を宣言したのであった。

長倉氏の論稿は、農村への仕法実施という点だけでなく、仕法を実施・推進する藩側と尊徳の主張も視角に入れている点が特徴である。ただ、尊徳は藩が報徳仕法を「地方引請」で行うよう求めたとしているが、尊徳は仕法の実施には報徳役所を設け、仕法に熟知した役人らがその任にあたることを求めていると史料から解釈できるなど、史料の解釈で疑問があることは否定できない。尊徳と小田原藩との対立については、尊徳が主張する「分度」を藩が設定せず、やがて藩が報徳仕法を撤廃するようになった、報徳仕法が強烈な復古的野望にささえられたものであるなど、従来からの指摘を繰りかえした点も多い。また、一村仕法の成果を挙げることで藩はかえって「国乱れ候」との危機感を抱くようになったと感情的な論述をされているが、それが仕法撤廃につながる具体的な論拠は見られないと感じるが如何であろうか。史料解釈上の課題は残ると思うが、藩政の展開という視点を入れつつ報徳仕法を位置付けようとした点は本稿でも大いに参考にしなければならない。

（3）　報徳仕法を推進した農村指導者

内田清氏の論稿で、小田原領における報徳仕法の推進力となったのが農村指導者であったという指摘を見逃すことはできない。その代表的な農村指導者である曽比村（小田原市）の釼持広吉と竹松村（南足柄市）の河野幸内が報徳仕法で果たした役割を検討したのが高田稔「相州曽比村仕法顛末——釼持広吉とその周辺——」(9)である。曽比・竹松両村の仕法は天保九年(一八三八)一二月から事実上開始され、同一一年三月からは尊徳が直接指導して仕法が行われた。その間に広吉は、当時尊徳が拠点としていた野州桜町領の陣屋で特訓をうけたほか、烏山藩領の仕法村を実地見分し、修行を重ねたという。尊徳がこうしたかたちで農村指導者の教育を行ったことを明らかにした点がこの研究成果の一つであった。さらに、中農層・貧農層の多くは「稼ぎ」を中心とした農村余業を行っていたことを明らかにしたうえで、その余業が「脱農化へつながるとの論述もある」が、高田氏はそれらの「余業で稼いで報徳加入金を推譲しようとした現れと見るべきであろう」と述べる。余業に従事することが脱農化と直接結びつくか、また余業が報徳加入金の納入を目的に行われていたと見ることにも問題が残るであろう。高田氏は、水車稼ぎ、油絞り、酒造、定使い、馬喰稼ぎなどの余業と、日雇い稼ぎや諸稼ぎを同じ「余業」で見ているが、後者は賃金労働の性格が強く、プロレタリア化の様相が強いと言える。もう一つの問題は、村全体では、八七戸中六九戸が「稼ぎ」を行っており、農業生産以外での収入を得ることが一般的になって再生産している天保期の農村の姿が見えてくるであろう。高田論文では、こうした分析よりも、曽比・竹松両村の直接指導した尊徳の顕彰と、広吉の農村指導者としての役割を誇張した内容に終始したことが惜しまれる。

その天保期前後の農村構造を「農村荒廃」の進行に起因する農村構造の変質という視点から検討し、近世後期以降小田原藩領農村に大量に流入した藩の「拝借金」が農村内で果たした役割を明らかにしようとしたのが齋藤康彦氏の「農村荒廃期の藩公金貸付政策の展開——小田原藩足柄農村を素材として——」(10)である。齋藤氏は「潰百姓」が増大することは再生産の基礎を「農間余業」に移行せざるを得ない零細貧農=脱農層を農村内部に大量に滞留させることになる。天保期を中心とする近世後期の足柄農村を過重な年貢諸役、助郷負担、凶作や災害等による窮迫分解が進行し、農村内部に滞留する零細高持層の農業経営を維持することが不可能となり、農業経営の補完物としての地主小作関係および農間余業が広範囲に展開していたと分析する。完全な脱農層は少なく、小作地経営を行いつつ労働力販売によって再生産を維持する零細農民が主流であった。脱農層の輩出は、彼らの存在を前提とし、農間渡世として展開することで広範な小商人層の生長を伴い、城下町商人を脅かすまでに新興商人層を成長させる背景ともなったという。これらの動きは、従来からの生産物を貢租として徴収する体系では対応できない事態が進行していく。小田原藩ではこうした領主支配の後退などの諸情勢の変化への対応を大久保忠真の登場をまって、本格的な藩政改革を実施することになるという。

忠真の藩政改革の基調は諸藩の藩政改革と同様に緊縮政策、綱紀の刷新を行いつつ、抵抗の大きいストレートな年貢増徴を優先させるより、本百姓経営の維持、戸数の増加など、疲弊した農村を復興させ、収奪基盤を強化することに主眼がおかれた。

疲弊させた農村を復興させる施策として領主による「御救」、困窮人に対する「救恤」があり、小田原藩領には「難村」を救済する意図で各種の講が設けられた。これは領内村々の相互扶助機能を組織化した領主側の責任転嫁であったという。また、忠真の強い支持のもと尊徳が登用され「尊徳仕法」の導入が試みられたが、仕法は個々においては「成功」をみても体勢を変えるまでに至らず、十分な成果を上げえないまま中止になったとする。

斎藤氏は、荒廃期の農村には地主商人層の利貸し、幕府の手による馬喰町貸付金など、さまざまなルートで貨幣が流入していたことを明らかにしたうえで、①村借という形態で村中に一括して「拝借」させ、村の責任で返済させることは、それを槓杆とする農村の再編成と返済をより確実にし、②「拝借金」という名目によって脱農層の労働成果を含む零細な「民富」を吸い上げる機能を果たしえたと述べる。

この論考は直接報徳仕法について論じたものではなく、「拝借金」という名目の公金貸付と、その返済によって脱農化した労働力販売者らの零細な「民富」を吸収＝収奪することを可能にし、収奪基盤を強化することになった点を論述している。これを報徳仕法と結び付けて考えた場合、「拝借金」返済が村の借財の大きな部分を占め、その返済が領内村々を疲弊させた主な要因でもあった。小田原仕法では借財返済が重要な課題であったことと大きく関連していたことを見落としてはならない。

（4）報徳仕法のあり方と主体

一九九〇年代前半には小田原藩領の報徳仕法に関する本格的な研究はあまり進展していなかったように思われる。先に紹介した大藤氏の研究と若干の拙稿があるくらいであろう。その後、二〇〇〇年代に入ると、舟橋明宏「村再建にみる『村人』の知恵」(11)の研究を継承した早田旅人の幅広い視点と「地域」研究が見られるようになった。まず、舟橋氏は、桜町仕法を対象に、基本的な施策である荒地の開発と分家取立策の実態を検討された。従来、ほとんど注目されることのなかった「破畑」と呼ばれる開発・普請などに従事した雇人夫に注目し、その存在形態や役割などを明らかにしている。「破畑」人足の中には小田原から桜町領に赴き従事した者も少なからずいたが、小田原の史料にはその存在を見ることはできない。そのこと自体も注目しなければならないし、その外仕法推進の主体を考えるうえでの重要な視点が示された。

この指摘をうけて、早田氏は二〇〇〇年一一月に「初期報徳仕法の展開――桜町前期仕法における百姓政策を中心に――」(12)、二〇〇二年三月には「宿場村の報徳仕法――御殿場村仕法の検討――」(13)を発表され、さらに「報徳仕法の事業展開と民衆――常州真壁郡青木村仕法の構造と主体形成――」(14)、「藩政改革と報徳仕法――烏山仕法にみる報徳仕法と政治文化――」[15]、「二宮尊徳の出現――小田原時代の尊徳と地域・藩政――」[16]を世に送り出している。「初期報徳仕法の展開――桜町前期仕法における百姓政策を中心に――」は桜町仕法を対象に、荒地の起し返し政策に中心的に関わった人々、下層農民と上層農民に対する政策を検討し、百姓を農業専従者と捉えるのではなく、下層農民を陣屋労働力として編成し、諸稼ぎを推進して困窮者救済の機能を果たしている点と、報徳仕法と結びついて商売する上層農民を育成する役割も果たしているという、興味ある指摘をした。また「報徳仕法の事業展開と民衆――常州真壁郡青木村仕法の構造と主体形成――」では常州青木村仕法の荒地開発や諸普請などの仕法事業とそれに従事する人々に焦点をあて、仕法における人々の主体のあり方を検討し、報徳仕法は、衰退した幕藩領主に代わり、尊徳主導のもと広汎な民間の手で自立的に「復古」を目指し、「勤勉」「倹約」を実践するものであったと、尊徳による仕法は決して近代化を目指したものではなく、荒廃以前への「復古」を志向したというのである。「藩政改革と報徳仕法――烏山仕法にみる報徳仕法と政治文化――」は、報徳仕法の理解には為政者側の報徳仕法の受容・主体形成も視野に入れ、広く「政治文化」の問題として近世社会に位置付けた検討が必要との問題意識から、北関東の譜代藩烏山藩の報徳仕法を素材に、藩政改革期における報徳仕法の意味を検討している。烏山仕法といえば、天保飢饉で夫食米が不足した多くの困窮人を救済するために天性寺という寺院の境内にお救い小屋を造り、尊徳の指示で桜町領などすでに仕法が行われている地域から余剰の米穀を送り、お救い小屋で炊き出しを行ったということに視点の中心があったが、早田氏は本来的な困窮者救済の意味をもつ荒地開発を中心に、先述の「破畑」人足として桜町の困窮人が加わっていたことも明らかにした。藩の領域を越えた報徳仕法実施地域の人々への「御救」は困窮農民にとっての稼ぎ場の拡大でもあった。こうした人々を報徳仕法の実践主体とし、仕法が広範囲に受容されネットワークを形成し、民衆運動として展開する背景となったという、新たな視点を展開しつつある。いずれにせよ、「下層農民の切り捨て論」はすでになく、また「報徳」仕法が上層農民に有利か下層農民に有利であったのか、あるいは領主層に有利か農民に有利かなどの議論はなく、尊徳による報徳仕法を受容し主体的に復興仕法に従事する主体層の検討へと問題意識が移り変わったことが窺えよう。

その早田氏が小田原領の駿州駿東郡御殿場村の仕法を検討したのが「宿場村の報徳仕法――御殿場村仕法の検討――」である。同論文は(1)仕法の指導者となって積極的に仕法を運営した村落上層農民を仕法推進へと駆り立てた要因や、(2)尊徳が宿場村である御殿場村仕法において、如何なる村復興を指示したのか、(3)多くの百姓が参加した御殿場村仕法の中で、生まれてきた主体とそれが孕む可能性について論究しようとした。それぞれの分析についての内容は略すが、最も注目できる点は、尊徳が商業を中心とした御殿場村の復興を指示したが、村の立ち直りには周辺村落の購買力の増大や人々の往来の増加、金融拡大などを生み出す地域社会全体の活性化が必要で、地域ぐるみの改革が不可欠であるという点で、収入・支出を限定する「分度」論では物価変動に対応しきれず、一村での出精・倹約などの経営努力や個別経営に対する借財整理や商売元手金を融通すること自体にはそもそも限界があったことを明らかにする。報徳仕法によって村々が復興するには、周辺の「地域社会」ぐるみの立ち直り・活性化が必要であると述べているように、今後「地域」と報徳仕法（尊徳仕法）の関係性の検討が必要になっていることを提示した点がこの論稿の大きな成果であったと言えよう。

「二宮尊徳の出現」は尊徳が桜町領に赴任する文政五年（一八一八）以前、小田原時代に行った自家と二宮総本家、それに藩の家老服部家の復興と家政再建仕法に、後の野州を中心とした報徳仕法の原点を見出そうとした論稿である。西相模、小田原藩領の地域性やさまざまな条件の下で生活する中で生み出されたものとして、報徳仕法を位置付けている。①自家再興には「相模国で盛んであった無年季的な金子有合次第質地請戻し慣行」が大きく影響したとし、この慣行は「一族共有の財産」という同族団の土地確保の意味をもち、一族の融通―「助合」の中で実現されたとする。②二宮一族の再建について、本家と末家の同族団は「同根同体」で「相互に助合」う必要との認識を根底に、金子有合次第質地請戻し慣行を前提にして、元の所持地の請戻しを基本に本家の再興が進められた。尊徳は本家再興仕法を通して同族団の強化と「助合」機能の活性化を目指したという。③藩財政の逼迫から俸禄を大幅に減らされ、さらに米価下落が影響して家政再建が必要になった家老服部家の仕法について、俸禄米取りは領地を持たないゆえに外からの収入増加は見込めず、定額収入に対して支出を抑制する仕法が家政再建の主軸となったとする。これが「分度」の観念であり、桜町領仕法を着手するにあたって知行取りの旗本宇津氏（四〇〇〇石）の収入に「分度」を設定する背景には、宇津家の収入を定額の俸禄米取り化する、小田原の服部家と同化させるものであったという。「分度」の考え方にはさらに検討する必要があると思われるが、この論稿は報徳仕法の原点を、客観的な歴史史料を用いながら、小田原時代の尊徳の生活様式や家政再建の実態から論じたもので、以前から語られてきた小田原時代の尊徳仕法（自家再興、本家の再興、服部家の家政再建）や報徳仕法の原点を根本から見直す必要を主張している。今後の報徳仕法研究の原点となるであろう。(17)

近年の発表された著作の中に、二宮康裕氏の『二宮金次郎の人生と思想』(18)と『二宮金次郎正伝』(19)がある。『二宮金次郎正伝』は『二宮金次郎の人生と思想』のダイジェスト版的な叙述になっている。二宮氏は「はじめに」の中で、「二宮金次郎に関して、小田原時代を中心に多くの逸話が伝えられが、この書では、『金次郎自身の文献』に示されないものは排除した。記さないということは、事実ではないか、あるいは記したくないという金次郎の意思表現と理解し、『金次郎の自伝』にふさわしくないと判断した」「管見の限り、『金次郎自身が記した文献』に基づいた「金次郎伝」は未だに著されたことがない。そこで本書は、近代に著された『門弟の著作』や美化された『金次郎伝』を排し、『金次郎自身の語り』によって彼の人生を再現することをめざすことにした」、さらに「金次郎に関する逸話は富田高慶『報徳記』（一八八五年、農商務省）を土台として、年代を経るごとに増殖を続け、昭和一〇年前後に大方の逸話が形成されたのである」として「近世に生きた金次郎は、近代に至って、時の政府の政策にそう人物にふさわしい像に形象化されたのである。このような『語られる金次郎』像を払拭するには金次郎自身の『語り』を明らかにする以外はないといえる」という意気込みを述べている。金次郎が記したくないという事柄は研究の対象外にするという問題点があるであろうし、また本論の内容を見ると、尊徳と門人によるほぼ全ての仕法や尊徳の思想について触れているが、桜町仕法着手以前の小田原時代の尊徳の動きを除けば、これまでの研究で扱われてきた成果を大過なく盛り込んだもので、新たな視角視点や成果を見出すことはできない。「はじめに」での意気込みとは反対に、富田高慶の『報徳記』に依拠したり、尊徳（金次郎）顕彰のための叙述になっているなど、全体の方法論や研究視覚としては、一九七〇年代以前の研究段階に引き戻してしまった感は否めない。

第二節　本書の構成と内容

本書は以上のような研究史と問題関心から、二宮尊徳の小田原領における報徳仕法について、次のような構成と内容でそれぞれの課題に取り組んだものである。

第一章の「報徳仕法導入以前の小田原藩領」は一九九七年に「小田原藩政の展開と報徳仕法」と題して一円融

合会編『かいびゃく』五三八・五三九号（一九九七年六月号・七月号）に掲載したもので、本書での導入部分という位置づけである。二宮尊徳を登用したとされる小田原藩主大久保忠真時代の藩政（特に文政期から天保期）とその時期の農村を、米や大豆などの相場（物価）の変動から概観している。それは、恒常的な物価高傾向が次第に農民層を分解させ、下層農民の困窮化を一層増幅させた一大要因と考えているからである。

第二章「小田原藩政の展開と二宮尊徳――藩主大久保忠真の酒匂河原での表彰の意義をめぐって――」は『地方史研究』二八三号（二〇〇〇年二月）に発表したもので、文政元年（一八一八）一一月に藩主忠真が京都所司代から老中に昇進した直後に国元に立ち寄り、その際に尊徳ら領内の奇特人を表彰した、その背景と意義の考察を目的とした。背景として、従来は忠真が帰国して領内を見渡したところ、「何となく近年弊風に流れているように感じられ」たので、帰国したついでに領民に心掛けを申し渡し、その一環として奇特人らを表彰したと言われてきた。しかしながら、忠真に領内を見渡すほどの余裕があったはずはなく、心掛けを申し渡したのは表彰後で、領内の主だった者（名主ら）に郡方から申し渡したことなどから、再検討を要すると考えた。また、忠真はこの時に表彰された一三人の中から「出精奇特人」数人を桜町領に派遣して見分させ、復興の見込み案を提出させた。その結果尊徳の見込み案が採用されたのであって、忠真が尊徳の才能を見抜いて桜町領の見分や仕法実施を命じたとするこれまでの見方（これは『報徳記』の記述にもとづいた見解）は修正の必要があると考える。また、分家とはいえ、宇津家の知行地である桜町領を何故に本家大久保家の小田原藩が介入して、尊徳にその復興仕法を命じたのかという疑問が残る。小田原藩はそれまでさまざまな形で援助してきたが（金銭や米穀の援助、役人の派遣など）、自藩の財政再建の必要から、桜町領への援助を打ち切る（或いは縮小する）必要があったと考えられる。ただ見捨てるのではなく、領内を復興させる形で自立を図ることを目指したのであろう。尊徳による桜町仕法の実施は、小田原藩財政改革の一環として位置づけるべきであろうと考えた。

第三章「二宮尊徳の窮民救済仕法――天保飢饉直後の野州烏山領と駿相州小田原領――」は小田原近世史研究会編『近世南関東地域史論――駿豆相の視点から――』（二〇一二年、岩田書院）に掲載した最近の論文である。天保飢饉直後の尊徳による飢民救済策を小田原藩領と野州烏山藩領で比較検討し、さらに小田原藩領の中でも相州領分と駿州領分で共通する点と異なる点を洗い出してみた。その理由は、飢民救済の方法をそれぞれの地域で、共通する対策を見出すことを基本に検討し、それでも異なる点がその地域の特徴ある対策と考え、それは「地域」差を反映していると考えたからである。それぞれの「地域」に適合する飢民救済策の違い、報徳仕法が「地域」性を反映していることの問題を提起したものである。

第四章「小田原藩政の展開と報徳仕法」は、一九九七年六月から一九九八年七月にかけて『かいびゃく』五三八～五五一号（一円融合会編）に掲載した同題の第二章以下を改稿したものである。ここでは小田原藩政展開の中で尊徳が藩との様々な交渉をもちながら領内の復興仕法を手がけていく過程を明らかにしたものである。尊徳の日記と周囲にいた門人や藩士らとの書簡など客観的な史料の記述をもとに、報徳仕法をめぐる小田原藩政との関係、問題点を明らかにすることに本章の目的があった。本書に収録した論文の中では最も早い時期に執筆したものので、内容的には概説的な記述になっているが、尊徳の門人らが明治期に書いた伝記的な著述の引用を避け、尊徳と藩・藩士とのやり取りの中で、藩政の展開と尊徳による仕法の導入を期待する報徳方（尊徳の仕法を支持するグループ）の主張、仕法導入がうまく進まない様子を素描することに本章のねらいがある。

第五章「小田原藩の『御分台』と二宮尊徳」は神奈川地域史研究会『神奈川地域史研究』二一号（二〇〇三年三月）に発表した論文である。小田原領の報徳仕法を進める過程で尊徳は「分度」の設定を藩に求めたが、藩側はこれに応じなかった。その理由は尊徳が百姓出身であり、藩政の一端であっても任せることへの妬みがあり、それが尊徳と藩側との対立の要因であった、というのがこれまでの一般的な見解であった。その根拠は、やはり尊徳門人の富田高慶著『報徳記』の記述である。これを客観的な史料から検討しようとしたのが本章である。小田原藩は藩主大久保忠真の治世期に定められた「御分台」があり、それは物成高を「朱印高四ツ物成」にするというもので、忠真死後も引き継ぎつつ藩政改革を進めようとしていた。そこに尊徳が過去の年貢収納高を平均した高を基礎とした高を「分度」として年貢収納高にして固定化するという主張がもたらされたのであった。藩の「御分台」高は尊徳の言う「分度」高より四六二〇石程高くなると試算される。両者の考え方の違い、年貢収納高の違いはあるが、年貢収納高を一定にしておくという考え方は共通しており、藩側が尊徳のいう「分度」を全く拒否したとの議論は見直す必要があろう。また、藩側にとって、「御分台」が忠真の治世期に定められ、実行中の改革期間が終えるまで継続する意思が明確であったことも大きな意味があった。さらに、忠真が尊徳に仕法を依頼した直書を素直に読めば、尊徳には報徳金の貸与を存分に行い、領内の窮民を救済することであって、「分度」設定や年貢収納、後々の復興事業までは依頼していなかったと理解される。尊徳が藩財政について意見を言うこと自体に藩との対立を深めた要因があったと考えられよう。

第六章「小田原領内の報徳仕法」は、『開成町史　通史編』（一九九九年）の第五章第二節「報徳仕法」（松尾執筆箇所）の一部を改稿し、「二宮尊徳と大井の村むら」（大井町郷土史研究会編『於保為』、二〇〇一年）と合わせて構成したものである。ともに足柄平野の中央に位置する村々の報徳仕法の実態を具体的に検討している。天保一一年（一八四〇）から本格的に始まった領内の報徳仕法は水田地帯が中心で、同年の曽比村（小田原市）・竹松村（南足柄市）に尊徳が直接指導した仕法が手本となって各村に広まった。小田原領内の仕法の主題は借財の返済であるが、それを実現するために尊徳は困窮農民らの生活・生産状況を整え、村柄取直しは各方面におよんだ。本章は領内の主立った仕法村の仕法内容を幅広く取り上げてみた。

第七章「用悪水堀と道普請にみる報徳仕法」は、前章の仕法内容の中から用水・道普請を取り上げた論稿で、小田原近世史研究会編『交流の社会史――道・川と地域――』（岩田書院、二〇〇五年）に発表した論文である。小田原仕法の研究は個別の村を対象にしたものに限られていた。天保一一年に尊徳が行った曽比村・竹松村の仕法を他村の報徳世話人らが実地で学び、その経験を自村に持ち帰って実践した。中でも用悪水堀や道は一村内で完結するものではなく、「地域」の問題として考えるのに相応しいと考え、それぞれの普請への人足の「助成」の実態を検討した。仕法で行われた普請は「自他の差別」があって行ったのではなく、「一和」「一村同様」の心がけで参加するという意識が村々に浸透しつつあった点が明らかになった。復興は一村の問題ではなく、周辺の村々や「地域」の問題であることを農民たちが意識したのは、報徳仕法による普請の大きな特徴と考える。

第八章「伊豆韮山の報徳仕法と『報徳』ネットワーク」（小田原地方史研究会編『小田原地方史研究』二六号、二〇一二年五月）は、伊豆韮山の多田弥次右衛門と三島宿の朝日与右衛門の報徳仕法の導入から実施に至るまでの状況を検討しながら、「報徳」指導者によるネットワークの問題を考えた最新の論文である。両人は支配役所である江川代官所の手代を通して小田原藩の郡奉行や報徳方の代官クラスに救済を依頼する。救済の内容は「新旧金銀引替御用」の種金未納分の金子拝借と家政再建仕法の依頼であるが、藩はそれらを尊徳に依頼することを勧め、小田原藩の郡奉行・報徳方のメンバーがその仲介をした。結果として、尊徳は弥次右衛門に三一町歩の田畑を「引当」にして種金未納分一三八九両余を報徳金として貸与するが、報徳金の返済と借財返済に差し支え、立て直しの困難さを露呈させた。一方、与右衛門は尊徳に直接嘆願するも、尊徳から種金未納分の金子拝借が認められず、返済の目途が立たなかった。そこで、主だった報徳仕法の指導者一六名が連名して、与右衛門への報徳金貸与と家政再建仕法を尊徳に嘆願した。本章は、両名の仕法をめぐって、江川代官の手代と小田原藩の郡奉行および報徳方の代官とのネットワーク、また与右衛門の仕法をめぐる報徳指導者のネットワーク、これらが重層的になっていることを提示し、在地の報徳指導者によるネットワークの研究の先がけにしたいと考えた。

第九章「小田原宿報徳社の成立と展開」（『小田原地方史研究』二一号、二〇〇〇年一二月）は、尊徳の承認を得つつ小田原宿の商人らが天保一四年（一八四三）に互助的グループとして結社した小田原宿報徳社は、決して小田原宿全体の復興を目的に結成されたのではなく、結社時の参加者による互助的な組織であった。参加者の中にはアウトロー的な者で商家を相続した者らも含まれており興味深い。これまでは、小田原宿報徳社について合理的な分析を全くすることなく、尊徳を信奉する人が小田原宿報徳社を「わが国報徳社の嚆矢であり、世界の共同組合史の中で最も早期に位置する」（『神奈川県文化財図鑑　歴史資料篇』一九八九年）と評価してきたことへの疑問を提示したものである。本章では初期小田原宿報徳社のメンバーや、報徳金の運用と報徳社の事業内容を実証的に明らかにし、これまで思い込みで言われてきた小田原宿報徳社の初期の実態と、一度行き詰まった後の再興した報徳社の様子を明らかにした。

第一〇章「小田原報徳仕法『畳置』をめぐる諸問題——弘化三年の小田原藩と二宮尊徳——」（『小田原地方史研究』二三号、二〇〇五年九月）は、尊徳による報徳仕法が弘化三年（一八四六）七月に突如「畳置」＝廃止となった理由について検討した論考である。これまで農民身分出身の尊徳の高名を妬み、藩士らが行政（政治）に尊徳が介入することを嫌い、彼のやり方は村や農民に厚く、藩や藩士に薄くするもので、尊徳の指示によって藩政を左右されることを避けるために尊徳を排斥したと言われてきた。とくに、尊徳を登用した藩主大久保忠真が没した後、尊徳に対する感情的な反感が強まり、報徳仕法に無理解な者が藩政を担当するようになると、尊徳を敬遠するようになったというのがこれまでの一般的な指摘であった。あくまでも尊徳が正しく、藩側が保守的で無理解であったことが報徳仕法「畳置」の要因であるという尊徳顕彰を目的とした、結論ありきの話にすぎない。本章は報徳仕法の「畳置」が何故に弘化三年であったのかなどを藩政の動きにも注目しながら再検討することを目的とした。当初、報徳仕法は「故障之次第有之」につき「畳置」くとあるものの、具体的にはその内容は示されていない。尊徳も理由を問い合わせるが、納得できる返答はなく、翌弘化四年に「全政事に差障候儀有之」につきという返答に変わった。これでも「畳置」の具体的な内容ではないが、海防問題を含む様々な状況の中で、弘化三年からの藩政改革は尊徳による報徳仕法抜きの改革であることを示したのであって、前掲のような単純で感情的な理由から報徳仕法が「畳置」になったのではなかった。

本書は以上の一〇章からなっており、全体として、尊徳の門人らの著述を無前提に用い、充分な検討を行わないまま思い込みで進められてきた尊徳研究（報徳仕法・報徳思想研究）の研究方法を批判し、客観的な史料を用いながら、新たな報徳仕法（尊徳仕法）の実像を描く必要があると考え、その基礎的な作業を発表しようとするものである。また、尊徳による報徳仕法が権力側のためにあるか、村や農民のためにあるのか、あるいは村の中でも上層農民に有利で、貧農層を切り捨てて実施されていったのかなど、択一的な検討はほとんど意味がないと考え、できる限り仕法実施の過程や内容の検討を重視してきた。仕法を考えるにあたっても、その範囲は藩領域、村域などがあるが、その周辺「地域」との関わりを持ちつつ仕法が行われたことは間違いない。「地域」史ということも念頭におきながら、本書はこれまでの拙い文章に若干手を加えて再構成したものである。

註

（1）例えば最近では、政治家では猪瀬直樹『ゼロ成長の富国論』（文藝春秋、二〇〇五年）、経営学的な感覚から小林惟司『二宮尊徳――財の生命は徳を生かすにあり――』（ミネルヴァ書房、二〇〇九年）、稲葉守『尊徳仕法と農村振興――現代に生きる変革の精神――』（農山漁村文化協会、二〇一〇年）などがある。

（2）大藤修氏の著書の書評は、『日本歴史』六四五号（二〇〇二年二月）の「書評と紹介」に拙文を寄せたことがあり、ここではその拙文を再録した。

（3）大江よしみ「天保期小田原藩領の農村の動向」（『小田原地方史研究』一号、一九六九年八月）。

（4）菅野則子「天保期下層農民の存在形態」（『歴史学研究』三六五号、一九七〇年一〇月）。

（5）内田哲夫「近世後期における小田原藩の諸相」（『地方史研究』一〇九号、一九七一年二月）、「報徳仕法と御殿場村」（『御殿場市史研究』四号、一九七八年七月）。

（6）内田清「天保期の小田原藩領中里村と報徳仕法」（『小田原地方史研究』三号、一九七一年一〇月）。

（7）長倉保「小田原藩における報徳仕法について――とくに一村仕法の問題――」（北島正元編『幕藩制国家解体過程の研究』吉川弘文館、一九七八年）。

（8）長倉保「烏山藩における文政・天保改革と報徳仕法の位置」（『日本歴史』三三八号、一九七六年七月、後に長倉氏著『幕藩体制解体の史的研究』に収録）。

（9）高田稔「相州曽比村仕法顛末――釼持広吉とその周辺――」（二宮尊徳生誕二百年記念論文集『尊徳開顕』有隣堂、一九八七年）。

（10）齋藤康彦「農村荒廃期の藩公金貸付政策の展開――小田原藩足柄農村を素材として――」（『日本歴史』四二四号、一九八三年九月）。

（11）船橋明宏「村再建にみる『村人』の知恵」（『新しい近世史』四巻、新人物往来社、一九九六年）。

（12）早田旅人「初期報徳仕法の展開――桜町前期仕法における百姓政策を中心に――」（『民衆史研究』六〇号）。

（13）早田旅人「宿場村の報徳仕法――御殿場村仕法の検討――」（『早稲田大学大学院文学研究科紀要』四七輯四分冊）。

（14）早田旅人「報徳仕法の事業展開と民衆――常州真壁郡青木村仕法の構造と主体形成――」（『地方史研究』三〇六号、

二〇〇三年一二月)。
(15) 早田旅人「藩政改革と報徳仕法――烏山仕法にみる報徳仕法と政治文化――」(早稲田大学史学会編『史観』第一六二号、二〇一〇年三月)。
(16) 早田旅人「二宮尊徳の出現――小田原時代の尊徳と地域・藩政――」(『近世南関東地域史論』岩田書院、二〇一二年)。
(17) 早田氏は小田原藩領のみならず、各仕法地の分析を行っており、その主な業績としては「初期報徳仕法の展開――桜町前期仕法における百姓政策を中心に――」(『民衆史研究』六〇号、二〇〇〇年一一月)、「下石橋村の報徳仕法――民間実施仕法の事例――」(平塚市博物館研究報告『歴史と文化』一一号、二〇〇二年八月)、「報徳仕法の事業展開と民衆――常州真壁郡青木村仕法の構造と主体形成――」(『地方史研究』三〇六号、二〇〇三年一二月)、「近世報徳『結社仕法』の展開と構造――相州片岡村・克譲社仕法からみる地主仕法の再検討――」(『関東近世史研究』六三号、二〇〇七年一〇月)、「藩政改革と報徳仕法――烏山藩仕法にみる報徳仕法と政治文化――」(『史観』一六二冊、二〇一〇年)、「報徳仕法の構造――桜町後期仕法における百姓編成と報徳金融――」(『報徳学』九号、一〇一二年三月)、「近代平塚地域の報徳運動」(『自然と文化』三五号、二〇一二年三月)、「報徳仕法と幕府勘定所」(『日本歴史』七七四号、二〇一二年一一月)、「二宮尊徳の幕領仕法」(『関東近世史研究論集　3幕政・藩政』岩田書院、二〇一二年)などがある。本書では小田原藩領の報徳仕法に関する論稿のみ研究史に取り上げ、これらの論稿については省略させていただいた。また、早田氏が報徳仕法関係の研究史をまとめたものに「日本近世史研究のなかの二宮尊徳・報徳仕法」(『報徳学』一〇号、二〇一三年三月)がある。早田氏のこれらの研究成果は『報徳仕法と近世社会』(東京堂出版、二〇一四年)でまとめられた。
(18) 二宮康裕『二宮金次郎の人生と思想』(麗澤大学出版会、二〇〇八年)。
(19) 二宮康裕『二宮金次郎正伝』(モラロジー研究所、二〇一〇年)。

第一章　報徳仕法導入以前の小田原藩領

はじめに

小田原藩主大久保忠真《ただざね》が尊徳に小田原領の報徳仕法を正式に命じたのは天保八年（一八三七）二月であった。天保の大飢饉による城下町や農村の極度な窮乏、米価の急騰、藩財政の窮迫などがその契機であったと言われている。そこで、最初に仕法導入以前の小田原藩および藩領の様子を概観しておこう。

第一節　大久保忠真時代前半の藩政

尊徳を登用したことで知られる小田原藩主大久保忠真は大坂城代や京都所司代を歴任した。文政元年（一八一八）、幕府からの奉書を受け取った忠真は、七月一八日に京都を出発、二七日に小田原城に入ったが、直ちに出府して、八月二日に老中昇進の命を受けた。一〇月四日には江戸を立って京都に向かい、京都所司代の引渡し御用を済ませ、一〇月末か一一月初めに再び京都を発し、一一月一二日に小田原に再帰城した。同一五日に江戸に向けて出発したが、(1)同日朝、忠真は酒匂河原において「郷方奇特もの」や「孝心もの」一三名を表彰し、領内の村役人総代らに六か条の教諭を申し渡している。(2)その前書きによると、忠真が帰城のついでに郷中を見渡したところ、何となく「近来惣て相流候様」に見え、このままでは困窮におよぶことは明らかで、誠に嘆かわしいことであり、今回よい機会なので心懸けを申し諭す、(3)とある。この教諭は勤勉、質素、倹約を説いたものであるが、そのうち第三条目を見ると、(4)

一、本業を日夜つとめ、少しも怠るべからず、尤土地相応の余業、村為にも相成、害之なき事は捨べからず、救ひ用捨をたのみにいたすましく、諸事申付を重し、堅可相守事

とある。農民らに本業である田畑耕作の出精を申し渡す一方で、土地相応の余業をも認め、奨励する内容になっている。すでに、領主側も農民らが本業（農業）だけでは再生産できないことを認識していたことが窺え、「救ひ」や「用捨」を頼みにしないで、割り付けられた年貢・諸役を負担する独立農民像を説いていたこともわかる。

ところで、この年の小田原領は豊作に恵まれた。駿州（静岡県）駿東郡御厨領は富士山麓にあるが、同領の茱萸沢《ぐみさわ》村では土用明けの八月一五日夜まで強い寒気が入ったという。それでも全体としては「当寅秋、田畑ともすべて豊作」であった。(5)また、同領山の尻村の名主日記にも「文政元年寅年陽気よし」とある。(6)このように、文政元年は豊作の年で、後述するように年貢収納量も高かった。にもかかわらず、忠真はこの時期になぜ郷村に対

して、六か条の教諭を示したのであろうか。

忠真が父忠顕《ただあき》の遺領一一万三〇〇〇石を相続したのは寛政八年（一七九六）一月で、当時彼は一六歳であった。二〇歳で奏者番に任じられ、翌享和三年（一八〇三）には藩政改革を宣言し、家中にその協力を求めている。(8)といっても、改革の具体的な施策が示されたわけではない。藩は「累年不如意之勝手向」であり、そのため「数年来一同へ扶助も約之通には無之、不行届、却て過分減少いたし」と、財政が窮乏し、家臣らへの十分な俸禄米支給が不可能であることを明らかにし、困窮させていることを謝した。藩財政逼迫の原因については「新古借財多、且、無拠物入、積年至別て相嵩」と述べるだけであった。そこで、藩はこうした状況を倹約と家臣への減米によって乗り切ろうとし、「格外倹約、少（省）略をいたし不申候ては、其業不行候間、倹約筋其外追々可申出候」と申し渡した。郷村については「所々領内も兎角困窮之趣に候」と述べ、質素倹約・風俗取り締りを触れる程度で、(9)それ以上の政策を行った様子は見られない。

忠真は家臣への減米と倹約だけで藩財政改革が実現できると考えたわけではないであろう。むしろここでは、藩主就任わずか四年の弱冠二〇歳の忠真が、慨然として家中に藩政改革を宣言したことにその意義があったのかもしれない。その後、彼は大坂城代（文化七年～同一二年）、京都所司代の要職を歴任した。その間、国元に帰ることもできず、また自藩の改革を実施する機会もなかった。前述したように、文政元年（一八一八）に江戸へ向かう途中、小田原に帰城したものの、短時間しか滞在できず、郷中を見渡すほどの余裕はなかったはずであるが、こうした時にも、藩政改革への意思を示しておくことは重要であった。事実、前述の六か条の教諭や「郷方奇特もの」への表彰と前後して、藩は次々と政策を打ち出している。これについては、馬場弘臣「小田原藩における近世後期の改革と中間支配機構――取締役と組合村をめぐって――」(10)に詳述されているので、ここでは次の点を述べておきたい。

一一月二日、藩は相州上大井村（神奈川県大井町）名主太郎兵衛や栢山《かやま》村（小田原市）名主七左衛門ら計一〇名の有力名主を地方役所に呼び出し、取締役に任命した。[11] 彼らは、隠密に①村々の盛衰の様子、②博打などの悪事をする者、③孝人・奇特人その外心掛けの良い者、④非分を申し掛ける諸役人、⑤「御上」や「下々」のためにならない「心附」などを調べて報告するよう命じられた。[12] 前述した「郷方奇特もの」「孝心もの」は取締役を通して藩に報告され、酒匂河原での忠真からの表彰となったのである。[13] ここで問題となるのは、取締役の設置であろう。この時点での彼らの役割は「右ケ条之趣、兼々心懸取調置、御役方へ直々可申出候、其外時ニのぞみ密事申付候義も可有之候間、其旨可相心得候、右様不軽用向申付候ニおゐてハ、弥身分相慎出精可相勤候」[14] と、領内の状況を報告させることにあった。

翌二年には「当卯倹約筋厳敷被仰出、組合取締人被仰付」[15] とあるように、再び取締人が命じられた。しかも、藩からの厳しい倹約の申し渡しとセットで組合取締役が任命されており、彼らの役割は忠真が酒匂河原で申し渡した六か条の教諭を各地において徹底させることにあったと考えてよいであろう。

第二節　小田原藩の財政と年貢収納量

『二宮尊徳全集』（以下、全集と略記する）一四巻二一九頁および一五巻三七九頁の解説によると、小田原藩の借財は元禄六年（一六九三）で約一〇万五〇〇〇両、文政期（一八一八〜三〇）に至っては三〇万両におよんだという。享和三年（一八〇三）に忠真が藩政改革を家中に宣言した時にも「新古借用多」[16] くとあり、その借財をどう処理するかが忠真時代の藩政の大きな課題であった。文政一一年一一月の史料には「遠国勤中、其以来も種々差略取続来候得とも、兎角入用相嵩、借財も弥増、多分之費、先達て一同志を以大成趣法出来、減借之道立候処、年々之不足不少、新借にて凌候儀共、可相整端は更に不相見、却て危迫之暮に及候」[17]とある。忠真が大坂城代・京都所司代を勤めた時に支出が大幅に増大し、借財が増え、一同が大志をもって減借の道を立てたものの、不足分が多く、新借におよび、かえって危迫の暮し向きになったというのである。忠真の「遠国勤」は彼の出世＝昇進をもたらしたが、一方では財政支出の増大をまねき、藩財政は悪化の一途をたどる大きな要因となったのである。

では、収入面はどうであったろうか。次のグラフは宝暦五年（一七五五）から天保七年（一八三六）までの小田原藩全体の年貢収納高と、小田原領（駿・豆・相の三州）の年貢米収納高の変遷を示したものである。[18]藩領全体の年貢収納高を見ると、凶作・飢饉・災害などによる年貢量の変動はあるものの[19]、文政元年（一八一八）までの米納高は増加傾向にあった。永高は文化初年までは横ばいであったが、その後、文政元年にかけて増加する傾向を示した。小田原領の米納高も同様な変遷であるが、とくに忠真が藩主に就任した頃からの増加が著しい。

もう少し整理すると、次のような点が指摘できる。①米納高は忠真が家督を相続した頃から急増したこと、②彼が家中に藩政改革を宣言した享和三年の前年には、何らかの理由により年貢米高が減少したこと、③文化一三年（一八一六）には米納高が激減し、その翌々年の文政元年、すなわち忠真が酒匂河原において六か条の教諭を申し渡し、「郷方奇特もの」らへの表彰を行った年には、米納高がピークに達したこと、④文政元年から同五年までは高い米納高を示すが、その後の年貢量は変動が激しくなり、同八年・一一年・天保四年・七年のように激減する年が多くなる。⑤文政一〇年以降、永納高は急増し、天保六年まで高位を保つが、その翌年には米納高と同様に激減している。

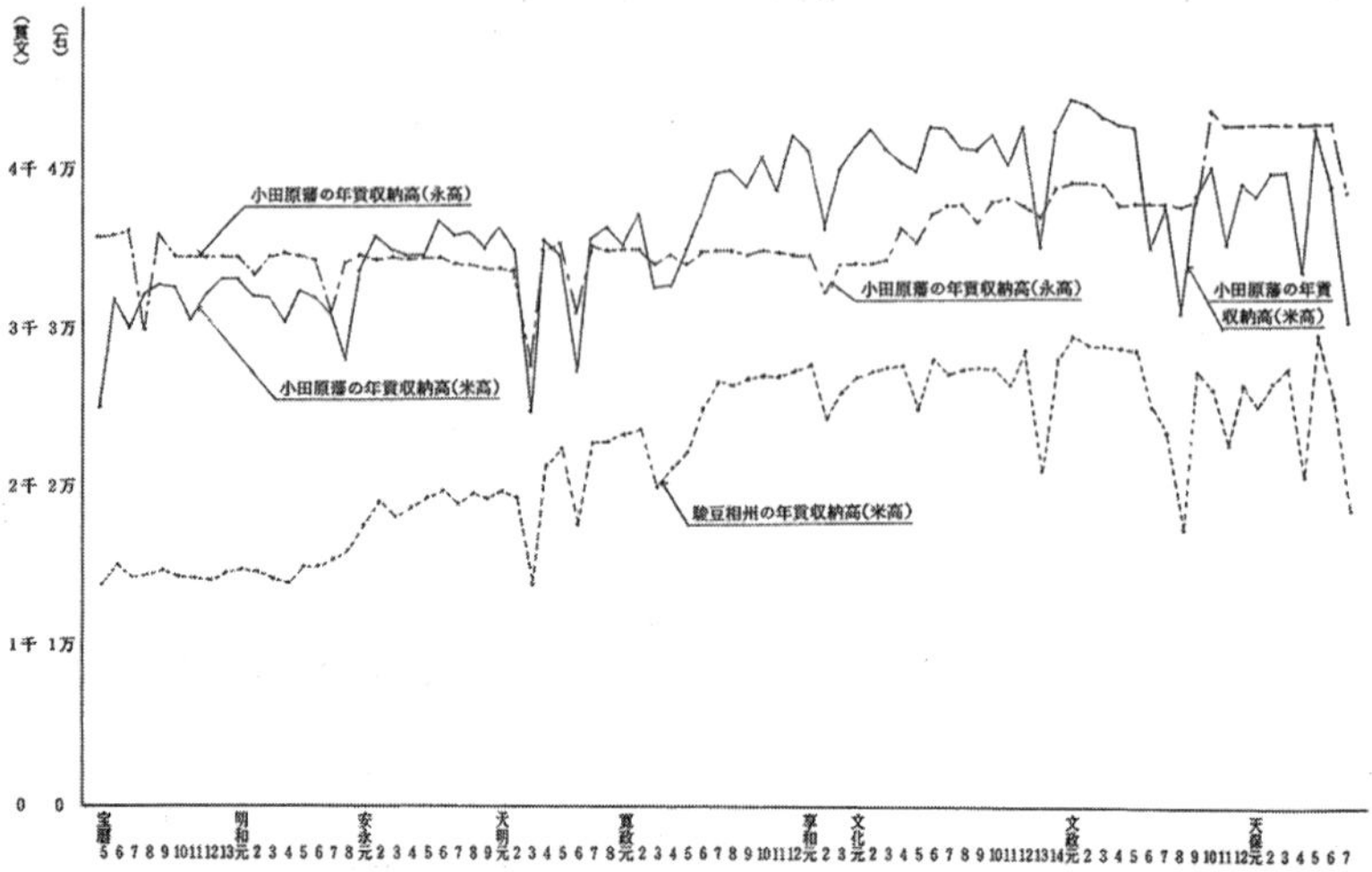

このように、小田原藩の年貢収納量は、領内の農業生産力上昇分までを収奪の対象に組み込みながら、次第に増加し、文政期前半にピークに達した。財政的にみると、年貢収納量が増えても、それ以上に支出が多かったため（前述）、藩財政が好転することはなかったといえる。一方、領内の村々が、その内実はともあれ[20]、増加する年貢量を一応負担することができていた点は見逃せない。

小田原藩の年貢米収納量は、文政六年以降、これまでの高収納の時代から一変し、激しく増減しながら全体としては減少する傾向を示した。その中で、同八年には天明三年（一七八三）に次ぐ低い年貢米高となり、忠真時代の最低となった。彼が藩主だった期間中の文化一三年・文政八年・天保四年・同七年に年貢米高が激減しており、領内の村々でもほぼ同じ動きを示している。領内四か村の年貢割付高から右の四か年分だけを抽出したのが表1であるが、文政八年の割付高が他の年に比べていかに低かったかが窺えよう。この年、足柄上郡金子村（神奈川県大井町）では「田作植付以来、雨天相続候也、一体虫付候」と、雨天が続き、虫害損の様相を呈し、立枯れ、根腐れ、あるいは青

表１　凶作飢饉時の年貢量比較

村　　名	米　永	文化13年	文政８年	天保４年	天保７年
金　子　村	米納高	372石196	341石349	384石952	372石933
	永納高	37貫879	35貫912	38貫569	35貫912
金井嶋村	米納高	304石743	198石192	276石125	250石645
	永納高	12貫362	12貫592	12貫592	11貫392
宮　台　村	米納高		172石003		214石764
	永納高		8貫796		8貫896
岡　野　村	米納高	105石049	70石386	82石978	79石960
	永納高	3貫564	3貫634	3貫634	3貫234

〈出典〉金子村は間宮恒行家文書、金井嶋村は瀬戸格家文書、宮台村は草柳才助家文書、岡野村は岡野自治会文書

立ちとなり、「甚見苦敷実入之程」であるとして、年貢減免の検見を嘆願した。(21)御厨領山の尻村（静岡県御殿場市）でも状況は同じで、「陽気ハ甚々寒し」、「畑大豆へも虫附申候」と大豆への虫害も大きかったとしている。(22)藩では、年貢収納高が減少したうえに、御厨領に対してその蔵米を払い下げることで、(23)永納高だけはようやく確保した。のちの天保四・七年の年貢米の減少は、天保飢饉によるものとして知られているが、文政八年に激減したことについては、これまであまり取り上げられてこなかったように思われる。だが、藩政面を見ると、その影響は翌九年以降に次第にあらわれてくることになる。

第三節　文政期後半の御厨領農村

文政八年（一八二五）の小田原藩の年貢収納量が激減したことは前述したとおりである。その要因は冷害とそれにともなう虫害によるものであった。六月末には富士山八合目下まで七・八寸程の大雪が積もり、寒さを感じたという。(24)この年の名主日記には「甚々さむし」「大キニ寒し」の文言が多数見られる。八月初頭には凶作が明らかとなり、その後、組合一同が相談し、小前百姓らにも倹約を申し付けることにな

り、山の尻村では八月四日に五人組の組親を通して今後五か年間の倹約を申し渡している(25)。

九月に入り、村方は年貢減免を求める検見を嘆願した。検見は直ちに実施され、山の尻村では五三俵、山尾田村（静岡県御殿場市）では一〇俵の引方を願ったが、「引方之儀ハ誠ニ少し」しか認められなかったようである。一〇月には郡中で諸職人や日雇者の今後五か年間の賃銭を取り決め、彼らの労働力を確保しつつ、その賃金の上昇を抑えるよう図っている。一〇月から一一月にかけて、御厨領の村々に蔵米の払い米があった。「米一俵ニ付四升ヅ、之差米御払相成(26)」りとあり、年貢米一俵（四斗一升）当り四升を払い米にしたことがわかる（その値段は不明）。山の尻村では、まだ夫食米が不足であるとして、米の買い置きを願い出ている。この願いは許可されたようで、村役人らは相談のうえ相州足柄上郡に赴き、金を借り入れて、藩から米五〇俵の払い米を買い、囲米とした。その際の値段は一〇両につき一七俵の割合であった。同村ではこの外に個人への下げ米もあり、計一四四両余りを徴収し、納入している。さらに、藩は組合惣代に「村々囲置候籾ヲ以当暮之義相凌可申様ニ、御役所ニ而我等惣代両人（源之丞と上小林村の清兵衛）江被仰付、籾数組合ニ而三百俵御下借(27)」を命じたとあり、村々の囲籾を下げ米にしたことがわかる。ここでも囲籾の下付が「組合」を通して行われており、組合が飢饉救済の際に大きな役割を担っていたことが窺える。

同年の大凶作によって、米相場は一〇両につき一九俵（以下、米相場は一〇両当たりの俵数とする）前後に上がり（表2）、その影響は翌九年の春頃まで続いた。その頃は「戌年（文政九年）の田畑仕付け等にも難儀仕るべきやと心配致(28)」す状況で、春の麦作も大不作であった(29)。その後「田畑諸作は一同大豊作(30)」となり、一一月には米相場が三三俵位まで下がった。翌一〇年も豊作に恵まれ、三〇俵前後の相場が続いた。

一一年になると、米相場は高騰した。その要因は、六月晦日の大風雨と寒冷による不作にあった。御厨領では

表２　文政期、御厨地方の米・大豆相場

年　月　日	米相場（金10両に付） 内（所）米	米相場（金10両に付） 蔵　米	大豆相場 （金１両に付）	備考 （作柄等）
文政元年 12月下旬	（新米30俵） 33俵	（古米26俵）	1石4斗～ 1石3斗8升	陽気よし
文政2年　6月 6～7月 10月 ？月 暮れ	33～34俵 31俵半 27俵 36俵	31俵 31俵半 33俵4分5厘	 1石7斗 （10両28俵）	陽気よし、豊年、 米価下値、 病気の流行
文政3年　正月 4月 9月上旬 冬	33俵8分 34俵 29俵半	31俵2分 32俵 31俵 28俵	 1石6斗8升	春以来照りつけ、 7月値段弱き、 大麦小麦大不熟
文政4年　？月 盆前	28俵 26俵2分		（半分位）	陽気よし、諸国大水
文政5年　？月 4～5月	27俵 22～25俵	 20俵	1石5斗5升	陽気よし、 5月上旬雨天気
文政6年　5月	25～26俵			夏日照り、6月大雨
文政7年	26俵半			大風、冷気強し、 虫害、はしか流行
文政8年　8月 9月以降	19～21俵 18俵半～19俵	17～19俵		虫害、冷気強し、 時候甚々あしき、 穀物高値
文政9年　春 8月 9月 10月 11月	19俵 （新米24俵） （新米27俵） 29俵半 33俵	（古米20俵）		大麦大不作6月上旬 諸作大いに草生よし、 諸作一同大豊作、 下値になる、 秋作大いによし
文政10年　夏 閏6月	29俵 32俵			夏、大麦等種入よろし、畑日照り
文政11年 7月上旬 10月 11月	 23俵半 22俵 33俵	19俵	1石2斗	6月末大風雨、7月末寒冷、10月頃田畑上作、値段は高値
文政12年　6月	18俵	16俵		陽気よし、田畑共に草生よし、6月以降痢病流行
文政13年	21俵半～22俵			陽気は中の上、 田方不熟畑作は相応

〈出典〉『ぐみ沢村の「名主日記」』（御殿場市史史料叢書１）、『山の尻村の「名主日記」』（御殿場市史史料叢書２）

大風雨による大きな被害はなかったものの、同領以外の駿州駿東郡や富士郡、相州の村々は大きな被害を受けた。小田原周辺では流家などの被害があり「小田原様御物取二万石と之あれ（荒）と承り申候[31]」と伝えられた[32]。

文政一二年は「陽気ハよし、麦作近年なキ当り」「田畑共ニ草生宜敷御座候[33]」と、天候も良く、年貢高も回復した。だが、米相場が下がった様子はない。この年の米相場は米収穫前のものしか明らかでないが、一八俵と高くなっている。

文政一三年＝天保元年（一八三〇）には格別陽気が良いというほどでもなく、場所によっては「田方不熟」の所もあったが、「中之上位之陽気」で、年貢収納高にも大きな影響はなかった[34]。それでも米相場は下がらず、二一〜二二俵の高値が続いている。

以上、文政期後半の御厨領農村の状況について、文政八年と一一年の凶作、それにともなう藩や村方の動き、年貢米収納量の動き、米相場の変動に注目しながら検討してきた。ここでは次の二点について指摘しておきたい。

（1）文政八年の凶作では、藩は年貢減免だけでなく、年貢米を地払いにし、村方に夫食米を確保させた。こうした飢民救済に「組合」が大きな役割を担っていたことは見逃せない。翌々年の文政一〇年に、藩は畑方年貢を重視した年貢徴収へと方針を転換したと思われるが、それが八年の大凶作に対応してのものか、次項で述べる翌一一年の藩政改革との関連によるものかは明らかでない。いずれにせよ、この時期に畑方年貢が大幅に引き上げられていることは見逃せない。

（2）御厨地方では文政一一年も不作であったが、一二・一三年はほぼ豊作であった。にもかかわらず米相場は下がっていない。それまでは、凶作でない限り米相場が二五俵より高くなることはなかったが、両年の豊作時でも二二俵以上の高値が続いた。このことは、この地方あるいは藩領全体において、豊作時でも米相場が下がらないという農村の経済構造の異変が生じていたことを前提とする。農村の経済構造の異変については第三章などでも触れていくことにしたい。米相場の高騰は、町や村の下層民に深刻な影響を与え、彼らの没落や農村における貧窮分解が急速に進行したであろうことは容易に推測できよう。

第四節　文政一一年の藩政改革

文政八年の年貢米収納量激減後、小田原藩がどのような対応をしたのかは明らかでない。三年後の文政一一年一一月になると、藩主忠真は「実以甚危き御台所」の再建のため「十ケ年別段取続筋申出」「御身分を初、諸般一際之御省略、十ケ年被仰出」と、一〇か年の藩政改革を申し渡した(35)。その直書によると、藩財政逼迫の原因は「遠国勤中」（大坂城代・京都所司代の在任中）に鬱しい出費があり、増借になった点を掲げている。また、「度々之出水にて御収納も相減」と、はじめて年貢収納量が減少したことを述べている。年貢収納量の減少が文政六年以降のことであることは前節で述べた通りである。すなわち、年貢収納量が減少し、さらに「収納と出高と応兼候に付」藩財政が窮乏したのであった。財政の逼迫にともない、藩は家臣への俸禄米を減石するなどの処置を講じたが、これも「事実は全不相届故哉、間も無之手詰に至候段、何とも残意之事共に候」と、あまり効果がなかったとしている。また「此の度公金等之外、関東限り金主共へ及示談候次第も候処、いさゝか相整候」と、幕府からの公金や、関東からの借財について、金主と掛け合い、少しは整理したという。藩の勝手方では「一同丹精之大成趣法にて、関東御無借御渡方等迄も相直し可申含み、其後、又々江戸表にて惣益趣法相企」てるなど、種々手を尽してきたことを明かにしている。だが、その結果は「見込通りにも不被行、致手戻、却て御増借倍、御危迫之御暮と相成、寔に可致様無之」と、見込み通りに借財を減らすことができず、かえって増借になり、藩財政が逼迫したというのである。こうした状況から「何とぞ暮向之柱礎相立、其證跡相あらはるゝ様有之度候」と、次のように改革の実施を宣言した。

是迄も度々御取締之義被仰出候得とも、兎角相流、其験全不相見候に付、此度は更に一転、斯も御改革有之候はゞ、出入不致紛雑、銘々一己之心得も相定、兼々被仰出候御暮向、且御政治遂には相整候様にも可致哉

これまでたびたび取り締りを命じてきたが、効果があらわれなかった。ここで改革を行えば、財政収支も紛雑せず、家臣一同の心得も定まり、暮し向きや政治向きも整うようになると期待しての宣言であった。

その改革の内容を見ると、まず財政の基本を取り調べ、御朱印高の四つ物成を収入の「土台之根元」とし、その内「四を以御上御入用を惣て取計」らい、「六を以御家中御渡方に」する収支の大枠を定めた。また、「家中之分も江戸・小田原先々次第を以、渡方役高等相改候」と家臣への俸禄米高および役高を改めたり（減額）、「関東銀主共へ惣益趣法を為本、御減借之道示談におよ」ぶなど、金主との話し合いで借財の減借を進めていくとした。だが、臨時の支出は「不時御入用致来之節は、直に御差支に付、其節は上下歩合を以相減、取償候積」りであると、家臣の俸禄の一部を減額して賄うとしている。これらを述べたうえで、藩は「見苦敷義等は聊も御厭も無之」ほどの「倹約」を家中に発したのであった。

これより先、八月に小田原藩は地方支配体制を大幅に改正している。詳細は馬場弘臣「小田原藩における近世後期の改革と中間支配機構——取締役と組合村をめぐって——」(36)で明らかにされているので、ここでは次の点に

ついて述べておきたい。忠真はこの藩政改革において役人を減員するとともに、役人の大異動を断行した。その主な役職と人名を馬場論文から抽出すると、御家老御勝手方頭取に服部十郎兵衛、御用人に早川茂右衛門と三幣又左衛門ほか二名、三幣は寺社・町・郡の三奉行も兼帯した。大勘定奉行は御普請奉行を兼帯し、鵜沢作右衛門と深水程右衛門ほか一名で、深水は代官も兼ねた。寺社・町・郡の三奉行を兼帯していた者に、先述の三幣と松下良左衛門ほか二名がおり、代官は大川通川除・村々堰川除・開発方改役・御貸物取立役を兼任し、前出の深水ほか四名がいた。さらに、三奉行の手代・大川通川除方・堰川除開発を兼任していた者に山崎金五兵衛ら四名がいる。役職者には兼任が多く、これにより役米の支出の削減が多少なりとも可能となった。この時に登用された者は、以後の小田原藩政を担い、のちに導入される報徳仕法の藩側の推進者となっていく者らによって多くを占められていた。(37)

第五節　天保飢饉と米相場

天保四年（一八三三）になると、小田原藩の年貢収納高は激減した。いわゆる天保飢饉が始まった年である。足柄下郡中里村（小田原市）名主原治郎左衛門（美慶）はこの天保飢饉の様子を『飢饉録』(38)と題して記しているが、同四年の状況について次のように述べている。

一、植附以来陽気相応ニ候処、八月朔日大風雨ニ而諸作大荒、一統難渋故、八分通検見相願候、御見分之上三分五厘之御引方被仰付、難有候得共、違作故一同致難渋候

この年の七月までは相応の陽気であったが、八月一日の大風雨で大きな被害を受け、小田原領では「八分」(八割)の村が年貢減免を求めて検見を嘆願したが、「三分五厘」(三割五分)の引き方しか認められなかったと記している。

この年の一一月には、梅沢(神奈川県二宮町)で、「身元相応之者三軒被打潰候」といった事件が起こった。米穀商と思われる富裕者が貧農・貧民層によって打ちこわされたのである。『飢饉録』では米穀値段にも関心を寄せ、その高騰ぶりを書き留めている。

一、米値段八朔(八月一日)之荒前者、金拾両ニ付廿壱俵より弐拾弐俵位、二日・三日より段々引上、金拾両ニ付拾五俵より拾弐俵位、秋ニ成米出来候而茂拾弐俵より拾壱俵位

一、麦之値段壱石弐・三斗位、午(天保五年)之夏ニ成米値段拾俵より九俵八分迄高値段也

八月一日以前の米値段は二一～二二俵位で、表2で示した御厨領の文政末年頃の相場と大差なかった。それが二日・三日から上がりはじめ、一五～一二俵位の高値になり、秋の収穫期を迎えても下がらず、翌年の夏にはさらに上がり、一〇俵を切るほどの高値になったと記している。

同じ状況は御殿場地方でも見ることができる。表3は同地方の米相場を示したもので、天保三年と同四年の初め頃の相場は二五～二七俵位であったものが、五月に虫害の様相があらわれ、八月の大風雨後は一六俵以上になり、その後も上がり続けた。九月には「近所ニ而も一切米之儀ハ売買等無御座候」(39)と、相場は立つものの、売買する米が全くない状況になっていた。この飢饉の影響は翌年五月ころまで続き、麦収穫直前の五月には九俵まで

表３　天保期、御殿場地方の米・大豆相場

年　月　日	米相場（金10両に付）		大豆相場 （金1両に付）	備考 （作柄等）
	内（所）米	蔵　米		
天保2年	19～22俵			米相場高値、 米高にて一同難儀、 4月からはやり病
天保3年 閏11月	25俵半 26～27俵 25俵6・7分		1石6～7升 1駄に3分と200文	田畑出来種入等も 大キ宜敷、 陽気よし、 万作物よし
天保4年正月 6月下旬 盆後 8月中旬 9月上旬 10月1日 10月 12月上旬	25俵 20～20俵5分 19俵 16俵半 16俵 16俵 （新米14俵） 13俵	19俵 14俵 11俵	1石 1石5斗6升	5月中旬より虫付 く、大風雨、大豆に あぶら虫、盆後米価 段々と上がり、8月 1日近年これなき大 風雨、大キ不作、当 巳年格別之違作、稗 大不作、大霜
天保5年 5月上旬 5月中旬 8月中旬 10月	10俵半 9俵 （新米15俵） 21俵		（20俵）	米相場格別の高値、 一同難儀、村方夫食 米不足、8月14日 風雨吹き出す、大廻 り様より定免願継
天保6年10月	19俵			田方陽気も六ヶ敷、 穀物不作、稗不作、 小豆違作
天保7年5月 6月 8月上旬 10月 11月上旬 12月 12月 12月下旬	16俵 15俵7分 10俵 9俵2分 9俵2分 8俵	13俵半 14俵 7俵2分	8斗8升 6斗8升 4斗5升	5月雨降り続く、 大麦・小麦違作、 甚々寒く、何も高値、 売米一切無御座候、 7分通りの引き方、 当年別段凶作
天保8年正月 2月下旬 4月 6月	7俵半	6俵	5斗5升 4斗4升5合	何穀にても高値 何年無之天気よし、 麦作之義種入よし、 田作大キニ出来、小 麦ハ違

〈出典〉『山の尻村の「名主日記」』（御殿場市史史料叢書2）

高値になった。

このように、凶作による米価高騰で、村方では再び食糧を確保することができなくなり、さらに「一同困窮ニ付、村々物騒ニ付、盗人多少ニ付、田畑へも色々盗取申候様子」[40]と、治安の悪化も進んだ。前述した梅沢での打ちこわしも、まさにこうした背景をもとに起こった騒動であった。

これに対する藩側の対応は、八月に田方を検見し、年貢を減免し、村方に格別の倹約を申し渡すくらいで[41]、これといった具体的な救済策を見ることはできない。

一方、村側では種々の動きを見せている。一〇月には七か条の郡中定め「困窮ニ付郡中相定メ之事」[42]を発し、地域的にまとまった倹約の実施や、諸職人賃銭・奉公人給金の上昇を抑えるなどの申し合わせをしている。

翌年五月には、山の尻村の夫食が底をつき、新橋村（静岡県御殿場市）甚四郎という者の買い置き米の内六俵を一〇両で買い求め、村内で少しずつ配ったという[43]。このように、村方では、地域的にまとまった倹約や賃銭・給金の値上り抑制を申し合わせ、夫食米の確保に努めるなど、具体的積極的な対応をしている。

天保四年の大凶作によって高騰した米価は、翌五年八月の新米収穫期以降に徐々に下がり、一〇月には二一俵までになった。同六年には天候不順のため、再び凶作となり、米相場は上昇傾向を示した。四年の大凶作による困窮状態から抜け切れないところに、再度「穀物不作」[44]となり、社会不安が増大し、治安も悪化して、御殿場地方では「盗人」や「切ころされ」事件がしばしば起こった。

凶作は天保七年にピークに達した。五月頃から冷害による被害が顕著となり、七月二二日には富士山の六合・七合目まで雪が降ったという。その頃から米相場の高値が懸念され、この年の収穫が絶望となった八月上旬には米価が急騰、御厨地方では「売米無御座」状態となり、下旬には「米は郡中にござなく」[45]と、再び夫食米の確保ができない様相を呈してきた。

隣国甲州郡内領では、八月一九日頃から打ちこわし騒動が起こり（郡内騒動）、御厨地方にも押し寄せるほどの勢いであった。知らせを受けた小田原藩は直ちに大目付・郡奉行・代官・手代ら一五〇名ほどを富士山麓の須走村（静岡県御殿場市）に派遣した。この時、御厨領では人足と米の差し出しが命じられ[46]、そのため村々は一層困窮した。山の尻村の年貢は「凡七分通り之引方」[47]が認められたものの、村方の困窮は解決の方向になかった。また、飢饉は治安という面でも大きな問題をもたらした[48]。

一、天保七年十二月、郡中一同ニ火事多く、并盗人多キニ付、一同申合、十二日ニハ郡中無宿共村々取調、やさがし致し、山畑迄人足罷出、役人一同ニ而取調致申候

治安が悪化した御厨地方では、一二月一二日に一斉に郡中の無宿人らを取り調べたというのである。治安の回復が藩権力ではなく、「郡中」の「一同申合」わせによって行われた点が注目される。飢饉・凶作などへの対処や治安維持で「郡中」が大きな役割を果たしていたことは見逃せない。

一一月になると飢饉による影響は一層深刻となった。その様子について山の尻村の名主は次のように記している[49]。

一、当十一月より、村々ところをほり、又ハかろしにん之根ほり、又ハ山ノいもほり、色々山物之ねヲ取申候、色々と致し命ヲつなぎ置申候、又ハ村々ニ而わらヲ切、こなニ致し、ろ命ヲつなぎ申候、誠ニ難儀

仕居申候、以上

御奉行様御検分之上、難儀之者江米壱升当リ位ニ被下候、村ハ四人計り、山尾田ハ十五人位差出申候、当村米五斗・□壱斗五升、山尾田分□六斗五升両村江被下候、十二月廿七日村方江割合仕候

一一月頃の御厨領は穀物が払底し、購入することさえできない状況に陥った。農民の中には、山の芋や山物の根を取ったり、また藁を切りきざんで粉にして食物として露命を繋いだという。一二月に入り、藩はようやく郡奉行の大橋利十郎らを派遣し、御厨領村々の極難者の調査を行わせた。山の尻村と山尾田村にはわずかではあったが、米が下付されたことがわかる。これで窮民らが飢餓状態から解放されたわけではないが、天保四年の凶作時でも見られなかった藩の積極的な窮民救済策として救済米の下付は注目できよう。

一方、小田原地方における天保七年の飢饉の状況について再び『飢饉録』をみてみよう。三月上旬から雨天勝ちの日が続き、五月には米相場が一二俵まで上がった。七月の土用の頃には「冷気勝」ちになり、綿入れの袷を着用するほどであったという。この天候不順により、九月には米相場が一〇俵まで高騰し、さらに上昇する傾向を示した。一〇月には九五パーセントの村で年貢減免の検見願いを差し出し、「四割之御引方被仰付、一統納得不致」と、四割の減免が認められたが、それでも納得できるような状況ではなかった。困窮が著しかった仙石原村（神奈川県箱根町）では、二〇軒程が離散し、残り戸数が五〇軒余りになってしまったという。

こうした困窮と米価の高騰は、町村の貧民層に深刻な状況をもたらした。大磯宿（神奈川県大磯町）では「川崎屋ヲ始め、石（穀）屋拾四軒程」が打ちこわしされている。同宿の支配代官江川太郎左衛門は、一揆側の頭取八名程と、打ちこわされた「米屋仲間川崎」らを韮山代官所に呼び出し、双方に入牢を命じた。打ちこわしの対象

が米穀商人であったことを考えても、多くの下層貧民層にとって夫食（食糧）確保がいかに困難であったか想像できよう。小田原では一一月に米相場が一〇俵から八俵くらいまで上がり、その上昇傾向は止まる様子を見せず、翌年三月まで上がり続けた。

註

（1）『ぐみ沢村の「名主日記」』（御殿場市史史料叢書1、一九七三年）八二〜八三頁。
（2）『二宮尊徳全集』第一四巻二九一頁。以下「全集一四巻二九一頁」のように略記する。
（3）拙稿「酒匂河原表彰地をめぐる二つの資料」（『かいびゃく』四六巻六号、一九九七年六月）。本書補論1に所収。
（4）註（2）に同じ。二宮正隆家資料（小田原市尊徳記念館蔵）。同資料は全集一四巻二八五頁、『神奈川県史』資料編五No.七二、『南足柄市史2』No.一〇号、『小田原市史』史料編近世Ⅲ No.九、『大井町史』資料編近世（1）No.二二などに所収。
（5）『ぐみ沢村の「名主日記」』八一頁。
（6）『山の尻村の「名主日記」』（御殿場市史資料叢書2、一九七七年）一九六頁。
（7）『神奈川県史』通史編近世Ⅱ。馬場弘臣「小田原藩における近世後期の改革と中間支配機構――取締役と組合村をめぐって――」（『おだわら――歴史と文化――』八号、一九九五年二月）。
（8）全集一四巻二八八〜二九一頁。
（9）『神奈川県史資料編5』六七・六八号。
（10）馬場氏前掲論文。
（11）栢山村名主七左衛門家は、尊徳が二〇歳で自分の土地に小屋を建てて独立する直前まで、住込みで奉公していた家である。文政元年の「郷方奇特もの」として尊徳を推薦したのは取締役七左衛門であったと考えて良いであろう。
（12）『ぐみ沢村の「名主日記」』八四頁。
（13）拙稿「小田原藩政の展開と二宮尊徳――藩主大久保忠真の酒匂河原での表彰をめぐって――」（『地方史研究』二八三号、二〇〇〇年二月）。本書第二章に所収。

（14）註（12）に同じ。
（15）右同書、八八頁。
（16）全集一四巻二八八～二九一頁。
（17）全集一五巻三八〇頁。
（18）全集一四巻一八六～二一〇頁。
（19）小田原藩領はこの間に領地替えなどがあり、必ずしも同一基準での比較ではないが、おおよその傾向を見るには大過ないと考える。近世後期の小田原藩領の年貢収納量の変遷については深谷二郎「相州小田原藩財政の一考察」（『横浜市立大学学生論集』一一号、一九六五年）でも若干検討している。
（20）大久保忠真が六か条の教諭の中で、「郷中見渡候処、何となく近来惣て相流候様に候、此形にては弥可及困窮と誠になげかしき事候」（全集一四巻二九一頁）と述べており、郷村の困窮化が進んでいたことが窺われる。
（21）足柄上郡大井町金子間宮恒行家文書（神奈川県公文書館寄託資料）。
（22）『山の尻村の「名主日記」』二二三～二三〇頁。
（23）右同書、二三二頁。
（24）右同書、二二四頁。
（25）右同書、二二五～二二六頁。
（26）右同書、二三二～二三三頁。
（27）右同書、二三三頁。
（28）右同書、二三五頁。
（29）右同書、二三七頁。
（30）右同書、二三九頁。
（31）右同書、二五三頁。
（32）前年の駿豆相領分の年貢収納高と比較すると、三四八五石減少しており、全領の場合では四七九六石余りの減少となっている。資料にある「御物取高二万石」とは小田原城付地付近の約二万石の地が「荒れ」になったという意味であり、物成＝年貢高を意味するものではないと考えてよい。
(33)『山の尻村の「名主日記」』二五七～二五八頁。
(34)右同書、二六三頁。
(35)全集一五巻三八〇～三八二頁。
(36)馬場氏前掲論文。
(37)御家老御勝手方頭取服部十郎兵衛は、翌一二年一二月以前に罷免されている。大勘定奉行鵜沢作右衛門の書状には「小峰親玉様（服部十郎兵衛）にも、風と当勤御用向にて御間違出来、御役御免被遊、扨々困入申候事候、乍去為差儀に無之、来春は是悲御再勤と申噂に御座候」とある（全集六巻八頁）。
(38)『神奈川県史』資料編5近世（2）、二二二五号文書。
(39)『山の尻村の「名主日記」』二八七頁。
(40)右同書、二八八頁。
(41)右同書、二八六頁。
(42)右同書、二八八頁。
(43)右同書、二九一頁。
(44)右同書、二九七頁。
(45)右同書、三〇一～三〇二頁。
(46)右同書、三〇二～三〇三頁。
(47)右同書、三〇四頁。
(48)右同書、三〇六頁。
(49)右同書、三〇七頁。

第二章　小田原藩政の展開と二宮尊徳

――藩主大久保忠真の酒匂河原での表彰の意義をめぐって――

はじめに

文政元年（一八一八）一一月、老中に就任したばかりの小田原藩主大久保忠真《ただざね》は、京都から江戸に向かう途中、酒匂河原において小田原領内の出精奇特人や孝行人を表彰した。その中に足柄上郡栢山《かやま》村（小田原市）の金次郎（二宮尊徳）[1]が含まれていた。この時の表彰地や表彰にいたる忠真の行動については拙稿「酒匂河原表彰地をめぐる二つの資料」[2]で述べたが、本章では彼がこの時期に出精奇特人らを表彰した背景や、この表彰が小田原藩政上でもつ意義などについて検討することを目的としたい。

寛政八年（一七九六）、弱冠一六歳で小田原藩主となった大久保忠真が抱えた藩政上の課題は、「累年不如意」の藩財政を改革することにあった。家中に対する減米の実施や倹約などを励行させる一方で、領内に対しては年貢増徴を行うなどして改革につとめた。こうした中で、忠真自身は寺社奉行・大坂城代・京都所司代の要職を歴任し[3]、文政元年八月に老中に就任した。小田原藩の年貢収納量は文政期前半まで増徴傾向を示したが、藩財政は好転するどころか、反対に「新古借財多」くなる状況であった[4]。

表4は小田原藩政の概略を示したものであるが、忠真が領内の奇特人や孝行人を集めて表彰したのは、彼が老中に就任した三か月後のことである。この表彰以後、藩政の展開の中に尊徳がしばしば登場するようになる。彼はそれまで家老服部十郎兵衛家の財政再建に携わり、文政元年には再度その事業を引き受けたという[5]。服部家の財政問題は、直接小田原藩政と関連するものではなかったが、同三年に藩士救済の資金として藩から一〇〇〇両引き出すことに成功し、これを困窮した藩士が低利で借用できる「八朱金」制度（年利八パーセントの貸し付け）を設立するなど、尊徳は急速に藩政との関わりを深めていった。服部家の財政再建もこの制度を利用して取り扱うことで、彼らを救済した。

また、この年に尊徳は年貢を測る枡の改正を藩に上申し、実際に新枡の作製に携わった。翌四年五月に尊徳は、「松尾」という者と堀之内村（小田原市）の吉蔵とともに江ノ島・鎌倉・三浦宿・浦賀宿・金沢八景を回っている。とくに「三浦郡之内委敷見物仕候」[6]と記しており、その目的が三浦郡内の視察にあったことがうかがえる。小田原藩はその前年一二月に三浦郡への領地替えと浦賀表への出兵（海防）を命ぜられており[7]、尊徳らの視察がそのことと関連していた可能性は十分にある。「松尾」という者については明らかでないが、同藩には後に代官となる松尾弘右衛門がおり、小田原仕法においても尊徳に近い存在で行動していることから、弘右衛門のことと推測でき、尊徳らの三浦郡見物は藩の要求によるものであったとも考えられる。

このように、文政元年一一月に藩主忠真より表彰されて以降の尊徳は、藩政と密接な関係を持つようになった。そして、同四年八月には大久保家の分家旗本宇津家（四〇〇〇石）の知行所がある下野国桜町領（栃木県真岡市）の

表４　小田原藩文化・文政期の改革概要

年　月	小田原藩の動き	出　典
文化８年	国産奨励（9年1月・11月・14年12月）	『県史』通史編近世（2）
文化９年11月	国益・倹約により他領酒・下り酒の売買禁止	『県史』近世（2）No.70
文化11年２月	被仰渡之写（領内に倹約を触れ回す）	『市史』藩領2 No.8
文化12年４月	藩主大久保忠真、京都所司代就任	『県史』通史編近世（2）
文政元年８月	忠真、老中に就任	『県史』通史編近世（2）
文政元年11月	郡中取締役の設置を申し渡す	『市史』藩領2 No.101
文政元年11月	忠真、領民に6か条の心得を示す	『全集』15―291～
文政元年11月	訴状箱の設置を申し渡す	『市史』藩領2 No.102
文政２年２月	町方取締りの趣意について触書が出る	『市史』藩政No.259
文政２年４月	府川村、耕作出精人の利左衛門を届ける	『市史』藩領2 No.105
文政２年５月	難村助成目論見趣法（①駿豆相御領分村々世話人＝難村立て直し助成世話人、②駿豆相御領分村々役人③組合取締世話役へ、難村助成趣法の実施と倹約を命ずる）	『市史』藩領2 No.10
文政２年６月	組合村々倹約取締の請書を出させる	『町史』近世（1）No.23
文政２年８月	物価・奉公人給金引き下げ申し渡し	『県史』近世（2）No.74
文政２年９月	村方に倹約を命ずる	『市史』藩領2 No.11
文政２年12月	藩が領内の職人を統制する	『市史』藩領2 No.108
文政３年３月	谷ケ村甚八夫婦が孝心で表彰される	『市史』藩領2 No.109
文政３年10月	金次郎、新製枡改正について上申する	『全集』14―1183～
文政３年11月	新製枡改正について村々から請書を出させる	『市史』藩領2 No.110
文政３年11月	藩士救済のため藩から1000両の助成を示す	『全集』14―297～
文政４年３月	藩士救済のため藩から1000両を助成する（年利8朱）	『市史』藩領2 No.114
文政４年４月	浦賀表への出兵を命じられる（5月出兵）	『市史』藩政No.270
文政４年４月	天守閣修復	『ぐみ沢日記』
文政４年５月	金次郎ら3名、江ノ島・鎌倉・三浦・浦賀・金沢八景をくわしく見物	『全集』14―859
文政４年８月	金次郎ら桜町見分（翌年12月まで）	『全集』14―1001
文政５年１月	学問所「集成館」設立	『県史』通史編近世（2）
文政10年	「暮向及御家中御扶助御借用利足・元済とも見越中勘」を見立てる（1万5千両不足）	『市史』藩政No.264
文政11年８月	「近々御政治御改正ニ付」吉岡信基が意見書を提出する	『市史』藩政No.251
文政11年８月	勝手方頭取以下の人事異動を断行	『市史』藩政No.264
文政11年11月	忠真、勝手向改革につき直書を下す	『全集』15―380
文政11年11月	改革を仰渡す、渡し方の改正を申し渡す	『市史』藩政No.252
文政13年～	惣益講	『市史』藩政No.264

〈備考〉『市史』は『小田原市史』、『県史』は『神奈川県史』、『町史』は『大井町史』、『全集』は『二宮尊徳全集』、『ぐみ沢日記』は『ぐみ沢村の「名主日記」』（御殿場市史史料叢書1）

見分を命ぜられ、その翌年には同領の復興事業に携わることになる。尊徳による本格的な報徳仕法はこの桜町仕法が最初であり、同領の仕法着手に至る過程を明らかにするうえでも、酒匂河原での表彰の意義を検討することは大きな意味をもつと思われる。

第一節　酒匂河原で表彰された奇特人と孝行人

京都所司代だった小田原藩主大久保忠真は文政元年（一八一八）七月上旬頃に幕府からの奉書を受け取ったらしく、同月一八日に京都を出立し、江戸に向かった。途中、二七日に小田原城に入るが、直ちに出発し、八月二日には江戸において老中に任ぜられた。二か月後の一〇月四日に彼は江戸を立ち、木曽路を京都に向かい、前任の京都所司代の引き継ぎを行った。その引き継ぎを終えた彼は、一一月初めに京都を立ち、一二日に再び小田原城に入った。国元に立ち寄った忠真は、江戸に向けて出立する一一月一五日の早朝、酒匂河原において出精奇特人らを表彰したのである。この時、町方・村方の主だった役人らも同席するとともに、出立する忠真を見送っている。(8)

表彰された者および町方・村方の役人の名前を伝える史料は、小田原宿の年寄役をつとめた片岡永左衛門の校本『近世小田原史校本　下』に収録されている。(9)同史料の冒頭には「町郷奇特人孝行人、小田原発駕の節先々へ出し御詞遣ものゝ名前」とあり、以下、延べ九七名の名前を記している。

（1）最初は町方の者で、「御目通りへ罷出候町々役人共」として六名の名前を挙げている。彼らは酒匂河原で忠真に目通りしたものの、表彰された者ではなかった。

（2）次に、町方の者で「御目通りへ罷出候孝人共」一四名を記している。彼らは忠真への目通りが許された孝行人で、この時に表彰された可能性がないわけではない。

（3）続いて、「耕作出精人」として三二名を掲げている。ただ、彼らは「先年御賞美御座候奇特人」であり、酒匂河原で表彰された者ではなかった。なお、この中に「栢山村百姓金次郎」の名前があり、尊徳は以前にも表彰されたことがあったようであるが、その時期など詳細は明らかでない。

（4）「郷方村役人調書」として一六名の名主および百姓の名前を記している。彼らは領内の主だった村役人や農民であり、うち六名は後述する郡中取締役の者で、栢山村の名主七左衛門の名前も見られる。いずれにせよ、彼らはこの時に表彰された者ではなかった。

（5）「町方関内村々小前之内心かけ宜敷者」として一三名を挙げている。この一三名は表彰された者で、彼らの「心かけ宜敷」様子について次のように記している。

①両親共盲目、取扱方宜し　万　町　善　助
②耕作出精外見競にも可相成儀之者　栢山村　金次郎
③孝人先年村方より申出よし　根府川村　弥左衛門
④親を大切に致し候者奇特人とも申　酒匂鍛冶村　平兵衛
⑤母を大切に致す、母家出後行方相尋しより為に感し村方にても尋て遣よし　酒匂鍛冶村　庄兵衛
⑥耕作出精、先度賞美有し者　栢山村　藤　蔵
⑦耕作勝て出精心掛も宜し　川村岸　忠左衛門

⑧同断、至て出精　　金井嶋村　清　吉
⑨同断、至て出精　　同　村　水右衛門
⑩同断、年来至て出精巧者之由、年貢俵拵も宜し、外見競にも相成由
　　鴨宮村　与五右衛門
⑪同忰も随分宜し　　忰　茂兵衛
⑫母妹なそ至て宜敷取扱、心を尽すよし　　赤田村　伴　蔵
⑬出精よし　　成田村　六郎左衛門
（①〜⑬の番号は著者が付与）

一三人の内、①の善助は前掲（2）の「御目通りへ罷出候孝人」でもその名前が見られる。②の金次郎（尊徳）と⑥の藤蔵は前掲（3）の「先年御賞美御座候奇特人共」の中にもその名前が見られ、以前にも賞美を受けていたことがわかる。尊徳と同じ「耕作出精」で表彰された者はほかに六名いた。

（6）次に「郷方孝人共」として七名を挙げている。彼らは「先年賞美御座候孝人」であり、この年に表彰された者ではなかった。

（7）最後に「此度取調候孝人共」として、女性二名を含む九名を記している。彼らについては明記されていないが、表彰された可能性がないわけではない。

以上、大久保忠真が酒匂河原において表彰したり、それに同席した者について見てきた。これまでは、表彰された者は（5）の一三名のみとされてきたが、（2）と（7）の計二三名についてもその可能性がないわけでは

なく、この時に表彰された者を一三名と決め付けてしまうことには、もっと慎重でなければならないであろう。

第二節　酒匂河原での表彰の背景

1　表彰の背景

さて、栢山村の藤蔵や尊徳が少なくとも二度以上藩から賞美を受けたことは、前述した通りである。耕作出精人や孝行人らへの表彰制度が、町方や地方支配の一環として盛り込まれていたことは幕府や他藩でも見られることであるし[10]、小田原藩においても以前からこの制度があったことは前掲史料からもうかがえよう。ただ、藩主忠真自身が直接表彰したのは、おそらく文政元年（一八一八）一一月の酒匂河原での表彰だけであろう。彼はそれまでの九年間、大坂城代や京都所司代を歴任し、小田原領の領民を直接表彰する機会はなかったはずである。京都所司代の職を終え、老中として江戸に赴く途中での表彰であったが、彼がこの時に表彰した背景については、意外に検討されていない。

従来、忠真が酒匂河原で表彰した理由を説明する際、次の史料が用いられてきた。

京・大阪在勤及九ケ年、此度帰着之序、郷中見渡候処、何となく近来惣て相流候様に候。此形にては弥可及困窮と誠になげかしき事に候。此上御役中は在城も無之候間、此度よき序故、一体之心掛方あらまし申さとし候これは『全集』一四巻に所収されている「御城入之節被仰出写書」の一部で、奇特人や孝行人への表彰状の文言（後述）に続いて、右の引用文が記されている。この引用文は「京・大阪での九年間の職務（大坂城代・京都所司代）を終え、こんど小田原に帰って郷中を見渡したところ、何となく近年の弊風に流れているように感じられ、このままでは困窮におよんでしまい、誠に嘆かわしいことである。老中になり、その在職中には小田原に帰ることはないであろうし、今回良いついでなので領民に対して心掛けを申し諭す」という内容である。これに続いて「心掛方」を申し諭した六か条の告諭を掲げている。その告諭の詳細については略すが、右の引用文はその告諭を発する理由を述べたものであって、奇特人や孝行人を表彰する理由を述べたものでないことは明らかである。本来、史料では奇特人らへの表彰状と前掲引用文の間に一行あるいは数行分の余白があるはずなのに、『全集』を編集する際、ちょうど右の引用文の所で下段に移ったため、その余白を設けずに収録したのであった。そのために、右の引用文が奇特人らへの表彰理由であるかのように誤解されてきたのである[11]。

たとえば、文久元年（一八六一）に描かれた「酒匂河原表彰図[12]」には、前掲引用文に続いて六か条の告諭を記し、その後に数行分の余白を設けて奇特人や孝行人への表彰文を掲げている。また、尊徳自身、天保一四年一二月「勤方住居奉窺候書付[13]」で、「文政元寅年、故大久保加賀守殿帰国之砌、領内の衰弊深く被致嘆息、格別之配慮を以左に朱書之通」と述べたうえで、朱書きで前掲引用文と六か条の告諭を記しているが、そこには奇特人らへの表彰状は掲げていない。忠真が酒匂河原において六か条の告諭を発したことと、奇特人や孝行人を表彰したことが密接に関連していたことは否定できないが、奇特人らへの表彰の直接的な理由を「何となく近年惣て相流候様に候、此形にては弥可及困窮と誠になげかしき事」という文言に求めることはできないのである。

では、奇特人らを表彰する本来的な目的はどこにあったのだろうか。残念ながらこれについて確認できる史料は見当たらないが、「御城入之節被仰出写書」(14)では奇特人らへの表彰状を掲げるのに先立って、奉行（郡奉行）らに申し渡した心得を記しているので、それを見てみよう。

奉行共此度之趣意厚相心得、属役已下迄聊不風儀無之様、制々心懸、百姓とも難有心服候様無之ては諸事行れがたく候。且威光は屹度相立、弥上之儀惣て重し候よふ有之度、奉行初其已下迄役威に私之儀かり候ては、上之威光は失候と可存。

これは奉行らに対して不風儀を戒めたものであるが、その中で百姓らの「難有心服」を得なければ「諸事行れがた」いとしつつ、他方では「上の威光」が失われてはならないとしている。つまり、藩が「上の威光」を保ちつつ、百姓らの「心服」を得て「諸事」を推し進めたいという意向があったことがうかがえる。

では、藩が百姓の「心服」を得なければならなかったのは何故であろうか。結論的に言えば、藩が財政改革を推し進めるうえで、百姓らの「力」が不可欠だったということである。忠真の藩主就任以来、藩は財政再建を目的とした改革を推し進め、年貢諸役の増徴を図り、それを実現してきた。今後も年貢増徴を行うためには、郷村を荒廃させない心得を示す必要があったのであり、それが先の六か条の告諭であった。しかし、年貢増徴は農民らの抵抗を招き、「諸事行れがた」いことになる。その「心服」を得る一つの方法が奇特人らへの表彰であったと考えられる。ここに、農民らへの年貢増徴という鞭と、それを実現するために百姓らの「心服」を得る飴、この両面を見ることができるのではないだろうか。

では、奇特人らに与えられた表彰状を次に見ておこう(15)。

郷方奇特もの江

兼々農業精出し、心懸宜趣相聞、尤人々次第ハ有之候得共、よき儀ニ而、其身ハ勿論村為ニも成、近頃惰弱なる風俗中、殊一段奇特之儀ニ付ほめ置、役勤るものハ、其身怠り而ハ万事不相届事ニ而、小前之手本ニも相成儀故、弥励可申候

寅十一月

この表彰文から、これまで、尊徳は自分のために行ってきたことが「村為」と評価されたことを喜び、これからは本当に村の為、社会の為につくしたいという「自他振替」の心境に達したと理解されてきた。(16)これは表彰文であって、ここから表彰された尊徳が「自他振替」の心境に至ったことを読み取ることはできるはずもないし、そこに至る論理的な説明を加えることもできるはずがない。この表彰状は「農業精出し、心懸宜」しき者に、その行いが自身の為にも村の為にもなることであるとして褒め、百姓役を勤める者が怠ったのでは「万事不相届事」になり、「心懸宜」しき者は「小前之手本ニも相成儀故、弥励可申」と表彰したのであって、そのことから尊徳が何をどう考えたのかを伺うことはできないはずである。また、表彰された者に、本人はもちろん、村の為にもなり、また小前百姓の手本にもなるとして、さらなる「農業出精」を諭しており、そこに藩財政改革を至上命題とする藩側の農民観を見ることができよう。(17)

六か条の告諭の前文には、「郷中見渡候処、何となく近年惣て相流候様に候」とある。年貢増徴によって農村の荒廃が進行しつつあったとしても、忠真は京都から江戸に向かう途中、わずか二・三日間小田原に立ち寄っただけであり、郷中を見渡すだけの余裕があったとは考えられない。彼が見たのは東海道とその周辺にすぎず、目

に止まったのは大火後の小田原宿ではなかったかと思われる。この大火とは、文化一四年（一八一七）二月と七月の火災のことで、二月一日の大火では、城下一九町のうち一五町、さらに周辺の三か村にも延焼し、町屋が一六〇〇軒、同店借が二〇四軒、侍屋敷が七六軒、小役人屋敷が一一軒、小役人長屋と足軽小屋で三六軒、百姓家一五〇軒、そのほかに藩の蔵や施設、寺院や堂・土蔵などまで焼失したという。さらに、この大火で焼け残った四町のうち三町もこの年の七月に焼失している。[18]忠真が小田原に帰ったのはこの一年後であり、彼がその被災と復興の両面を目にしたことは明らかである。忠真自身が村方まで見渡し、その弊風を改める必要を感じて出精奇特人らを表彰したと考えるには無理があり、この表彰自体は財政改革を推し進めようとする藩政の問題として考えるべきであろう。

2　郡中取締役の設置と表彰者の選抜

では、奇特人や孝行人はどのようにして選ばれたのであろうか。これまでは、尊徳が家老服部家の家政整理に貢献するなど、彼の名声が領内に広がり、藩主忠真の耳にも入って表彰されたとされてきた。[19]だが、このことを証明する客観的な史料は何ら存在していないし、ましてや尊徳以外の者がどのように選ばれたかは全く触れられることさえなかった。

忠真が小田原城に入る直前の一一月上旬、小田原藩は郡中取締役を設置した（表4参照）。この時、同役に任命されたのは、表5で示した一〇人であった。このうち、茱萸沢《ぐみさわ》村（静岡県御殿場市）名主孫右衛門と公文名《くもんな》村（同県裾野市）名主宇平治は一一月二日に地方役所において郡中取締役を命ぜられ、さらに「其節隠密被仰付書付」[20]を与えられた。その書付は郡中取締役の職務を記したもので、その四条目には「孝人・奇特人、其外心懸けよろし

表5　郡中取締役名（文政元年11月）

筋	村名	村役人	名前
東筋	上大井	名主	太郎兵衛
	永塚	名主	仙治郎
中筋	松田惣領	名主	三郎左衛門
	栢山	名主	七左衛門
御厨	茱萸沢	名主	孫右衛門
	公文名	名主	宇平治
富士	松岡	組頭	太郎兵衛
	同	組頭	惣右衛門
土肥	宮上	名主	又左衛門
豆州	大仁	名主	六左衛門

〈出典〉『ぐみ沢村の「名主日記」』（御殿場市史史料叢書1）

きもの承及候ハヾ可申出事」とある。このように、新たに設置された郡中取締役が奇特人や孝行人を地方役所に報告し、藩側が表彰者を選んだと考えるのが自然であろう。[21]

京都所司代だった忠真が江戸出府を命ぜられ、文政元年七月末に一度小田原城に立ち寄ったが、この時に郡中取締役の設置や出精奇特人らの選出を指示しておいたのだろう。老中に昇進した忠真は一一月に再び小田原城に立ち寄るが、その直前に郡中取締役を設置し、表彰者の選出を行ったと考えられる。なお、郡中取締役の中に栢山村名主七左衛門の名前が見られるが、彼は尊徳と同じ二宮家の一族であり、尊徳が一九歳の頃に住込みで奉公した家でもある。[22]尊徳はこうした関係から表彰者の一人に選ばれたと考えて間違いなかろう。酒匂河原での表彰の際に「郷方村役人調書」として一六名の名主らの名前が掲げられていたことは前述したが、その中に郡中取締役の六名が含まれている。もちろん、そこには栢山村名主七左衛門の名前も見られる。

第三節　酒匂河原での表彰と尊徳の桜町見分

酒匂河原での表彰から三年後の文政四年（一八二一）八月、尊徳は小田原藩大久保家の分家宇津家の知行地（下野国桜町領）の見分を、翌五年には同知行地の復興仕法を命ぜられた。尊徳のことを見出だした藩主忠真は、彼を登用して小田原藩の財政再建と領内復興を任せたかったが、重臣らの反対によってそれができず、やむなく桜町領の復興を命じ、同領の仕法が成功した後に小田原藩領の仕法を任せるつもりであった、というのがこれまでの考え方である[23]。しかし、尊徳登用に対する反対意見が藩内にあったことを除けば[24]、このことを裏付ける客観的な史料は全く見い出せない。ここでは、この見解を再検討しながら、酒匂河原での表彰の意義について考えてみたい。

尊徳が最初に桜町領に向けて出発したのは、文政四年八月一日で、同二一日に帰宅した。「野州芳賀郡桜町御用雑用控帳[25]」によれば、この時に彼は道中入用として藩から金一両を受け取っている。だが、何人で、どのような経緯で桜町領に行き見分することになったかは明らかにされていない。後に（弘化四年＝一八四七年と思われる）師尊徳が語ったことを弟子の大沢政吉（後の福住正兄《ふくずみまさえ》）が書き留めた『集義和書抜萃[26]』には、尊徳が桜町領を見分するようになった経緯を次のように記している。

一、小田原君野州の荒を開かん事を欲し給ふ願なり、老臣策を献して曰、如何御手を被尽候而も立直り兼候ニ付、先年御城入の節御褒詞被下候奇特人の内、又々御撰七八人も御遣し見分被致候ハヽ、開けるか不開か、田ニ成歟畑ニ成る歟相分るへく候旨申上給へハ、公是を可とし給ひ、先生（尊徳）并外五六人の人

ニ命し給ふ、是文政四巳年八月の頃なり

藩主忠真が野州（桜町領のこと）の荒撫地を開きたい（復興したいの意味）という意志を老臣に告げたところ、その老臣は、桜町領はどんなに手を尽くしても立ち直らないので、先年お城入りした際に表彰した奇特人の中から七・八人を選んで、同領を見分させれば、復興できるかどうか明らかになるであろうと進言し、忠真もそれを認めて、尊徳ほか五・六人に桜町領の見分を命じたというのである。「先年御城入」とは文政元年以外には考えられず、表彰したというのは酒匂河原での表彰にほかならない。その時に表彰された者の中から尊徳を含む奇特人六・七人に見分を命じたという。先述したように尊徳と同じ「耕作出精」で表彰された者が七名いたが、彼らに桜町領の見分を命じたという意味であろう。

また、代官江川太郎左衛門の元手代で尊徳の門下に入った町田時右衛門という者は、弘化四年九月に尊徳の生誕地栢山村（小田原市）を訪れ、その際に長百姓や老人から聞いた話をまとめている。(27) 彼はその中で次のように記している。(28)

（前略）文政元寅年十一月、領主大久保加賀守（忠真）殿、京都所司代御引渡相済、御下り之節、小田原城におゐて、領内実心奇特之者撰有之、其筋々より書出候分、凡五十人程も有之、金次郎も其内に入、一同罷出候処、加賀守殿御直に、民間之儀、品々厚く被　仰聞、且窮民深く御憐察之趣相伺、感激仕、領内窮民相救度、追々工夫罷在候折柄、加賀守殿分家宇津釩之助殿知行所、野州芳賀郡物井村外弐ケ村、合高四千石余之処、悉く貧村にて、人気も不宜、次第に離散潰百姓等出来、田畑は過半荒地に相成、物成千石にも不当様成行、従来本家にて種々世話有之候得共、不立直候に付、同四巳年右奇特人の内相選み、四・五人も差遣、地所之様子見および、立直し方銘々見込之処可申立旨、加賀守殿御沙汰之趣を以、其筋役人取調有之、金次郎外四人撰み出され、一同野州表へ罷越、物井村外弐ヶ村、一ト通り見受、銘々見込之趣申立候処、金次郎立候趣道理宜旨にて、同五午年加賀守殿家来に被致、釟之助殿同州陣屋へ勤番被申付候（後略）

最初には、文政元年一一月に表彰が行われ、その中に尊徳もいたことを記し、次に桜町領の荒廃状況の概略と、本家から世話をしたが立ち直らなかったことを述べている。後半では文政元年に表彰された奇特人の中から四・五人を選んで桜町領に派遣し、見分させたうえで、建て直しの見込みをそれぞれ申し上げる旨の沙汰があり、その筋の役人が金次郎のほかに四人選んで、同領に派遣した。派遣された五人が建て直しの見込を上申したところ、金次郎が申し立てた内容が「道理宜」しいとして採用されたというのである。桜町領に派遣された人数については『集義和書抜萃』の記述と異なり、また同じ町田が記した「御国益之儀ニ付申上候書付」[29]ではその人数を三人とするなど一定していない。[30]だが、文政元年に酒匂河原で表彰された奇特人＝「耕作出精」人の中から選ばれた数人が、桜町領建て直しの見込みを上申するために同領に派遣されたことは間違いなかろう。この時点での尊徳は桜町領の復興事業を担当するかもしれない候補者の一人にすぎなかったのであり、尊徳を見込んだ忠真が、最初から彼に同領の復興仕法を任せるつもりであったとの理解[31]は全面的に修正しなければならないであろう。

尊徳が桜町領の復興事業に関して二度目に栢山村を出立したのは、文政四年の一〇月九日であった。彼は一一日に江戸に入るが、その後一八日までの行動は明らかでない。一九日には江戸、二一日には日光道中の大沢宿で宿をとり、翌日には古河宿に泊まって、二三日に桜町陣屋に至ったことが確認できる。[32]尊徳は二〇日にも江戸にいたと思われるが、この日、桜町領の領主宇津釩之助は領内に対して、本家小田原藩から「御陣屋詰勝俣小兵衛・二宮金次郎と申す者御貸し進ぜられ」[33]たことを明らかにしており、すでに尊徳が桜町仕法を行うことに決定していたことがわかる。彼が一九日以前に桜町領を見分したとしても、八月の見分と合わせて、わずか二度の見分で桜町仕法を命ぜられたことになる。十分な調査を行い、十分な見込みの上で桜町仕法を引き受けたとは考えられない。[34]また、八月の時点では、彼は同領の復興仕法を担当するかもしれない候補者の一人にすぎなかったが、二か月後の一〇月二〇日には彼が同領の仕法を行うことに決定しており、小田原藩としても桜町領の復興仕法を行う者の選抜をかなり急いだことがうかがえる。翌年にかけて、尊徳はしばしば桜町領を見分するが、これこそ仕法を行う上での本格的な調査だったのであり、桜町仕法を行うことが決まる以前に尊徳が十分な調査を行い、その見込みを上申して受命するに至ったとするこれまでの指摘は改めなければならないであろう。[35]

第四節　桜町仕法と小田原藩

小田原藩は桜町領復興仕法の指導者選びを何故に急がなければならなかったのか、また何故に同領の復興に小田原藩がかかわったのかという疑問が残されており、ここではこの点について若干考察を加えてみたい。

桜町領の領主宇津家は小田原藩大久保家の分家であるが、以前（文化七年〈一八一〇〉頃）に江戸屋敷が類焼し、領内の荒廃も著しかったことから、普請入用もなく、幕府への出仕もひかえてきた。だが、いつまでもこのまま過ごすわけにもいかず、「御本家様江御願被成候処、無御余儀御願に付、御聞済ニ」[36]なったという。いつ頃からこうした状況であったかは不明であるが、宇津家の江戸屋敷焼失と農村荒廃からくる経済的困窮から、幕府への出仕をある程度免除あるいは延期してもらうなど、旗本としての動きが大幅に制限されていたことがうかがえる。宇津家の財政的問題や知行所の問題は、小田原藩からの援助でようやく支えられるという状況だったのである。

小田原藩は宇津家の財政問題と桜町領の復興を米金の援助によって解決しようとした。だが、「多分之御入用米金を以、数年御世話被進候得共、何分立直兼、術計尽果」(37)てたと述べているように、その成果を得ることはできなかった。同藩からの援助がどの程度であったかを知ることはできないが、その一部がうかがえる記述を見てみよう(38)。

（前略）当年中御普請（江戸屋敷）、来春御乗出之御積被　仰遣候得共、両様にては八百金余之御入目御引請被遣、其上御出勤のみにては不相済、月々御勤御入用金壱ケ年に積候ては弐百金余之御入用増、是迄御勤も不被成、地道御普請厳敷御倹約御艱難被成候ても、御収納米金にては年々七八拾金宛御不足、年来御本家様御助力被進、其上村方よりは諸事不弁、拝借相願候故御聞済、年々多分拝借金被仰付、全く不本意（後略）

これによると、①文政四年（一八二一）には江戸屋敷の普請、翌五年には幕府への出仕を仰せ付けられ、両方の入用八〇〇両は小田原藩が引き受ける、②出仕にともなう御勤め入用が年間約二〇〇両増すことになる、③江戸屋敷の普請を倹約したり、艱難に耐えたとしても、収納米金ではなお年々七・八〇両の不足を生じる、④その外、村方から拝借米金の嘆願があり、年々多額の拝借金を用意しなければならず、宇津家にとっても「全く不本意」であるというのである。いくつかの条件が重なっていたとはいえ、小田原藩からの毎年の助成米金はかなりの額におよんでいたようである。こうした助成があっても宇津家の財政は「江戸御暮方、右之御収納にて相立候哉、不相立哉一向弁も無之」[39]状況であった。そこで「此度、御本家様より厚思召以、村方建直候趣法替御世話被遣[40]」ることになった。宇津家の財政問題と桜町領の復興をそれまでの助成米金の投入という方法ではなく、「村方建直[41]」「荒地起返し難村旧復[42]」仕法によって根本から解決する「趣法替」を行うというのである。

この「趣法替」は本家小田原藩の意向によって行われることになったのであるが、そうした「趣法替」を行わなければならない同藩の都合も見ておかなければならない。もともと小田原藩は忠真の藩主就任以来、藩財政改革を進めてきた。その一方で、成果があらわれない桜町領へ多額の助成を継続してきたのである。こうした状態に対して同藩も何らかの対応に迫られたのではないだろうか。それがこの「趣法替」であり、勝俣小兵衛と二宮尊徳を桜町領に派遣し、同領の復興と宇津家の財政再建を行うことであった。

「一昨年（文政二年）より、御本家様におゐては諸向御改正被仰出[43]」とあるように、小田原藩は文政元年から二年にかけて藩政改革の切り替え時期にあった[44]。その翌年に郡奉行の三幣又左衛門が「以後之儀御知行所立直り候手段、厚く勘考可致旨蒙仰[45]」り、桜町領を見分している。彼の見分と前後して「其御知行所（桜町領）取扱候役々、甚不行届儀[46]」が明らかとなり、「当御知行所村々取扱来り候役々、不残転役被仰付、不正之廉々被致糺明[47]」たという。この不正内容は不明であるが、小田原藩がそれまでの宇津家や桜町領に対する方針（入用米金の投入のこと）を転換しようと、その準備を進めていたことがうかがえる。その上で「御本家より、此度御知行所御趣法替被仰出[48]」たのであった。

こうして、文政五年に「本家大久保先加賀守（忠真）方にて万端引請、荒地開発、人別増、窮民撫育等之仕法[49]」が取り行われるようになった。その仕法で「此上農業出精候はゞ、村々追々難渋を免れ、御収納も連々相増候得ば、村役人規模相見、御本家様御世話甲斐も有之、御勤向も可成御出来被成候事[50]」が期待されていたのであった。

つまり、農業に出精し、領内が復興すれば、村々の難渋もなくなり、年貢が増せば本家小田原藩からの世話の甲斐もあったことになり、宇津家の幕府への奉公もできるようになり、全てがうまくいくというのである。

このように、小田原藩は財政改革を進めるうえで、宇津家や桜町領に多額の助成米金を投入するという、これまでの助成のあり方を根本から変革しなければならない時期に至っていた。同領の「御趣法替」は、あくまでも小田原藩の財政改革の一環として行われたのであり、その「御趣法替」とは尊徳による報徳仕法の導入にほかならなかった。

第五節　大久保忠真の酒匂河原での表彰の意義——まとめにかえて——

本章では、文政元年（一八一八）一一月一五日早朝に尊徳らが酒匂河原において藩主忠真から表彰されたことの意義について検討してきた。その結果、これまで理解されてきたことに、大幅な修正を加えなければならない点がいくつか出てきた。本文と重複するが、その点を指摘してまとめにかえたい。

小田原藩の領民に対する表彰は、文政元年だけに行われたわけではなかった。ただ、この年は、藩主忠真の老中昇進と、藩政改革の切り替え時期が重なり、江戸に向かう途中、藩主自らが表彰したという点で他の年と異なる。同年七月末、京都所司代だった忠真は、老中昇進の命を受けるために江戸に向かう途中、久しぶりに国元に立ち寄った。彼は郷中を見渡して、領内領民が何となく弊風に流されているように感じられ、このままでは領民が困窮すると憂い、領内に六か条の告諭を発したと述べているが、彼に郷中を見渡すほどの時間的余裕があったとは思えない。むしろ、そう感じていたのは藩であり、六か条の告諭を発したのは極めて藩政的意味が強かったと考えられる。いずれにせよ、領内の弊風を改めるために発したのは六か条の告諭であって、奇特人や孝行人を表彰する直接的な理由と考えることはできない。領内の農村が荒廃していたとしても、それは忠真の藩主就任以来、藩財政改革を推し進めるために行ってきた年貢増徴の結果であって、文政元年頃にはまだその年貢増徴の方針が続いていることから、依然として領内はそれに耐えうる状況にはあったと見ることもできる。財政再建を軸とした藩政改革を推し進めるには、領内への年貢増徴を一層強化しなければならず、そのためにも農村を荒廃させてはならないとして、六か条の告諭という鞭を発したのであろう。その年貢増徴に耐え、改革を支えるための百姓の「心服」を得る必要から、領民を表彰するという飴を配ったのではないだろうか。その本来的な目的は、表彰状の文言にもあったように、本人はもちろんのこと、村の為にもなり、小前百姓の手本にもなる「耕作出精人」を創り出すことにあった。さらに、本章の課題に即してみると、「耕作出精」を表彰された者が三年後の文政四年に桜町領の見分を命ぜられたことに重要な意味がある。

この時に表彰された者は、新たに設置された郡中取締役を通して選ばれたと考えられる。郡中取締役は領内の様子を「密事」に地方役所に報告するという、治安維持の隠密的役割を課せられていたが、その職掌の中に孝行人や奇特人、心掛けの良い者を報告することも含まれている。郡中取締役の一人に、尊徳がかつて住込みで奉公していた栢山村名主七左衛門がいた。これまでは、尊徳の評判が良くて、それが藩主忠真の耳にも達し、酒匂河原での表彰となったと言われてきたが、尊徳の耕作出精の様子は右の七左衛門を通して地方役所に報告されて、彼が表彰されることになったと見る方が現実的であろう。

尊徳のことを高く評価していた藩主忠真は、彼に小田原藩の財政再建と領内復興を任せたかったが、重臣らの反対が強かったので、まず分家宇津家の知行所である桜町領四〇〇〇石を復興させ、その実績をもって小田原藩の仕法を行わせようとした、というのがこれまでの見解であった。忠真と尊徳が緊密な信頼関係を築きつつあったことを強調しようとしたあまりに、こうしたことを主張したのであろうが、藩内に尊徳登用に対する反対意見があったことを除けば、何ら史料的な裏付けのない見解である。酒匂河原で表彰した「耕作出精」者の中から桜町領を見分させてはという話は、忠真と老臣との会談の中で出た話しであり、忠真が最初から尊徳に同領の復興事業を任せるつもりであったわけではない。藩は「耕作出精」人の中から選んだ数人を桜町領に派遣し見分させ、復興について復命させた。その中から最終的に尊徳の復興見込み案が採用されて、同領の復興仕法を命ぜられることになったのであり、酒匂河原で表彰された者の桜町領見分はその選抜試験だったと言える。

最後に、小田原藩と分家の宇津家および桜町領の関係について触れておこう。本家・分家の関係があるとはいえ、小田原藩主大久保家と桜町領主旗本宇津家とは本来的には別の独立した封建領主である。だが、実際には宇津家の財政も桜町領も小田原藩から多額の援助を得なければ成り立たない状況にあった。これまでの報徳仕法研究では、小田原仕法と桜町仕法を別々のものと見てきたが、小田原藩の藩政改革という視点から見ると、両者には密接な関係があったことを認めざるをえない。小田原藩の年貢収納量は増加傾向にあったものの、財政逼迫は著しく、財政改革を推し進めなければならなかった。その一方で、多額の米金を費やしても好転しない桜町領の復興と宇津家の財政、この問題をどう解決するかが、小田原藩にとって避けて通れない課題であった。文政二年は藩の改革切替え時期であり、今後の一〇か年の改革計画の中でこの問題が大きな課題になったと思われる。その解決策として、桜町領復興と宇津家財政再建の「趣法替」が行われることになったのである。

その「趣法替」とはこれまでの「米金」援助から、村柄取直し、荒地起し返し、難村旧復を基調とした根本的・本質的な再建策への移行であった。すでに忠真と重臣の一部の間では、藩内の役人による桜町領の復興は不可能と認識していたようで、そこで「趣法替」＝桜町領復興仕法の担当者を酒匂河原で表彰した「耕作出精」人の中に求め、同領の見分をさせ、復興の見込みを復命させたのであった。その結果、尊徳が桜町仕法を行うことになったのであり、こうした一連のことを許可したのは忠真自身であった。

尊徳の取り立てに反対する家臣の意に従って、忠真は小田原藩への登用をあきらめ、桜町仕法を命じたとするこれまでの尊徳研究は根本から書き直さなければならないであろう。桜町領の復興と宇津家の財政再建を当面の課題としていた小田原藩にとって、尊徳に同領の復興を命じたことは、尊徳の登用そのものを意味していたのであり、その登用を認めたのは藩主忠真自身であった。

註

（1）「尊徳」と称するようになるのは天保一四年（一八四三）からであるが、ここでは史料の文言を除いて「尊徳」と統一して表記する。

（2）拙稿「酒匂河原表彰地をめぐる二つの資料」（『かいびゃく』四六巻六号、一九九七年六月）。補論Iに収録。

（3）『神奈川県史』通史編近世2（一九八一年）、馬場弘臣「小田原藩における近世後期の改革と中間支配機構」（『おだわら――歴史と文化――』八号、一九九五年二月）、拙稿「小田原藩政の展開と報徳仕法（1）」（『かいびゃく』四六巻六号、一九九七年六月）。

（4）註（3）の拙稿。

（5）尊徳が服部家の仕法を着手したのは文政元年（一八一八）からとされてきたが、その根拠となる史料は見あたらない。著者は服部家からの仕法依頼を文政三年と考えている。それは、次のような「覚」書きから判断される（二宮尊志家史料、報徳博物館蔵）。

覚

一、我等台所兼而不如意、家来山本英左右衛門賄方申付置候所、次第ニ及増借、何分難及了簡旨申候、然所旧冬

重職蒙　仰ニ付而者尚更物入もふえ、甚差支候、因茲家事之義乍大儀其方一人江任セ頼入り候間、少も無遠慮存分可取計、願者流俗悪習不染奉勤仕度、依一書遣もの也

文政三年
辰三月　　服部波江

栢山村
金次郎へ

これは、明らかに服部波江（小田原藩家老、のちに十郎兵衛と改名）が栢山村の金次郎に宛てた家政再建仕法の依頼状である。要するに、服部家の財政は不如意で、金次郎に服部家の家政を任せるので、存分に腕をふるうようにと仕法を依頼したのであった。右の史料は二宮尊志家史料で、後に尊徳に仕法を依頼した他家の直書とともに保管されていた。金次郎が服部家から文化一四年（一八一七）末に仕法依頼を受け、文政元年に仕法着手したというこれまでの理解が正しければ、服部氏はその二年後に再び仕法を依頼したことになる。ではなぜ改めて仕法を依頼したのかという説明が必要になろう。改めて依頼するならば「すでに家政の事を任せているが、改めて頼む」とか、「より一層力を尽くしてほしい」といった意味の文言があってもよいのではなかろうか。前掲史料で、「旧冬」に重職を命じられたことで物入りが増え、はなはだ差し支えているので、金次郎に家事を頼むと、仕法依頼の契機まで明らかにしている。この重職とは江戸詰め家老のことで、服部氏がそれを命じられた年月日は不明である。ただ、服部十郎兵衛は文政三年九月晦日の書状で「扨又初勤番之儀爰元之振合不相分」と伝えていることから、彼が江戸で初勤番したのは文政三年九月か八月頃で間違いない。ということは十郎兵衛が「重職」を命じられた「旧冬」は前年文政二年の冬であり、右の史料で述べていることと何ら矛盾しないことになる。

（6）全集一四巻八五九頁。
（7）下重清「嘉永～安政期の小田原藩の海防――武備強化の様相と夫人足の徴発――」（『小田原地方史研究』一九号、一九九四年一〇月）。
（8）以上は註（2）の拙稿で詳述した。
（9）この史料は『小田原市史　史料編近世Ⅲ』（一九九〇年）に再収録されており、ここでは同『市史』を用いた。

（10）児玉幸多氏は「尊徳とその時代」（二宮尊徳生誕二百年記念論文集『尊徳開顕』、一九八七年）で「孝行者や奇特者の調査は幕府で文化四年（一八〇七）に全国に命じているので、忠真の表彰もその一環とみることもできる」と述べている。

（11）たとえば、高田稔『二宮尊徳――青少年のために――』（報徳文庫、一九七六年）、『神奈川県文化財図鑑　歴史資料篇』（一九八九年）八七頁、「大久保忠真表彰地」（『かいびゃく』三九巻二号、一九八九年二月の表紙解説）などはこのように解釈している。

（12）土屋明子家資料（報徳博物館寄託資料）。『神奈川県文化財図鑑』。

（13）全集二〇巻七三九頁。

（14）全集一四巻二九一頁。

（15）二宮家伝来資料（報徳博物館蔵）。同史料は全集一四巻二九一頁に収録されている。

（16）『神奈川県文化財図鑑　歴史資料篇』では、この表彰文について「藩公直々のこの表彰、ことに『その身はもちろん村為にもなり』の一句は尊徳に強い衝撃を与えた模様で、それが藩政への種々の献策ともなり、桜町仕法着手にあたっての『これまで数年（多年）心掛け候自分一家相続、子孫繁栄、壱人身勝手の所行、自他を振り替え、村為に相なり候よう取り計らい……』（全集二四巻七四一頁）という心境にもつながっていったと思われる」と解説する。黒田博『二宮尊徳の生涯と報徳の思想』（学校法人報徳学園、一九九二年一月）や大貫章『報徳に生きた人二宮尊徳』（ABC出版、一九九六年）も同様なことを述べているが、右の全集二四巻七四一頁の引用文の前には「彼地（桜町領）へ引移申候得共、不容易大業、何分見留無御座候に付、一身に立戻り候外有御座間敷候哉と、是迄数年……」と前掲史料に続いており、尊徳は自ら「自他を振り替え」の心境に至ったのは文政五年（一八二二）の桜町仕法着手以降であると述べている。にもかかわらず、『神奈川県文化財図鑑』の解説ではこの部分の記述については何も触れていない。また、前掲の論稿も文政元年に酒匂河原で表彰されたことで尊徳が「自他を振り替え」の心境に達したとするが、どのような根拠による指摘であるかははっきりさせていない。

（17）馬場氏前掲論文で指摘されているように、「忠真の地方政策は、在地の負担に依拠する方向に明確に転換したこと、そしてそれを政策の基調とした点にもっとも大きな意義があった」のであり、酒匂河原での表彰もその線上で考えるべきであろう。

(18) 片岡永左衛門編著『明治小田原町誌　上』(小田原市立図書館郷土資料集成1、一九七五年）六～七頁、『小田原市史　史料編近世Ⅲ』九八号。

(19) たとえば、宮西一積『報徳仕法史』(現代版報徳全書7、一九五六年)、児玉幸多「二宮尊徳の生涯と思想」(二宮尊徳百二十年祭記念事業会編『二宮尊徳と現代』理想社、一九七六年)、高田稔前掲書、佐々井典比古『生活原理としての報徳・二宮尊徳と教育』(やさしい報徳シリーズ1、報徳文庫、一九八三年）などを挙げることができる。

(20)『ぐみ沢村の「名主日記」』(御殿場市史史料叢書1、一九七三年）八四頁。

(21) 註（3）の拙稿。

(22) 佐々井信太郎『二宮尊徳伝』(日本評論社、一九三五年六月)。

(23) たとえば、佐々井信太郎氏前掲書、小田原市城内国民学校編『報徳と小田原』(一九四二年)、宮西氏前掲書、奈良本辰也『二宮尊徳』(岩波新書、一九五九年)、守田志郎『二宮尊徳』(朝日評伝選、一九七五年)、高田氏前掲書、岩崎宗純・内田清・内田哲夫著『江戸時代の小田原』(小田原市立図書館叢書2、一九八〇年)、佐々井典比古前掲書、黒田博『二宮尊徳の生涯と報徳の思想』(学校法人報徳学園）などはこの考え方に立っている。また、大藤修「二宮尊徳の飢民救急仕法と駿州駿東郡藤曲村仕法（上)」(東北大学文学部研究年報』四七号、一九九七年）も同様なことを指摘している。

(24) 佐々井信太郎氏前掲書七九～八〇頁には、尊徳登用に反対する小田原藩士の議論内容を記した史料を載せているが、その史料の出典は不明で、今これを検討し直すことはできない。

(25) 全集一四巻一〇〇一～〇二頁。

(26) 箱根湯本万萃楼福住資料（報徳博物館寄託資料)。

(27) 全集二〇巻六六五頁。

(28) 全集二〇巻六七三～六七四頁。

(29) 全集二〇巻六六七頁。

(30) 同じ町田時右衛門が著した「報徳或問」(小田原市曽比釼持孝文家史料、報徳博物館寄託史料）でも同じ内容のことを記している。
(31) 註(23)で掲げた論稿など。
(32) 註(25)に同じ。
(33) 全集一〇巻七九二~七九三頁。
(34) 富田高慶『報徳記』(『二宮尊徳全集』三六巻)。
(35) 佐々井信太郎氏前掲書。
(36) 註(33)に同じ。
(37) 全集一〇巻八〇七頁。
(38)~(41) 註(33)に同じ。
(42) 註(37)に同じ。
(43) 註(33)に同じ。
(44) 馬場氏前掲論文。
(45)・(46) 註(33)に同じ。
(47) 全集一〇巻二四九頁。
(48) 註(33)に同じ。
(49) 全集一〇巻八三八頁。
(50) 註(33)に同じ。

〈補論1〉 酒匂河原表彰地をめぐる諸問題

大坂城代・京都所司代を歴任した小田原藩主大久保忠真は文政元年（一八一八）八月に老中に昇進し、一一月に京都を出発して、久しぶりに小田原に帰城、同月一五日に江戸へ向けて出立した。その途中、酒匂河原において、領内の村役人惣代らを集めて、直接六か条の教諭を申し渡し、「郷方奇特もの」や「孝心もの」一三名を表彰した。二宮尊徳（金治郎）もこの時に、「郷方奇特もの」の筆頭として忠真から表彰されたというのが、酒匂河原における表彰のこれまでの理解であった。(1)

表彰地が酒匂河原であったという根拠は、佐々井信太郎氏が『二宮尊徳全集』第一四巻二八八頁の解説で掲げた「忠真公手控帳写」にある略図であった（その手控帳の所在は現在不明）。ところが、儘下《ましました》村（神奈川県南足柄市）の加藤家史料には次のような記載がある。(2)

文政元寅年十一月十四日暁、御箇條之趣於酒匂渡川場村々役人惣代之もの共江　御直ニ被　仰渡、奇特人・孝心之もの八、山王原村宗福寺向松原江罷出居候而、御直ニ御言葉被成下置候、同十八日御箇條御趣意之趣於地方役所早川茂右衛門殿被　仰渡候事

史料によれば、一一月一四日暁に「酒匂渡川場」において、忠真から直に六か条の教諭が村役人惣代に仰せ渡され、奇特人と孝心の者は山王原村（小田原市）宗福寺向かいの松原に罷り出ていて、そこで忠真から直接言葉があったというのである。そして、教諭の趣意については、一八日に地方役所において郡奉行早川茂右衛門から仰

せ渡されたという。表彰の日付が一四日である点、また「郷方奇特もの」・「孝心もの」への表彰が山王原宗福寺の向かいの松原で行われたとしている点が注目される。尊徳らが忠真から表彰された場所について考え直さなければならない記述であるが、一方で新たな疑問も生じる。右の史料では、江戸に向かう忠真が酒匂河原で教諭を申し渡してから、わざわざ一二〇〇メートルほど城下に戻った宗福寺近くの松原で「郷方奇特もの」らを表彰したことになる。史料が位置関係について、必ずしも順序立って記していないとしても、「郷方奇特もの」への表彰が先に行われ、教諭の申し渡しが後で表彰が行われたことになり、不自然さが残る。また、六か条の教諭は数点残っているが、いずれも加藤家史料のような記載は見られない。

大久保忠真が小田原城に入る前に出迎え、そして江戸に出立する忠真を見送った一人に茱萸沢村《ぐみさわ》（静岡県御殿場市）名主江藤孫右衛門がおり、彼は日記でこの時の様子を次のように記している。(3)

小田原へ惣代ニ而酒匂川へ御見送り被仰付、前夜（一一月一四日）三（山）王原寺泊り、朝夜中川原へ罷出、其節茱萸沢村名主孫右衛門・二子村五郎兵衛別段ニ御呼出、相州ニ而十人余前通り下座、其余惣代ハ其跡下座、孝人・気持（奇特）人共御呼出、并相州辺御見送り之村々一同酒匂川原ニ而御乗物相立、孝人・気持人江御誉メ有之、惣札（礼）相済、小田原へ引取、二子・茱萸沢其外気持人・孝人一同ニ御家老様・御年寄・御用人・御奉行様御宅江手札はさみ、御礼参上仕候と書、銘々名前別紙御敷臺まで参上仕、十六日帰村仕候、同十八日御割付ニ而其節右御箇条弁書御役所ニ而村々江被仰聞候

史料には日付が明記されていないものの、状況などの記述もかなりリアルで、日記という史料的性格から見て

も、信憑性は高いと言ってよいであろう。孫右衛門は一一月一四日の夜に山王原村の寺に泊まり、翌朝夜明け前に酒匂河原に出た。彼と二子村《ふたご》（御殿場市）名主五郎兵衛が別に呼び出され、相州の者（名主惣代）一〇名余りと前列に出て下座し、そのほかの者は後ろで下座した。孝人・奇特人らも呼び出され、相州の見送りの村々の者一同がいる中で、酒匂河原で乗物（駕篭）をおろして、忠真から孝人や奇特人を誉める言葉があった。忠真を見送ってから、彼らは小田原に戻ったとある。続けて、孝人・奇特人は家老や年寄らの家を回ってお礼の挨拶をし、一六日に帰宅、一八日になって教諭の趣旨が役所において申し渡されたと記している。

この日記によれば、孝人・奇特人らへの表彰は酒匂河原で行われたことになる。「御乗物相立」、つまり駕篭などの乗物をおろして、彼らを誉めたという。六箇条の教諭申し渡しについては何も述べていないが、表彰についてのこの具体的な記述は、他の史料では見ることができない。文久元年（一八六一）春に鉏雲という者が書き写した「酒匂河原表彰の図」(4)は、この時の様子を描いたものであるが、これには、おろされた駕篭の中で何か書かれたものを読み上げている忠真の姿が描き出されている。また、先に問題となった山王原村宗福寺についての記述はなく、孫右衛門らが山王原村の寺に宿泊したと記しているのみである。加藤家史料に「奇特人・孝心之ものハ、山王原村宗福寺向松原江罷出居候而」とあるのは、おそらく前日の彼らの宿泊場所のことで、表彰地のことと混同した記述になってしまったのであろう。

次に、表彰の日付を加藤家史料だけが一五日ではなく、一四日としている点については、今のところ明らかにすることはできない。少し視点を変えて、忠真の京都・小田原・江戸への行程を少し見てみよう。彼が老中に任命されたのは八月二日(5)、一一月上旬に京都を出発したとすれば、忠真は京都で老中に任命され、その後三か月間京都にいたことになる。京都所司代の引継があったとしても、不自然であろう。そこで、再度、茱萸沢村孫右衛

門の日記を見ると、次のように書かれている。(6)

殿様御用御召御奉書御到来被遊、七月十八日京都御出立、同月廿七日小田原城入被為遊、前日箱根宿へ名主組頭罷出御出迎相済、惣代ニ而二ケ村小田原へ御祝儀参上仕候、直ニ御出府之上御老中被蒙仰候
当年十月四日、殿様江戸御発駕ニ而木曽路ヲ京都へ御登り、御引渡シ相済、十一月十二日小田原御城入御下向有而、又候前日箱根宿へ一村両人ヅヽ、御出迎参上仕候

前半部分は山の尻村（御殿場市）の名主滝口源之丞の日記と同内容の記述で、(7)ここでも孫右衛門の日記は信頼できる史料と言ってよい。史料を順追ってみると、幕府からの奉書を受け取った忠真は、七月一八日に京都を出発し、二七日に小田原に入った。だが、直に江戸に出立しており、小田原でゆっくりすることはできなかったようである。出府間もない八月二日に忠真は老中に任命されたのであった。彼は京都で老中に任命されたのではなく、江戸で任命されたのである。二か月後の一〇月四日には江戸を立ち、中山道を京都に向かい、前任の京都所司代の引継ぎを行った。一一月初め頃には再び京都を出立したが、その日付は明らかでない。同月一二日には小田原に着き、一四日か一五日には小田原を立つという忙しさであった。とにかく、この時に忠真が小田原に滞在したのは、二、三泊にすぎない。

忠真は六か条の教諭を申し渡すにあたり、「京・大坂在勤及九ケ年、此度帰府之序、郷中見渡候処、何となく近来惣て相流候様に候……」(8)と記している。彼は、郷中を見渡した上で、教諭を発したと述べているが、一一月一四日あるいは一五日の出立では中一日か二日しかなく、七月の帰城の時を含めても、この短時間で領内を見渡

し、表彰者を選定することは、とても無理なことであろう。「此度帰府之序、郷中見渡候」というのは、実態をともなった表現とは考えにくいのである。老中就任直前に帰城した頃から忠真の指示によって、藩がこれら一連のイベントを準備していたと想像される。六か条の教諭を発し、奇特人らを表彰した歴史的背景、および藩政上でのその意義については、本書第二章で検討したとおりである。

註

（1）高田稔『二宮尊徳――青少年のために――』（報徳文庫、一九七六年）、『神奈川県文化財図鑑　歴史資料篇』八七頁。
（2）『南足柄市史　2』（一九八八年）№一〇。
（3）『ぐみ沢村の「名主」日記』（御殿場市史史料叢書1、一九七三年）八三頁。
（4）土屋明子氏蔵、報徳博物館寄託資料、『神奈川県文化財図鑑　歴史資料篇』収録の写真参照。
（5）『続徳川実紀』（吉川弘文館、一九六六年）第二編八頁。
（6）『ぐみ沢村の「名主」日記』八二～八三頁。
（7）『山の尻村の「名主日記」』（御殿場市史史料叢書2、一九七七年）一九頁。
（8）全集一四巻二九一頁。

第三章　二宮尊徳の窮民救済仕法

――天保飢饉直後の野州烏山領と駿相州小田原領――

はじめに

近世後期の農政家として知られている二宮尊徳（金次郎・金治郎）は天保飢饉の直後に困窮した下野国烏山藩領と相模国小田原藩領で窮民の救済を行った。本章では両藩領において飢饉直後に尊徳が行った窮民救済（策）を検討し、その共通点や相違点を検討しながら、小田原領の「地域」について考える素材を提示することを課題としたい。

近世後期の関東農村をみたとき、「農村荒廃」の問題を避けて通ることはできない。(1)「農村荒廃」といえば北関東農村の特徴として扱われることが多く、他の関東農村には農村荒廃がなかった、あるいは顕著ではなかったとの印象が定着しているのではないだろうか。(2)

本論が対象とする小田原藩領は、天保飢饉を契機に報徳仕法が導入されるが、飢饉以前から報徳仕法を導入しようとする動きがみられ、一部ではそれが期待された。つまり、小田原藩領の村々でも荒廃化が進み、飢饉を契機に飢民の救済と領内復興の仕法が尊徳に託されたと見ることもできよう。ただ、荒廃の中身や現象は北関東と他の地域、それぞれの地域によって異なっていたのであり、「農村荒廃」の本質については今後も検討を重ねなければならないであろう。

農村荒廃が北関東以外の地域でも見られるならば、その地域の「農村荒廃」を検討することで、むしろ北関東や他の地域の特徴が見えてくるのではないだろうか。本章は「荒廃」した農村の飢饉をキーワードに北関東農村と南関東農村における尊徳の飢民救済を検討することで、地域と飢民救済策の共通点や相違点を見い出すことにしたい。

これまでの報徳仕法研究を振り返ると、それぞれの村落や領域ごとの個別的な検討に止まり、小田原藩領や烏山藩領に行われた飢民救済（策）などについては内田哲夫氏(3)や長倉保氏(4)の研究があるが、いずれも各藩の藩政の中で報徳仕法導入の経緯→中断→再開→畳置き（中止）→畳置き後の藩政、あるいは報徳仕法の動向を論じ、特定の仕法内容について領域を越えて比較検討し、そこから地域性や地域的特徴といった「地域」を意識する作業は皆無に等しい。わずかに大藤修氏が一九九八年に「二宮尊徳の飢民救急仕法と駿州駿東郡藤曲村仕法」(5)において、駿河国駿東郡の御厨では自分が属する組合以外の組合にも醵金する動きが見られ、しかも小田原藩領に限らず、分家の荻野山中藩領の村、幕府領の村からも飢民救済の醵金が行われたことを示し、「天保八年七月段階での飢民救済は、村・組合や支配関係を超えて、御厨という地域ぐるみで行っていた」ことを指摘するのみである。(6)その後、「地域」を意識した報徳仕法の検討は全く行われてこなかったと言わざるをえない。

天保七年から八年にかけての天保飢饉直後に尊徳が窮民救済を講じたのは下野国烏山藩領と相模国小田原藩領

であり[7]、飢民対策を必要としたという共通項をもつ二藩領を取り上げ、駿・相州において二宮尊徳が天保飢饉直後に行った飢民救済（策）を他領（烏山領）との共通点や相違点の検討を通して小田原領の「地域」を考え、さらに同じ小田原藩領内の駿州領分（御厨領）と相州領分の共通性や地域差、地域的特徴を考える素材を提示してみたい。

第一節　藩からの仕法依頼

天保大飢饉によって窮民らの夫食確保が困難になった下野国烏山藩の家老菅谷八郎右衛門は、以前から桜町領（栃木県真岡市の内）の復興事業で評判になっていた二宮尊徳のことを耳にしていた[8]。菅谷は荒廃した領内村々を新田開発などで復興を進めてきた天性寺（栃木県那須烏山市）の円応和尚に尊徳の話をし、桜町領の状況を視察するとともに、尊徳に領内窮民の救済依頼の可能性をさぐるように指示した。その烏山藩は表高三万石、草高四万石余りで、城附地の野州領分（二郡四六か村）が約二万六千石、相模国にも約一万三千石の領分（四郡三九村）があった。野州領分は農村の荒廃が激しかったうえに、天保四年（一八三三）からの飢饉で町内の米穀屋には穀類がなくなり、その日暮らしの者は飢え、翌年の麦が実るのを待つだけの状態であったという。領内の東郷の畑作地域が真っ先に食糧不足に見舞われ、東郷九か村の農民が上境村（栃木県那須烏山市）の千足峠に集合し不穏な動きを見せるなど、領内は飢饉の影響を受けていた。

天性寺円応和尚は前もって野上村（栃木県那須烏山市）の茂右衛門を桜町に派遣し（八月二三日）[9]、次いで自らも桜町に赴き（八月二三日）、尊徳と面会して烏山領の窮民救済について話し合ったようである（全集三巻四三五頁）。円応は尊徳から救済の手引書ともいえる「為政鑑」を借り受けて帰国した。(10) 円応からの復命をうけた菅谷は九月二三日に円応を伴って桜町領に赴き（全集三巻四四一頁）、直接尊徳と話した後に江戸に出て、江戸詰めの家老らを前にし、尊徳による救済仕法（報徳仕法）導入の必要性を説いた。一〇月四日には藩主同席の評議で、飢民救済と荒地帰発の仕法を尊徳に依頼することに決した。また、烏山藩は本家の小田原藩に尊徳の「御貸」を申し入れたところ、小田原藩から「二宮金次郎儀、小田原迄も及問合候処、御領分荒地起返を始、村柄取直等品々目論見事御座候処、此節大概下組も出来、不遠金次郎呼戻し、見分等も為致候事に相成、乍御気之毒先御断申上度事に相成候」(11) と断られた。ただ、小田原藩は尊徳が「相州、駿州へ同人（尊徳）参候迚、向後一切烏山之方へ参候儀出来兼候と申事にも相成間敷、荒方見込も付取掛候上は、折々野州へ見廻り抔と申振にも可相成」と小田原領への復興の見込みがつけば、烏山領の復興に携わっても問題ないと許可している。(12)

これらの結果をうけて、国家老の菅谷は藩主大久保忠保の直書を携え、一〇月二九日に江戸を出立し、一一月二日に桜町領に立ち寄り、尊徳に藩主の直書を渡し、烏山領の窮民救済の仕法を正式に依頼した。その時の様子を菅谷は、

> （天保七年）十一月二日桜町へ立寄、御趣法御頼之趣御直書相渡、再応辞退有之候得共、無拠先致御世話候に相成候、金次郎申聞候は、一体趣法取掛前、是迄過去候拾ヶ年、米永小物成共微細に取調、拾ヶ年致平均、壱ヶ年何程と定、又金銀米銭出入、是又拾ヶ年取調致平均、壱ヶ年何程と積……（中略）……右之通取調候上、趣法取掛可申儀候得共、当時窮民葛蕨草之根等堀取、相凌候由、元来窮民撫育、趣法被御頼候儀、其民為及饑渇候ては、無詮儀、依て致順逆候得共、調之儀は差措、先御救助之方取行候外有之間敷……

と記している（全集二四巻五五四頁）。菅谷によると、尊徳は烏山藩からの依頼を再度辞退したが、結局は引き受けることになった。この時、尊徳は仕法に着手する前に、通常は過去一〇か年の年貢米永・小物成高を調べて平均し、また金銀米銭の支出を取り調べて平均することで今後の収支を見積もるが、今は烏山領民の飢渇が深刻な状況であり、順序が逆になるが、先に窮民を救済し、年貢米永などの取り調べは後回しにするというのである。さらに菅谷ら藩士に対して、退役や隠居を仰せ付けられても仕法を継続し、仕法恩金を返済する覚悟を求め、その覚悟があるなら直ちにお救い米を送ると述べた（全集二四巻五五四頁）。

一一月一三日と二四日に円応が桜町陣屋（栃木県真岡市）を訪れ（全集三巻四五六・四六〇頁）、最終的な調整をしたようで、その二日後に尊徳は桜町領横田村（栃木県真岡市）の年貢米のうち五〇俵（一俵四斗七合入）を烏山領に送った（全集三巻四六一頁）。二八日にも桜町領の年貢米のうち五〇俵を追送したのをはじめとして（全集三巻四六二頁）、合計一二九六俵余りが窮民救済用の夫食米として送られた(13)。

一方、小田原藩では、以前から尊徳による報徳仕法の導入を期待する動きがあり、天保七年においてもその期待は大きかった。一月一四日には大勘定奉行の鵜沢作右衛門が、二月一五日には吟味役兼帯の横沢雄蔵が桜町領を訪れ、三月一三日まで滞在して実地見分をした。帰郷した鵜沢は尊徳を推薦する「上書」を藩に提出している。その鵜沢は同年六月に尊徳への書簡で、今年は「天明の度に似より候年柄」であり、「御厨筋にて、一向草生宜しからず」と伝えた。彼は「当年の不作は、ここもと御改革の御法相立て候には、却て永久の御土台相成るべし」と、今年の凶作はむしろ尊徳による報徳仕法導入に好都合であると述べている。

この年、小田原地方は七月一七日・一八日に大風雨、八月四日に大雨洪水に見舞われ、加えて冷害による飢饉が顕著となった。横沢は、不作のために米相場が高騰し、小田原に米が入荷しなくなったこと、領内の作柄は五分作位との見込みを尊徳に伝えた。同じく藩士の岡部柔蔵は八月二二日の状況として、早稲・中稲は半毛位（五分作位）、晩稲は一分作か皆無の作柄であろうと、米の収穫が深刻な状況になると書き送った。飢饉が避けられず、収穫時期の一〇月中旬から下旬にかけて、江戸表で尊徳の仕法導入をめぐる評議が行われた。横沢は一一月二日付けの書簡で、直ちに豊田正作を桜町に派遣すること、近日中に出府してもらうことになることを尊徳に伝えた。(14)烏山藩が尊徳を「御貸」してほしいとの申し入れを小田原藩から断られたのはこの時期である。

一一月下旬になって横沢は御用人からの命によって、尊徳に出府を求めた。尊徳は烏山領への夫食米送付など、常州・野州の仕法が多忙で、すぐに出府できなかった。横沢は一二月一三日と二七日にも出府を促す書簡を尊徳に送っている。一方の尊徳は一二月二六日に桜町を出立し、江戸に向かった。出府後の尊徳の行動は不明な点が多いが、翌八年一月一二日夜に小田原藩勝手方年寄の早川茂右衛門と会談しており、その時の内容を次のように記している（全集一五巻五一七〜五一八頁）。

天保八年正月十二日夜、早川茂右衛門殿宅にて、論談の趣意、同人被書取候写、二宮金次郎内存相尋見候処、同人見込は専左之通に相聞候事

一、報徳金駿豆相御領分取直趣法之儀は、先施候を手初と見込候事

一、野州釩之助様御知行所村々、十六ケ年之間御趣法被行、已に平均弐千俵之御収納辻仕上候処、深く被思召被下候ハヽ、御賞美心を以報徳金も多少御差加金有之、小田原御城附村々御趣法之種に仕度、専見込候趣相聞候事

……（二箇条略）……

一、駿豆相開け候も、於釟之助様御趣法之余徳、善事を以全外より入候ものを以開不申ては被行間敷、惣て其処を起候と申儀を不顧、外釟之助様御知行所を起し候善法を自然写し、内を実候処手段、手心専と見込居候趣之事

ここには尊徳の意向が強く反映されている。第一条では駿河・伊豆・相模の小田原藩領分への報徳金を、先に施すこと。第二条では、野州桜町領の余剰報徳金を加えて、小田原城付領復興仕法の原資にしたい。最後の条は、駿豆相領分に報徳仕法を行うのも、桜町領での余徳、善事を移すという。尊徳は仕法進行中の村々で生み出された余剰を烏山領に送ったのと同様に、桜町領での余剰の一部を駿豆相の飢民救済の原資にする意向を示していた。

尊徳と小田原藩との交渉内容はこれ以上明らかでないが[15]、右の考え方は、尊徳に与えられた藩主大久保忠真の直書にも反映され、「金千両其方へ御下ケ被下置候間、則右釟之助様御趣法取行候善種を加、御領内へ報徳金貸附之道存分に執計、往々御安堵之道を生候様被遊度思召候」（全集一五巻五一九頁）と記された。仕法を着手するにあたり、藩から一〇〇〇両下付するので、桜町領の善種を加えて報徳金貸し付けを存分に行い、将来安堵できるようにして欲しいとある。ただ、ここには「報徳金貸附之道」しか書かれておらず、窮民救済について記されていない点をどのように見るかは課題となろう。二月七日のこの直書により小田原領分の仕法着手を命じられた尊徳は、四日後の一一日に小田原に向けて鵜沢作右衛門とともに江戸を出発した[16]。すでに息子の弥太郎（後の尊行）は一月一九日に桜町陣屋を出立し、二月五日には小田原に入り、仕法の準備を進めていた（全集六巻二三三頁）。

第二節　烏山領の窮民救済

1　極困窮人の救済

天保七年（一八三六）一一月から尊徳は桜町領など仕法進行中の仕法地の余剰米穀を烏山領に送り、窮民救済にあてた。烏山領に送ったお救い米穀高は、米二三五石八斗余（代金七八六両）、古米二八二石六斗余（代金一二三七両）、種籾九〇石（代金一九五両二分余）、稗一四二石六斗余（代金一七八両余）であった。[17] 送られた米穀は領内の天性寺境内に建てられたお救い小屋で粥を炊き出し、窮民を撫育したのであった。菅谷八郎右衛門は、お救い小屋および粥の炊き出しについて「拊循録」で次のように記している（全集二四巻五五四〜五五五頁）。

（天保七年十一月）同三日烏山帰着、窮民御救之儀申談し、天性寺境内芝原へ、御救粥小屋、梁間弐間、桁行三間の小屋、拾弐棟相建、炊出諸道具取揃、勧農方、帰発方、上役、下役、手代等夫々掛申達、又在町之内篤実有才覚者相撰、代々為致世話候様、奉行へ申達候、同十八日極困窮可及飢渇者、当十二月朔日より、来酉五月麦作取入候迄、御救焚粥被下之儀、村々相触候様、両奉行へ申達、兼て達置候極困窮者致焚出候

尊徳から窮民救済の仕法着手の承諾を得た菅谷は七年一一月三日に帰国し、直ちに奉行に対して①天性寺境内に梁間二間、桁行三間のお救い小屋一二棟を新設すること、②炊き出し諸道具を取り揃えたり、藩の役人に伝えるなど準備すること、③在町の篤実な者を撰んで世話をさせることを指示した。一八日には、極困窮人で飢渇に及んでいる者に、一二月一日から翌年五月の麦収穫時期までお救い粥を支給すると、村々に触れるよう指示した。

粥の炊き出しをする直前に粥を支給される者の調べがあり、八二五人の名簿が作製された。その書き上げ例を次に示しておこう(18)。

田　町

家主友七家内七人之内

同人　女　房　申四十
同人娘　つ　き　同十一
同人娘　む　め　同四ツ
同人伜　金次郎　同八ツ

……(略)……

惣人別、千百七拾壱人之内、御救頂戴仕候者右之通御座候
右之者共困窮之者に御座候処、当年違作に付可及飢渇にも候間、御助御炊出頂戴仕度奉願上候処、願之通被
為　仰付、一統難有仕合奉存候以上

天保七年十一月

これは城下の田町（栃木県那須烏山市）に住居していた友七の家族の例を示したもので、彼の家は七人家族であったが、女房と二人の娘、伜一人の名前が書き上げられている。史料に記されているように、炊き出し粥の給付を願い、それが許された者である。このように、炊き出し粥の給付は個人を単位とした窮民救済であり、願い

出の形式によって許可された者への撫育であり、家族全員が許された訳ではなかった。友七家のように、戸主に支給されていない例は外にもみられる。

城下六町の人口は一一七一人で、その内九六名（八・二パーセント）が粥炊き出しのお救いを受けることになった。烏山全体では、天保七年一一月段階で一町と三一か村の八二五人がお救いを受けることが許された。村の惣人数に対して粥の支給を許された人数の割合は、表6で示したように、野上村が三七・八パーセント、谷田村が二六・一パーセント、戸田村が二三パーセント、大桶村が二二・五パーセントと烏山城下北側の村々の割合が高くなっている（いずれも栃木県那須烏山市）。これらの村は城下から北に伸びる小さな街道の山沿いに位置し、冷害の被害を受けやすい村々であった。また、当時の烏山領の人口は一万三〇人余りで、(19) 八・二パーセントに相当する極困窮人が粥を与えられたことがわかる。翌月の史料によれば、粥の支給を受けた人数を「極窮民凡八百七拾五人、一日米弐合積、報徳金四百九拾壱両余、十二月朔日より来酉（天保八年）五月麦作実法候迄、於南臺山天性精舎、炊出取計、為繋露命」(20) と記し、粥を給付された極困窮人を前掲の史料よりも五〇人多い八七五人（人口の八・七パーセント）としている。また、一人につき一日米二合で計算され、窮民撫育の費用四九一両を報徳金からの借用とし、窮民への粥の炊き出しは翌年五月の麦収穫の時期まで続けたようである。この報徳金は藩が借用したことにし、藩が返済することになっていた。

2　困窮人（中難）の救済

次に烏山領で困窮人と呼ばれた人々の救済について、前掲の「拊循録」の記述をみると（全集二四巻五五五頁）、

表６　御救焚出頂戴人割合

町村名	惣人数	頂戴人	%	町村名	惣人数	頂戴人	%
野上村	267	101	37.8	谷浅見村	221	18	8.1
谷田村	134	35	26.1	白久村	137	11	8.0
戸田村	65	15	23.0	瀧村	54	4	7.4
大桶村	427	96	22.5	横枕村	168	11	6.5
中井上村	83	16	19.3	八ツ平村	49	3	6.1
吉田村	81	15	18.5	熊田村	368	21	5.7
大沢村	268	46	17.1	興野村	574	28	4.9
瀧田村	259	41	15.8	宮原村	156	7	4.5
中山村	78	12	15.4	上境村	555	18	3.2
八ツ木村	234	34	14.5	下境村	850	16	1.9
高岡村	68	9	13.2	小原沢村	167	3	1.8
片平村	139	18	12.9	竹原村	116	2	1.7
志鳥村	337	40	11.9	大和久村	180	1	0.6
神長村	296	33	11.1	向田村	不明	39	
町（※）	1171	96	8.2	小木須村	不明	30	
上川井村	61	5	8.2	小川村	不明	1	

〈備考〉※…中町、赤坂町、金井町、元町、田町、鍛治町の６町
〈出典〉天保７年11月「御救焚出頂戴人別帳」（『二宮尊徳全集』第24巻34～55頁）

其次之困窮者、荒地壱反歩付弐分弐朱宛被下、荒地為起返、又苗代蒔仕付、田植草取刈上、扱纏、米に仕揚迄之料金弐分弐朱相下、各以日雇銭為給続候、此金三百両にて致開発候処、弐拾四町歩、但無役無年貢、只壱反歩付金壱分宛年々為冥加相納候、此金壱ヶ年に六拾両宛、此致世話候者百三拾三人余、村々にて行状宜、農業出精、村為に相成候者、村限惣百姓之目鑑を以為致入札、以札数之多者、一より段々番を書置、村高之大小に依て、或は弐人、三人、或は五人、六人、大村は八九人に至、此者共に得と申諭候て、貧敷者為雇、其賃銀にて為取続候

とある。困窮者には荒地一反歩の起し返し料二分二朱、苗代への播種から収穫までの料金二分二朱、計一両一分を日雇銭として給付し撫育するというのである。この開発費用全体を三〇〇両と見積もり、尊徳から報徳金が貸与され、二四町歩の荒地を起し返す計画であっ

た。返済は五か年賦で、一反歩あたり年間一分の返納になる。この開発を行うのに領内から一三三人の世話人を投票によって選出し、世話人が荒地起し返しを請け負い、貸与された荒地の起し返し料を雇った困窮人に与えて開発させたのであった。なお、荒地起し返し地は五年間無役無年貢であり、こうした方法で困窮者の生活を確保したのであった。

また、「烏山御領分村々中難飢民御救起発料貸付証文扣帳」には似た記述がある（全集二四巻一〇〇頁）。

其外中難之者年柄故哉、農間商売、或は日雇奉公稼一切無御座、十方に暮罷在候、依之御領分帰発、村柄為取直、名主組頭惣百姓不限小前、農業致出精心懸宜、上下御為筋相成候者相撰、為致入札、高札之者へ人数召抱為入用、荒田壱反歩に付起賃弐分弐朱、植付耕賃弐分弐朱、都合壱両壱分宛之以割合、凡反別弐拾四町歩、賃金三百両、報徳金之内相渡、為繋露命、然ル上は別紙本証文之通急度御返納為仕可申候、発田之儀は、来ル酉（天保八年）より丑迄五ヶ年之内、作取被　仰付、右以潤沢相互に助合、復古候様精々取計可申候以上

この史料では、荒田一反歩当たり起賃二分二朱、植付耕賃二分二朱となっているが、前掲の史料と同じ内容とみて良い。荒地の起し返しに従事した困窮人は「中難」と称され、彼らは農村荒廃の進行と天保飢饉によって農間商売や日雇い奉公稼ぎが一切なくなったので、荒地起し返し事業を行ったという。尊徳は農間商売や日雇い奉公稼ぎが一切なくなるという農村経済活動の停滞が彼らの困窮化の要因と捉えていたことがうかがえる。

開発地からの収穫物は五年間開発者の「作取」であった。このように、中難の者への救済は、荒地開発と雇用確保を同時に行うことで進められ、初年の天保八年には約二倍にあたる五五町歩の起し返しが行われたという。(21)

3　その他の困窮者救済

極困窮人や困窮人（中難）への窮民撫育の外に、高齢者などへの救済について、「八拾歳以上高年之者へは、養老米被下候、鰥寡孤独廃疾之者は、就其居所救遣候、依之壱人も飢倒、或他へ出候者無之候」（全集二四巻五五五頁）とあるように、八〇才以上の高齢者には養老米が給付され、鰥寡孤独廃疾者への救済が講じられた。

第三節　駿相小田原藩領の窮民救済

1　無難・中難・極難

小田原領内も天保飢饉によって困窮化が進んだ。尊徳が当時の小田原領の様子を伝えた記録を見ると、[22]

> 去ル天保七申年之儀は、天変冷気雨天勝にて、五十有余年に稀成大凶荒饑饉に罷成り、米麦雑石（穀）売買之儀は勿論、金銀貸借既に無之程之年柄、彼地之儀は平常人少致困窮、退転亡所同様罷成候極難村之儀に付……

とある。小田原領は天明大飢饉以来の稀なる飢饉に見舞われ、米麦雑穀の売買はもちろん、金銀貸借も行われないほどの年柄であった。尊徳は大飢饉によって穀物の売買や金銀の融通ができなくなるという経済活動の停滞が農民らを困窮させたと考え、その要因を取り除くことで農民らを撫育し、飢饉から脱することができると考えた。

さて、小田原領の飢民救済に関する従来の研究では、天保飢饉後の窮民救済は御厨領（駿河国駿東郡の御殿場付近）で行われたことのみ紹介されてきた。[23]しかし、小田原に着いた尊徳は「彼地（小田原）へ相越、御手許金を為種、去ル卯年（天保二年〈一八三一〉）差出置候冥加米四百弐拾六俵、並前々貸付置候年賦返納金は勿論、去申（天保七年）八月より御給扶持、其外用意米共不残取纏、御城付之分荒増撫育取計申候処、猶又駿州駿東郡村々願出候」とか「昨年（天保七年）冷気雨天勝ニ而、近年稀成大凶作ニ相成、暮方夫食必至与差支十方暮罷在候処、小田原御城附御領分村々報徳金御貸附之由承知仕、何卒饑渴を為相凌度、達而御拝借奉願上候」(24)とあるように、尊徳はまず城付地（相模領分足柄上・下郡）で窮民救済を講じたのであり、その話を聞いた御厨領の村々から救済の嘆願があって救済に着手したのである。同領の飢民を救済するには米穀が不足していた。尊徳は国元において蔵米を受け取り撫育米にする手筈であったが、藩主忠真が重病のために家老の辻七郎左衛門が帰国できず、米蔵から出穀する指示が国元に伝わらず、いわゆる小田原評定を重ねていた。「如何取計候て相決可申哉当惑之趣」を鵜沢作右衛門から相談された尊徳が「直及飢渇失民命候急難之儀に付、大小上下賢愚之差別、御役々御一統、昼夜弁当無用にて、昼夜御詰切、飢民倶に御苦被成候はゞ、其御誠意天地に貫き、直に相決可申哉」と答えたところ、翌日に御蔵米一〇〇〇俵が下げ渡され、尊徳一行は三月二日に箱根・御厨領に向けて出立したのであった。

窮民救済を行う第一歩として、尊徳は「一村限り暮方、大小貧富、米麦雑穀」の様子を調べさせ、農民を無難・中難・極難に分けた。

家内壱人に付雑穀五俵以上に貯、過穀有之暮方差支無之者、三拾三軒相除、残六拾七軒之内、多少に限らず夫食貯有之、暮方中難之者三拾三軒、家内壱人に付雑穀四俵宛貯有之候者は壱俵宛貸付……略……壱俵宛貯有之候者ハ四俵宛貸付、尚又暮方極難三拾四軒、夫食貯無之者家内壱人に付米麦雑穀五俵宛、無利五箇年賦、又は十箇年賦、極々難に及んでハ無利置据貸付、為繋露命、撫育取計申候

尊徳は一〇〇戸の村を想定して無難・中難・極難を説明する。まず家族一人当たり穀物五俵以上貯えがある者を「無難」とし、暮らし向きに差し支えない者とした。同じく家族一人当たりの夫食の貯えが五俵未満の者を「中難」とし、彼らには五俵に満たない分の米穀を貸し付けるというのである。穀物の貯えが皆無の者が「極難」で、彼らには一人当たり五俵の米穀を貸与して救済するという。これらは五か年賦か一〇か年賦返済になっていた。極々難の返済は無利息置き据えにするとあるが、他の史料に「極々難」の記述がなく、実態は不明である。

尊徳は領内の窮民救済にあたり、一人当たりの貯穀量を基準に無難・中難・極難のランクを付け、中難・極難には五俵に満たない穀物を貸与して救済した。一人当たりの貯穀量の基準を五俵と設定したことで、個人を単位とした窮民救済の具体策が実現できるようになったのである。天保飢饉直後に尊徳は桜町領でも貯穀量を調べているが、小田原領と同様、一人当たりの貯穀量を五俵として、不足の分は尊徳が遣わすとしている。

> 申（天保七年）の大凶桜町の御手宛、先一同ニ仰とて、米麦雑穀の有穀を書かさせ、一人別五俵余の所持之者ハ勝手次第に売るへし、当時売るハ平年只ふへる程の切徳なるへき間、穀止メハ不致也、不足之者へハ縦令何程ニても皆先生（尊徳）ゟ御恵被遣候と也、家内十人之者ハ五拾俵、五人の者廿五俵、皆家ニ積重ねける故、却て豊年に勝り候由、於是、有余の米穀皆烏山へ御附送候、飢民御撫育被成候由、小田原公（大久保忠真）桜町の救荒を聞せ給ひ、酉（天保八年）ノ二月上旬、先生を御召ありて、我領邑をも如此せよと仰られしとなり

これは後年、尊徳が語ったことを門弟の福住正兄が書き留めたものの一部で、(25)桜町領でも天保飢饉直後に農民たちから有穀の様子を報告させた。そして、一人当たり五俵以上の貯穀があれば余穀を売るように指示し、穀止めはしなかった。一〇人家族であれば五〇俵の穀物が家に積まれるため、豊年の年よりも良い光景だったという。余穀は烏山領に送られ、窮民撫育に用いられた。桜町領の情況を聞いた小田原藩主大久保忠真は天保八年（一八三七）二月上旬に尊徳を呼び、小田原領も桜町領と同じようにせよと仰せられたというのである。

貯穀高を一人五俵と設定したことで、五俵に満たない者に不足分を給付し、五俵を上回る余穀は夫食が不足している地域に回し、領内外の地域の撫育を進めることができるようになった。尊徳は飢民救済策として、むしろ穀止めをせず、桜町領などの仕法地の成果＝余剰を烏山領や小田原領に回すことで、窮民の救済を行っていったのであった。

御厨領は七六か村で、坂下（一一村）・北筋（一一村）・中筋（一二村）・南筋（一一村）・原方（一四村）・八ヶ郷（八村）・下郷（九村）の七組合に分かれていた。(26)尊徳はどの組合の何村から救済に着手して良いか、「何分前後順逆相分り兼」として、「少も依怙贔屓」がないように「極難組合筋為致入札、壱番札組合より致見分、撫育取計申度候」と組合による入札（投票）で着手する組合の順序を決めるとした。その組合の中で村の順序を決めて順次着手するというのである。この組合は旧来からの支配的な単位であり、地域的地縁的なまとまりであって、尊徳はそうした組合を利用しながら、窮民の救済に着手しようとしたのであった。

その救済は、貯穀を一人当たり五俵にすることとあわせて、次のような夫食米が貸与された。

壱番札村へ罷越候処、惣軒別凡百軒有之候時、平生心掛宜敷、家業致出精、夫食貯置、暮可也取続、饑渇之憂無之、過穀有之者三拾三軒相残、残六拾七軒之内、中難三十三軒之儀ハ、何之何月より何月何日迄、麦作実法候迄、日数何十日、壱人に付一日に米壱合宛貸付、猶又極難三拾四軒之儀ハ、右同断何十日、壱人に付一日米弐合宛貸付、撫育取計申候事

前述したように、尊徳は一村一〇〇戸、うち無難三三戸、中難三三戸、極難三四戸と想定して、無難には夫食米を支給せず、中難には一人一日米一合、極難には同じく米二合を麦の収穫時期までの日数分を貸与するというのである。貯穀の場合と同じく、夫食米を貸与するのも一人を単位として考えられた。さらに、その夫食米の支給期間も麦が実る時期までとした点も共通している。しかし、烏山領では、極困窮人に炊き出しをした粥を与えるという直接的な方法と、中難には荒地の起し返し事業をもって雇用し、日雇い銭を与えることで救済する方法であったが、小田原領では極難・中難ともに夫食米を貸与する方法で、その貸付額には差が設けられていた。

2　夫食貸与の実態

では、小田原領において実際に各村に貸与された夫食米について見ておこう。次の史料は天保八年三月の御厨領北久原《ほっくばら》村（静岡県御殿場市）の報徳米拝借証文である。(27)

報徳米御拝借証文之事

一米弐拾弐俵三斗

此代金三拾六両壱朱永四拾八文六分壱厘　　但金拾両ニ六俵三分替

此年賦済方

酉金七両三朱永三拾四文七分弐厘弐毛

……略……

右者御領分駿東郡御厨南筋組合北久原村名主・組頭・惣百姓代一同奉申上候、当郷土地柄用水之儀者富士山雪水掛り之場所故、去ル巳年（天保四年）ゟ不順気打続違作難渋仕候、猶又昨年冷気雨天勝ニ而近年稀成大凶作ニ相成、暮方夫食必至与差支、十方暮罷在候処、小田原御城附御領分村々報徳金御貸附之由承知仕、何卒饑渇を為相凌度、達而御拝借奉願上候処、格別之以思召早速御出郷御見分被下置釩之助様御知行所（桜町領）荒地開発人別増村柄取直し御趣法之次第、微細ニ御利解被　仰聞、御知行所村々立直古ニ復し候為冥加相納候報徳善種金窮民為取続、当三月廿日ゟ五月麦作実法候迄、凡日数五十日之間暮方極難之者男女大小人共壱人ニ付一日ニ御蔵米弐合宛、暮方中之者同断壱合宛之御積を以、書面之夫食無利五ケ年賦御拝借被　仰付、重々冥加至極難有仕合奉存候……略……

同村では米二二俵三斗（金に換算して三六両一朱永四八文六分一厘）を拝借し、これを五年賦（天保八年～一二年）返済すると一年に七両三朱永三四文七分二厘二毛になる。これは三月二〇日から五月の麦が実るまでの約五〇日間の夫食米で、極難は一人一日二合、中難は一人一日一合の夫食米を借用するとして計算した俵数が米二二俵三斗であった。御厨領坂下組合の所領村（静岡県小山町）も支給の日数は五〇日であるが、隣村の生土村（静岡県小山町）では中難の支給期間を四月上旬から五月上旬までの三〇日間、極難は四〇日間で、一日の夫食米は一人一日米一合五勺とするなど(28)、夫食米の額は一様でなかったが、基本的には尊徳の飢民救済の方針が用いられたことは確認できよう。

では、城付領の足柄上下郡の場合はどうか見てみよう。尊徳は御厨領に向かう途中の箱根地域で窮民救済策を講じたが、その一例として足柄下郡大平台村（箱根町）の夫食貸与の様子を記した史料を見ると、(29)

高三拾石九斗四升五合
一家数三拾弐軒　大平臺村
人別百四拾六人
家内　七人　与右衛門
……略……
〆無難家数五軒
人別三拾弐人
此分暮方可也取続夫食差支無御座候
家内　五人　利右衛門
……略……
〆極難家数弐拾七軒
人別百拾四人
此夫食米八俵　但金拾両ニ六俵三分替
代金拾弐両弐歩三朱、永拾文九分壱厘

同小麦三俵　但金壱両ニ三斗九升五合替
代金三両、永三拾七文九分七厘
同大豆四俵　但金壱両ニ四斗九升五合替
代金三両三朱、永四拾四文八分弐厘
〆夫食拾五俵
代金拾八両三歩三朱、永三拾壱文弐分

とある。同村の家数は三二軒で、「暮方可也取続夫食差支無御座候」無難はわずか五軒（全体の一五・六パーセント）で、もちろん夫食の支給はなかった。同村には「中難」の名称が見られず、残り二七軒（全体の八四・四パーセント）は極難で、米だけでなく小麦や大豆など計一五俵を拝借した。貸与された夫食を金銭に換算して記されている。

相州領分でも尊徳が御厨領に出立する以前に、困窮人の書き上げを提出させている。足柄上郡金井島村（開成町）は天保八年二月に「困窮人書上帳」を認め、困窮人の夫食米給付を嘆願している。(30)

一家数合六拾五軒　　金井嶋村
内
五郎左衛門
……中略……
〆拾九軒

右之者共夫食御座候者共

一家内五人　　　　　　　孫右衛門

……中略……

〆廿四軒

一家内六人　　　　　　　伊　平

内壱人奉公出申候

米九斗　但壱人ニ付一日弐合ツ、

……中略……

〆廿弐軒

〆人別九拾弐人

内四人　奉公出申候者共

残而八拾八人

〆米拾五石八斗四升

此俵三拾九俵弐斗四升

右之廿弐軒之者共困窮人ニ御座候処、御慈悲ヲ以御憐愍奉願上候、以上

天保八年丁酉年二月　　　　金井嶋村

名主　五郎左衛門

(村役人四名連名)

二宮金次郎様

同村六五戸のうち五郎左衛門ら一九戸は「夫食御座候」無難であった。孫右衛門ら二四戸は夫食などについて記されていないが、「中難」であろう。伊平ら二二戸は夫食米の給付を願う「困窮人」（極難）で、九二人のうち奉公に出ている四人を除く八八人が給付対象とされ、一人一日米二合ずつの計三九俵二斗余りの支給を嘆願している。

足柄上郡でも御厨領の飢民救済を終えてから行った怒田村（南足柄市）への米穀給付に関する史料を見ると、[31] 家数は八七軒、夫食に差し支えていない一〇軒は「無難」で、五五軒は「中」と記されているが、夫食米の給付を願う記述は見られない。難渋人で夫食を願い上げているのは半左衛門ら二二軒で、彼らは「極難」と呼ばれる者たちであった。この二二軒には米六俵、大豆三俵、小麦二俵の計一一俵が与えられた。夫食貸与は他の小田原領や烏山領と同様に麦作の収穫時期までとし、五か年賦返済であった。その夫食の割賦は軒別であり、烏山領や御厨領などの地域や近村の金井島村とは異なっていた。

3　御手許金の給付

尊徳は天保の大飢饉直後の窮民救済として、夫食米給付以外に、藩から下付された御手許金一〇〇〇両を領内村々に与えている。御厨領萩原村（静岡県御殿場市）では天保八年四月に三両一分余りの御手許金が与えられ、その請書が提出された。[32]

差上申御請書之事

一御仁恵金三両壱歩、銭百六拾八文

内　御金弐朱難有頂戴仕候　平右衛門㊞

御金壱朱難有頂戴仕候　吉兵衛㊞

……略……

〆御金弐両壱分三朱

外ニ弐朱弐百四拾八文難有頂戴仕候

村役人并小前三拾五軒へ、但壱軒ニ付銭百文づヽ

……略……

当時難渋人小前之者共夫々割賦頂戴為仕、残御金之儀は組頭善兵衛・組頭茂兵衛・組頭忠右衛門・組頭新右衛門・百姓代伊右衛門相願、御金預世話仕　……略……

御手許金は「御仁恵金」と称して領内の各村に貸与されたが、萩原村では三両一分のうち二両一分三朱は「当時難渋人小前之者共」に割賦された。ただし、平右衛門と吉兵衛で金額が異なるように、一様ではなかった。残りの二朱二四八文は村役人と小前百姓の三五軒で一軒当たり一〇〇文ずつ割賦している。更に残金は組頭の善兵衛らが預かるとしている。城付地の足柄上郡村々にも同様な記述を見ることができるが、そこでは村役人を始めとする無難も御仁恵金を受けており、その額は困窮人より多い例も見られる(33)。

4　窮民救済の概要

小田原領の飢民救済は約五〇〇〇両の資金をもって、[34]夫食米と御仁恵金を貸与する方法が用いられ、四万三九〇人に救済策を講じたという（全集三巻五四一、六巻三七二頁）。これら小田原領の窮民救済の概要を示したのが表7である。尊徳による飢饉直後の窮民救済は相州領分の九六か村と駿州領分七七か村の内六八か村、[35]計一六四か村の家数八八九〇軒に行われた。この八八九〇軒を相州領分と駿州領分で比較すると、相州領分では無難が三八パーセントで、駿州領分は二八パーセントと一割も少ない。中難は相州領分が一二％で、駿州領分は三一パーセントを占めた。極難は駿州領分が約四〇パーセント、相州領分は四八パーセントと高くなっている。窮民として救済を受ける中難と極難は、相州領分は六一パーセント、駿州領分は七一パーセントと相州領分を大きく上回っている。このように、駿州領分は無難が少なく、救済を受けなければ暮らし方を保つことができない中難と極難が多いという、全体的な困窮化が進んでいた。一方の相州領分は無難も多いが、貯えが皆無だった極難も約半数を占めているように、無難と極難との両極に分解している状況を見ることができ、そこに両地域の違いをうかがうことができよう。

扶持米を給付するという意味での窮民救済は中難と極難を対象とし、その人数は二四、四七三人であり、無難にも御仁恵金が渡されたという点からすれば救済された人数は四〇、三九〇人であった。御仁恵金の給付は烏山領においては見られなかった救済策であり、御手許金給付は領内の全領民を救済したという尊徳の意識を示していると言えよう。

夫食の貸与の様子を見ると、相州領分には米・大麦・小麦・大豆などが与えられたのに対し、駿州領分は米のみである。[36]この違いをどう見るかは更に検討が必要であるが、畑作地帯の駿州領分には主穀の米を必要とし、米

表７　相州・駿州領分の仕法地および救急仕法の概略

		相州領分	駿州領分	合計
石高		33,317 石 561	12,801 石 301	46.118 石 862
村数		96 か村	68 か村	164 か村
軒数		5,759 軒（100.0）	3,131 軒（100.0）	8,890 軒（100.0）
内訳	無難	2,223 軒（38.6）	884 軒（28.2）	3,107 軒（35.0）
	中難	733 軒（12.7）	992 軒（31.7）	1,725 軒（19.4）
	極難	2,803 軒（48.7）	1,255 軒（40.1）	4,058 軒（45.6）
人数		26,740 人（100.0）	13,650 人（100.0）	40,390 人（100.0）
内訳	無難	11,292 人（42.2）	4,665 人（34.2）	15,957（39.5）
	中難	3,375 人（12.6）	4,358 人（31.9）	7,733（19.1）
	極難	12,073 人（45.2）	4,627 人（33.9）	16,700（41.4）
夫食高計		2047 俵 180 2514 両 1 分 3 朱 23 文 50	1228 俵 190 1949 両 3 分 3 朱 22 文 83	3275 俵 370 4464 両 1 分 2 朱 46 文 33
内訳	夫食米	916 俵 180 1478 両 0 分 1 朱 8 文 26	1228 俵 190 1949 両 3 分 3 朱 22 文 83	2144 俵 370 2706 両 2 分 31 文 09
	夫食大麦	137 俵 124 両 1 分 1 朱 6 文 77		137 俵 124 両 1 分 1 朱 6 文 77
	夫食小麦	477 俵 480 両 1 分 3 朱 48 文 85		447 俵 480 両 1 分 3 朱 48 文 85
	夫食大豆	453 俵 389 両 3 分 2 朱 50 文 65		453 俵 389 両 3 分 2 朱 50 文 65
	夫食稗	57 俵 34 両 1 分 3 朱 18 文 42		57 俵 34 両 1 分 3 朱 18 文 42
	夫食春麦	2 俵 2 両 3 分 8 文 62		2 俵 2 両 3 分 8 文 62
	種蕎麦	5 俵 4 両 1 分 3 朱 6 文 94		5 俵 4 両 1 分 3 朱 6 文 94

〈出典〉天保８年３月「相州駿州御領分村々之内報徳貸付寄帳」
（『二宮尊徳全集』第 15 巻 798 ～ 801 頁）

作地帯の相州領分は米だけでなく大麦などの穀物も必要とされたという地域的な違いを見ることができよう。

5　夫食代の返済

小田原領の窮民救済の内容が、中難・極難への夫食米貸与と、無難の者まで含めて御仁恵金を貸与するということが中心であった。これは貸与であって返済をともなう。返済についての尊徳の考え方をまず見ておきたい。

一、右同断夫食代無利五ヶ年賦貸附返納之儀は、平生心掛宜敷、家業致出精、雑穀貯置、可也取続、暮方無差支、夫食不致拝借者三拾三軒。縦令バ壱軒に付、一日に銭三文、中難三拾三軒、壱軒に付一日に銭弐文、極難三拾四軒、壱軒に付銭壱文宛積立、返納之成道、村中貧富一同致議定、夫食貸附撫育取計申候

尊徳は夫食代の無利息金返納を、無難の三三軒は一軒につき一日銭三文ずつ、中難の三三軒には同じく銭二文ずつ、極難の三四軒は銭一文ずつを積み立て、返済の道が成るように村内で議定し、その上で夫食の貸与を取り計らうとする。夫食の貸し付けは「個人」を単位としたのに対して、返済は返納可能な「一軒」を単位とし、村ごとに積み立てる方式をとるという。夫食米を拝借しなかった無難にも返済させ、しかも中難や極難よりも多い返済額を設定していることが特徴である。ではこうした返済が実際に行われたのかを見てみよう。御厨領坂下組合八か村では表8のように無難・中難・極難が返済のための積み立てを行っている。中島村と藤曲村（静岡県小山町）は中難と極難が同じ返納額になっているが、そのほかの村はいずれも極難より中難、中難より無難の返納額が多い。相州領分で返済額を知ることはできないが、足柄上郡怒田《ぬた》村（南足柄市）でも無難と極難の者が異なる返

表8　御厨領坂下組合8か村の1日1人あたりの報徳金返済額

村　名	無難	中難	極難
所領村	6文	4文	3文
生土村	6	4	3
湯船村	7	6	4
菅沼村	7	5	3
小山村	5	3	2
中島村	6	5	5
藤曲村	6	5	5
桑木村	6	4	2

〈出典〉『二宮尊徳全集』第15巻 814～824頁

済額であったことが十分に推測できる史料がある。(37) 返済にあたって、夫食の貸与を受けていない無難が中難や極難よりも多くの返済額を負担することが無難に周知されていたのであろう。それを受け入れる素地がこの地域の人びとにあったことがこの地域の特徴であり、烏山領などの地域には見られなかった点であろう。これを受け入れた素地の問題についてはなお検討しなければならない。では、飢饉後にこれらの夫食代が返済できていたのか、御厨領南筋組合北久原村について紹介しておきたい。前に触れたように、同村は窮民救済として夫食米二二俵三斗を五か年賦返済で借用した。その夫食米代金は三六両一朱と永四八文六分一厘で、毎年七両三朱余りを返済する条件で夫食米給付を受けた。返済は次の史料が示すように、天保一二年一〇月に完済した。

表書報徳年賦皆済相成申所、仍如件
天保十二辛丑年十月　　二宮金次郎

一金七両三朱永三拾四文七分二厘三毛
右者報徳元恕金之辨恩沢報徳金被相納、慥請取申所仍如件
天保十三壬寅年十月　　二宮金次郎

これは天保八年三月の「報徳米拝借証文[38]」の裏書きで、まず年賦返済を終えたことを尊徳が署名している。その年賦返済を終えた翌年の天保一三年に「報徳元恕金之辨恩沢」としてそれまでと同額の報徳金を納めたとして、その受領に尊徳が署名している。このようなことは決してめずらしいことではなく、お礼の意味をもつこの報徳金は報徳冥加金とか報徳元恕金と称され、次の飢民救済や村々の復興資金として運用された。

今のところ、天保飢饉直後の窮民救済として貸与された夫食米の代金や御仁恵金の返済が滞るなどの記録は見あたらず、返済は一応順調に行われたと見られる。村単位での返済で、無難をも返済の中に組み入れるという方法を用いた尊徳による報徳仕法ならではの特徴であろう。

おわりに

天保飢饉直後に行われた尊徳による窮民救済の実態を小田原領を中心に、同時期に同じ目的をもって行われた野州烏山領と比較しつつ紹介してきた。窮民救済にあたり尊徳は困窮人や難渋人を極難・中難などとして救済の対象を明確にしたうえで、夫食米や金銭の貸与を行ったのであるが、二つの領域で行われた救済の方法には違いが見られた。さらに小田原領内であっても駿州領分と相州領分で無難・中難・極難の実態や夫食として貸与する穀物などに違いが見られた。こうした救済の内容の違いから当時の「地域」性を考える手がかりを提示できないかというのが本章の目的であった。以下、簡単に整理しつつ、今後の展望としたい。

大飢饉によって夫食が不足することは勿論であるが、尊徳は烏山領で農間稼ぎや日雇い奉公が全くなくなるという雇用問題や、小田原領で米麦などの穀物の売買や金銀の貸借が行われなくなるという農村経済の停滞が重なることでより一層人びとの困窮化が増したと考えていた。これらの要素を取り除くことが窮民救済策の中心となった。烏山領では極難には粥の炊き出し直接食事を供給し、中難には荒地開発事業をもって雇用を作り、彼らに開発の賃金を支払うことで夫食を購入させたのであった。これには、高値であっても流通していた夫食が存在していたことを意味する。大飢饉のために、年貢納入後には夫食が無くなったと見ることもできるが、実際にはある程度の夫食は流通していたのではないだろうか。[39] 領内に流通する夫食がなかったとすれば、それは尊徳が桜町領など仕法中の領域や村から烏山領に送った米穀の一部がお救い小屋での炊き出しに使われた夫食以外が領内に流通したとも考えられる。

また、同領では確認できなかったが、無難には一定（桜町領や小田原領での五俵）以上の穀物の売買を奨励していたかもしれない。尊徳は、桜町領に五俵以上の貯穀を持つ者は、五俵を上回る穀物の売買などを許しており、穀止めをしないとしている。これは烏山領などのような場合に対処できるよう準備していたと見て良いだろう。

一方、小田原領について尊徳は米麦などの穀物の売買や金銀の貸借が行われないという農村経済の停滞が窮民拡大の原因とみて、その対応が窮民救済の道と考えた。そこで、夫食米や御仁恵金の給付が救済策の中心になっていく。それは、実際の意味での夫食と、流通する夫食、流通する金銭を農村に供給することで停滞する農村経済を回復することであった。

ということは、小田原領には米穀金銭が極めて不足していたということが前提になる。小田原藩にとって足柄上下郡は城付地であり、駿州領分（御厨領）はその周辺地であり、ともに藩財政の基盤の地であった。天保七年（一八三六）の大飢饉により年貢率・年貢量が低かったとしても、農村経済を停滞させるほどの年貢徴収が行われたと考えねばならない。窮民らの夫食米を藩の蔵米から出させ、窮民の夫食米として再配分し、また流通（貸借を含む）のための金銭を「御仁恵金」と称して領内に供給したのが小田原領内への窮民救済だったといえる。

御仁恵金は村内の一軒ごとに給付されたが、夫食米は貯穀量五俵を基準に設定し、中難と極難には五俵に満たない分を給付するとともに、一日の夫食米もそれぞれに給付した。それらは一人単位で計算されて貸与された。給付された穀物の内容を見ると、畑作地帯の駿州領分には米のみ、米作地帯の相州領分には米だけでなく、大麦や大豆なども給付するという違いが見られた。尊徳はそれぞれの地域の窮民救済に有効と考えた穀物の貸与をしたのであった。

これら給付された米穀金銭は全てが貸与されたものであって、返済がともなった。返済の考え方は、返済可能な「家」を単位としたが、夫食米を拝借していない無難が中難や極難よりも多くの返済額を負担することをあらかじめ承知したうえで、その村の中難・極難への夫食米給付をするとした点を見逃すことはできない。ほぼ全ての村で村内の議定がととのったことは注目したいが、借用していない夫食の代金を後年にわたって負担する、そうすることで村内の窮民を救済し、村の復興に乗り出すという尊徳の考えを受容する素地がこの地域に備わっていたと言うことができる。

その素地とは何かということになるが、それは報徳仕法が御厨領で行われる以前に広まっていた石門心学との関わりを考える必要がある。尊徳の考えを受け入れていく素地の検討、つまり広まっていた石門心学を学んだ人びとの報徳思想（尊徳の考え方）の受容についての検討はこれからの課題となろう。

註

（1）「小田原近世史研究会会報」No.六一・No.六三（二〇〇八年一一月・二〇〇九年四月）。

（2）涌井有希子「北関東の地域イメージ整理」（『小田原近世史研究会会報』No.六二、二〇〇九年）。

（3）内田哲夫「近世後期における小田原藩の諸相」（『地方史研究』一〇九号、一九七一年二月）、「報徳仕法と御殿場村」（『御殿場市史研究』四号、一九七八年七月）がある。内田氏は尊徳による窮民救済が当座凌ぎの緊急融資であって、窮民らの潰百姓への転落を防ぎ得なかったところに報徳仕法の限界があるとする。天保飢饉直後の尊徳による窮民救済が当座凌ぎのものであったことは当然で、その後の仕法の内容と混同した評価と史料解釈の誤りにより、報徳仕法が豪農や村落上層農民の経営に適合的で、下層農民を切り捨て、仕法の対象外とした、と指摘する（内田氏はこう結論付けることが目的で、結論が先にありきで、充分な論証をされているわけではない）が、そうでないことは本論各所で明らかにしている。ただ、同氏への反論が本稿の目的ではない。

（4）長倉保「烏山藩における文政・天保改革と報徳仕法の位置」（『日本歴史』三三八号、一九七六年七月）、「小原藩における報徳仕法について」（北島正元編『幕藩制国家解体過程の研究』吉川弘文館、一九七八年）。いずれも藩政改革の過程の中で、藩政改革と報徳仕法の関係を捉えようとする。尊徳による飢民救済の実態を明らかにするという点では、各村を調査して極難・中難・無難に分け、「難村の度合」を重視したと述べるにとどまる。

（5）大藤修「二宮尊徳の飢民救急仕法と駿州駿東郡藤曲村仕法（上・下）」（『東北大学文学部研究年報』四七・四八号、一九九七年・九八年、のち『近世の村と生活文化』吉川弘文館、二〇〇一年に再録）。なお、本文の指摘を当初早田旅人氏が指摘したと拙稿「二宮尊徳の飢民救急仕法」（『近世南関東地域史論――駿豆相の視点から――』（岩田書院、二〇一二年）で述べたが、これは明らかに拙稿の誤りで、最初に指摘されたのは大藤氏である。本文の様に訂正し、大藤氏にお詫び申し上げる。大藤氏は近世後期において家や村の復興を課題として二宮尊徳が編み出した報徳仕法は「家」と「村」の中から生み出された知恵であり、思想文化であるという視点をもって駿河国駿東郡藤曲村の報徳仕法を検討された。飢民救済の実態についても検討され、尊徳による夫食米貸与を辞退した村の存在や、富者による貧民扶助など、本論においても多くの点を参考にさせていただいた。ただ、尊徳が領内で回村したのは箱根山中の仙石原通りと駿東郡の村々とした点、御仁恵金が戸数に応じて配分されたという指摘など、事実関係でいくつか疑問が残る。

（6）早田旅人「宿場村の報徳仕法――御殿場村仕法の検討――」（『早稲田大学大学院文学研究科紀要』四七輯四分冊、二〇〇二年三月）、「藩政改革と報徳仕法――烏山仕法にみる報徳仕法と政治文化――」（早稲田大学史学会編『史観』一六二冊、二〇一〇年）。早田氏は前者の論稿において、御殿場村仕法実施の発端となった天保飢饉への対応を仕法推進者となった上層農民の動向に視点をあて、同村の日野屋惣兵衛ら在郷の商人や上層農民が発起人となって、村々に難渋人への施しを呼びかけるなど、村・組合や支配関係を超え、御厨という地域ぐるみで行われたと述べる。「地域」を意識した記述として重要と思われるが、発起人の六名が天保八年三月に尊徳が回村した際に教諭した報徳の趣旨に共鳴した者としているのみで、共鳴する背景となった素地、受け入れていく素地がどうであったかが今後の課題となろう。なお、地域ぐるみの飢民救済についての記述は同年七月からの救済についてであり、本稿が目的とする時期とは若干ずれるが、多くの点を教えられた論稿であることに間違いはない。

また、後者は仕法以前の烏山藩政と「窮民撫育」を基調とした報徳仕法の違いを明らかにすることで報徳仕法の特質を見ようとした論稿で、仕法協力者（富豪や村落上層農民ら）の存在から領域を超えたネットワーク的活動が報徳仕法の特徴とする。

（7）天保七年の大飢饉の時に尊徳は下野国桜町領の宇津釩之助教成（知行高四〇〇〇石）の陣屋（桜町陣屋）を拠点に、他の大名領、旗本領などの仕法を行っていた。ここでは、天保大飢饉を契機に始められたという意味など多くの共通点をもつ（多くの相違点もある）下野国烏山藩領と相模国小田原藩領を取り上げる。

（8）烏山藩領については前掲の長倉・早田論文のほか、『烏山町史』（一九七八年）を参照した。

（9）全集三巻四三一頁。

（10）天保七年九月一一日、二宮金次郎あて天性寺円応書状（全集二四巻二頁）。

（11）菅谷八郎右衛門が弘化三年にまとめた「拊循録一」（全集二四巻五五四頁）。

（12）天保七年一一月一〇日、烏山藩家老大石総兵衛あて小田原藩家老格年寄（江戸詰）郡与惣兵衛書状（全集一五巻五二一頁）。

（13）前掲早田論文「藩政改革と報徳仕法――烏山仕法にみる報徳仕法と政治文化――」。

（14）小田原藩の報徳仕法導入以前の動きについては拙稿「小田原藩政の展開と報徳仕法（三）」（『かいびゃく』五四〇

号、一九九七年八月)、『小田原市史　通史編近世』(一九九九年) 七八六～七八九頁。

(15) 江戸出府後の尊徳の行動については本文で掲げた正月一二日の家老早川茂右衛門との会談のほか、二月一日に烏山藩家老菅谷八郎右衛門が「二月朔日小田原様辰之口御屋敷内二宮方へ罷越、是迄之御用向委敷致演説候」(「拊循録二」全集二四巻五五六頁) と、尊徳に対して烏山仕法の用向きを説明したことがわかるのみである。

(16) 全集三巻四八五頁、全集一五巻四〇五頁。「集義和書抜萃」(福住正兄筆、福住家資料、報徳博物館蔵)。

(17) 註 (13) に同じ。

(18) 天保七年一一月「御救炊出頂戴人別帳」(全集二四巻三四～五五頁)。

(19) 前掲長倉論文「烏山藩における文政・天保改革と報徳仕法の位置」。『烏山町史』第四章。

(20) 天保七年一二月「烏山御領分村々中難飢民御救起発料貸付証文扣帳」(全集二四巻一〇〇頁)。

(21) 前掲長倉論文「烏山藩における文政・天保改革と報徳仕法の位置」。また『烏山町史』第四章では新開発地 (荒地起し返し地) が天保九年には六四町歩を得、以後一〇か年に二三四町歩を得たとしている。

(22) 天保八年二月「大凶荒飢饉に付極難窮民撫育取扱手段帳」(全集一五巻四〇四～四〇五頁)。以下、小田原領に関しては特に断らない限り、同資料からの出典とする。

(23) 小田原領の報徳仕法を扱った論稿の大部分は御殿場地方 (御厨領) しか検討していないが、それは尊徳の高弟と言われる富田高慶が『報徳記』で御厨領しか叙述しなかったことが大きな要因ではなかろうか。城付領の足柄上下郡における窮民救済の一環として貸与された御仁恵金について紹介しているのは浮田喜和「天保八年三月　二宮尊徳による救急仕法の実態」(『市史研究　あしがら』三号、一九九一年三月) くらいであろう。ただ、浮田氏は城付領という位置づけのもとで紹介しているわけではない。

(24) 天保八年三月「報徳米拝借証文」(愛郷報徳社蔵)。

(25) 「集義和書抜萃」(福住正兄筆、福住家資料、報徳博物館蔵)。

(26) 天保八年三月「御領分駿州駿東郡窮民撫育家数人別取調帳」(全集一五巻四二七～四五三頁)。

(27) 註 (24) に同じ。

(28) 註 (26) に同じ。

(29)天保八年三月「報徳金御拝借取調書上帳」(小田原市立図書館蔵)。
(30)天保八年二月「困窮人書上帳」(開成町金井嶋　瀬戸格家文書、神奈川県立公文書館蔵)。
(31)天保八年三月「夫食米御拝借御上納取調書上帳写」(南足柄市怒田　内田義夫家文書、南足柄市立郷土資料館蔵)。
(32)天保八年四月「飢饉につき御仁恵金下付請書」(『御殿場市史第二巻近世史料編』一九七五年、二二六頁)。
(33)註(14)に同じ。
(34)本章では小田原藩領での報徳仕法金の収支については触れなかったが、拙稿「小田原藩政の展開と報徳仕法(五)」(『かいびゃく』五四三号、一九九七年一一月)、『小田原市史　通史編近世』八〇九頁(一九九九年)で概略を述べた。
(35)御厨領で九か村が尊徳による窮民救済を受けていない。救済を嘆願しなかった九か村が救済を必要としなかった点も重要であり興味深いと考えているが、その検討は今後の課題としたい。
(36)小田原の蔵米を御厨領に運ぶにあたって、御殿場村の日野屋惣兵衛(近江商人)が大きな役割を果たしている。その一例を示すと、天保八年三月の「覚」(近江日野商人館蔵)には次のようにある。

覚

㊞一御蔵米拾俵弐斗也㊞

右者報徳金之内原方組合神場村暮方中難・極難之者為取続夫食貸付候間、小田原ゟ矢倉沢村迄附送候ニ付、当着次第此手形引替正米可被相渡候、以上

酉三月　　二宮金次郎㊞

日野屋　惣兵衛殿

これは御厨領原方組合神場村(静岡県小山町)の夫食貸付米一〇俵二斗を小田原から矢倉沢村(南足柄市)まで運ぶので受け取るよう指示したものである。これを受け取った日野屋は神場村まで夫食米を運んだと思われる。さらに、同村での夫食米の配分まで関与していたかもしれない。また、日野屋は「窮民撫育ニ相廻」すための金銭を尊徳に差し出している。いずれにしても、日野屋が夫食米運搬などでも窮民救済の実働部隊として大きな役割を果たしたことが伺えよう。日野屋が果たした役割などは早田氏が前掲論文でも指摘している。
(37)註(31)に同じ。

(38) 註(24)に同じ。
(39) 烏山藩領の下野領分は天保飢饉のもとで収穫量が激減し、年貢量も低く抑えられることで尊徳による飢民救済策が講じられた。そのことは、領内にある程度の流通する米穀が確保されていたとも考えられる。同藩にとって、下野領分で減少した分の年貢は相模領分で賄うことができた。しかし、間もなく、年貢負担を転化された相模領分は尊徳による報徳仕法の継続に反対するようになり、藩としても廃止の方向に進んだと考えている。

第四章　小田原藩政の展開と報徳仕法

はじめに

本章は二宮尊徳が小田原藩領で行った報徳仕法の特色を考察しようとするものである。その課題を設定する前に小田原仕法に関する先行研究を簡単に整理しておこう。小田原仕法に関する草分け的研究は、一九六九年（昭和四四年）に発表された大江よしみ「天保期小田原藩領の農村の動向」(1)である。これは、足柄上郡金井島村（神奈川県開成町）の名主瀬戸家と新興地主下山家の動向を検討し、報徳仕法は領主側から押し付けられたものではなく、農民生活の中から生まれてきた社会改良で、彼らの積極的・自主的な生活建て直しの動きであり、下山家に代表される新興地主に有利な自力更生運動であったと評価した。

以後の研究は大江論文をベースにして展開するが、その流れは報徳仕法が豪農や村落上層農の経営に適合的で、下層農民を切り捨て、仕法の対象外としたという評価を継承するものであった。菅野則子「天保期下層農民の存在形態」(2)、内田哲夫「近世後期における小田原藩の諸相」(3)、同「報徳仕法と御殿場村」(4)はその代表的なものである。

これに対して、内田清「天保期の小田原藩領中里村と報徳仕法」(5)は、報徳金貸し付けによる田畑(質地)請戻しが広く行われ、中農・没落層の救済になったこと、仕法によって農村労働力・小作人の確保が進み、貧農層の脱農化防止に一時的にせよ確かに有効であったと述べ、貧農層切り捨て論を批判し、積極的に報徳仕法の成果を評価しようとした。また、小田原仕法は新百姓の取り立てや年貢量の増加という面では一時的な成果しか挙げられなかったが、この地域に新たな農村指導者を誕生させたという興味深い指摘もなされた。小田原仕法の時期に誕生した新たな農村指導者の一人に曽比《そび》村(小田原市)の釼持広吉がいるが、同村の報徳仕法と、彼が果たした役割について論じたものに高田稔「相州曽比村仕法顛末――釼持広吉とその周辺――」(6)がある。

こうした研究の流れの中で、藩側の対応や施策など、藩政の面からみた小田原仕法の研究は、長倉保「小田原藩における報徳仕法について」(7)があるのみで、この視点からの研究はなおざりにされてきた感が強い。同氏は、藩と尊徳との折衝の中で、尊徳にとっては原則上の、藩にとっては体面にかかわる重大な問題を孕むようになり、天保一一年(一八四〇)後半から、藩は「国乱れ候」ものと危機感をいだくようになったとする。天保一一年(一八四〇)後半から、藩は前藩主忠真時代の残影を払拭する改革を断行し、仕法は継続するものの、次第に尊徳から脱離する方向をとり、さらに尊徳および報徳方を排除した形での挙藩体制を目指すようになった。弘化三年(一八四六)の小田原仕法畳置きは突然のものではなく、天保一一年後半からの藩政の一連の流れの中で準備されていたというのである。

長倉氏は仕法開始以前についての検討はしていないが、確かに、これまでの小田原仕法研究は、その開始から「畳置」までを一面的にとらえ、各村における仕法の成果や結果を求めることのみに力点がおかれ、藩政の展開との絡みで仕法を段階的に把握することがなかったように思われる。
そこで、本章では藩政の展開を視野にいれ、仕法開始以前の藩と尊徳との折衝や、尊徳が直接指導した時期や、長倉氏のいう尊徳が次第に脱離していった時期の尊徳と藩との関係および仕法を段階的に把握し、小田原仕法の性格を考え直して見たいと思う。

第一節　救急仕法の開始

1　報徳仕法導入をめぐる小田原藩の動き

大飢饉が決定的となった天保七年（一八三六）八月、小田原藩の大勘定奉行鵜沢作右衛門は、尊徳への書簡の中で不作の様子を次のように伝えた（全集六巻九六〜九七頁）。

相州村々之儀は、早稲・中稲までは平均六分作歟、場所に寄五分作と申評議、晩手之儀は立に相成候場所多相見候へとも、一両日引続晴快にて、余程見直し候趣に相聞申候、御厨筋は最初之程は至て出来方宜敷相見候処、実入に相成上郷筋は格外の違作と相見申候、晩手稲は場所に寄皆無同様之場所も相見候

さらに、「野州論猶も時節到来致候へば、相開け申事と相楽罷在候」と記している。「野州論」とは、尊徳によって行われた野州・常州での報徳仕法のことで、報徳仕法に反対する藩士らの間では尊徳の仕法や思想を「野州理屈」などと称して皮肉ったことがあった。鵜沢は以前から小田原領への仕法導入を考えており、右の書状で

もそうなることを楽しみにしていると書き送った。彼と同様な考えをもっていた者に三幣又左衛門や横沢雄蔵ら(8)がいた。ここでは、尊徳にあてた彼らの書状を通して報徳仕法導入に至る藩の動きや小田原領の様子などを見ていくことにしたい。

文政一二年(一八二九) 九月の三幣の書簡(全集六巻一一~一二頁)には、一一月で改革から一年になるが、「金を借りてしのぎたがり候もの多、左候へばまた御法崩れ」と、文政一一年に開始された藩政改革が必ずしも順調でないことを明らかにした。また、この年は豊作であったが、「御改革少しは天道に叶ひ候哉、またちゝみ不足候哉」と、改革が前進するかどうかを心配している。

天保二年(一八三一) この年のものと思われる八月の書状(全集六巻一四~一五頁)で、三幣は「迚も小田原六ケ敷事と恐懼而巳に候」「拙者も身にあまり候小田原之事、兎ても了簡におよび兼候」と、小田原での難しさを間接的に述べ、嘆いている。そして、「何卒錆の研人を小田原にてもほしくと希居候」と、暗に尊徳による小田原藩の錆研きを期待した。これを「小田原領への報徳仕法導入の期待」として見て良いかははっきりしないが、見逃せない点であろう。また、彼は「小田原用向も候はゞ、無遠慮御申越可被成候」と、尊徳に助言を求めたいとしている。

天保四年(一八三三) この年は天保飢饉が始まった年で、鵜沢は九月二〇日付けの書状で「小田原表にても格外之年柄に付、万端困り入候事共多」と知らせた(全集六巻一九~二〇頁)。そのうえで、藩は各方面から一万六〇〇〇両を借用し、仙台米一万俵を買い入れており、「万民安堵可致と奉存候」と、対策ができている旨を報告している。

天保五年(一八三四) 一月の鵜沢の書簡には「小田原表之儀は、貴公様(尊徳)にも精々御配慮被下候之処、寔以無難に町郷共に相凌申候」とあり（全集六巻二〇～二二頁）、尊徳が前年からの飢饉で小田原表に何らかの配慮をしたことがわかる。

五月、藩の様子を伝えた鵜沢は尊徳に「天道之道理を相開き、迚も貴君様と御相談相手に相成候仁物壱人も当地には有之間敷と奉存候、呉々も数年御丹精之相顕、釟之助様（下野国桜町領の地頭）御出勤之道出来致候様仕度候」と述べている（全集六巻二三頁）。小田原藩には尊徳のように、道理にかなう道を開くことができる人物がいないと嘆いているが、初めて桜町領で行った報徳仕法の道を小田原でも実施したいとしている点が注目される。

同じ頃、三幣は文政一一年の「御改正之儀も何事も不行届事に候へども、入るをもって出るをはかり候処ばかりは御土台之大体に御座候」と、文政の藩政改革がすでに形骸化していることを明らかにしている。だが、収入額をもって支出額をはかるのは藩の土台であるとしたうえで、「跡四ケ年之内には、専切瑳正路之道を考えなければならないし、「四ケ年相立候はゞ、少しは目も明き、上下助り候道も少は開け可申哉」と（全集六巻二六頁）、改革の年限が終わる四年後には道が開けるだろうとする。天保八年までの四年間は藩政改革の期間内にあり、その間に道を考えておかなければならないというのである。文政一一年から始まった藩政改革がいかに形骸化していようとも、藩主忠真自らが宣言して実施した以上、それを放棄して報徳仕法を導入することは不可能で、改革年限が過ぎるのを待たなければならなかったのである。

こうした中で、報徳仕法導入の準備も少しずつ進められた。八月二二日には鵜沢が、九月四日には横沢が桜町陣屋を訪れ、一〇月七日まで滞在した。この時、鵜沢は「当所御趣法、二宮金次郎へ申談、取調候様被仰付」（全集三巻三三二頁）ての出張であった。江戸に戻った両名は一四日に復命したが、それには「去る十四日御前へ罷出、巨細言上仕候」（全集六巻二九頁）と、彼らが直接忠真に復命していることから、この調査が忠真の意思によるものであったことが窺えよう。復命書は、桜町仕法での尊徳の工夫の様子を九か条に取りまとめたもので、鵜沢は尊徳への書簡（全集六巻三一〜三二頁）で藩側の問題点を「是迄委敷見分之者等も不差出候付、御役人中之儀夫程之儀とも不存候趣之処、此度一々申達候」と指摘した。これまでは桜町領を見分した者がその復命を差し出さなかったため、役人どもも報徳仕法が大したものではないと思い、「是迄さまさま行違」があったとし、鵜沢らはいちいち復命するというのである。藩では過去にもこのような調査を行ったこと、また藩と尊徳との間で何らかの「行違」いがあったことが窺える。いずれにせよ、藩では文政一一年以来の藩政改革の旗印を下ろすことなく、この年から報徳仕法導入のための調査を開始したのであった。その意味でも、この年は大きな転換期であったと言える。

天保六年（一八三五）正月二六日付けの三幣の書状（全集六巻四七頁）に「何れ貴様《（尊徳）》へも牧民開発等之事御尋も可有之」と、尊徳へ開発について尋問がある可能性を示唆した。さらに、「貴様之理屈には困り候抔と申」す者がいることも伝えている。「御手に不附地方御役人より故障申立、詰り内々争ひ生じ」ているとあり、地方役人の中に報徳仕法導入に異論（「故障」）を申し立てる者がいたことがわかる。

二月二五日、鵜沢と横沢は再び桜町を訪れ（全集三巻三四八頁）、四月中旬まで滞在した。帰府した両名は、藩内で野州論が強いが、「追々相開候様子に相成候」との手応えを得たと伝えている（全集六巻四九頁）。勝手方家老の早川茂右衛門にも話したところ、「何れどの道申立候次第、相捌候様」に取りはからうが、報徳仕法は「永続之儀に付、江戸小田原御役々迄も、篤と申談行届不申候はでは、又々違論生間敷ものにも無之候」と言われたという。この早川の言葉は、報徳仕法の導入を自明のこととしており、また藩内での十分な調整が必要であると指摘している。

六月一二日に鵜沢は藩主忠真と会い、尊徳のことを話すとともに、「御手元金を以、報徳御貸附之道、御開被遊、万民御救之道、厚御勘考被遊候様」（全集六巻五〇頁）に上申した。横沢も帰宅後、「大論判」をし、「生涯禁酒之趣申談」（全集六巻五一頁）じたと伝えた。忠真から桜町領などの仕法の様子を取りまとめて報告するよう命じられた鵜沢は、六月に「上書」を提出した（全集一五巻三八三～三九〇頁）。これは尊徳がいかに思慮深く仕法を進め、大きな成果を挙げてきたかを書き上げたもので、尊徳を推薦する文言は見られない。末文では、近国細川氏（谷田部・茂木藩主）や旗本川副勝三郎（常州青木村の地頭）など多くの藩・旗本や村から仕法依頼があることを書き添えている。

七月に忠真は鵜沢を呼び、「上書」の内容について尋ねた。鵜沢は尊徳への書状（全集六巻五二～五三頁）でそのことを知らせ、「永続之道手堅見込相立候様被遊度旨」を仰せ付けられたと記している。また、忠真は尊徳の年齢を聞き、「未だ格別年老にも無之、追々道之開け候儀も可有之」と語ったという。忠真もこの時点ではすでに小田原への仕法導入を考えていたことがわかる。

八月二六日、鵜沢はこの年の不作が確実になったことを尊徳に伝えた。その書簡（全集六巻五五頁）には、先日、忠真から大年寄で勝手方頭取の杉浦平太夫に直書が渡されたので、「段々相発候事とは奉存候」と、仕法開始に向けての話が進みつつあるとしている。また、「横沢氏とも申談、此上重役等儀も申達置候」と、今後横沢とともに重役らに説得していく決意を書き送った。その一か月後、鵜沢は「平太夫殿御帰後、何も相替候儀も無之候得ども、何れ歟御改革一条近日には取調候様可相成と奉存候」（全集六巻五六頁）と、杉浦が帰国しても何の変わりもないと落胆しつつ、一方では近日中に改革のための調査が行われるであろうと期待した。

一〇月、年貢収納が問題となる時期になった。この年は既述したように不作で、「検見引方も壱万俵余におよんだ。藩では「土台地方にて開発出来、追々御取増米も有之」（全集六巻五七頁）として、家中への渡米も余り減らさない方針をとることにした。

一〇月末から一二月初め頃に、杉浦平太夫が勝手方頭取を免じられ、跡役に家老の辻七郎左衛門が命じられた。鵜沢は尊徳に「扨々困り入、案外之事に付、難渋仕候、其上当夏以来御談申候大望之一條も、追々取調掛り居候時節、当惑之至」（全集六巻五九）りであると、勝手方頭取の交替によって、仕法導入の調査に支障があることを伝えた。

一二月一一日、鵜沢は横沢とともに桜町に赴き、「四ツ物成を以御永続之道を取調」「猶、いよいよ御主法行立候様、無油断取計」（全集三巻三九一頁）らうように藩から命じられた。藩は今までのような仕法の状況調査ではなく、小田原で仕法を行うための取り調べを両名に指示したのであった。朱印高の四割を物成＝収納高として「永続之道」が立つようにする内容で、藩では文政の藩政改革の延長線上としてこの「御主法」を考えていたのであろう。

天保七年（一八三六）鵜沢は一月一四日に（全集三巻三九一頁）、横沢は二月一五日に（全集三巻三九三頁）、それぞれ桜町陣屋に赴き、三月一三日まで滞在し、利積帳三冊や無尽開倉積九冊などを持ち帰った（全集三巻三九七頁）。帰国後、鵜沢は再び「上書」を提出した（全集一五巻三九〇〜三九一頁）。二か条からなるこの「上書」は、いずれも尊徳を推薦した内容になっている。第一条目では「此節、聢と御分限御定被遊、御余米を以御家中を初、在町諸民御救之道御開被遊、御陰徳を被為積置候第一之御時節」であると、「分限」を定め、報徳仕法によって家中や庶民の救済の道を開く時期にあると主張する。第二条目では、すでに小田原領内でも報徳金貸し付けの取り計らいが行われ、「金子村（神奈川県大井町）之儀は、一村立直之趣段相立」、その外「北久保村（小田原市）・関本村（南足柄市）よりも、一村立直之段、相頼申度旨」を申し出ており、「報徳御貸附之道、御開被遊、同人（尊徳）へ御任取扱被仰付候様仕度」と上申している。さらに、このまま仕法を導入しなければ、二〇か年の内には天災が続き、一層難渋が嵩むことは明らかであると加えた。報徳仕法の導入が決まっていたとしても、それを尊徳主導で行うか否かは決まっていなかった。藩は鵜沢や横沢に桜町仕法の実地見分を行わせているが、尊徳に小田原領見分を命じたことは一度もなく、尊徳主導による領内への仕法は考えていなかったのかもしれない。この「上書」はそれへの反論として見ることもできよう。

四月、横沢は尊徳への書状で、春の麦作は格別支障がないと知らせたが（全集六巻六五頁）、六月の鵜沢の書状には「天明之度に似寄候年柄」であり、「御厨筋は冷気にて、一向草生不宜」と、不作を伝えている（全集六巻七一～七二頁）。まだこの時点では深刻な状況になるという認識はなく、今後陽が照り続けば大した不作にはならないとしている。仕法導入については、当年は不作であり、特別な働きかけをしないと言いながらも、「当年之不作は、爰元御改革之御法相建候には、却て永久之御土台可相成哉と存」とあり、横沢はこの年の不作がかえって仕法導入のよい契機になると考えていたようである。

六月二八日に、家中の肝煎らが鵜沢宅を訪れて報徳金貸与を申し入れた。その時に鵜沢は「何れ其内には表立報徳御貸附之道相開可申候へども、先々右様野州論致賞翫候様」（全集六巻七二頁）にと、彼らに仕法の支持を求めた。

七月に入り、横沢は小田原の米相場が高騰し、米が入荷しなくなった旨を尊徳に伝えた（全集六巻七五頁）。作柄はおよそ六分作であるが、「御城付村々之様子中には、植付候儘之様なる場所」もあるとしている。そして、「小田原表にてもさまざま致工風、騒立不申候様成儀を取計」（全集六巻七四頁）らっていると報告している。

七月六日・一七・一八日に大風雨があり、金井島村・吉田島村（以上、神奈川県開成町）・曽比村・栢山村・飯泉村（以上小田原市）の堤が切れ、田畑を押し流した（全集六巻八六頁）。また、高波もあり、波先は鵜沢の屋敷近辺まで至ったという（全集六巻八〇頁）。こうした凶作・洪水・高波が重なり、米値段はますます上昇した。鵜沢はこの状況を八月三日付けの書簡で記し、「野州論も又々申立候処、多分は近日相捌可申哉と奉存候、報徳之道も当時は様子も宜敷相成」（全集六巻八九頁）ってきたと尊徳に知らせた。さらに、同七日の書状（全集六巻九〇頁）では、四日に再び大雨洪水があった旨を伝え、「一日も早く報徳にても相開ケ候様致度事に御座候、今少し之処に引懸り居候間、其内相捌可申候」（全集六巻九〇頁）と、早く仕法を導入したいが、未だ解決しなければならない問題が残っていることを記している。

八月中旬以降、藩内でも領内の作柄状況を見直すようになり、一五日に横沢は五分作位の見込みと述べ（全集六巻一一四頁）、岡部柔蔵は二二日の状況として、早稲・中稲は半毛位、晩稲は一分作か皆無であると尊徳に伝えている（全集六巻一三七頁）。六月頃の見込みより一層深刻な作柄になっていたことを窺わせる。藩の動きとして、横沢は尊徳に次のように知らせた（全集六巻一三六頁）。

一、兼て伺置候一条、いまだ治定之挨拶無之候、迚も拙者（横沢）出立前には、ひらけ兼候、尤鵜沢方へも去月中申遣置候へども、同人儀も十六日より、伺遠慮被　仰付、廿三日御免にて、彼是御用多に付、否や不申参候、未ダ小田原評議中にて在之候、扨々存外延引之事共、下拙のちからに及不申候、いくら才足（催促）いたし候ても、小田原列座評議中と申事に御座候、いづれにも早々捌け候様申達置候事

「兼て伺置候一条」の内容は明らかでないものの、報徳仕法導入についてであることは間違ない。これに関していまだ返事もなく、鵜沢も八月中に再三返答を求めたが、藩からは評議中という返答しかなかったという。仕法導入についての進展は見られなかったとはいえ、藩重臣らによる「小田原評議」が行われつつあったことは注目しておきたい。

鵜沢は、八月末の米相場は一〇両当たり八俵位であるが、藩は一四俵から一〇俵位で払米をし、一同がありがたく感じ、「米直段にて騒々敷事一切無之」と小田原の状況を尊徳に報告した。仕法導入については、「野州論猶も時節致到来候へば、相開け申事と相楽」(全集六巻九七頁)しみにしていると述べるだけで、具体的な進展については記していない。

九月八日には横沢が桜町陣屋を訪れ、二五日まで滞在した(全集三巻四三七・四四一頁)。尊徳はこのことを鵜沢に知らせ、「何れとも大望之儀に付、手落無之様取計申度」と、小田原仕法を行うことは「大望」であるという意思を初めて示した(全集六巻一五六頁)。

九月二五日、鵜沢は「野州論」はとくに小田原国元での反対が強いと記し(全集六巻一七二頁)(9)、豊田正作は「野州論は江戸表にて無之ば不相分よし」(全集六巻一八二頁)と、野州論が江戸表でなければ理解されていないとする。つまり、国元ではまだ報徳仕法が理解されておらず、抵抗もあることを示唆している。さらに、豊田は、鵜沢や横沢、勘定奉行石川兼右衛門らが一四日にも出府する予定で、「追々野州論之運びにも至り可申と相悦」(全集六巻一八二頁)んでいる旨を記した。実際、鵜沢は家老辻七郎左衛門の命により、一三日に江戸に向けて出立している。同日付けの書状で、鵜沢は「此度は相片付可申と御歓可被下候」(全集六巻一九一頁)と、今回の出府で仕法導入が決定する旨を尊徳に伝えた。

一〇月、鵜沢が送った尊徳への返書の中に、「当春以来申立候御沙汰無御座候に付、御腹立之趣、御尤千万奉存候」とあり、態度のはっきりしない藩に尊徳が立腹していたことがわかる。だが、鵜沢は「貴様（尊徳）より御腹立之上は、最早時節致到来候事と相歎《歓》罷在候」と、むしろ時節到来であると伝えている。藩側の動きについては、「小田原相談名物にて、迚も是迄之振合にて、当年中にも千万無覚束奉存候」「野州之難論、いまだ御役々とも不致論判」と述べ（全集六巻一五八～一六〇頁）、仕法導入について名物の小田原評定をしており、年内の方針決定もおぼつかない状況にあると伝えた。

一〇月中旬から下旬にかけて、江戸表において、仕法導入をめぐる最終的な評議が行われた。二八日に藩から「今一応評議の上、聢と取極可申旨」の沙汰があり、家老の辻七郎左衛門を小田原に派遣した。国元では仕法導入の反対意見が強く、それを押さえることも辻を小田原に派遣した目的の一つであったと考えられる。小田原でも「此度は必至之場に及、彼是厚存込有之様相成申候」と、いわゆる小田原評定ではなく、真剣な評議に臨んだとある。さらに、横沢は「七郎左衛門殿にも急に出府、又々直に被引取候て、決着有之趣、御同前大悦不過之、御同慶致候」と続け、辻が出府したので間もなく仕法導入が決定するであろうと尊徳に伝え、直ちに豊田正作を桜町陣屋に派遣すること、近日中に出府してもらうことなどを伝えた（全集六巻一八七～一八九頁）。

その直後に、野州烏山藩から小田原藩に「二宮金次郎御借被成度、品依候はゞ、御貰切に相成候ても宜」しいという申し入れがあった。小田原藩は「不遠金次郎呼戻し、見分等も為致候事に相成、乍御気之毒、先御断申」すと返答し、これを断っている。ただ、「相州・駿州へ同人（尊徳）参候迄、向後一切烏山之方へ参候儀出来兼候と申事にも相成間敷」と申し添え（全集一五巻五二一頁）、尊徳による烏山仕法の継続は認めている。

烏山藩のこの申し入れは小田原藩にも少なからず影響を与えたようで、藩は直ちに御用人から横沢を通して、尊徳に出府を命じた（全集六巻二〇〇頁）。

右御挨拶、於江戸表有之候付乍御苦労御出府可被成候、尤外々御用筋も有之候付、小田原表へ御用往も被仰付候御含に付、其御心得にて、御地御用向御片付次第、早々御出府被成候様可申達旨、今日御用人中より被申聞候

これは、一一月二六日付けの横沢の書状で、尊徳に早々出府するよう、御用人から命じられたことを伝えたもので、その出府は明らかに小田原行きを前提とした御用であった。だが、この時、尊徳は野州烏山藩領の飢民救急仕法を手掛けたばかりで、すぐには出府できなかった。一二月一三日、横沢は「御上にも御待兼之御様子」で、「一日も早く御出府被下度候、くれくれも重役中より被申聞」ており、「御出府無之候ては、差支候」（全集六巻二〇七頁）と述べ、「御地御用向荒々にも御片付」のうえ、早々に出府するようにと催促している。尊徳は二二日の書状で横沢に「程なく相片付次第、村方之者ども呼出、一ト通申聞、其上早々出府可仕候」と返答した（全集六巻二一二頁）。だが、尊徳の出立を知らなかった横沢は、翌二七日に再度尊徳の出府を催促している（全集六巻二一三頁）。

御地御用向も、追々御片付被成候上は、一刻も早く御出府可被成候、実に重役衆は勿論、心痛被致、日々御待被成候事と奉存候、毎日之様如何候哉と被相尋、其挨拶もこまり入申候、御上にも御いそぎ被成候様

子に相聞申候、是非共此度は御出府無之ては不相成に付、早々御出府被下候様仕度

右のように、横沢は、重臣らも尊徳を待ちかねているとして、早期の出府を催促している。藩主忠真に至っては、急いでいる様子が窺える。この時、忠真は病床にあり、仕法実施を急がなければと考えていたようである。

2 尊徳の小田原仕法受命と仕法着手

天保七年一二月末に出府した尊徳の用件は小田原領内の窮民救済であったが、彼は翌年二月まで江戸を動いていない。『報徳記』(全集三五巻五四～二六八頁)にはその間、仕法を行うにあたり、尊徳に禄位を与えて体面を保とうとする藩側と、救済のための米穀金銀の下付や報徳金貸し付けなどの仕法原理を主張する尊徳との間で交渉があったことを記している。実際に禄位の話があったかは確認できず、『報徳記』の著者富田高慶が師尊徳を賛美するための創作であったかもしれない。同書には記されていないが、窮民救済や仕法資金などについて藩側とかなり交渉していたことの方が事実のようである。同八年正月一二日に尊徳は勝手方年寄の早川茂右衛門と会い、①駿・豆・相の領分への仕法は報徳金を施すことを手始めとする、②桜町領の成果を報徳金に加えて小田原領の仕法資金とする、③報徳金貸し付けを「仕法方」で行うにあたっては、質素純朴の風が行われるよう教諭する、④駿・豆州の領分にも桜町仕法の成果を自然に移す、⑤江戸・小田原家中の風儀、風俗、質素節倹、勧善懲悪の道も同時に行う、⑥報徳の道に「得達」した者を見立て、報徳金貸し付けの取り扱いを命じる、などを話したという(全集一五巻五一七～五一八頁)。ここで特に注目しなければならないのは、③にあるように、「地方」役所とは別に「仕法方」の設置を考えていた点であろう。

この内容を見ると、尊徳は桜町仕法の成果を小田原領に移し、「報徳金貸付」仕法の実施を強調している。飢饉による窮民救済や領内村々の復興については全く触れていない。尊徳が「報徳金貸付之道」にこだわったのは、藩側の考え方と異なっており、理解が得られなかったのかもしれない。それ故に強調したのであろう。

天保八年正月二三日、横沢雄蔵は、辻七郎左衛門と鵜沢作右衛門が出府するので、二五日の昼頃に両名と会って欲しいと尊徳に伝えた（全集六巻二三〇頁）。この会談の内容は明らかでないが、二月初めに鵜沢と横沢は藩に対して「釩之助（宇津）様よりは御収納米之内と申、第一荒地を発候て取増候分を元として、小田原表に法を移し候儀第一に候」と、桜町領での荒地開発などによる増収分をもって小田原に仕法を移すことを第一と考え、「御双方（宇津家と大久保家）様之御実意を以取行候通《道》理に相成候様奉存候に付、右之処御評議可被成下」と上申した（全集一五巻五一八～五一九頁）。このほかにも、尊徳と藩との交渉があったと思われるが、その詳細は明らかでない。

こうした中で、正月一九日に尊徳の嫡子弥太郎（のちの尊行、当時一七歳）が桜町を出立し、二月五日には小田原に到着するなど（全集六巻二三三頁）、仕法開始の準備も進められた(10)。同七日に尊徳は江戸龍の口の上屋敷に呼び出され、小田原仕法着手の命を受けた（二宮尊志家資料）。

　　二月七日　　　　　　二宮金次郎

釩之助（宇津）様御知行所立直し趣法の儀につき、去る午年（文政五）より野州桜町御陣屋へ詰切被仰付、当酉（天保八）年迄拾六ケ年之間、抛身命、出精取計候に付、追々御収納も相立可申段、畢竟御為筋第一、厚存込候故之儀と、幾許奇特之至に候、右に付ては段々深思召も被成御座候間、金千両其方へ御下ケ被下置候間、則右釩之助様御趣法取行候善種を加、御領内へ報徳金貸付之道存分に取計、往々御安堵之道を生候様被

遊度思召候間、其心得を以弥出精可相勤候
右、勝手方御用人共より演舌也
「（後筆）右は大久保加賀守（忠真）、天保八丁酉年二月七日於龍之口御屋敷被仰渡候書付、其節猶重て[11]御目通へ被召出之処、御不快に付、追て可被及其儀候間、勝手次第小田原表へ出立可致候」

この時、藩主忠真は病床にあり、右の史料は忠真の命を受けた勝手方用人を通して尊徳に渡された直書である。桜町仕法の功を賞したうえで、忠真のお手許金一〇〇〇両を尊徳に下付するので、桜町仕法の善種を加え、小田原領に「報徳金貸付之道」を存分に取り計らうよう命じている。前述の早川茂右衛門との会談で尊徳が主張した大筋がこの直書に盛り込まれていると言えよう。ただし、ここで藩が尊徳に「報徳金貸付之道」を存分に取り計らうように命じた[12]のは「御領内」という範囲であって、家中および藩内にまでおよぶものではなかった。ましてや、藩財政のことは尊徳への仕法依頼の内容に全く含まれていない。

こうして、尊徳は二月一一日に鵜沢作右衛門とともに小田原に向かうが（全集六巻二六〇頁）、それまでの数日間も藩と細部にわたる折衝を行っている。彼は、桜町領と小田原藩から仕法資金として米一〇〇〇俵ずつ拠出することを提示したようであるが、同八日に用人の代田藤兵衛と岡部善左衛門は「何れも根に拘候筋」であり、すぐには返事できないと伝えた（全集一五巻五二〇～五二二頁）。これとは別に、尊徳は鵜沢を通して、藩にお手許金一〇〇〇両下付の礼を述べたうえで、①領内の窮民が無難に相続できるようにするには、最低でも一万両を要するが、その場合、金主どもに助成を頼んでよいか、それとも用意できた米金だけで扶助を打ち切ってよいか、②領内から多くの仕法嘆願が出されると思われるが、その際に郡方ではどのように取り計らうのか、と伺書を提出した。さらに鵜沢はこれに「いづれも根に拘り候次第」であり、明確な指図がないと差し支えると書き添えている（全集一五巻五一九～五二〇頁）。これらの伺いに対し、藩がどのような返答をしたかは明らかでないが、尊徳は「委細辻七郎左衛門致承知居候間、少も無懸念、片時も早く可罷越」（全集一五巻四〇五頁）と命じられ、鵜沢とともに江戸を出立した。

小田原に着いた後の尊徳の動きを次に見てみよう（全集一五巻四〇五頁）。

> 彼地（小田原）へ罷越、御手許金を為種、去ル卯（天保二）年差出置候冥加米四百弐拾六俵、並前々貸附置候年賦返納金は勿論、去申（天保七年）八月より御給扶持、其外用意米共不残取纏、御城付之分荒増撫育取計申候

小田原に着いた尊徳は、お手許金をはじめ、天保二年に差し出しておいた冥加米四〇〇俵余りや前々の貸付金の年賦返納金、同七年以降の尊徳への扶持米、用意米を残らず取りまとめ、城付地の窮民をあらまし撫育したというのである。史料はさらに次のように続けている。

> 猶又、駿州駿東郡村々願出候に付、兼て江戸表にて申立置候撫育料相達候処、御大病に付（忠真が）、辻七郎左衛門殿帰国無之、一同御相談中余り致延引、如何取計候て相決可申哉当惑之趣、鵜沢作右衛門を以内談有之候に付、各御承知之通、直及飢渇失民命候急難之儀に付、大小上下賢愚之無差別、御役々一統、昼食弁当無用にて、昼夜御詰切、飢民倶に御苦被成候はゞ、其御誠意天地に貫き、直に相決可申哉之旨申述候処、翌

日御蔵米千俵御下けに相成候に付、三月二日立にて仙石原通、駿州駿東郡へ罷越候事

尊徳が城付地の窮民撫育をしていた頃、駿東郡の村々から嘆願があり、(13)江戸表で申し立てておいた窮民撫育料の下付を求めたが、藩主忠真の大病のために家老の辻七郎左衛門が帰国できず、国元で撫育料下付の話が進展しなかった。当惑した鵜沢が尊徳に相談したところ、すぐにでも餓死者が出そうな急難の時であり、藩の重役らが弁当も食べず、昼夜詰め切りで飢民とともに苦しめば、ただちに決着するだろうと言われ、重役らにこれを告げたところ、その翌日に蔵米の内一〇〇〇俵が下付された。尊徳は三月二日に小田原を立ち、箱根を通って駿東郡に向かったというのである。

『報徳記』では蔵米の下付が決したこの部分のみを記し、前掲部分については何も記していないために、ほとんど知られていないが、小田原に着いた尊徳はまず小田原藩にとって最も重要な城付地の窮民を撫育したのであった。彼が同地を先に手掛けたのは、城付地の重要性を十分に認識していたことと、さらに寺社・町・郡奉行の松下良左衛門からの依頼があったことにもよると思われる(全集六巻二三八頁)。

松下良左衛門殿被申聞候は、段々取扱如何にも妙術にて、差当り中之名村・円通寺村甚以及難渋居候趣相聞候間、何分可然様取計呉候様、拙者(鵜沢作右衛門)より御談申上候様被申聞候、其外へも登筋村々同様之事にて、追々宜敷御取計有之様致度、此段申進候

これは二月一八日付けの鵜沢の書状であるが、松下良左衛門は中之名《なかのみょう》村や円通寺《えんつうじ》村(神奈川県開成町)が極難村

であり、これらの村の窮民撫育を鵜沢を通して尊徳に依頼したのであった。同様なことは尊徳書状（全集六巻二六五〜二六六頁）や横沢の書状（全集六巻二六五〜二六六頁）にも見られる。三月一日の尊徳書状にはこの時に窮民撫育を行った範囲を次のように記している。

御領分、難渋村々、窮民夫食、報徳貸附之儀、海《(街)》道筋板橋村より、畑宿迄、塔ノ沢より仙石原迄、片浦筋村々、西郡山根筋、矢倉沢平山迄、西郡川入九ケ村、中筋中ノ名、円通寺村、堀之内、飯田岡、其外村々、曽我根筋一弐ケ村、凡六七十ケ村へ、米麦、小麦、大豆、稗等取交、貸附、先一端は凌相立可申候

尊徳は小田原に着くと、中之名村や円通寺村だけでなく、街道筋をはじめ城付地の六〇〜七〇か村に対して窮民への夫食や報徳金を貸与したとしているが、他の史料で穀物の貸与について確認することができない。足柄上郡の金井島村や岡野村（神奈川県開成町）、怒田《ぬた》村、矢倉沢《やぐらさわ》村、弘西寺《こうさいじ》村、雨坪《あまつぼ》村（南足柄市）では、[14]二月付けでお手許金の一部を「御仁恵金」として受け取り、小百姓に割賦している史料を見ることができる。

第二節　復興仕法と小田原藩政

1　大久保忠真の死と小田原藩

尊徳が小田原領に救急仕法を施していた天保八年（一八三七）の三月九日の朝、藩主大久保忠真が死去した（全集六巻二六七頁）。公式には彼の死は一九日として、翌二〇日に幕府に届けられた（「文恭院殿御実紀」『徳川実紀』[15]）。忠

真の死が各方面に発せられたのは二〇日以降で、尊徳のもとに伝えられたのは更に数日後のことであったと思われる。尊徳が御厨領の救急仕法を終えて小田原に帰ったのは四月一日で（全集六巻二七五）、主君の訃報を聞いた時には、救急仕法はすでに最終段階にあった。小田原に戻った尊徳は「尚又御城附御領分村々、拝借願出、是又荒増取計」（全集六巻二七五頁）を済せたうえで、四月二四日に野州桜町陣屋に戻った（全集三巻五〇四頁）。彼が桜町に帰陣したのは、前年一〇月に着手した烏山領救急仕法の様子を見極めることもあったが、一五年間仕法を行ってきた桜町領を地頭の宇津家に引き渡すことが主な目的であった。同領の引き渡し問題は思うように進まなかったが、その背景には忠真の死とその後の小田原藩政の内情があった。

四月二三日、江戸の横沢雄蔵は桜町勤番の豊田正作と小嶋音右衛門あてに書状を送り（全集六巻二七六〜二七八頁）、小田原で尊徳による窮民救済が行われた喜びを伝えるとともに、屋敷替えと桜町領の引き渡しについて記している。屋敷替えとは、老中だった忠真の死により江戸辰の口の上屋敷を明け渡すというもので、横沢は「御屋鋪一件、未御模様相分り不申」としつつも、「御家中石原麻布へ引越被仰付候もの四拾人程有之候、其外之者は追て之模様に相成申候」と伝えた。また、桜町領引き渡し一件に関しては、次のように述べている。

（天保八年）当十月より、弐千俵を以、釩之助（宇津）様御入用相立、不時臨時御入用は　御本家御荷之積、当二月御談之上、藤兵衛、善左衛門へ被仰聞、釩之助様へも申上候様、書付以御沙汰有之候処、右弐千俵之御取箇、西久保様にて取扱候哉、是迄之通り金次郎取扱、御役々主法懸をも被仰付置候哉之差別、聢とも不相伺、此節金次郎申聞候は、当春別紙之通被　仰進候上は、御知行之儀、万端釩之助様衆にて引請取扱……

桜町領の引き渡しは天保八年一〇月と決まっており、二月の会談で宇津家への入費を米二〇〇〇俵とし、不時臨時の費用は小田原藩が賄うことになったという。同領の取り扱いは全てを宇津家が行うか、尊徳に主法懸りを命じてこれまで通り行うか、これは結論が出ていなかったのである。尊徳自身は前者の方法を考えたが、横沢は「金次郎身分放れ候ては、迚も相続無覚束事に付、是迄之通野州へ被差置、釩之助様御用申談、且小田原御領分主法をも取計候様、可被仰付哉」（全集六巻二七七頁）と、引き続き桜町領を指導するとともに、小田原仕法も命じるべきであるとした。

一か月後の五月二二日、横沢は尊徳への書状で（全集六巻二八四〜二八六頁）、屋敷替え問題については他家の屋敷替えは命じられたものの、小田原藩はいまだ沙汰がないと知らせた。桜町領については「西久保引渡之儀承知仕候、いまだ相捌不申候、此間中も才足（催促）は致置候へ共、御屋敷替、御家督御用等にて重役中御用繁にて、未談も出来兼候由、夫故延引に相成候」と、屋敷替え問題で藩重役中が忙しく、いまだ相談もなされていないと伝えた。さらに、横沢は小田原藩の「分台」設定にも触れて次のように記した（全集六巻二八六頁）。

兼て御咄し御座候御分台

当殿様（忠愨）御一代之始にて、上下之心得方、上へ目が付くと、下へ付くとの差別にて、物毎初より終迄、皆此はじめに有之、太切之御場合にて、兎に角根に立ち戻り候処之心得を以、万端仕立いたし、永代の道をおしはかり候儀、肝要に可有之段、又御先代様（忠真）御勤功等にて、御村替等も被為在、御物成御先代よりは、年々立昇り、不少御益も御座候処　当君（忠愨）様に為被成、矢張是迄之姿にて、御分台被差置候ては、眼目之附候処違ひ可申との儀、弁左衛門、茂太夫など、寄合候度毎、貴所様御咄在之候、御噂申罷在候へ共、何分六ツ敷、御為第一と存込候得共、ちからに不及、重役衆専勘弁可有之儀、心魂に徹し罷在候へ共、愚存に及兼、中々以心底相忘れ候事は無之候、何歟御工風、御勘弁も御座候はゞ、御心置なく御教示被下度奉頼候

「御分台」は藩の歳入の「分限」のことで、以前にも尊徳は藩と「御分台」について話しをしたようである。横沢は代替わりのこの時期が「分台」設定においても大切な時期にあると述べたうえで、忠真没後、仙丸の代になってもこのまま「分台」設定を棚上げにすることはできないと、野崎弁左衛門や男沢茂太夫と話しているという。藩の重役中は「分台」設定を拒む方針だったのであろうか、「重役衆専勘弁可有之儀」と伝えた。そこで、何か良い方法を教示してほしいと尊徳に頼んだのである。また、彼は藩財政について、「御役中と違、入ものは減じ、出る物は大双相増、雲泥の相違と相成申し候」と、忠真の老中在職中とは異なり、収入は減り、支出が大幅に増加していると述べている。仙丸の家督相続にともなう礼物や献上などで以前の倍の入用が必要で、さらに屋敷替えの仕度で多分の費用が見込まれるとした。この時期の藩は屋敷替えのことで右往左往し、そのために尊徳が抱えていた桜町領の引き渡しや、小田原藩の「分台」設定などの問題には手を付けられなかったのである。

六月一〇日、尊徳は横沢への書簡で「御伺之一条、未相捌不申候や、一日一日と一同相待居」と、藩側の返事を催促し（全集六巻二九一頁）、一四日の書状で「当年（天保八）より米弐千俵余、畑方御物成とも、御引渡に相成居候処、拙者儀も小田原表へ、無程罷越」（全集六巻二九一頁）と、桜町領の引き渡しを済ませたら、早々に小田原に行きたいと伝えた。翌日、横沢は尊徳に藩の状況を次のように知らせている（全集六巻二九七頁）。

西ノ久保御引渡等之儀は、作右衛門（鵜沢）方へ申遣候、則明後十七日、男沢茂太夫勤番相仕舞、罷帰候間、同人へ申談遣、作右衛門了簡を篤と承り可申との重役中御無（ママ）沙汰も無之、彼是延引仕候、江戸、小田原、野州三ケ所取ならへ、論を尽候様可致と奉存候、一番大切之小田原も、あの通ぐらぐらいたし居、何分奉対彰道院様（大久保忠真）恐入候次第と愚案には奉存候、第一の辻七郎左衛門殿、御勘弁も可有之と、茂太夫・弁左衛門倶々申談候、付ては幸茂太夫罷帰、作右衛門へ篤と申談候積に御座候

小田原藩は桜町領の引き渡し問題を鵜沢作右衛門に担当させることにし、帰国する男沢茂太夫に鵜沢の考えを聞くよう指示したのであった。横沢は小田原が一番大切としながらも、「あの通ぐらぐらいたし」ていると、国元の頼りなさを吐露している。また、「第一の辻七郎左衛門殿、御勘弁も可有之」とは、家老辻七郎左衛門の考えもあるだろうという意味であろうが、彼が藩内において「第一の」地位にあったことは留意しておきたい。

七月七日、家老の早川茂右衛門が死去した。横沢は一〇日にこのことを尊徳に伝え、「誠に残念、大事之人に捨られ、当惑之事ども御察可被下」（全集六巻三〇七頁）と、報徳の良き理解者だった家老の死を嘆いた。谷田部・茂木藩における報徳のリーダー的存在であった中村勧農衛も「如何にも早川公之御死去には、必至と当惑仕候、辰ノ口（小田原藩上屋敷）へ罷出談候力も抜候」（全集六巻三一五頁）と尊徳に書き送った。早川の死によって藩重臣に報徳方の者がいなくなり、尊徳も彼の死を嘆くとともに、今後の藩政を心配した（全集六巻三一五〜三一七頁）。

横沢は桜町領引き渡し一件について「小田原表之御用之筋にも響候事」であると鵜沢にたびたび返事を催促しており、屋敷替えは「此度はいよいよ御屋敷替可有之」と尊徳に報告した。尊徳も屋敷替えは「元御屋敷之御近所へ被仰出候由、先便被仰下安堵仕候」と記しており、移転先が決ったことがわかる。また、桜町領引き渡しは

「一日も早く御取決可被下」と催促し、「鶏沢様御両人出役被成下、被仰渡之儀も可有御座哉」と、この一件で鶏沢と会って「緩々御示談申」すことを楽しみにしていると横沢に伝えた。

辰の口屋敷からの引越しは八月中旬に行われ（全集六巻三二六頁）、鶏沢は二四日付けの書簡で「先達て龍ノ口御屋敷替、其後麻布へ御借住居、又候芝御屋敷へ御引移御座候」（全集六巻三三一〜三三四頁）と記している。彼はこの引っ越しで昼夜混雑しており、桜町領引き渡し一件も延びたが、まもなく「万事相捌可申」と謝した。実は、この書状の主な内容は小田原仕法に関するもので、①「報徳之道も何歟、御役々心配被致候得共、小田原名物にて今以聢と御評議不相極」と伝えるとともに、②一方では領民の間で「人命被御助被下」た尊徳を「報徳様」と呼んでいる、③「報徳之申込沢山」あり、「頭取始、御用人中にも、報徳之道是非とも押立申度趣」を唱える者が出てきた、④だが地方の中には「好嫌も有之仁も相見へ」と、藩領内に仕法を好まない者もいることを明らかにし、⑤「あまり報徳之道評議宜敷故、少々相障可申哉」と、報徳の評判があまりにも良く、かえって心配であるとしている。このほかに、小田原領の支配編成替えについて述べ、最後に⑥「報徳之道は、何れも存込罷在候間、其内には相ひらけ可申と奉存候」と、復興仕法着手の期待を述べた。

九月には屋敷替えの問題も済んだようで、横沢は同三日の書状で（全集六巻三三五〜三三八頁）、今度の屋敷替えで「御用懸」を命じられ、多忙のために十分な報告ができなかったことを謝し、桜町領引き渡し一件はいまだ「埒明不申」の状況にあると尊徳に伝えたうえで、同領引き渡しに関するこれまでの経緯を記していた。同領引き渡しについては四月頃に藩に伺い、重役中より沙汰があった。だが、納得できるものでなかったため、鶏沢の意見を聞くことになり、男沢を小田原に遣わした。「外に報徳等の一件」についても五月に重役中から沙汰があったが、やはり納得できず、これも鶏沢に報告した。鶏沢が出府して重役中と評議し決定するであろうから、その時には知らせるというのである。桜町領引き渡しに関して藩は四月〜五月に一応の沙汰を下した。横沢はその内容が納得できないとして、尊徳には伝えず、国元の鵜沢に報告したままになっていたのである。この動きを見ると、鵜沢が報徳方の中心的存在になっていたことが伺える。特に早川茂右衛門の死後はこの体制が強まったと考えられる。ただ、鵜沢は家老らの重臣の評議に出席することができる立場になかった点が早川茂右衛門と異なった。

九月末に桜町領引き渡し問題で新たな動きが見られた。二〇日に鵜沢作右衛門が出府し、二二日には横沢を交えて中村勧農衛と内談した。中村は谷田部藩士であるが、桜町領引き渡しの問題で尊徳名代として小田原藩としばしば交渉している。鵜沢の出府を知った尊徳は「兼て申上置候通、何分可然御含、御示談可被成下候」（全集六巻三四〇頁）と中村に指示している。会談内容は明らかでないが、その結果は藩重臣に伝えられた。横沢は「御地引渡等之儀に付、江戸・小田原申談に相成居、作右衛門（鵜沢）御地へ罷出候様にも被仰付、右一件江戸表にて尚又重役共へ申達候事共に付、御地出立之儀は少々延引致候」（全集六巻三四〇頁）と尊徳に知らせた。鵜沢自身も「此度は釟之助（宇津）様へ御引渡可然哉と申合候へ共、兎角小田原相談にて決兼候、右決し次第出立可仕候」（全集六巻三四〇頁）と、藩の結論が出たなら桜町に赴くと書き送った。

その鵜沢が桜町に着いたのは一〇月一七日であった（全集三巻五二八頁）。結局、藩は結論を出すことができず、一〇日後の二六日に尊徳と鵜沢は桜町を出立し、江戸に向かった（全集三巻五二九頁）。一一月一三日に両名は桜町に戻っており（全集三巻五三七頁）、この間に藩は尊徳の意見を聞いたようである。

桜町領では一二月初めに宇津家家臣の岩本と石田が「正業に村方之様子も見」て回るなど、同領の受け入れ態勢を整えつつあった。横沢は尊徳に両名を「御引立被遣被下候様」にと頼み、「鵜沢大人も嘸々気はもめ可申と、爰元にては御噂申罷在」（全集六巻三六二頁）と、態度をはっきりさせない藩を皮肉った。

結局、尊徳は藩からの明確な指示を得ないまま、桜町領の引き渡しを断行した。一二月一三日、「御引渡に付、村々役人共初、小前一統御白洲へ被罷出候」(全集三巻五四二頁)と、領民を陣屋に集めて引き渡しを伝えた。尊徳は桜町領三か村の名主・組頭・惣百姓に同日づけで長文の教諭文を与えた。これは、同領の荒廃状況や原因、仕法の内容と成果などを記し、再び荒廃させないよう「子々孫々至迄申伝可置」(全集六巻三七三頁)くことを説いたものである。末文では「数年之以精力、御趣意相開、村柄立直、御知行所御引渡被　仰出候段、全一致之丹精故之儀と、御満足被思召候、依之別紙之通、銘々へ御褒美被下置候間、弥相励可致出精候」と、復興できたのは領民一同の丹精の賜物であり、今後も出精するようにと激励した。

桜町領の引き渡しを終えた尊徳は、二四日に鵜沢や桜町勤番の豊田正作・小嶋音右衛門らと江戸に向かった。彼は藩勘定所への出頭を命じられ、二八日に次のように申し渡された(全集六巻三六九頁、二宮家伝来資料)。

二宮金次郎父子、今日御用相止候段、御目付中被申聞候

十二月廿八日　　　　二宮金次郎

釩之助(宇津)様御知行所御引渡之儀に付ては、御含之次第も有之候得共、先此節は不被及御沙汰候

尊徳父子は同日をもって桜町領のご用を止められたのであった。「御含之次第も有之」とあることから、引き渡しに関して藩と尊徳の考えが一致しなかったとも推測できるが、その詳細は不明である。「御用相止」の命を受けた尊徳は、翌々日の三〇日に、鵜沢や豊田とともに復興仕法発業のために小田原に向けて江戸を出立した(全集六巻三七九頁)。

2 「筋分け」問題と報徳

屋敷替えや桜町領の引き渡し問題を抱えていた最中の天保八年九月四日、小田原藩は「筋分け」を公にし、領内支配体制の改編を行った。これより先の八月二四日、鵜沢作右衛門は尊徳に「郡奉行も是迄は、御領分村々一同にて持合に有之候処、御趣意有之、三筋に被相分、此後三懸御代官も、如元三懸りと相分レ候趣、風聞致候、其上報徳御貸附も、地方役々専ら取扱引受候様にも相聞候」（全集六巻三三一～三三四頁）と伝えた。これまでは郡奉行数名が領内のことを統一的に扱ってきたが、ご趣意により元のように三筋（東筋・中筋・西筋）に分かれ、各筋に郡奉行と代官を置き、報徳金貸し付けの取り扱いも地方役人が行うようになると聞いたというのである。そして、以前退役になった松井恭助は「報徳之道御教導以来、気分大きに相直り」、今度代官への帰役を命じられ喜んでいると申し添えている。その松井は「当九月四日、郡奉行を初、地方役々筋分に相成、茂太夫（男澤）・下拙西筋懸被　仰付候」（全集六巻三五〇頁）と尊徳に伝えた。男沢も尊徳への挨拶文で「已前之通筋分被仰付」（全集六巻三四九頁）と、以前にも「筋分け」が行われていたことを記している。天保八年九月の「筋分」がどのような理由で復活したかを明確にすることはできないが、小田原仕法を考えるうえで避けることのできない問題であり、ここで少し触れておくことにしよう。

まず、この時の郡奉行と代官を見ると、西筋は郡奉行が井沢門太夫、代官が前出の男沢と松井で、中筋は郡奉行が坂部与八郎、代官が入江万五郎、東筋は郡奉行が大橋儀兵衛、代官が鵜沢丈助で、いずれも報徳方の者によって占められている。(16) 翌九年閏四月一五日に、田村弥五兵衛が西筋の郡奉行になるが（『御家中先祖並親類書』1、小田原市立図書館郷土資料集成4、一九九〇年）、彼も報徳方の者で、以後しばらくの間、郡奉行と代官は報徳方の者によって占められた。

西筋懸りの代官松井は、代官受命を報告した尊徳への書状で「他懸に立越、一際目立、村方立直之趣御工夫」（全集六巻三五〇頁）ができようと、意気込みを述べている。鵜沢が報徳金貸し付けを各筋の地方役人で取り扱うという風聞を耳にしたことと考え合わせると、各筋ごとに独自の施策をとることが許されていたと見てよい。

天保一二年六月から七月にかけて東筋の代官が回村した際の状況を記した『出郷中雑記』（二宮家伝来資料、報徳博物館蔵）には「去ル酉年（天保八）筋分之御主意被仰出出郷仕、御主意之趣為申聞、難村取直ニ付而は厚及利解……」とか、「筋分之御主意以来村方追々出精いたし……」など、「筋分」と復興仕法着手をダブらせた記述が多く見られる。また、領内の拝借金高を調べたり、その利息の利下げ対策なども各筋で行うようにしている（全集一六巻一～二九頁）。天保八年の「筋分」は小田原藩の改革切替えと報徳仕法（復興仕法）が密接な関係をもって行われたことは否定できないであろう。

3　復興仕法の着手

天保九年正月一日、尊徳は復興仕法着手のため小田原に到着した。同月二〇日には藩から仕法実施にあたり二つの点が申し渡された。一つは報徳金取扱い役人の任命である（全集一五巻五二二頁）。

松下良左衛門

報徳金御用向引請取扱候様被　仰付候

鵜沢作右衛門

報徳金御用向取扱被　仰付候

右掛りを以

報徳金之儀取扱可申候

川添勘助

二宮金次郎

報徳金取扱之儀、松下良左衛門へ属可相勤候

藩は松下良左衛門と鵜沢作右衛門に「報徳金御用向取扱」を、川添勘助には「報徳金之儀取扱」を命じた。尊徳には松下に属し報徳金の取り扱いを勤めるようにとしている。これをはじめとして、二八日には豊田正作を「報徳方書役」に（全集一五巻五二三頁）、二月一日には石川兼右衛門を「報徳方書役助」（全集一五巻五二六頁）に任じ、ここに松下良左衛門と鵜沢作右衛門を頂点とした藩報徳方の陣容がととのった。

他の一つは、救急仕法の際に藩から支出されたお手許金と夫食米代金の計三七〇〇両を報徳加入金に繰り入れるというものである。ただ、一度に納めるのではなく、二〇年賦で差し出すとし、金額は天保八年分が三五両、九年分が四五両と、徐々に増えるようになっている（全集一五巻五二二〜五二五頁）。この指示を受けた尊徳は、一月二五日に箱根宮の下（神奈川県箱根町）の藤屋勘右衛門宅に入り、登筋（箱根）一〇か村の復興仕法に着手した。四月一日に桜町に帰った岸右衛門が桜町の陣屋に報告したところによると（全集三巻五六二〜五六三頁）、

最初は宮ノ下湯亭藤屋にて村々へ貸附、此節は同所奈良屋にて貸附之様子、尤鵜沢作右衛門殿初、豊田正作其外両人程も報徳方被仰付候様子、右に付宮ノ下湯亭大混雑之様子、尚又此節、服部様・三幣様にも奈良屋

へ御同居にて報徳御咄し、又は村方之者へ種々之御教諭、誠に古今未曾有之御事と岸右衛門咄し候ニ付、記置者也

と記している。尊徳ははじめ宮の下の藤屋に逗留しながら報徳金を貸し付けていた。その後、奈良屋に移った。服部十郎兵衛や三幣又左衛門も奈良屋に赴き、尊徳と報徳の話をしていたという。尊徳は村方の者に種々「報徳」を教諭しているというのである。その大混雑ぶりは「古今未曾有」のことと伝えているように、多くの者が尊徳のもとに集まっていたようである。彼は五月五日に宿舎を栢山村（小田原市）に移した（全集一五巻五三三頁）。七月一〇日から一三日まで箱根塔の沢の一の湯に逗留したほかは、九月下旬の小田原出立まで栢山に宿泊した。

桜町陣屋日記の二月二〇日の項に「二宮氏も小田原報徳御用筋にて、帰之程聢と相知不申」（全集三巻五五九頁）とあり、また同陣屋詰めの村田与平治も「御地御用向未不被成御済候哉、一日一日と御帰りを奉待候」（全集六巻四四三頁）と書簡を送っている。尊徳自身も「三月下旬には無相違帰着之由」（全集三巻五六二頁）と告げており、当初、長期の小田原滞在は考えていなかったことがわかる。結局、彼は九月末まで小田原に滞在し（全集一五巻五四二頁）、一〇月一日に桜町に帰陣した（全集三巻五八六頁）。

4　尊徳の桜町帰陣と小田原藩

尊徳は一〇か月にわたる小田原滞在中、種々の報徳金貸し付けを行ったが、領内復興のための調査や、それらの指導もしている。困窮人調査もその一例で、その外に各村の拝借金高を詳細に調べたり、その返済計画を含む復興の中間計画書作成などを筋ごとに指導した。尊徳は天保九年（一八三八）五月八日付けの書簡で、小田原領に

「報徳之道も益々相開ケ申候」（全集六巻三九二頁）と語るなど、全体的に良い状況を残し、九月二六日の朝、小田原を出立し（全集一五巻五四二頁）、一〇月一日に桜町陣屋に到着した（全集三巻五八六頁）。帰陣後の尊徳は「彰道院（大久保忠真）様御配慮被成置候窮民撫育、難村取直趣法、報徳金貸附之道、案外相開、駿相御領分村々、凡一万余金之貸附に相成候」（全集六巻四一四頁）と、小田原仕法の成果を述べた。

鵜沢作右衛門も「貴公様（尊徳）御出立後も、殊外報徳之方繁昌致し、日々大勢罷越、昼夜繁多に罷在、其上御改革御切替之儀も、弥御発と相成、去ル十月十一日被仰出候」と、尊徳帰陣後の小田原藩の様子を伝えた。この「改革御切替」の内容は不明であるが、担当役人の交替があることに鵜沢は不快感を表している。具体的には「田村弥五兵衛・松井恭助儀も、不慮之事出来、両人共に御役御免と相成、困り入申候」と、西筋代官の罷免を伝えている（全集六巻四二九頁）。

一〇月頃に御厨領竹の下村（静岡県小山町）の権左衛門らが桜町に出向き、尊徳に報徳金の借用を願い出た。尊徳は桜町に帰る際に「報徳金貸付之儀に付、御領分在町とも、壱人も不罷出様」に指示しておいたが、それが守られていないとし、藩にその徹底を申し入れた。また、「窮民御救には両全（善）之趣法、早速取片付遣し申度候得共、兼て御伺中之儀、如何様とも手段相成兼申候」（全集六巻四二六頁）と、伺い中の窮民救済について沙汰がなく、手段を講じることができないとしている。

尊徳は一二月一〇日に「御改革之儀如何被仰出候哉」（全集六巻四二七頁）と鵜沢に尋ねており、彼には「改革」がどのようなことか知らされていなかったようである。藩の「改革」が尊徳に伝えられた頃から、両者の間で少しずつ行き違いが露呈してきた。

二日後の一二月一二日、尊徳は鵜沢に二通の書状を送り、「先達て中、中勘相認差上伺置候次第、如何相成候哉、最早御沙汰被仰出候儀と相待居申候、右一件相開け不申候ては、甚差支申候」と、伺い中の領内復興中間計画に対する沙汰がいまだにないとする。「報徳金貸附之儀も、口々取調べ　御上へ逸々御伺被成、又当地へも御持参可被下積り御約束之処、違約に罷成、御調書一向不相回」（全集六巻四三〇頁）と、報徳金貸し付けに関する帳簿がいまだ桜町に届けられず、「違約」であるとし、「矢張弊風に相流れ候様相聞、迚も大意は相分り申間敷候」（全集六巻四三一頁）と、落胆の旨を伝えた。

藩および鵜沢らの反応は鈍く、彼は「十二月十日出之御紙面相達、致拝見候」「旧弊取直趣法、報徳金貸附之儀、案外相開」と喜び、竹の下村（静岡県小山町）権左衛門らに関しては「御立腹之趣、御尤至極」と述べるだけであった。

小田原藩の地方支配と「報徳」との関係をはっきりさせようとしたのは天保九年一二月のことである。藩は郡奉行や代官らに次のように指示した（『御仕法向取扱方手続書抜帳』下、報徳二宮神社資料）。

十二月十七日　　　　　　郡奉行江

御趣意被成御座、報徳方之儀地方江被仰付候間、存分取計可申候

十二月十七日　　　　鵜沢作右衛門

御趣意被成御座、報徳方地方江被仰付候、右御用向之儀は同所御役々江申談取扱可申候

十二月十七日　　　　御代官一同江

御趣意被成御座、報徳方之儀郡奉行江被仰出候通り、右取扱被仰付候

右之通り御勘定奉行并ニ三掛り一同持参被致候事

十二月廿七日

二宮金次郎

名　代　小嶋音右衛門

報徳方取扱之儀、郡奉行江御任ニ付、以来地方江属可相勤候

これは郡奉行以下の地方役人に、「報徳方」の取り扱いを「地方」に属して行うように触れたものである。郡奉行には「報徳」を存分に取り計らい、仕法を推進させるよう指示し、同時に「報徳方」が「地方」に属すことを明記している。

鵜沢が一二月二〇日に尊徳にあてた書状に「当月十七日、別紙之通夫々報徳方取扱被仰付、第一七郎左衛門（辻）殿にも、報徳之引請取扱被仰蒙」（二宮尊志家資料、全集六巻四三三頁）と述べており、家老の辻七郎左衛門が報徳方の取り扱い担当になったことがわかる。鵜沢はこうした藩側の動きを尊徳に次のように知らせた。

先日中は兎角地方向相開不申、彼是と心配罷在候処、当月十七日、別紙之通、夫々報徳方取扱被仰付、第一七郎左衛門殿にも、報徳之引請取扱被仰蒙、其外郡奉行・御代官を初取扱被仰付、一同時節到来にて、一時に相開、先々御骨折之廉々成就無此上も御事……（中略）……此有様にては五六年も相立候はゞ、報徳之御趣意押立、村柄取直し、大望成就可致

鵜沢作右衛門は藩によるが仕法取扱いの体制作りを、「時節到来」「一時相開け」「御骨折之廉々成就」等々と大いに喜び、これを「報徳之御趣意押立、村柄取直し、大望成就」と評した。だが、辻はもともと報徳方の者

ではなく、報徳仕法に必ずしも精通していたわけではなかった。郡奉行や代官が報徳方の者によって占められ、「地方」(地方役所のこと)が「報徳方」(仕法方)に包み込まれる状況は藩の意図するところではなかった。藩は地方支配の一環としての「報徳方」という位置付けをし、郡奉行や代官は尊徳に近い報徳方の者を配置したのであった。忠真の死後、藩内の主導権を握ったのは「第二」の辻であったが、その彼が「報徳方取扱」を掌握するには、「報徳方」があくまでも「地方」に属することを示しておく必要があり、前述のように触れたと考えられる。天保八年九月の「筋分け」は「報徳仕法」を行うにあたり準備された支配編成替えであり、地方役所が主導して報徳仕法を押し進める状況を創り出す契機となったようである(17)。

その体制作りに関してさらに見ていくと、一二月一日には報徳方取扱いの川添勘助が「御番帳入り」し、大金奉行に抜擢され、二〇日には報徳方の矢野筈右衛門が大金奉行に転出し(全集六巻四七〇頁)、二五日には栗原長次郎が「報徳方定書役」に任命された(全集一五巻五四八頁)。

こうした役人の異動が一応終えた直後に、鵜沢は尊徳に次のように知らせている(全集六巻四六八頁)。

報徳一條相開、其後下拙儀も報徳之方へ当分添切相勤候様被仰付、先日仮に報徳御役所元勘定所御長屋御貸被成候、又肝煎世話人之者共も、兼て御内談致置候仁物被　仰付、一同大慶致候……(中略)……報徳之道相開ケ、駿東相御領分不残取はまり候得共、実以中々下拙身分にては取扱兼、兎角貴公様(尊徳)之御教訓相請申度、入江万五郎・山崎金五右衛門、私同道にて、廿七日朝立にて、一同出立可仕と申談候

ここでは第一に、元の勘定所長屋を借りて、仮の報徳役所を設けたと述べている。報徳方『日記』には、同二

四日に役人らが出勤したとある（全集一五巻五四八頁）。また、この日、藩は「報徳方」に五〇〇両下げ渡すとしている（全集一五巻五四七頁）。第二は、報徳肝煎・世話人が仰せ付けられた点である。肝煎・世話人は三筋から三三名が任命された（全集一五巻五四六～五四七頁）。これも藩側の体制作りの一環であったが、尊徳との「ご内談」の上で決められた点が注目される。第三に、尊徳の教えを受けるために、鵜沢をはじめ、中筋代官入江万五郎、東筋代官山崎金五右衛門が二七日に小田原を出立し、桜町陣屋に向かうと述べている。[18]これは新たな藩側の動きであり、以下この点を見ていくことにしたい。

鵜沢ら三名は「報徳」が「地方」に属することが明らかになった直後、「野州表十日以上御用往」を命じられた（全集一五巻五四七～五四八頁）。二七日には報徳方書役の石川兼右衛門と手代の山口栄三郎も野州表への「御用往」を仰せ付けられ（全集一五巻五四八頁）、翌一〇年一月一日に桜町に到着した（全集三巻六一九・六六七頁）。鵜沢らは、結局、一月二日に小田原を出立し、六日に桜町に着いた（全集三巻六二〇～六二一頁）。彼らの桜町訪問は、尊徳から教えを受けるだけでなく、前述した報徳金貸し付けの帳簿や、領内の復興意見書などを尊徳に提出し、[19]尊徳と藩との行き違いを修正する目的をもっていたと考えられる。

一行は桜町領内をはじめ、常州青木村（茨城県桜川市）などの仕法地を精力的に視察した。三月九日には鵜沢が「報徳」に「生涯相勤可申」と決心書を認め、尊徳に差し出した。彼は「持高五拾石余之内四拾石余にて暮方相立、残高拾石、去冬御加増之分、為報徳永く差出可申」とし、「報徳善種金貸附之道取計、難村取直し、窮民撫育之儀万代不朽之大道と致感服……（中略）……両三年も致修業、生涯相勤可申候」と申し出た。さらに「主役大勘定奉行、並御道具目付兼帯御免相願申度」（全集六巻四九九頁）と、報徳取扱い以外の役職を辞すとした。山崎もまた同一一日に「生涯勤労いたし可申候心底」であると決心し、金五〇両を差し出すとともに、在役中の加入金差し出しを誓った（全集六巻五〇一頁）。鵜沢は一八日に同じ内容の書簡を郡奉行松下良左衛門に送り（全集六巻五〇〇頁）、二三日に自ら出府した（全集三巻六二七、六七七頁）。

ところがこの申し出は、藩内に大きな問題をもたらすことになる。鵜沢は四月一八日に桜町に戻るが、直ちに江戸詰めの横沢為右衛門と野崎弁左衛門に書状を送り（全集六巻五一〇頁）、「松下殿へ、先達て両人より内々差出候書類は、私出立之砌被致返却候に付、押返し御同人へ書類差出可申と、及御内談候処、御両公様之御実意之御理解に基き、其儘書類持参仕候」と述べている。横沢・野崎を通して松下に差し出す鵜沢の決心書が出立時に返却されたので、一度は押し返したが、松下に直接提出するように言われ、結局持ち帰ったという。また、「二宮厚教諭を以、両人（鵜沢・山崎）共に感服の上差出　御上之御為筋は不及申上、第一　彰道院（大久保忠真）様御趣意相開、人民相助り候根源と存込候処、無謂書類被差戻候儀は　御上御進み無之、下々にては身代限り差出候ものも有之、前後致居、全御時節之不至之儀に付、先づ両人とも改心無之以前に立戻、又時至り候期も可有之」と、まだ時節が到来しておらず、改心以前に立ち戻るよう言われたというのである。さらに、鵜沢は「追て七郎左衛門（辻）殿、良左衛門（松下）殿へも、内状可差出候」と述べている。

これに対し、横沢と野崎は二通の返書を送っている。一通は四月二六日付けで（全集六巻五一六頁）、「迚も一朝一夕之論には参り兼可申、早速以紙上良左衛門殿へ可申達」と、鵜沢の決心が一朝一夕にはいかないが、松下に報告するとしている。そして「上が出来ぬに、下が出来、おかしなものには奉存候得共、あまり一図に押出候ては、役人理屈にて、出来るものも出来ない様に相成可申歟」と忠告する。横沢は、上に出来ないことを下の者が行うことは「上にてはこまられ候」ことであり、それを一途に主張しては、役人理屈でかえってできなくなるというのである。

他の一通は二八日付けで、鵜沢に出府を促した内容になっている（全集六巻六二三〜六二五頁）。これは家老辻の意思によるとし、「内実之処は、御召連御出府之上、御評議可然事」と、尊徳や鵜沢の考えを聞くとしているが、「万一、金次郎出府不致ては不相済、御法にも差障り候事にて、大事な人を無拠、表向咎候様なる儀」も生じることになると警告する。また、「あまり理屈又双方せまり候ては、ひらけ候廉も何歟理に泥み、ひらけ兼候儀も生可申」と、理屈ばかりで双方が対立しては仕法が滞る事態にもなりかねないと述べ、二人の出府を促した。さらにこの問題について「いづれにも地方へ為背負候御趣意、模通り不申ては地方向も不相済儀」であり、「地方御役々二宮へすがり候様、落合候歟、又は立別れに相成可申歟」の分れ道であるという。横沢は役人の体質にも触れ、「御役人中始、地方向共多くは法に押付られ候」者で、「其中に報徳を教え」るのであるから、「報徳之趣意少々披候迄は、法令は片寄置候心持無之」と、役人の中には「法」や「法令」に染まった者が多く、彼らが報徳の趣意を理解するまでは「法」をなおざりにすることはできないというのである。「野州へ罷越候入江・山崎の両人すら、法実に立ちわかれ」ており、山崎は「法にこり候役々」で、「引取延引に随ひ、地方向尚以立別れ可申哉」と、「法」にこりた山崎の小田原への帰還が遅れるほど、「地方向」との溝が深くなるという。ここでの「法令」「法」はそれまでの藩の慣例・慣習を意味し、藩内の秩序を維持してきたものと意識され、一方の「実」は「報徳」を意味し、「法令」「法」に相反するものと捉えられている。横沢は依然として藩内には「法令」「法」の役人が多いとしたうえで、「御法と報徳との二ツ、いづれを限り可申哉」と鵜沢に迫り、二人が決心書を撤回すれば、「二宮へ又すがり候処の手心も、御上よりひらけ可申哉」というのである。そして「是迄御論判之ケ条、二宮申発し候次第、其筋へ御申立被成、地方向之腹を拵候方がよろしかるべき哉」と、地方向きの「御法」で「報徳」に勤めるのが良いと伝えた。

書状の文言は遠回しであるが、横沢と野崎は鵜沢と山崎に対し、小田原藩大久保家の家臣なのか、それとも「報徳」に「生涯相勤」める者なのか、という点が問題だと言うのである。「地方向」は大久保家の家政の一つであり、「報徳」はその「地方」に属すると位置付けられた。ところが、鵜沢は大勘定奉行など藩の役職も辞し、大久保家から与えられる俸禄の一部も「報徳」に差し出し、生涯仕えるというのである。これでは、「地方」あるいは「大久保家」への向背と受け取られかねないと、鵜沢らに忠告したのであろう。

この書状を受け取った鵜沢は「当惑至極」であるとして、直ちに家老の辻七郎左衛門に書簡を送り、小田原仕法関係書類の取り調べなどの仕事があるが、「直に御取調被下候哉、小田原表より呑込候仁物御差図御勘定被下候哉、此儘差置引払可申哉」と、その指示を求めている（全集六巻五一九～五二〇頁）。彼の書簡には決心書について何も記しておらず、その後の様子は明らかでない。

この一件で、横沢や野崎が五月六日に家老の辻と相談し、その内容を以下のように鵜沢に伝えた（全集六巻六二五～六二六頁）。①鵜沢らの多忙な状況から見て出府の必要はない、②「主法相立候御役々」は「二宮を御たのみ被成候積」りであるが、「一様に御頼の志にも不相成、中には役前より呼寄、為取計候積之意も相見候」と、「地方」の中に尊徳抜きの仕法を考える者がいることを明かにした。③小田原領での報徳仕法が「同人（尊徳）の相立候趣法に相成」っているが、それでは「御上之意薄く、同人（尊徳）の功厚く」なり、「御上の御為」にならない。④「金次郎存寄尤之儀、実に七郎左衛門（辻）殿始、夫迄之心持無之」と、二人は「報徳」を理解しているので前述のような行動に出たが、家老辻をはじめ多くの者はそこまでの「心持」に至っていない。⑤村方から尊徳を慕うようになってきたが、その「味ひ不相放」ようにしなければならない。「報徳」を否定するものではないが、鵜沢らを野州に遣したのも、仕法を行うのも「御上」である。⑥そこで「二宮自己之功を離れ」、鵜沢・

山崎は「斯迄厚く存込呉候訳」を小田原に戻り申し上げれば、郡奉行らが「報徳」への心得に浅いことに気付き、「尚同人（尊徳）へ可申参」といい、「地形之堅め、尽し候道」が肝要と説いた。さらに、横沢と野崎は、家老辻について「七郎左衛門（辻）殿には、御存之通之気質、唯々　御先代様（大久保忠真）之思召相立、御為第一と之一図」に考える人物であるとしている。辻は鵜沢に対し「報徳之ため二宮同道、小田原表へ罷帰、地方へ遣候書類の深意等、其向惣体へ教示をも相頼度」、あるいは「早く二宮之深切、地方へ御伝被成候道専要」と述べ、尊徳とともに小田原に行き、「報徳」の考えを地方に示し、仕法を進めるよう求めたという。また辻は「同人（尊徳）儀は報徳之根源、何方よりも目当に致候」存在であることも述べたという。

この直後、尊徳は再度の小田原行きを決意したようで、五月一八日付けの谷田部藩中村重郎左衛門の書状には「弥小田原表へ御越之由、近々御出立にも相成候旨」を聞いたとある（全集六巻五二一頁）。五月一五日には江戸詰の横沢為右衛門が「小田原表大勘定奉行勤取扱」を命じられたが（全集六巻五三九頁）、これは鵜沢に対する目付的意味をもった異動であろうか。鵜沢と山崎は以後も藩への伺いなどを続けるが、「御法」と「実」という根本的な問題に関しては触れておらず、両者は今回の一件について、早く尊徳に小田原仕法を行ってもらいたい一心から生じた行き違いであることを強調する。そのうえで、「御趣法御願御方々様は、小田原表抔と違ひ、今日之御渡方一粒も無之、御差支之向も多分可有」と、尊徳のもとに仕法を嘆願する他藩の窮状を説明し、尊徳らはそうした諸家の仕法を手掛けており、とても「報徳」は「片手業にては物事成就」できるものではないと訴える（全集六巻五二五頁）。また、藩内から「小田原表の方投げやりに相響（聞）候」（全集六巻五二五頁）という批判があることに対し、鵜沢は次のように反論する（全集六巻五一九～五二〇頁）。

小田原之儀は、兎角投やりにいたし置候様相響（聞カ）、恐入、当地に罷在候ては、厚薄を生じ、迚も片手業にては大道成就仕間敷候、依之御知行所は勿論、細川様、烏山様、下館様、其外様凡七八万石も御座候へば、地方にて御引受被成候哉、且は遠路之処、御趣法被進候様にも相成申間敷候間、不残御断申上、小田原表へ引取、御時節を相待可申候

彼は尊徳が諸家の仕法を一旦断り、「追々取片付、小田原へ出立之手続相運候」と述べ（全集六巻五二四～五二五頁）、「小田原表之方投遣（鑓）り」というなら、桜町領や谷田部藩領などの仕法も小田原藩の「地方」で引受けるのかと皮肉るのである。そして「是迄諸家様へ御趣法にて、多分之金子差出置、小田原往返旁、万事畳置、荒増にも取調べ呉候哉、又は此儘差置、一同小田原表へ引取、御時節を相待候方可然哉」と、他家の仕法金の扱いについて当惑しているので、沙汰をしてほしいと藩に申し入れた[20]。鵜沢らは、六月初旬までは桜町にいるが、それまでに沙汰がなければ小田原に向かうと郡奉行に伝えた（全集六巻五二四～五二五頁）。

鵜沢らがこの書状を認めた翌日、尊徳も小田原表に書簡を送っている（全集六巻五二三～五二四頁）。その中で彼は「御手広に相成候而已、報徳之道篤と被成御承知候方無御座候」と、仕法が拡大したものの、「報徳」の道に精通した者が少ないと指摘する。また、「松下良左衛門殿には、御取扱御転被成、此度相越御示談申上候ても、又御転被成候ては、矢張釩之助様御知行所同様、欠持に相成可申候」と、「報徳取扱」の松下が転役してしまい、桜町仕法の時と同じくかけ持ちの状態になってしまうと嘆いた。報徳金の取り扱いで手違いが生じないようにと指摘している。

鵜沢と山崎の決心書提出から始まった「法」と「実」との一件は、「地方」と「報徳方」が必ずしも一枚岩になっていないことを明らかにした。両者の行き違いは何ら修正されることなく、尊徳は鵜沢・山崎・豊田らとと

もに六月一一日に桜町を出立し、小田原に向かった（全集三巻六三七・六八七頁）。

5　二宮弥太郎の病気と尊徳の動き

天保一〇年六月一一日、尊徳は鵜沢作右衛門・豊田正作とともに桜町陣屋を出立し、小田原に向かった（全集六巻五三八・五三九頁）。小田原に着いた彼らの動きはよく分からないが、七月一三日に尊徳は中筋郡奉行坂部与八郎宅に宿泊している。翌日、彼が栢山村（小田原市）に行くと、坂部は直ちに「種々御教示等相願度、夫には御談示も致度儀も品々有之、其上に篤と御上之御居りも承知致、是非に相遂度決心に付、何卒早々御帰り被下候様」（全集六巻五三〇頁）にという書状を届けさせた。このことから尊徳は小田原城下に宿泊し、小田原仕法について郡奉行や代官、および藩重臣らと種々の会談を重ねていたことが推測される。

同二七日の夜、尊徳のもとに息子弥太郎大病の知らせが届いた。尊徳は翌朝小田原を出立し、桜町に向かった。実に素早い行動である。同日、鵜沢は「当春以来始末少々引懸り、其上、浦賀一番に出役被　仰付、旁以見合候方可然旨、其筋より内咄有之」（全集六巻五四四頁）と尊徳に伝えた。「当春以来始末」とは鵜沢と山崎金五右衛門が藩に提出した決心書の取り扱いのことであろう。それに加え、藩は幕府から浦賀の海岸防備を命じられ、その軍役のため、この年の復興仕法着手は見合わせるというのである。八月四日に、鵜沢・山崎は連署して尊徳に「彼是御論判中御心配而巳相掛」けと述べたうえで（全集六巻五四五頁）、

> 御出立之砌、段々御申置被成候儀も、猶亦松下殿（良左衛門）にても、頭取衆並奉行へも申談有之候へども、未だ是に申談も分り兼候、其内には夫々論談も詰り可申哉、兎に角当年は取立計りにいたし置、御時節見合之外有之間

敷（後略）

と報告している。つまり、松下良左衛門や頭取衆、奉行らの論談の内容はいまだ正式に知らされていないが、今年は年貢を徴収するだけにし、時節柄仕法は見合わせるほかにない、というのである。これに対し、尊徳は鵜沢・山崎に「惣方御開きに相成候はゞ、早速御申越可被下」（全集六巻五四三頁）と伝えたが、それは尊徳がすでに藩のこうした状況を承知していたように思える返答であった。鵜沢・山崎はさらに二つの点について知らせている。第一は、小田原領曽比村（小田原市）の広吉と竹松村（南足柄市）の幸内が、弥太郎の見舞いに桜町へ参上したいと言っていたという。第二は、鵜沢自身が「当節は外に勘弁も無之、只々日々身分之事共相考、御教訓之次第に基き、乍不及経済取行罷在候、其余書物等拵之儀を楽み罷在候」（全集六巻五五一頁）と、最近は「経済」の取り扱いや書物（仕法書のこと）を拵えるのを楽しみにしているというのである。また、九月の書状で「下拙儀も今に大勘定奉行方、月番も相勤不申、報徳方済切と相成居、格別之御用向無之」（全集六巻五五六頁）と、本来の役職である大勘定奉行や御道具目付を勤めておらず、報徳方に専念しているという。

いずれにせよ、尊徳は六月中旬から一か月半ほど小田原に滞在しただけで、桜町陣屋に帰ってしまった。その直接的理由は息子弥太郎の病気にあったが、本来的な理由は、この年には小田原領の復興仕法が着手できないという状況にあった。彼はそのことを、小田原滞在中の郡奉行や藩重臣らとの会談の中ですでに感じ取っていたのであろう。ゆえに、弥太郎病気の知らせが届くと、直ちに桜町に帰ったのであり、弥太郎の病状が九月末にはほぼ回復したものの（全集六巻五五五頁）、尊徳はすぐには小田原に戻ろうとしなかったのである。

尊徳が桜町に帰った後の小田原領の状況を、鵜沢らは「村方之者共は、日々報徳に厚志之難有旨」を感じ、

「貴公（尊徳）様御帰国後は別て力を落し罷在候もの多く」（全集六巻五四九頁）と伝えている。桜町には、曽比村の広吉や竹松村の幸内をはじめ、羽根尾村（小田原市）半四郎、飯泉村（同）熊太郎、同村又兵衛、和田河原村（南足柄市）源治、御厨竈新田（静岡県御殿場市）平兵衛、新橋村（同）甚兵衛ら領内の者や、伊勢原村（神奈川県伊勢原市）宗兵衛、大磯宿（神奈川県大磯町）川崎孫右衛門など領外の者らが来訪して仕法を嘆願し、常州・野州の仕法地を実地見分している。

一方、藩側の動きについて、鵜沢は「報徳一條之儀、大道之儀故、列座中にても日々之様論判有之候様相聞え候……（中略）……又地方にても、郡奉行始様々心配、論談も有之候へ共、埒明不申」（全集六巻五五五頁）と、藩重臣らが日々論談を重ねるものの、仕法実施について何らの決定もできない様子を尊徳に伝えた。そのうえで、今年の年貢徴収は「立毛見分」＝検見取法に決まったとし、「迚も御存意通りには如何可相成もの哉」と残念である旨を明らかにした。尊徳や鵜沢は藩の「分台」設定↓各村の年貢量固定という領内の分台確立を主張したが、この点についても藩は結論を出すことができないというのである。鵜沢は、藩側のこうした「埒明不申」状況と村々の様子を対比し、①村方の「報徳に志し深」き者が「御上之御開を相待」（全集六巻五五六頁）っている、②中沼村（南足柄市）の伝蔵（田蔵）は村の世話も行き届き、「報徳に深存込」んでいる、③それに比べ「上之開ケ不申候には困り入」ると嘆いた（全集六巻五五六頁）。

鵜沢の書状とほぼ同じ時期に、郡奉行は次のように認めている（全集六巻五七一〜五七二頁）。

> 報徳方之儀地方へ御引渡に相成候付、当夏金次郎呼寄、報徳之趣意篤と承り候処、素万代不朽之大道故、根基相立不申候ては、容易に取掛り候筋無之、右訳柄之儀、委細は七郎左衛門（辻）殿へ申達置候趣、地方に

取候ては　御上より報徳之大道御開不被成候ては、元を捨、先に而已走り候道理に相当り（後略）

これは宛名がないが、藩重臣に提出したものと見てよい。これによると、六月に尊徳が小田原に来た際、彼から「報徳之趣意」の教示を受けたとしている。郡奉行は、報徳が「万代不朽之大道」であり、根基を立てなければ容易に取り掛かれるものではないとしたうえで、詳細は家老の辻七郎左衛門に申し上げてあるという。地方役所としては、御上から「報徳之大道」実施の決定がなければ、元を捨てて先走ることになると、自らの苦しい立場も述べている。さらに「村々之内には、格別打はまり、開行之道催促申聞候様子にも相聞」え、「報徳之道を志候者どもは（中略）奇特成事共多く、斯善法に向候者其まゝ捨置候ては、善種をも失ひし道理に相当」ると、村々が仕法実施に向けて盛り上がっている様子を述べた。そのうえで、「於地方手を広候儀は、聢と根の御居無之内、下方而已押広候ては、却て往々害を生じ、末々詰りも六ケ敷ものに可有之哉、兎に角順達之道も有之事故、先ツ　御上より御開被成候て、後篤と勘弁可致」という尊徳の言葉を用い、「何れ大道之行作、御任被置候御役場とは乍申、私共限之力には、迚も難及、全御余徳之仁（尊徳）に仍て押移候外有之間敷」と、復興仕法の導入と尊徳の力の必要性を訴えた。最後に彼らは、報徳仕法の導入について、次のような意見を添えた。

右扱仕候迚も、専物々費を省き候儀、行々不相見候ては相成間敷、増て惣御領分中、報徳之趣意、普通之期は第一　御上御分定は勿論、凡て御次且之儀、専務之趣と、金次郎も呉々も申聞候、弥報徳之道、御上より御開被成、其上御収納向、又は御出方に相拘り候儀抔も申上候義、次第にも可相及哉、様々心配も仕候へども、全　彰道院（大久保忠真）様厚思召御開之御時節之処、下方追々善法進候者も可有之候へば、早々　御上

より報徳之道御開き御座候様、厚御勘弁可被下候

ここでは郡奉行が「御分定」の設定を含めて、早々に「報徳之道」を開くよう重臣らに上申している。彼らが報徳仕法導入の態度を正式に明らかにし、藩に働きかけたのは、おそらくこれが最初であろう。

一〇月に入ると、鵜沢は幕府の韮山代官江川太郎左衛門から支配所豆州多田村（静岡県伊豆の国市）多田弥次右衛門家の家政取直しを、小田原藩の仲介で尊徳に依頼したいと、藩の勘定所に申し入れがあったことを伝えている（全集六巻五六八頁）(21)。また、同書翰で藩の動きについて「小田原表之儀も御存之通り、報徳の道も半開と相成、跡へも先へも不参、日々論判而已にて日を送候」と、何ら進展していない旨を知らせた。

こうした中で、尊徳は一〇月下旬に再度の小田原行きを決定した(22)。彼は鵜沢・入江・山崎にあてた一〇月二四日付けの書状で(23)（全集六巻五六三〜五六四頁、同五七二〜五七五頁）、桜町に戻ったあと、小田原領や周辺諸領の者が趣法を嘆願してきたが、曽比村広吉と竹松村幸内の両名は、「村方一統内外取調、諸帳面持参いたし、如何様とも頼母子講掛金借財返済之手段中勘相立呉候様願出」て、「両人とも内外取調、目を覚し驚入」ったという。尊徳はその様子を称え、「此度之儀は罷出居、致改心候曽比村、竹松村両村へ罷越、不顧他事、一村宛取調相片付、其外村々迚も同様形ヲ付申度心組に相決申候」と、今回の小田原行きの目的を明らかにした。広吉と幸内は、一村の取調帳を尊徳の元に持参し、その改心ぶりが顕著であるとして、この二か村が仕法地に指定され、その外の村々は両村を手本として進めるようにするというのである。鵜沢らはさっそくこれを承知した旨を返答し（全集六巻五六九頁）、ここに曽比・竹松両村への仕法着手が決定されたのであった。

尊徳はこの書状で外に二つの点について触れている。一つは、報徳金貸付けが「地方御任せ」で進められるこ

とが心配であり、「去冬報徳金貸付御趣法之道、地方御任せ相開居候間、若其筋差障りも難計、甚心配仕候」とか「難村取直、報徳金貸附之趣法、地方御任せに相成候迚、仕掛之分抛りにいたし置候儀は、却て不本意至」であるとしている（全集六巻五六四頁）。他の一つは「御趣法御土台之根元相極り候哉、又は小田原相談に候哉、甚心配仕候」（全集六巻五六四頁）と尋ねた。前者は藩が報徳方を「地方」に包摂したことと関連するが、これについて鵜沢は尊徳への返答書で一切触れていない。後者については「御趣法御土台之根元、御取極之儀は、御越之上猶御談可申候」（全集六巻五七四頁）と答えるのが精一杯だったようである。もはや、藩は仕法着手にあたり「御趣法御土台之根元」である「分台」設定を決定しなければならない情勢にあったが、依然として「小田原相談」を繰り返すのみであった。

さて、一一月上旬には先の尊徳書状に対して、山崎・鵜沢・入江の三名と、大橋儀兵衛・井沢門太夫・坂部与八郎の郡奉行がそれぞれ返答書を送っている。山崎らの書状は（全集六巻五六八～五七〇頁）、先の鵜沢の返答内容とほぼ同じであるが、二つの点について異なる。第一は「報徳御貸附御趣法之道、地方へ御任相開居、若哉其筋差障も可有之哉に御斟酌も有之候へ共、下ケ札之通必御斟酌無之事」と答える。彼らは、報徳金貸付けが「地方」で行われても何ら問題なく、また問題ないよう取り計らうので心配ないというのである。第二は、「御趣法御土台之根元之儀、相極候哉之旨被仰下承知いたし候、当時上下論判中に付、荒増之儀は奉行より可申参候」と、「分台」設定はまだ論議中であり、概要は郡奉行より知らせるとしている。

その郡奉行が尊徳にあてた書翰を見ると（全集六巻五七〇～五七一頁）、最初に「去夏以来行違」を詫び、「御上御開き被成候上に無之候ては不相成候間、其砌七郎（辻）左衛門殿へ段々厚御申付有之」と、藩に報徳仕法を導入しなければならない旨を家老の辻に申し上げてあるとしている。だが、「御上開らき候儀、手間取候」と、すぐにはその通りに運ばないという。さらに、辻七郎左衛門からの内沙汰によれば、「貴様（郡奉行）より御申付候條々、去冬御改法被　仰出候上之儀に付、今更転替被成兼」ということであった。昨九年に報徳方を「地方」に包摂した形で仕法を行うとしたことを、今更変更できないというのである。

藩が「分台」設定を先送りする一方で、郡奉行は「村々報徳之奥義は、片時も可捨置ものに無之」と、報徳仕法をないがしろにするものではないことを強調し、「乍不順も、村方之処は弥導引可致」ことになった旨を尊徳に伝えた。つまり、最初に藩が仕法を開く（「分台」を設定する）のが本来の順序であるが、先に村方に仕法を導入することになったというのである。彼らは、仕法導入にあたり藩の「分台」設定が重要であることを十分認識していたが、重臣らの間では依然としてその論議がまとまらない状況にあったのである。

一一月中旬になると、桜町に来ていた小田原領とその周辺諸領の者が、次々に帰国するようになる。これは、尊徳の小田原行きが近づいたためと考えられる。また、尊徳の小田原行きが藩に伝わると、鵜沢・山崎・男沢・入江の四名は一二月四日付けの書翰で、①まず尊徳が小田原に来るのを頭取衆や列座中の藩重臣をはじめ、奉行ら一同が待っていると伝え、②曽比・竹松両村は段々改心し、小前百姓共も仕法を願っている、③何事も時節到来であり、「報徳之大道を以悪魔をふき払不申候ては相成間敷」所存でいる、④報徳年賦返納金は、村方は残らず納めており、家中の分も追々上納におよんでいる、などを知らせた（全集六巻六一〇〜六一一頁）。

6　尊徳の小田原領復興仕法着手

一二月五日、尊徳は豊田正作と烏山藩の家老だった菅谷八郎右衛門、内藤能登守家来内田半治、下館藩士大島儀左衛門らとともに桜町を出立し小田原に向かった（全集三巻七〇二・七〇三頁）。一〇日未明に下新田（小田原市）

の小八宅に着き（全集一五巻五五〇頁）、翌日には鵜沢・山崎・男沢・入江のほかに、書役の栗原長次郎も合流した。一二日に尊徳と随身の者は箱根塔の沢（神奈川県箱根町）の福住喜平治宅に移り、一五日には中筋郡奉行坂部与八郎が尊徳を訪ね、一七日まで滞在した。(24) 一八日には尊徳と鵜沢・山崎・入江の四名が小田原に赴き、二〇日に戻るが、その間に尊徳は藩重臣らと会談をしたと考えられる。その後、鵜沢や男沢らは頻繁に小田原と往復するが、翌年一月二二日までの間に尊徳が藩重臣らと会談した形跡はなく、「分台」設定などについても進展はなかったようである。

同九日には尊徳の嫡子弥太郎（尊行）らも小田原に到着し、一三日夜に尊徳は山崎らとともに竹松村（南足柄市）に入った。以後、三月二二日までの約二か月間、彼は同村を中心に滞在し（全集一五巻五六二頁）、復興仕法を指導した。その間、二月二日には郡奉行の大橋儀兵衛が訪れて二日間ほど視察し、三月七日には同じ郡奉行の坂部が訪問して（全集一五巻五七一頁）、一二日から始まった新悪水堀抜普請を見分している(25)（全集一五巻五七二頁）。坂部は普請が終わった翌日の一六日に小田原に戻り（全集一五巻五七三頁）、二二日の朝には「報徳之儀に付」の御用で江戸に向かっている。

同日、尊徳は竹松村で耕作出精人や仕法に実意を尽くした者の入札（投票）を行い、報徳金を貸与したり、褒美金を与えるなどの趣法を講じて（全集一五巻五七四～五七五頁）、その日の内に隣村の曽比村に移った。翌日には同村の仕法を開始し、竹松村と同じく耕作出精人などの入札を行った。以後、曽比村の仕法が本格的に進められていくが、その様子は高田稔氏が「相州曽比村仕法顛末(26)」で検討されている。ここでは同村仕法中の尊徳と藩側の動きを見ていくことにしよう。

三月二九日に江戸表に行っていた坂部が帰国すると、山崎金五右衛門が小田原に出向き（全集一五巻五七八頁）、四月一日には鵜沢も罷り出た（全集一五巻五七九頁）。小田原にいた豊田正作は、同七日の書状で「今晩も小田原より奉行中参、及深夜候」（全集六巻六八九頁）と、奉行らによる協議が深夜までおよんだことを記している。鵜沢・入江らの小田原表との往復が頻繁になる中で、一〇日には坂部が曽比村の尊徳を訪ねている。その時の会談内容は明らかでないが、宇津家の家臣小路唯助と岩本善八郎にあてた書状で尊徳は「報徳之道も益々相開申候」（全集六巻六六八頁）と喜びを伝えており、尊徳や仕法の実施にむけて決して悪い内容ではなかったと推測できる。彼は二一日に曽比村の名主庄左衛門方で、郡奉行坂部立会いのもと趣法出精人の入札（投票）を行い（全集一五巻五八八～五八九頁）、さらに曽比・竹松両村に仕法推進のための細かな指示を出した（全集一五巻五八四～五八七頁）。二三日には堰・堀浚い・武永田堰の幅拡張普請の人足に扶持米を与えるなどの手段を講じている。

五月初旬には曽比村の仕法が一段落したようで、尊徳は四日に小田原に出ている。小田原行きの理由は不明であるが、藩からの呼び出しがあったと思われる。その理由として三点ほど考えられる。①小路唯助は五月一〇日付けの書状で、小田原藩江戸詰めの野崎弁左衛門に「鵜沢様此節御引込之御様子、如何之訳柄に候哉」（全集六巻六九一頁）と尋ねているように、鵜沢が何らかの理由で「引込」となり、藩側がそれを尊徳に説明したと思われる。なお、鵜沢の「引込」については後述することにしたい。②一〇日に郡奉行手代の清水卯之助らが尊徳宿舎の伊勢屋を訪れ、家老辻七郎左衛門の所に出頭できないかという郡奉行の内意を伝えており、辻が尊徳との会談を求めたようである。尊徳は直ちに郡奉行大橋儀兵衛を訪れ、その足で辻の屋敷に赴いている（全集一五巻五九四頁）。また、一二日には、年寄の牧島宗兵衛とともに辻宅で一泊し、翌日は郡奉行坂部の屋敷に立ち寄るなど、郡奉行や藩重臣らとの会談を重ねている。③一三・一四日には韮山代官江川の手代斎藤左馬之助が尊徳を訪ねた。その用件は前述した多田村の多田家や三島宿朝日家の家政取直しの依頼と、代官自身の口上を伝えるためであった（全集一五巻五九四頁）。これに藩は再度仲介したようである。

こうした会談を終えた尊徳は、五月一五日に牧島宗兵衛宅に泊まり、翌日には中里村から飯泉村・蓮正寺村（小田原市）を通って中沼村（神奈川県南足柄市）の田蔵方に入った（全集一五巻五九四頁）。田蔵方で二泊した後、箱根塔の沢の喜平治宅に移り、二一日には再び小田原に行き、郡奉行大橋儀兵衛方で一泊している。さらに、翌日には曽比村に戻り、名主の与右衛門宅で三日ほど過ごしたのち、随身者とともに桜町への帰途についた。一行は大磯宿（神奈川県大磯町）や片岡村（神奈川県平塚市）に立ち寄り、二九日に戸塚宿（横浜市）で宿をとった。すると、翌朝、韮山代官江川の手代八田兵助が豊田正作と連れ立って尊徳の旅宿を訪ね、面談したいという代官の意向を伝えた。江川代官が最初に小田原藩を通して尊徳に会いたいと申し入れてきたのは天保一〇年九月頃であった。これを鵜沢から聞いた尊徳は、この話を全く受け付けなかった（全集六巻五八二〜五八三頁）。また、尊徳らが戸塚宿に着いた五月二九日にも日記に「太郎左衛門様、二宮金次郎殿へ被懸御目、御用序も被成御座候はゞ、小田原表へ御止宿之上、御旅宿へ被成御出候思召之処、其之儀無之、最早御出立」（全集一五巻五九六頁）と記しており、やはり韮山に行く意思はなかったようである。それが、八田兵助から江川代官の意向を聞いた尊徳は直ちに引き返し、その日のうちに大磯宿に入った。六月八日の早朝に目付の早川茂右衛門から通行手形を受け取った尊徳一行は、夕方多田家に到着した。

伊豆での尊徳については触れないが(27)、用件を済ませた尊徳は同月二四日に小田原に戻り、七月二日まで滞在した。彼はこの間に、郡奉行や代官と連日会談している。二五日には坂部与八郎方に郡奉行と代官が集まり、翌二六日から二八日までは代官と、同晦日には再び郡奉行・代官と会談した。会談内容が「是迄手段方及相談」（全集一五巻五九九頁）んだことは言うまでもないが、もう一つ見逃せないのは、「引込」となっていた鵜沢作右衛門のことであろう。尊徳一行が、先に野州に向けて出立した直後の五月二九日頃、鵜沢は大勘定奉行・御道具目付・報徳方御用向取扱いなど全ての役職を免じられ、閉門を仰せ付けられた。彼は小田原表報徳方の中心的存在であったが、その彼を失ったことを踏まえた今後の小田原仕法のあり方が尊徳と郡奉行・代官らとの主な会談内容であったに違いない。ところで、鵜沢の処分の理由であるが、後に彼自身が「先年之因果難遁、風と致し候心得違表立」ち処分を受けたと記すのみで（全集六巻七一五頁）、その詳細は明かでない(28)。

七月一日に代官衆との会談を終えた尊徳は、翌日栢山村に行き、三日には西大井村（神奈川県大井町）や中里村（小田原市）など、自主的に報徳仕法を進めている村々を見分しつつ小田原領を出立し、八日に桜町陣屋に戻った（全集一五巻六〇一頁）。

おわりに――復興仕法後の尊徳と小田原藩政――

天保一一年（一八四〇）五月末に尊徳は小田原領復興仕法の指導を終え、伊豆韮山代官江川太郎左衛門の求めに応じて、しばらく立寄り指導をしてから、桜町に戻った。ほぼ同じ時期、小田原表における報徳方の中心的存在であった鵜沢作右衛門が全ての役職を罷免され、閉門を命じられた。

鵜沢の役職の中に「釩之助様御用勤番」があったが、六月一二日に豊田正作がその跡役に任じられ、間もなく桜町に向かった。彼はこれまで何回か桜町勤番を勤めたこともあり、当時、藩内でも熱心な報徳方役人の一人であった。六月二日付けの書状で豊田は尊徳に「小田原表、御趣意被成御座、御趣法筋地方御役場へ御引受に相成候上は、是迄之成行御演説有之」と、藩から仕法が地方で引き受けるに至った経緯の話しがあったことを伝えた。

その内容についてはっきりしないが、仕法を地方役所に引き渡す以前の状態に戻せば、仕法を開く道もできるのではという話があったようである。豊田はそのことを「利は尤」としつつも、藩はそのように決することができないと嘆いた（全集六巻六七八頁）。さらに、自藩のことは「相決兼」るのに、尊徳の韮山行きは直ちに決することができたと皮肉る。また、仕法を地方役所に引き渡したことについて、「篤と及御示談申度候間、其旨私より申上呉候様奉行中被申聞候」と、藩から示談したいという意向が示されたことも伝えている。これらのことから、小田原滞在中の尊徳と藩重臣との会談で、報徳方を地方役所に包摂していることが大きな論点となっていたことが窺えよう。

豊田の桜町赴任に続き、七月八日には尊徳一行も桜町に帰陣し、九日には報徳方書役の栗原長次郎も桜町に着いた（全集三巻七二二頁）。すると、小田原表から一四か条におよぶ問い合わせがあり、尊徳は下げ札でこれに返答した。ここでは一条めと三条めを紹介しておこう（全集六巻七〇六〜七〇七頁）。

一条めは「御収納過去十ケ年平均を以、趣段村々へ取計可申訳」の問に対して、尊徳は「十ケ年平均之儀は、当節より御趣法出来いたし候村々へは、孰れ無御座候までは、其功験も不相見候間、是非共御取極め御座候様仕度」と、仕法が行われている村には藩の「御発」まではその功験が現れないので、ぜひ藩の分台を確立するよう求めた。そのうえで「且七ケ年後御改革御切替之時節に至候ては、兼々申上置候通、八十弐ケ年平均天命通、御次且之方、聢と御治定御座候様、兼て御含御座候儀とは奉存候」と加えた。つまり、七年後（弘化三年＝一八四六年にあたる）の改革切替えには、過去八二か年の平均を天命とした「分台」設定を要求したのである。この段階の報徳仕法は天保八年から一〇か年の藩政改革の中で位置付けられていたのであり、七年後にはその切り替えによって、さらに次の段階に進めるというのである。

三条目は、「御領分中拝借高凡八万両之儀、御任に相成候様致度、尤三千両　上々様御預金之儀は、六ツケ敷候間、両三年之内にも、元金返納之手段可有之哉」、つまり藩が領内に貸し付けた八万両におよぶ拝借金の返納を尊徳に任せたいが、藩主からの預金三〇〇〇両については二、三年の内に元金返済ができるかというのである。尊徳はまず「八万両郷借用之儀、年々利納も相滞、多分利倍に相成、借財弥増候」と、村々では拝借金の利息払いが滞り、借財が増えている現状を述べ、「御上より御出金之分、不残棄捐被仰付候得ば、右之廉を以下モ方より之口入金、其外手段物にても、報徳加入金に為差出候之様自然申諭方も可有御座」と、藩からの拝借金を棄捐にするなら、村方からの口入金や手段金などを報徳加入金として差し出すよう申し諭す方法もあるし、「取調之上、無拠分は返金之取計も可仕候」と回答した。ただ、その処理は「先づ一旦不残報徳方へ御引渡相成候様仕度」と、拝借金および「上々様御預金」の返済の一件は、残らず報徳方に引き渡すことを要求しており、尊徳は報徳方が返金取り扱いの中心となることを求めたのであった。これらの返答に対し、藩がどう応じたか不明であるが、この二か条については藩が容易に受け入れたとは考えがたい。

七月一八日に鵜沢作右衛門の閉門（五〇日間）が許された。二日後、彼は以前の役職の引継ぎを済ませると、裏門の平番を命じられた。鵜沢はこのことを尊徳に伝え（全集六巻七一四〜七一六頁）、「不一方御実意之御取計を以、村々相進み、報徳之大道相開候」と、小田原領に尊徳指導の仕法が行われたことを喜ぶ一方、「半途に至り、兎角上下気候違候歟、兼々御教導之通り、秋之御時節歟、思入候事共、如何にも不実意之端々差見へ」と、藩側の不実意を非難した。だが、「御家中之内にも、報徳之道志し深き仁物、並在方のもの、日々入替り報徳之大道申合、其時々先生之御噂而巳申暮候」と、「報徳」に髄身している者が毎日のように来て、報徳の話し合いをしていることも伝えている。

八月四日に辻七郎左衛門が勝手方家老を免じられ、大久保武太夫がその跡役に命じられた（全集六巻七一六頁）。辻はもともとは報徳方でなかったが、前藩主大久保忠真の「思召相立、御為第一と之一図」（全集六巻六二五～六二六頁）に考え、報徳仕法を支えた家老であった。辻は「内願」により家老を免じられたとあるが、この家老交替の背景についてはどうもはっきりしない。いずれにせよ、辻が家老を辞し、報徳方の中心的存在だった鵜沢が処分を受けたことで、報徳方が大打撃を受けたことは否定できない。さらに、報徳方の小嶋音右衛門が「九月六日より大久保長門守（教孝）様へ御貸被進」（全集六巻七七九頁）とあるように、小田原藩の分家荻野山中藩への出向を仰せ付けられた。

九月一四日には報徳方の脇山喜多太が、尊徳の小田原出立後の様子を「御引取之上は、報徳之咄も無御座、如何之者に相成候」（全集六巻七三二頁）と、藩内で「報徳」の気運が沈滞しているとし、今後のことを憂いた。そして、「豊田氏にも格別に報徳之道に御入候事と、御浦山敷奉存候」と書き送った。彼は鵜沢らと会えば夜更けまで報徳の話をしていること、「来春は内用相願、御地（桜町）へ罷出申度」積りでいることを明らかにした。この書状を尊徳にあてた一か月後の一〇月一八日には、脇山も「大久保長門守様へ、当分御貸被進、定江戸」（全集六巻七七八頁）を仰せ付けられた。小嶋音右衛門と同様に荻野山中藩への出向を命じられ、小田原表から遠ざけられたのである。

その脇山は、一一月二五日付けの書状で、村方の様子と藩について次のように述べている（全集六巻七七八頁）。

御趣法向も御帰宅之上は火之消候様成亭（体）に相成、何とも残念之至に御座候、村方計相守り、上たる役人何と相心得居候哉、気之毒之事に御座候、夫とも村方は必至に相成居候間、下方は益々御趣法相立可申と、夫の

み楽居申候

藩内の趣法向きは、火が消えたように沈滞していた。彼は「上たる役人何と相心得居候哉」と非難し、村方は必至になって趣法を行っており、「気之毒」と嘆いた。村方で仕法が進展することだけが楽しみと述べる。すでに藩としての仕法の望みがなくなったように記している。

彼は出向先の荻野山中藩の財政状況にも触れ、「御必至之御暮向にて、参々当惑仕候、借金計多く、取米は無御座、全先借入候て、今日を送」る状態であると伝えた。来年は尊徳のもとに赴き「拝借を願候より外は無之と腹をすへ居申候、一ト先御救可被下候」と、来年には同藩の財政再建を依頼したい考えであることを示した。さらに「何れ、尊君（尊徳）之思召を伺候て、長門守（大久保教孝）様御暮向之御趣法も相立候はねば相成不申候事にて、何分御頼申上候」とし、仕法によって「段々と御勝手向も相直可申と、大楽みに仕罷在候」と、荻野山中藩の財政再建仕法に望みを残した。脇山の書状から、小田原藩としての仕法の可能性がほぼなくなったことが窺えるが、尊徳は天保一一年一二月一八日付けで主な仕法村の指導者に次のような書簡を送っている（全集六巻七八八頁）。

（前略）御趣法髄身之村々、挙て本業致出精、御趣意を押立、大悦之旨其筋より被申越、御同慶奉存候、併窮民撫育、村柄取直し御趣法に付ては、速ならんと欲する事なく、小利を見る事なく、善に誇る事なく、労を施す事なく、内に実意を積み、外に慈愛を尽し、第一上を重んじ、下を侮るべからず、いにしへより百姓を安ずる事は、堯舜之大聖人も、生涯夫猶病り之大道、克々勘考して御勤仕可被成候、以上

十二月十八日　　二宮金次郎

追て其村方報徳真木切、萱苅等、昨年之通一統相励候哉、扨又出精人作取、身上向如何相成候哉、弥村為に相成候はゞ、来年分入札いたし、田地相渡為致出精申度候

竹松村幸　内　様

これは、尊徳が小田原領中筋の仕法世話人である竹松村（南足柄市）幸内にあてたものであるが、ほぼ同文の書状は曽比村（小田原市）広吉、中里村（同）次郎左衛門、酒匂村（同）新左衛門、中沼村（南足柄市）田蔵、西大井村（大井町）為八郎、底倉村（神奈川県箱根町）勘右衛門にも送られている。彼らは仕法肝煎や世話人であり、積極的にあるいは自主的に仕法を進めている村の報徳指導者であった。内容は、窮民撫育、村柄取直し趣法を進めていく心得を説いたもので、追て書は各村の状況に応じた具体的な指示になっている。問題は何故に尊徳がこの時期にこうした心得を彼らに一斉に示したのかということであろう。事実上、尊徳の手から小田原領の仕法が離れることになった、その置き土産として主な仕法村の指導者に与えたものと考えられる。

藩としての仕法実施の可能性がほぼなくなったのは天保一一年後半と見て良いが、翌一二年初頭にはそれがより鮮明になった。報徳方の矢野筈右衛門らは正月九日付けの書状で「爰元（小田原）報徳之儀も、兎角相流居、尊君（尊徳）様へ対し候ては、何とも申訳も無御座次第」（全集六巻八二八頁）であると尊徳に謝している。彼らは「其侭に差置候心底は毛頭無御座」、「何分とも等閑に相成候ては不相成と申合居」り、「何分当春は是非申談、一廉之手段可仕と奉存候」とその決意を示した。だが、尊徳が脇山に述べた如く、「小田原表御趣法之儀も、聢と相開候様子も無御座」（全集六巻八三六頁）状況で、それを打開できる要素は何もなかった。尊徳は脇山への書状で「鵜沢・川副（添）抔も御存之通、初発より之御趣意を存候者壱人も無御座、往々如何取計候て可然哉」と、以前

の鵜沢のような指導者がいなくなったことを嘆いた。

その鵜沢は、天保一二年閏正月一一日付けの尊徳あて書状（全集六巻八五九頁）で、二つの点を記している。一つは「小田原表御開之節、当地へ御引越被成候方可然と御進め申上候処、先ツ暫御見合之趣、御理解被仰聞、今更思ひ当り、御先見恐入候」とある。小田原仕法が始まるにあたり、鵜沢は尊徳に小田原への引越しを勧めたが、尊徳はしばらく見合わせると答えたという。今更ながら、その先見に恐れ入るというのである。他の一つは、小田原表報徳方の山崎金五右衛門についての記述である（全集六巻八六〇頁）。

> 山崎氏之修行実以心腹致居、報徳之道深く被存込、身之行ひを初、自然と手堅く相聞、村々之者共難有承伏仕候趣、執心之者共打寄、度々申出感入候、当時に至り候ては、小田原表第一人と奉存候

鵜沢によると、山崎は修行につとめ、報徳の道を十分に承知しており、村方の者も有り難く思い、彼の所に集まっている。小田原において彼が報徳方の「第一人」者になっているというのである。鵜沢が御役御免、閉門を命じられた以降は、山崎が報徳方を主導していたと考えられる。

翌閏正月一二日、鵜沢とともに仕法導入に尽力した三幣又左衛門は「辻殿（七郎左衛門）・作右（鵜沢作右衛門）、昨年来被退候儀、御丹精之儀共、村々追々進み候に、亦、上は一変之姿と相成、貴様（尊徳）之御心中も深く奉遠察候」（全集六巻八六二頁）と記し、尊徳にあてた。又左衛門はすでに隠居の身であったが、勝手方家老辻と元大勘定奉行鵜沢作右衛門が藩政から退けられ、藩の「一変之姿」により仕法が行われなくなったことを右のように嘆いた。また、報徳仕法を退けたのは「上之変化」によってであることも述べ（全集六巻八六三頁）、三幣又左衛門

は脇山喜藤太と同様「何れ其御地にては、御趣法相立候事故、其中へ加り、善道に入、善心いたし候外無之に相決候」と、尊徳のいる桜町で修行して善道に入りたいとの希望を明らかにした。

少し後のことになるが、八月に尊徳は小路只助あての書状で（全集六巻九五五頁）、小路や豊田をはじめ、藩士らは目を覚まして村々の手本にならなければならないのに、昨年今年と借財を増やした。これは世話不行届きとあきらめ、仕方なく仕法を中止することについての考えを求めた。明らかに藩に対する仕法が中止となったことを前提としており、尊徳がそのことを明らかにしたのは、恐らくこの時が最初であろう。

事実上の藩内への仕法中止の背景については後述することにし、先に鵜沢作右衛門の処遇と動向について見ておこう。彼の倅勇之助は天保一二年に一六歳となり、六月一日に元服した。作右衛門は勇之助への家督相続を願い出て認められたので、一五日に隠居願いを出す予定でいたところ、一一日に「御普請奉行助」を仰せ付けられた（全集六巻九三六頁）。この時、藩は幕府から「御宝塔御用石御用」を命じられ、急遽片浦筋から多量の石を切り出すことになり、彼はその手伝い役を仰せ付けられたのである。さらに、九月に山本瀬兵衛が摂河郡奉行に転出すると、鵜沢がその跡役である大勘定奉行・御道具目付への帰役を命じられた（全集六巻九六七頁）。藩が彼を約一年三か月という早さで帰役させたのは、領内における仕法の進展と仕法事務の繁忙に対処させるためであったと考えられる。

領内村々における仕法の進展は、鵜沢らがしばしば述べている通りで、仕法事務については三筋代官の山崎金五右衛門・男沢茂太夫・入江万五郎が「報徳之儀、金銭次第に相嵩、諸勘定合、何分繁劇に相成候間、同役共之内、小川恭蔵・松波造酒兵衛・川口漉右衛門、下拙共同様、専取扱之積に申談候」（全集六巻八五八頁）と、報徳金取り扱いの増大にともない、その事務的処理が「繁劇」になっていることを明らかにしている。特に、天保一二年は、同八年の救急仕法で駿河・相模両国の難村に貸与された窮民撫育夫食の五か年賦返済の最終年で、そのために仕法事務が繁忙であった。

領内村々は「五ケ年賦当年不残相済、其外村々立直、頻に相進」（全集六巻九九七頁）む状況にあった。これに対し「両御屋敷報徳金返納金之儀、最早当丑（一八四一）十ケ年相成」（全集六巻九九六頁）と、藩士への報徳金貸し付けを開始してから一〇年になり、皆済した者もいるが、「中には何程及催促候ても、返事無之者候」（全集六巻一〇一九頁）状況であった。ただ、この報徳金未返済の問題は前年にも取り上げられたが、問題の根源は天保九年の報徳方による報徳金貸し付けにかかわることであった。

このように、領内村々での報徳仕法の進展と、藩内の停滞あるいは後退という状況が、とくに天保一一年後半から一二年にかけて明瞭になってきた。一二年には年賦返納の期限であったことも重なり、その事務は繁雑を極めたに違いない。鵜沢の大勘定奉行への復帰は報徳方の中心的存在の復帰でもあり、藩内の仕法停滞と領内村々の仕法進展というアンバランスを調整させることが目的であったと考えられる。すでに尊徳指導による藩内への仕法は事実上中止になっていたのであり、これ以降は藩がいかに報徳仕法を廃止していくかという、手続きとその日程の問題が残されていたのであった。

註

（1）大江よしみ「天保期小田原藩領の農村の動向」（『小田原地方史研究』一号、一九六九年八月）。
（2）菅野則子「天保期下層農民の存在形態」（『歴史学研究』三六五号、一九七〇年一〇月）。
（3）内田哲夫「近世後期における小田原藩の諸相」（『地方史研究』一〇九号、一九七三年二月）。
（4）内田哲夫「報徳仕法と御殿場村」（『御殿場市史研究』四号、一九七八年七月）。

（5）内田清「天保期の小田原藩領中里村と報徳仕法」（『小田原地方史研究』三号、一九七一年一〇月）。
（6）高田稔「相州曽比村仕法顛末――剱持広吉とその周辺――」（二宮尊徳生誕二百年記念論文集『尊徳開顕』有隣堂、一九八七年）。
（7）長倉保「小田原藩における報徳仕法について」（北島正元編『幕藩制国家解体過程の研究』吉川弘文館、一九七八年）。
（8）三幣又左衛門は「御番頭格」一五〇石取り（全集一四巻二三三頁）、横沢雄蔵は大金奉行吟味役を兼帯した「別座右筆」で、切米八石三人扶持であった（全集一四巻五一頁）。
（9）この書状で鵜沢は次のように述べ、小田原藩の仕法導入に関する動きが進んでいないことを尊徳に伝えた。
当春以来御論判致し候野州一件、何れも聞取は宜敷相成候得共、兎角小田原相談に候哉、埒明き不申、殊に野州利（理）屈は、皆々不好事に付、日遅れに相成、迚も御勝手にては埒明き申間敷と、当勤之方へも及催促候得共、未だ一ヶ条も捌兼、扨々困り入、既に豊田正作を留置、及催促候日数も不少、寔に以下拙儀もあきれはて申候
（10）弥太郎は書家の不退堂聖純と同道して小田原に入った。不退堂は弥太郎の書の師匠で、この時期、桜町陣屋に出入りしていた。
（11）同史料は全集三巻四八五頁、同六巻二三三～二三四頁、同一五巻五一九頁に所収されているが、後筆部分の「右は……重ねて」の文言はない。
（12）天保八年二月『大凶荒飢饉に付極難窮民撫育取扱手段帳』（全集一五巻三九五～四〇六頁）には、
利足金貸付之趣法引移、極難村々窮民撫育、借財返済、暮方取直、銘々其所を得、御百姓為致相続致、往々御安堵之道を開き候様、存分可取計旨被申付
とある。尊徳は直書にある「報徳金貸付之道」を、極難村々窮民撫育をはじめとする復興仕法全体を意味する文言として受け止め、そのうえで忠真からの直書を受け取ったことがわかる。飢饉の対策や藩財政のことについては一切触れていないことに留意すべきだろう。
（13）『山の尻村の「名主日記」』（御殿場市史史料叢書2、一九七七年、三〇八頁）には、

天保八年酉ノ年二月、筋々世話人より申出候は、誠ニ小前是迄御世話ニ預り居申候得共、夫食ニ差詰り来り申候、右ニ付筋々江少々も御無心申立、御借用として御願申上度と世話人より申来り候ニ付、役人相談仕、何れニも相助り候様と可致世話と申付候

とあり、二月に御厨領の世話人が中心となって、夫食借用の嘆願をしたことがわかる。これを受けて尊徳は同領の窮民救済に乗り出す形をとっている。

(14) 金井島村と岡野村は『開成町史　資料編近世（1）』（一九九五年）二〇〇・二〇一号。なお、岡野村が御仁恵金を受け取ったのは二月晦日で、小前百姓に割賦されたのは三月に入ってからである（同書二〇二）。怒田村は内田義夫家史料、矢倉沢村は田代克己家史料、弘西寺村は実方正作家史料、雨坪村は南足柄市役所蔵の各史料による。史料閲覧にあたっては南足柄市史編纂室および同市郷土資料館にご便宜いただいた。

(15) 忠真によって勘定吟味役に登用された川路聖謨の「遊芸園随筆」（『日本随筆大成』二―二三、一九九五年四月）には「加賀守（忠真）三月九日頃の由、内実卒去す。同二〇日、同一九日夜卒去の旨、これを仰せ出さる」とある。

(16)「筋分け」と報徳仕法の関連を述べたものに長倉保「小田原における報徳仕法について――とくに一村仕法の問題を中心に――」（北島正元編『幕藩制国家解体過程の研究』吉川弘文館）がある。同氏は中筋郡奉行坂部与八郎が天保九年一二月に差出した「難村取直趣法伺」（全集一六巻三〇～三一頁）が報徳批判のものとし、報徳方の者と考えなかった。だが、彼は小田原救急仕法で尊徳が小田原に赴いた際に鵜沢と同道し、救急仕法では「郡中之事ハ坂部与八郎江申付、勘定方之事ハ鵜沢作右衛門を呼て申付」（福住正兄筆『集義和書抜萃』福住淑子家史料）と、「郡中」の事を担当した。その功によって「筋分け」の際に郡奉行に命じられたと考えられる。「難村取直趣法伺」を見ても、これは報徳批判をしたものではなく、また尊徳との往復書簡を見ても坂部が報徳方の者であることは間違いない（『御家中先祖並親類書』2、一九九一年）。

(17)「筋分」が小田原領復興仕法と密接な関係にあったとして、どの機関で（誰が）「筋分け」支配に復すことを立案し実施に移したか、それが家老の辻七郎左衛門であったと思われるが、その基本的な問題は更に検討する必要がある。政策決定の過程を明かにすることが、小田原藩政史研究のうえでも、報徳仕法史研究のうえでも重要な意味をもっている事を指摘しておきたい。

(18) 西筋代官男沢茂太夫は「是非御地(桜町)へ罷出申度処、折悪敷松井跡役順助眼病にて引込居、無人に付難罷出」(全集六巻四九八頁)と、桜町に行かれないことを詫びている。

(19) 全集一六巻三〇〜二六八頁所収の史料がそれに相当する。

(20) 長倉保氏は「小田原藩における報徳仕法について」(北島正元編『幕藩制国家解体過程の研究』)で、①金治郎が「報徳」を藩の「地方引請」にするよう要求した、②藩の重役中に仕法「御断り」を申し入れたいとの内意があった、③仕法撤廃か存続かのいずれかに決めたい旨の「示談」があった、と述べている。①のような要求をしたことは確認できないし、②③については史料の全くの読み違いではないかと思われる。氏が言うような「地方引請か、地方への包摂かをめぐる紛糾」ではなく、本論で述べたように、鵜沢・山崎の決心書から出発した「法」か「実」かという、主従関係の問題にも発展しかねない問題があり、これが「小田原仕法畳置」の遠因であったとも考えられる。

(21) 江川代官支配所の伊豆多田村多田弥次右衛門と三島宿朝日与右衛門の仕法については、本論第八章で触れる。

(22) 尊徳は一〇月二二日付けの書状で、井上村(茨城県協和町)兵左衛門に「拙者儀、一両日中小田原表へ罷越候ご用向き出来」(全集六巻六五二頁)と記している。

(23) 同文の書状は二四日付けと二五日付けのものがあり(全集六巻五六三〜五六四頁)、ここでは二四日とした。

(24) 『小田原出張日記帳』には、会談は「塔之沢沢右衛門方」で行われ、一五日の夜に「二宮・鵜沢・入江・山崎、沢右衛門方へ出会い」と記している(全集一五巻五五〇頁)。

(25) 竹松村の報徳堀掘浚いなどの普請については内田清「竹松の報徳堀」(『市史研究あしがら』三号、一九九一年三月)などを参照。

(26) 註(6)に同じ。

(27) 註(21)に同じ。

(28) 鵜沢が前年三月に、報徳に「生涯相勤め申」とした決心書を藩に提出したことに対する処分とも考えられるが、彼とともに決心書を提出した山崎は処分を受けていない。ただ、「報徳方」に対する藩側からの人事的干渉の様相が強いと考えられる。

第五章　小田原藩の「御分台」と二宮尊徳

はじめに

小田原藩主大久保忠真は天保八年（一八三七）二月七日に、領内への報徳仕法実施を命じる直書を二宮尊徳に渡した(1)。直書を受け取った尊徳は直ちに小田原に赴き、前年からの大飢饉に苦しむ領民への救済仕法を施し、四月上旬には応急の対策を終え、下旬には任地の桜町陣屋に引き上げた。この年の暮れに彼は再び小田原に赴き、領内農村の復興仕法を発業したものの、小田原藩と尊徳の関係は必ずしも良好ではなかった(2)。その要因は、報徳仕法を行ううえで基礎となる藩の「分度」が未確立だったためとする考え方と(3)、藩が報徳仕法の推進母体を報徳方ではなく「地方」役所にしたことで両者の紛糾が根底にあったとする長倉保氏らの考え方がある(4)。

前者の考え方は、尊徳の門弟である富田高慶が著した『報徳記』(5)の記述にもとづき、藩はもともと「百姓」身分であった尊徳の才能をねたみ、藩政のこと（財政問題など）を任せたくないという重臣らの思いがあった、という観念的な説明になっている。それどころか、「分度」という表現がなくても、それに代わる藩の方針が本当に未確立だったのか、なぜ定めなかったという基本的な事実確認さえ行っていない。「分度」を主張する尊徳を「善」、それを受け入れなかった藩を「悪」として対極に置き、尊徳を顕彰しようとする富田高慶の論調をそのまま言い換えた形になっている。

後者の長倉氏は、歴史的客観的な史料を丹念に検討したもので、多少史料の解釈において疑問がないとはいえないが、大筋ではこの研究視角を継承すべきであろう。ただ、同氏も何故に仕法の推進母体を、尊徳が主張する「報徳方」ではなく、「地方」にしたのかという理由を十分に明らかにしているとは言えない。

そこで、本章では、小田原藩が尊徳のいう「分度」およびそれに類するものを設定していなかったのかどうか確認し、次いで「分度」など尊徳が主張する藩財政再建の方針を藩側が受け入れなかった理由を検討し、小田原藩と尊徳の間が良好でなかった根本的な理由を探ってみることにしたい。

第一節　藩主忠真の藩政改革

小田原藩主大久保忠真は文化七年（一八一〇）に三〇歳の若さで寺社奉行から大坂城代に進み、さらに同一二年には京都所司代に昇進し、三年後の文政元年（一八一八）には老中に栄進している。(6) のちに年寄となる吉岡儀太夫が大阪の豪商鴻池儀三郎・同伊兵衛らに語った演舌に「去ル十三ケ年以前午年（文化七年）御城代被為仰蒙在勤、其節より入御実情ニ御世話被下、其後京都へ移、御所司代被相勤候節も多分御出銀被下、九ケ年間無恙被相勤」(7) とあるように、忠真の在阪・在京中に小田原藩は鴻池家などから多額の銀子を融通してもらったことがわかる。彼の出世ぶりは目をみはるばかりであったが、その背景には「京都・御当地之借財追々相嵩」むという問題を抱えていたことを見逃してはならない。

忠真は文政元年八月に老中に進むが、その昇進のための費用も少なくなかったと考えられる。この頃の藩の借財額や債権者の全貌を知ることはできないが、「御名目之高歩等借入、臨時勤向者凌来」るとあるように、高利の借入もあったようである。すでに多額の借財を抱えていた藩は、この年に鴻池家からの「御調達金之本を以、勝手取直し之道を開申度」との意向を示すものの、「多分之不足ニ而中勘難相立」と、再建計画さえ立てられない有様であった。藩としては「酷烈之法を立」てて凌ぐ方針を示し、家中に厳しく倹約させ、引米を申し付けた。

文政元年からの「酷烈之法」は、藩政改革のことと考えてよく、翌二年からは諸向取締りを強化し、関東の債権者には改革への協力を求めた。その一方で、畿内の領地の一部が相州三浦郡に村替えになったり、「浦固」の軍役を課せられたり、忠真の妹の婚礼などで、臨時の支出は増大していた。藩の借財額について、吉岡は「十一万石右之高ニ当時二十四万両余之借財ニ相成」りと語っている。藩の重臣も「素より分限を遥に立越候借財」であることを認識していたものの、「右利払計ニても助成ニて引足り不申」と、幕府からの助成金があっても、利払いにもおよばない状況で、「何を顧候而も策を失ひ候義ニ」ほかならなかった。

文政五年頃までの藩は「借財も容易ニ不致出来、駿豆相武三万千百石之収納米を以家中手当者勿論、諸事不足批ニ取賄候為体、漸是迄ハ取続来候」と駿河・伊豆を含む関東領分からの収納で財政を賄い、漸く取り続いてきたという。それでも借財が減ったわけではなく、この年の九月に年寄の吉岡儀太夫・用人早川茂右衛門、勘定奉行伊藤栄助を大坂に派遣し、鴻池家に次のように申し入れた。

追々御恩借候金子、五ケ年之間格外之御勘弁を希度、左候へハ五千両余之下り金も致出来候間、難返上納金も過半相済、暮し向も凌能相成候義ニ付、其甘キを以年限立払候上者、摂河両州之収納者是迄之通京都・御当地之借財ニ振向、関東よりも御恩義を不致忘却、成丈加金いたし、御約定通済方取計、多罪を免度心底ニ付（後略）

藩は鴻池家に対し、五か年間格別の配慮をして欲しいというのである（後述）。そうすれば、五〇〇〇両の「下金」(8)が確保でき、返納が難しい上納金もおおよそ片付き、暮し向きも好転するので、年限を定めて返済する。摂津・河内領分の収納は、これまで通り、京都・大阪の借財に振り向けるという。

藩はこうした方針を示しつつ、鴻池家に対して五年間の借財（元金）返済の据え置き、文化六年以前の利息は休年とし、同七年以降の借財の利息引き下げを配慮してほしいと申し入れた。これに対して鴻池家は「此度之御主法之通ニてハ一向御請難仕」と拒絶し、むしろ利息の引き上げを要求した。結局、利息は小田原藩が示した利率よりも若干引き上げられ、さらに「河内御米之内弐百石御売払代銀を以、右三百九拾三貫目余之処へ御渡可被下」と、河内米二〇〇石の売り払い代金で、借財返済の一部に充てることになった。こうした内容で、藩側の要求を受け入れた鴻池家は「来ル亥年（文政元年）より以前之通御立直し御渡し被遊候様」にと、「五か年の改法」が終わる文政一〇年には財政を立て直し、以前のような借財償還を期待する旨を吉岡らに伝えている。

「五か年の改法」が開始されてから二年後の文政七年七月、藩主忠真は幕府から翌年四月の日光代参を命じられた。また嫡子忠修の国元入りが決まり、約一万五、六〇〇〇両が必要となった。関東の債権者には文政五年からの改法で協力してもらっており、「関東ニ而金子調達之手段無之」と、関東では金子を借用できず困惑している旨を鴻池家に吐露している。京都・大坂の債権者も同様で、借金を申し入れても承知してもらえないのはもっともなことであるとしつつも、公務に差し支えてはいけないとして、鴻池家に一万両の借用を要請した。改革中の借用でもあり、返済は「成丈年限切詰」め「七ケ年之割済ニ」したいと申し入れている。鴻池家への返済が確実にできるようにするため、小田原藩は次のような方法を講じた。

去冬已来惣家中并領分町郷不残申合、大成主法与申新講組立、右寄金ヲ以関東減借之一助ニいたし、爰元より之下シ金ヲ相減し、此度借用之年割済、元利之手宛ニ振向候

文政六年の冬から、家中および領内の町・村が残らず申し合わせ、「大成主法」という講を設け、集めた金で関東の借財を減らすという。そうすれば、上方（鴻池家など）の返済に充てることができ、借財も減らすことができる、というのが藩の目論見であった。

文政九年は「五か年の改法」の最終年にあたり、翌一〇年からは新たな改革をスタートさせる予定であった。そこで小田原藩は家老の吉野図書、年寄吉岡儀太夫、用人石原五郎左衛門、勘定奉行大橋利十郎を登坂させ、鴻池家に再び協力を要請している。その時の演説書には、「御存知之通、午歳趣法中五千両之下り金僅一ケ年ニ而、其翌未年より直ニ手戻ニ相成、折角御心配被下候趣法之甲斐も無之却而増借ヲ以漸取凌」いできたとある。同五年からの「改法」は、翌年には計画通り進まず、むしろ借財を重ねることで凌いできたと、「五か年の改法」の失敗を吐露している。そのうえで、「分限之倍を立越候借財ニ相およひ候間、普通之倹約趣法ニ而者何分ニも取直之業不相届」と、単に倹約する趣法だけでは再建の道が立たないと述べ、「爰許及江戸表江格別之趣法御熟談

およひ、積金之以余力取計候ハヽ、御一同江之申訳も聊相立、詰り減借之道も開ケ可申哉与」の方針を示した。鴻池家や江戸の債権者と熟談し、積み金による趣法を行えば「減借」の道も開けるだろうというのである。積金趣法は「既江戸表之義も去秋銀主共へ相頼、漸口数調集いたし、其已来会合茂無滞相立候」とあるように、文政八年冬に江戸表の債権者に頼み、会合も滞りなく行われてきた。この趣法に鴻池家も参加してほしいと要請したのであった。これに対して、鴻池家側は「拾貫目ツヽ五十三会も掛銀致候事ニ而、とても御請ハいたしかたく候」という意見にまとまり、八月一一日に吉野図書と面会し、「此度之講銀御組立之義ハ何程被仰候而も難相調趣」であると伝えている。同一六日に吉野らは鴻池家からの返答を受け入れる代わりに、借財の利率引き下げを求めた。

第二節　文政一一年の改革宣言と「四ツ物成」

文政一〇年（一八二七）は改革切り替えの年であったが、翌一一年まで延びた。ここでは、藩主忠真による改革宣言と改革の方針について見ておきたい。次掲史料は、この年の一一月に出された忠真の直書である。(9)

一同へ申聞候覚

勝手不如意に付、格外之省略は、毎度申出候通にて、何れも承知之事、役向之者勿論、兼々骨折、遠国勤中其以来も種々差略取続来候得ども、兎角入用相嵩、借財も弥増、多分之費、先達一同志を以大成趣法出来、減借之道立候処、年々之不足不少、新借にて凌候儀共、可相整端は更に不相見、却て危迫之暮に及候段は甚嘆息之事候、当節は必至と操合も差支候に付、此度公金等之外、関東限り金主共へ及示談候次第も候処、いさゝか相整候廉も有之、併前書公金等、其餘士方筋一体之借財、三ケ一も減候処には不到、元来収納と公私之用途、家中扶助等何分相対し兼、多分之不足、其段は実に不任心底候、是迄応時厳敷省略、或は家中渡方乍気之毒相成、其砌は凌も附候形にて、事実は全不相届故哉、間も無之手詰に到候段、何とも残意之事共に候、数年手を尽候儀、是も良計はいさゝか無之候得共、いづれ収納と出高と応じ兼候に付、上下持合浮沈いたし候外は、前々之通致方も有之間敷、先一転斯も候はゞ、又可取続歟と、改て十ケ年別段取続筋申出候、何とぞ暮向之柱礎相立、其証跡あらはるゝ様有之度候、家中之分も江戸小田原先々次第を以、渡方役高等相改候、右申通不足多に付力不及候間、臨時入用は猶更手当無之、新借之分此上は容易に難整候に付、其時々暮方其余は、乍心外扶助之内を以相補候積候、右体兎角に家中も難渋可致、小身之者別て深察入候、是等に付ても吉凶且増答衣食等に付総て心得違不覚悟無之、一己一己之守等閑に不致、可取続候、委細は家老共より可申聞候事

子十一月

「一同へ申聞候覚」と題するこの直書は、二つの内容に大別できる。前半部分はこれまでの経緯を、後半部分は今後の方針を述べている。

まず、大坂・京での御用以来、入用が嵩み、借財が増え、格別の倹約を申し渡してきた。先達ては大成趣法（大成講）を設けて「減借」の道を立てたが、それもうまくいかず、かえって危迫の暮らし向きにおよんだ、と大成趣法の失敗を明らかにする。また、関東の金主どもと示談に至ったものもあるが、公金返済をはじめ「士方

筋」（内容未詳）の借財は、三分一も減っておらず、依然多額の負債があるという。家中には厳しく倹約させ、扶持米も減らしてきたが、それも間もなく手詰まりになると述べ、数年にわたって手を尽くしたが良策がなく、致し方もないと嘆く。そこで、取り続きのために、改めて一〇か年の「取続筋」を申し出るに至ったというのである。その「取続筋」＝改革の方針をみると、「暮向之柱礎」を立てることがその目標で、①江戸・小田原で家中への扶持米や役高などを改める、②臨時の入用は、手当もなく、新借りをすることも難しいので、扶助の範囲内で賄うつもりであるとする。

忠真の直書＝改革宣言は具体性を欠くが、それは家老名で発せられた。その諭告は長文であるため、ここでは前半部分のみ示しておこう。(10)

今般

御直書を以被　仰出候通、御政事御勝手向之儀に付、旧来御心労被遊、度々御直にも被　仰出、是迄奉畏候御家中一統艱苦を免、応分限、総て名実不失、末々迄も往々安居之程を被思召、被遊御苦労候得共、遠国之御勤夥敷物入にて、御増借之本と相成、引続き品々差湊、且度々之出水にて御収納も相減、御難渋弥増し候は心得罷在候通にて、多年思召之端も不被為届、混被遊御嘆息、扨又一同丹精之大成趣法にて、関東御無借御渡方等迄も相直し可申含、其後又々江戸表にて惣益趣法相企、御勝手方にても様々手を尽し候得共、兎角見込通にも不被行、致手戻、却て御増借倍御危迫之御暮と相成、寔に可致様無之、是迄時々種々之勘弁を以、御間を合来候は、不得止取計に候得共、併此上無限夫を追候ては、縦令当座差働出来とも、又跡は御難渋に可逮、所詮御暮之根基を顧、諸事不入縺、出入之分際明に御減借之験もしかと顕候様、乍不足も改て、御暮之基本取調候様御沙汰之義も有之、依之御土台之根元、御朱印高四ツ物成を以、惣御入用及御家中、御渡方迄も取調候処、摂河御領分之儀は四ツ物成に不至、加之無拠御借財之方に出捨り、下り金之儀も年柄により無覚束、関東辺も享保年中川通御上地以来は、正業御朱印高之欠も不少、且永荒、川欠、川成、堰道代等を引候ては、夥敷御不足にて、何分御土台不相立、実以甚危き御台所にて、容易に思召之端を開候儀も難相成候間、種々勘弁を尽し、関東銀主共へ惣益趣法を為本、御減借之道示談におよび、且又御高外役御所務大成趣法等は、御上納金、銘目金返納に振向、其余是を省、彼を欠き、前書多分之不足を補、関東四ツ物成に相調、御土台を定、外に割合之致方も無之候間、四を以御上御入用を惣て取計、六を以御家中御渡方に振分、右を以如何様にも致御凌之道相附、尚又御身分を初、諸般一際之御省略、十ケ年被仰出、上下倶に尽精力候様にと深被思召候（後略）

右の諭告においても、大坂・京での御用中に夥しい物入りがあり、これが「御増借之本」となったことを認めている。これに加えて、たびたびの出水による減収などで更に困窮し、そこで大成趣法によって関東の債権や家中への「渡方」＝扶持を正そうとしたり、その後またまた江戸表で惣益趣法（惣益講）を企てるなど、勝手方も尽力してきたが、見込みどおり進まなかったと、両趣法の失敗を明らかにする。そこで、これまでの暮らし向きの根基を顧みて、収支を明らかにし、「減借」の証を顕すようにするために、改めて暮らし向きの基本を取り調べるよう沙汰があったとしている。その沙汰により、藩財政の土台の根元を、朱印高の四割を年貢収納高とし、全ての入用および家中への渡米を支給するよう取り調べたところ、摂津・河内領分は収納が四割に至らず、加えて両国の年貢は借財返済に充てられており、関東への「下り金」が覚束ない年もあるという。国元も酒匂川通りが上知になって以来、永荒や川欠けなどにより、朱印高を大きく割り込んでおり、暮し向きの土台を立てることができず、実に危うい財政状況になった。いろいろ考えをめぐらした結果、①関東の債権者に惣益趣法を本として「減借」の道を示談する、②大成趣法による収益で上納金や名目金返納に振り向け、その余りで多大な不足を補う、③関東領分からの年貢は朱印高の四割とし、これを土台として、その四割で大久保家の入用を賄い、六割を家中への扶持とする。この基本方針で、(11)④諸般にわたって倹約する、として今後一〇年間の改革実施を明らかにしたのであった。

改革の方針やその内容が問題であることは言うまでもないが、ここでは③について見ていくことにしたい。改革は前掲の宣言が発せられた翌年から本格化したが、その年の三月一四日に大坂勤番の伊谷治部右衛門と青柳藤平が国元の小田原に呼ばれた。その理由は明らかでないものの、大坂の債権者鴻池家に改革の趣旨を説明し、協力を得るための打ち合わせをしたと思われる。三か月後の五月一六日に青柳は帰阪し、鴻池家に次のように説明している。(12)

江戸并国元ニ而此度仕法組立候義ハ中々難申出厳敷義ニ而、於江戸表治部右衛門（伊谷）色々申立見候得共、上方ニ三万石御領地有之、其内より六千両ツヽも是非共江戸表へ廻金無之候而者、残り八万石ニ而江戸并国元賄等も不行届趣、夫故此度之仕法之由伊谷氏段々御（理脱カ）解ニ而三千両ニ相成、御仕法出来申候

青柳によれば、このたびの仕法は語れないほど厳しいもので、伊谷治部右衛門がいろいろ申し立ててみたが、上方三万石の領地から六〇〇〇両ずつ是非とも江戸へ廻金しなければ、残り八万石で江戸と国元を賄うことはで

きない。このたびの仕法を伊谷の考えで、江戸への廻金を三〇〇〇両にする仕法を組み立てたというのである。伊谷の口上書を携えて帰阪した青柳は鴻池家にそれを示した。その一部を次に見てみよう。(13)

多年御世話ニ相成候勝手向之義、今更事新敷御談候義、何共迷惑之至ニ候得共、追年借財相嵩、是迄役人共さまさま手を懸取締向取計候得共、兎角手戻、何分此上取続の道聊不相見、収納者入用ニ引当候得共、遥ニ立越候遣ひ道其基を顧候得共、土台之立方、出入之量ヲあやまち候処より斯及危迫、此姿ニ而者一両年ヲ不待必至与差支候義ハ眼前之義ニ而、役人共一同不行届故ト一昨年厳敷少（省）略之道取調、何れとも本高四ツ物成ヲ以上下共分ヲ定候見込ニ而、余程之減しも相立候得共、配当致候得者、中々引足不申、土台享保年中酒匂川通り上地已来ハ御朱印領高之欠も不少、且永荒・川欠・川成・樋・道代りヲ引候而者夥敷不足ニ付、是ヲ省キ彼ヲ欠、多分之不足ヲ補、関東四ツ物成ニ相調、四ヲ以台処入用始メ惣而取計ひ、六ツヲ以家中渡方ニ振分、不時・臨時之入用壱ケ年限ニ相払、君臣浮沈ヲ共ニ致候外無之ト取極、家中之義も渡し方格別相減居候中、是迄之手宛（当）向諸事相止（後略）

伊谷治部右衛門は、藩財政が逼迫したのは土台の立て方、すなわち収支を見誤ったためであり、このままでは二〜三年を待たずして更に差し支えるのは明らかとしたうえで、一昨年（文政一〇年に当たる）厳しい倹約の道を調べ、本高の四割を物成高＝年貢高とすることで「上下共分を定候見込」みの改革を推し進めるという藩の意向を伝えている。収納高の四割で「台処入用」をはじめとして全てを取り計らい、六割を家臣への給米など（＝渡方）にするという方針も伝えている。すでに家臣への給米を減らしてきたが、さらに「是迄之手宛向諸事相止」

めることなど、先の改革宣言と同じ内容を鴻池家に伝え、改革への協力を求めたのであった。その協力とは、先述した国元(小田原)・江戸への廻金のことにほかならなかった。

第三節 「御分台」と尊徳仕法

文政一一年(一八二八)の藩主忠真による改革宣言をうけての本格的な改革は、翌一二年から開始された。この改革で藩役人も大幅な入れ替えが行われたが、(14) その中で用人と寺社・町・郡奉行を兼帯した三幣又左衛門は、以前から二宮尊徳と親交があった。彼は改革が本格的に始まった文政一二年九月に「御改革十一月にて壱ケ年におよび、金を借りてしのぎたがり候もの多、左候へばまた御法崩れ」(15) と改革が必ずしも順調ではない様子を尊徳に嘆いている。二年後の天保二年(一八三一)には小田原での改革の難しさを述べたうえで、「何卒鋳之研人ヲ小田原ニ而茂欲敷与希居候」(16) と、藩の鋳研きを期待する書簡を尊徳に送った。このことを直ちに「小田原への報徳仕法の導入」の動きと見ることはできないかもしれないが、文政一一年からの藩政改革が順調に進まなかったことで、藩の一部に、尊徳による「鋳研」きを期待する者がいたことは確認できよう。

尊徳への期待が直ちに報徳仕法への導入に結びつくものではなかった。天保四年に三幣又左衛門は「跡四ヶ年之内には専切磋正路之道を考」えなければならないとか、「四ヶ年相立候はゞ、少は目茂開、上下助かり候道茂少は開可申哉」(17) と、一〇か年の改革が終わる四年後を期待する内容の書状を尊徳に宛てている。いかに停滞し鋳付いたとしても、忠真自らが宣言して着手した改革である以上、直ちにそれを放棄することはできなかったのであろう。改革年限が過ぎるのを待たなければならない、三幣の苦渋をそこに見ることができる。

二年後の天保六年一二月、藩から大勘定奉行鵜沢作右衛門に白銀三枚、後に大金奉行になる横沢雄蔵に白銀二枚が与えられた。その内容をみると、(18)

釩之助（宇津）様御知行所御趣法之儀に付、繁勤之中遠路度々彼地へ相詰、四ツ物成を以御永続之道を取調、舊臘御出勤も被成候段、畢竟其方厚骨折取計行届候故と大儀に思召候、依之御目録之通被下置候、猶弥御主法行立候様無油断可取計候

とあり、両名が宇津釩之助の知行所（桜町領）で進められている報徳仕法を実地見分したことへの褒賞を受けたことがわかる。彼らは桜町領にしばしば赴き、「四ツ物成」で永続の道が立てられる方法を調査する任を負っていたのであった。そのうえで、藩財政の再建（御主法）が進められるように油断なく取り計らうよう命じられた。藩としては「四ツ物成」の方針に変化はないが、「永続之道」「御主法」を推し進めるために、尊徳による報徳仕法を調査させたことは興味深い。

翌天保七年三月に鵜沢は復命書を忠真に差し出すが、(19)その第一条目で次のように記している。

当春野州御知行所へ罷越、金次郎へ遂面会候処、同人申聞候は、昨年奉申上候通、乍恐益　御上様御役中、別て御盛被遊御座、何一ツ御不足不為在恐悦至極奉存、此節聢と御分限御定被遊、御余米を以御家中を初、在町諸民御救之通御開被遊、御陰徳を被為積置候第一之御時節、往々御為筋と相成可申候

ここで鵜沢は、小田原藩として「御分限」を定め、余米で家中をはじめ、在町の民を救済する道を開き、陰徳を積むことが大切な時期であると、報徳仕法の導入を主張したのである。藩としては収納量を本高の四割と定め、収納量の六割を家中へ、残りの四割を藩の台所入用に充てることをはっきりさせており、鵜沢がいう「御分限」がこれとは違うことは明らかであるが、それが具体的に何を意味するかが問題となろう。

このように、小田原藩および藩領への報徳仕法導入の具体的な動きは、天保六、七年に本格化した。七年には大飢饉にみまわれ、藩は同年一一月末に尊徳に出府を命じた。もちろん飢饉救済策を命じることが目的であったが、尊徳は桜町領をはじめ、すでに報徳仕法を講じていた村や地域への飢饉対策を指導していたため、出府はこの年の末になってからであった。出府した尊徳は藩との交渉を重ねたと思われるが、この時の具体的な様子は明らかでない。八年二月七日付けで尊徳は藩主忠真の直書を受け取り[20]、小田原に仕法を講じることになった。この時、忠真は御手元金一〇〇〇両を尊徳に託し、報徳金貸付けを存分に行うよう命じた。また、国元（小田原）の米蔵を開き、その米で飢民を救済するよう命じたという[21]。忠真の直書については後に検討するが、以上の命を受けた尊徳は同月一一日に江戸を出立し、小田原にむかった。四月上旬まで領内の飢民救済を行った彼は、同下旬に野州桜町陣屋に戻るが[22]、その翌月、横沢雄蔵から次のような書簡が届けられた[23]。

兼て御咄御座候御分台

当殿（忠愨）様御一代之始にて、上下之心得方、上へ目が付くと、下へ付くとの差別にて、物毎初より終迄、皆此はじめに有之、大切之御場合にて、兎に角根に立戻り候処之心得を以、万端仕立いたし、永代の道をおしはかり候儀肝要に可有之段、又御先代（忠真）様御勤功等にて、御村替等も被為在、御物成御先代よりは年々立昇り、不少御益も御座候処　当君（忠愨）様に被為成、矢張是迄之姿にて、御分台被差置候ては、眼目之附処違ひ可申との儀、辨左衛門、茂太夫など寄合候度毎、貴所様御咄在之候、御噂申罷在候え共、何分六ケ敷、御為第一と存込候得共、ちからに不及、重役衆専勘辨可有之儀、心魂に徹し罷在候へ共、愚存に及兼、中々以心底相忘れ候事は無之候、何歟御工風、御勘弁も御座候はゞ、御心置なく御教示被下度奉頼候

横沢は、忠真のあと若い忠愨《ただなお》が藩主となり(24)、新たな藩政を展開するうえで「御分台」の大切さを痛感していることを記している。この「御分台」は、「兼て御咄御座候御分台」とあり、以前に尊徳から提示されたことがわかる。彼は新藩主忠愨の治世が始まったこの時期が大切で、とにかく「根に立戻」る心得で万端を行い、「永代の道を」推し進めることが肝要だと述べる。続けて彼は、忠真の勤功により村替えなどもあり、物成高も先代の治世時期より増え、少なからず増収になったとする。今、忠愨の治世になって、このまま「御分台」を差しおいたままにするのは、思い違いであるという。文意から、この「御分台」は藩の収入を決める基本的な枠（数値）と見て間違いない。新藩主の治世の始まりにあたり、「上へ目が付くと、下へ付くとの差別にて」と述べている点、「兎角根に立戻り候処之心得を以萬端仕立いた」すことが大切と述べていることから、農民や町民らのための治世が肝要と主張し、そのためにも「御分台」を差し置いてはならない、というのである。

こうした話を野崎弁左衛門や男沢茂大夫らとしているとあり、尊徳が提示した「御分台」による治世を主張するグループが存在したことを窺わせている。だが、彼らは藩の「御為第一と存込」んでいるが、何かと難しいという。その理由として、藩の「重役衆専勘辨可有之」と言っており、横沢らの考えが受け入れられず、何か良い考えがあったら教示してほしいと、尊徳に依頼する。このように、横沢らは「御分台」設定をめぐって、「重役

衆」と対立していたようである。

翌六月一〇日に尊徳は横沢に「御伺之一条、未相捌不申候哉、一日一日与相待居」(25)と、藩に提出してある伺いにいまだ返事がない旨を書簡で伝えた。その内容は記されていないが、「御分台」のことであったかもしれない。その四日後の書状で尊徳は「拙者儀も小田原表へ無程罷越」(26)すつもりであることを明らかにしている。しかし、尊徳が実際に小田原にむけて出立したのは一二月の末で、翌九年一月一日に小田原に着いた。彼は九か月間にわたって小田原に滞在し、領内の復興仕法を指導した。また、天保一〇年六月に再度小田原に赴いている。この時、郡奉行の坂部与八郎宅に宿泊し、仕法について会談したであろうことを除くと、尊徳一行の動きは不明である。ところが、一か月ほど経た七月二八日の朝、尊徳は急に桜町陣屋に帰ってしまった。前日の夜、尊徳のもとに息子弥太郎大病の知らせが届き、急遽帰陣したのである。少なくとも、表向きの理由はそのようにみて良いが、この年、小田原藩は浦賀の海岸防備を命じられており、本格的な領内復興仕法を行うことや、藩の「御分台」設定ができる状態にないと察知し、息子の大病をきっかけに、桜町陣屋に帰ってしまったのであろう(27)。

尊徳が小田原に滞在し、いくつかの村の仕法を行い、「窮民撫育、難村取直し趣法、報徳金貸付之道案外相開」(28)とその成果が記されるなど、村方への仕法は進みつつあった。ところが、藩に対する仕法の基盤作りに関しては、「報徳一條之儀、大道之儀故、列座中にても日々之様論判有之候様相聞え候(中略)又地方にても郡奉行はじめ様々心配、論談も有之候え共、埒明不申」(29)と、元大勘定奉行の鵜沢作右衛門が語っているとおり、報徳仕法の扱いをめぐって藩重臣らによる進まない論議が行われていたことが分かる。そのうえで彼は、今年の年貢徴収が「立毛見分」、すなわち検見取り法になり、「存意通に」進まず残念である旨を尊徳への書状に記している。小田原藩において報徳方の中心的存在であった鵜沢は、尊徳が示した「御分台」の設定、それに基づいた村々からの年貢徴収（一種の定免）を考えるのだが、「御分台」の採用が決定しないために、検見取り法になってしまったというのである。村方での報徳仕法の進展、他方藩内ではその前提である「御分台」の未決定というギャップが生じていたのであった。

この年の一〇月二四日、尊徳は鵜沢と報徳方の代官入江万五郎・同山崎金五右衛門にあてた書状の追記で「追て申上候、御趣法御土台の根元相極り候哉、又は小田原相談に候哉、甚だ心配仕候」と記すと、鵜沢は「本文御趣法御土台之根元、御取極之儀は、御越之上猶御談可申候、尤當節　御上御心配候模様、概奉行中より被申遣候事」と返事をしている。すなわち、「御趣法御土台之根元」については、尊徳が来た時に相談するというのである(30)。また、尊徳の「御趣法根元之事共、不残書記置申度候間、御助成相願候」との依頼に対して、鵜沢らは「本文御趣法根元御取調之儀致承知候」と引き受けている。ここでいう「御趣法御土台之根元」「御趣法根元」が何を指しているかは明記されていないものの、先述した「御分台」のことと考えられる。いずれにせよ、報徳仕法を行ううえで基本（土台）となる方針であったことに違いない。

鵜沢らが「御趣法御土台之根元」について「概奉行中より被申遣」と述べていたが、その奉行からの書簡は一一月三日の日付で出されている(31)。この書状は郡奉行の大橋儀兵衛、井澤門太夫、坂部与八郎の連名で、その冒頭に「報徳御趣意之儀に付、当夏段々御教諭に仍て、去夏以来行違之廉々心付、厚忝次第」と謝罪する文言で始まる。尊徳と小田原藩側との「行違」はすでに天保九年の夏頃からあったようである。その「行違」とは「先ツ村々取計候迚も、専順逆有之儀にて、第一従　御上御開き被成候上に無之候ては不相成」と、村々の復興仕法が着手されても、順序が逆で、第一に御上より仕法を開いた上でなければ、本来の仕法にはならないと述べており、依然として藩の仕法が開けないことを憂慮している。つまり、藩の「御分台」が定まらないことを意味しているのである。このことは家老辻七郎左衛門に申し上げてあるので、いずれ返事があろうと尊徳に伝えている。

つづいて、三人の郡奉行は「村々取直候儀、報徳之外に決て無他儀と申談候」と述べ、村々の取り直しに「報徳」以外のことは考えていないとしつつも、「御上開き候儀、手間取候」と、藩として仕法を開くことが手間取っていると嘆いている。これは、藩として仕法を開くことが無理であることを意味していた。彼らは「此度七郎左衛門（辻）殿より内沙汰有之候は、貴様（尊徳）より御申付候條々、去冬御改法被　仰出候上之儀に付、今更轉替被成兼」とあるように、天保九年冬に改革が始められたばかりで、今更それを転法することはできない旨の内沙汰が家老の辻からあったという。藩としては、改革切替えが行われたばかりであることを理由に、尊徳が藩に示した事項を受け入れない方針であったことがわかる。

小田原藩が「貴様（尊徳）より御申付候條々」を単に却下したのでは、尊徳から村々復興などの資金援助も打ち切られてしまうことは明らかである。そこで、藩および郡奉行は、①村々への報徳の奥義は片時も捨ておくものではない、②村々への報徳仕法はさらに推し進め、藩からも出金する、との協力の方針を尊徳に示し、詳細は家老らが尊徳と直談したいという意向なので、ぜひお越し願いたいと伝えた。

この書状には家老辻の意向を伝えたもの以外に、三人の郡奉行の考えを記した書簡が添付されている。その一部を次に掲げておこう。(32)

報徳之儀地方へ御引渡に相成候付、当夏金次郎呼寄、報徳之趣意篤と承り候処、素万代不朽之大道故、根基相立不申候ては、容易に取掛り候筋無之、右訳柄之儀、委細は七郎左衛門（辻）殿へ申達置候趣、地方に取候ては御上より報徳之大道御開不被成候ては、元を捨、先に而已走り候道理に相当り、殊に百姓方之内、中には報徳之趣意厚相辨へ（中略）右扱仕候迚も、専物々費を省き候儀、行々不相見候ては相成間敷、増て惣御領分中、報徳之趣意、普通之期は第一　御上御分定は勿論、凡て御次且之儀専務之趣と、金次郎も呉々も申聞候、弥報徳之道、御上より御開被成、其上御収納向、又は御出方に相拘り候儀抔も申上候儀、次第にも可相及哉

これは九月に郡奉行から家老あるいは藩重臣に出されたものである。内容は報徳仕法の推進母体である報徳方が地方役所内に引き渡され、天保一〇年の夏に尊徳を呼び、地方役人らに報徳の趣意を教示してもらった。報徳仕法を行うには「根基」を立てなくて安易に取り掛かれるというものではなく、その子細は家老の辻七郎左衛門に申し上げてある。地方役所としては、御上から「報徳之大道」を開かなくては、元を捨てて先走る道理になるとして、御上から報徳の道を開くべきとの態度を示している。

後半では、もっぱら節約の効果が見られなければならないし、総領内に報徳の趣意を示すにしても、通常は第一に御上の「御分定」はもちろんのこと、すべて問題あることに専務すべきと、尊徳もくれぐれも申していたと伝える。「報徳」の趣意を御上から開くこと、収納向きや「御出方」＝支出に関することなどを申し上げたが、実現するのか心配であると述べ、最後に「早々御上より報徳之道御開き御座候様、厚御勘弁可被下候」と結んだ。

以上の記述から、郡奉行は藩への報徳仕法導入に積極的だったが、家老や重臣らの反対が強く、導入できなかったことが伺えよう。ただ、家老らも仕法を「村々取直し」と藩の「御開き」とに分けて考えており、前者については反対するものではなかった。後者については、改革の切り替えが行われて間もないことを理由に、導入を拒絶している。藩への仕法導入は、一〇か年の改革年限が過ぎるまで、その可能性は失われたのであった。

更に見逃せないのは、藩としても第一に「御上より御開」きになり、「根基」を立てることが大切だということを承知していた点であろう。だが、小田原藩の場合は「村々取直し」が先行し、「順逆」＝「不順」になっていた。そこで、尊徳も「御上御分定」が専務であると主張する。この「御分定」とは「御収納向、又は御出方に拘り候」ことであり、既述した「御分台」と類似の意味であろう。つまり、尊徳は藩財政に関する事柄を藩に提示していたことが確認できる。

第四節　「御分台」をめぐる小田原藩と尊徳

郡奉行から尊徳への書簡に記されていたように、次の改革切り替えが行われるまで、藩財政の「根基」＝「御分定」＝「御分台」を設定することはできなくなった。そのために、以後はこの件に関する議論の記述はみられなくなる。ただ、翌天保一一年（一八四〇）七月、村方での仕法を推し進めている郡奉行・代官から一四か條におよぶ問い合わせがあり、尊徳が「下ケ札」でそれに答えている。仕法の具体的な取扱いに関する問い合わせが多いが、その第一条目とそれに対する尊徳の返答を見ておこう(33)。

一御収納過去十ケ年平均を以、趣法村々へ取計可申訳之事

下ケ札

本文十ケ年平均之儀は、当節より御趣法出来いたし候村々へは、孰れ御発無御座候までは、其功験も不相見候間、是非共御取極め御座候様仕度、且七ケ年後御改革御切替之時節に至候ては、兼々申上置

候通、八十弐ヶ年平均天命通御次且之方、聢と御治定御座候様、兼て御含御座候儀とは奉存候得共、
猶此談申上置候事

郡奉行・代官が、趣法を行う村に過去一〇か年の平均額で年貢を取り計らう理由を尋ねたのに対し、尊徳は村々に趣法を着手しても、藩の「御開き」がないままでは、その成果が見られないので、その臨時的措置であると答える。とにかく、藩の「御開き」＝「御分台」の設定を求めるのである。それに加えて、七年後の改革切替時には、以前から申し上げているように、過去八二か年の平均年貢収納高を天命と定めるよう要求する。尊徳が要求した「御分台」は、八二か年分の年貢収納高を平均した額を藩の収入額にすることであった。実際、尊徳は藩の収納額八二年分を調べたうえで、藩の「御分台」を次のように算出する。(34)

覚
宝暦五亥年より寛政七卯年迄
四拾壱ヶ年平均ニ〆
一米八万八千五百九拾弐俵三升三合弐勺七才納
寛政八辰年より天保七申年迄
四拾壱ヶ年平均ニ〆
一米拾万五千四百弐拾八俵三斗七升弐合弐勺九才納
合米拾九万四千弐拾壱俵三升八合五勺六才

此弐割平均ニ〆　　但壱俵三斗七升入積
米九万七千拾俵五分五厘弐毛壱弗
宝暦五亥年より寛政七卯年迄
四拾壱ヶ年平均ニ〆
一永三千四百五拾三貫五拾壱文三分
寛政八辰年より天保七申年迄
四拾壱ヶ年平均ニ〆
一永三千八百拾弐貫五百四拾四文九分七厘七毛
合永千弐百六拾五貫五百九拾六文弐分七厘七毛
此弐ツ割平均ニ〆
永三千六百三拾弐貫
七百九拾八文壱分三厘八毛五弗
○此米九千八拾壱俵九分九厘五毛三弗
但弐拾五俵替ニ〆
二口米合拾万六千九拾弐俵五分四厘七毛四弗
此米弐升弐合五勺三才

尊徳は、年ごとに「駿豆相」「三浦郡・津久井縣」「摂河」という地域に分けて年貢収納高を調べ、最後に右のようにまとめている。まず、八二年の前半（宝暦五年〈一七五五〉～寛政七年〈一七九五〉）四一年分の平均収納高を算出すると、米八万八五九二俵余りと永三四五三貫文余りになる。次に後半（寛政八年～天保七年）四一年分の平均収納高は米一〇万五四二八俵余りと永三八一二貫文余りを算出する。さらに前半と後半の平均収納高を平均すると、米高は九万四〇二一俵余りと永高三六三二貫文余りになる。一俵＝三斗七升入り、金一〇両＝米二五俵替で計算し、米永を合わせた一〇万六〇九二俵余り、すなわち三万九二五四石余りが算出できる。これが、尊徳によって示された小田原藩の「御分台」「御趣法御土台」であった。

では、小田原藩自身はどのように考えていたのかという点が問題になるが、先述したように「関東四ツ物成」にする方針であったこと以外は明らかでない。弘化三年（一八四六）は天保九年からの一〇か年の改革が終わり、切替えが行われる年であった。その前年の一二月に「御暮方御土台中勘」が取り決められており、その冒頭部分に、(35)

関東御朱印高四ツ成物不残
〆八万六千六百四拾弐俵弐斗七升二合五勺納
　正元
一米　七万四千八百六十七俵
一金　四千七百三十七両二朱　畑方
一金　壱万四百両　大坂下シ金
〆　米七万四千八百六十七俵

〆　金壱万五千百三十七両二朱

とある。この計画では、関東領分の朱印高の四割を物成高とする方針が明記されており、文政一二年（一八二九）の改革以来の方針が継承されていたことが窺える。伊豆・駿河を含む小田原藩関東領分の朱印高は八万三八〇〇石余りで、その四割は三万三五二一石余りとなる。右の計画では収納高が八万六六四二俵余りで、これを一俵＝三斗九升で換算すると三万三七九〇石余りとなり、関東朱印高の四割とほぼ同額になる。その内訳を見ると、米高が七万四八六七俵で、残る一万一七七五俵余りが畑方分の米高である。これを石高に直すと四五九二石余りとなり、一〇両＝約九斗七升で換算されている。

これ以外に「大坂下シ金」が一万四〇〇両あり、これを一〇両＝米九斗七升で換算すると一万八二石余りとなる。そこで、関東領分の米高分二万九一九八石余りと「畑方」分の四五九二石余り、それに「大坂下シ金」の一万八二石余りを合計した四万三八七三石余りが小田原藩の「御暮方御土台中勘」高であった。これを尊徳が算出した「御趣法土台」高と単純に比較することはできないが、約四六二〇石程高くなっている。両者の違いはそれにとどまるものではなく、その算出方法において、尊徳の場合は過去の実績にもとずいて設定しようとしているのに対して、藩側の「暮方御土台」は、朱印高という石高制の原理にもとづいた算出方法を用いている。

弘化三年七月、小田原藩は報徳仕法の「畳置」を決定し、尊徳に告げた。(36) これによって、小田原藩が尊徳のいう「御趣法御分台」の採用は完全に否定されたのである。

第五節　大久保忠真仕法依頼直状の再検討――おわりにかえて――

尊徳が小田原領の飢民対策を終えて、村々の復興仕法に着手した天保九年（一八三八）に、尊徳と藩の間で「行違」が生じるなど、当初から仕法が順調であったとはいえない。その要因は、藩主忠真の死もあろうが、尊徳が主張する「御分台」を藩が用いなかったという点が挙げられてきた。だが、藩に何の方針もなかったというわけではなく、文政一二年（一八二九）の改革切替え以来の「関東御朱印高四ツ成物（物成）」の方針が貫かれている。これと尊徳の「御分台」とはその考え方や算出方法が基本的に異なっていた。両者の違いを天保一四年三月一六日の日記で、(37)

報徳一條之儀、八拾ケ年平均を始、大開之儀並家中貸付金取計等二ケ條之儀、廉々及御内話候通り之儀にて、相開候之道六ケ敷、村々之儀は是迄随従取掛り居候分は勿論、外村方とても報徳之意は勧農至極之道に付、為止可申謂無之、依ては是迄之御丹誠尚此上の処も野州表抔同様御頼申候はゞ格別に捗取可申哉に候得共、小田原領分之儀は第一収納夫役等を初、賞罰共に地方役所にて差配不致候ては不相成事に付、一向御任せと申儀には参り兼（後略）

と記している。この日の四つ時に小田原藩の郡奉行松下良左衛門と代官豊田正作らが江戸神明社内車屋という所で出会い、夜五つ時まで小田原の報徳仕法取扱いについて話し合った概要を記したものである。藩は八〇か年平均のことをはじめ、「大開」のこと、家中への報徳金貸し付けの取り計らいの仕法は実施が難しいという。一方、村々への仕法は「勧農至極之道」であるから、止めさせる謂われはないということであった。これからも野州表

（桜町領）と同様の仕法を尊徳に頼めば、格別に捗取るであろう、というのが藩側の考えであった。だが、小田原領では、年貢収納や夫役のこと、賞罰のことは「地方役所」が差配することになっており、尊徳に任せるわけにはいかないとしている。つまり、藩は報徳を「勧農至極之道」と位置づけていたのであって、すでに仕法が着手されていた村、これから着手される村の仕法を止めさせる理由は全くなかった。これに対し、年貢や賞罰などのことは藩の地方役所が差配するもので、尊徳に任せるわけにはいかないという、小田原藩にとっての聖域ともいうべき領域だったのである。

ところで、尊徳は小田原藩および領内の仕法を藩主大久保忠真から依頼されたのではなかったのか。たとえば、これまで、彼は「当面の飢饉対策だけでなく、領内復興仕法が尊徳の宿願どおり認められた」[38]とされてきた。その根拠となったのが天保八年二月七日の大久保忠真直書である。今、その直書を再検討してみよう。[39]

二宮金次郎

釩之助（宇津）様御知行所立直趣法之儀は、去ル午歳（文政五）より野州桜町御陣屋へ詰切被　仰付、当酉年（天保八年）迄拾六ヶ年之間抛身命出精取計候ニ付、追々御収納も相増、御永続相立可申段、畢竟御為第一厚存込候故之儀と、幾許奇特之至ニ候、右ニ付ては段々深　思召も被成御座候間、金千両其方江御下ケ被下置候間、則右釩之助様御趣法取行候善種を加、御領内江報徳金貸附之道存分ニ執計、往々　御安堵之道を生候様被遊度　思召候間、其心得を以弥出精可相勤候

二月七日

右勝手方御用人共より演舌なり

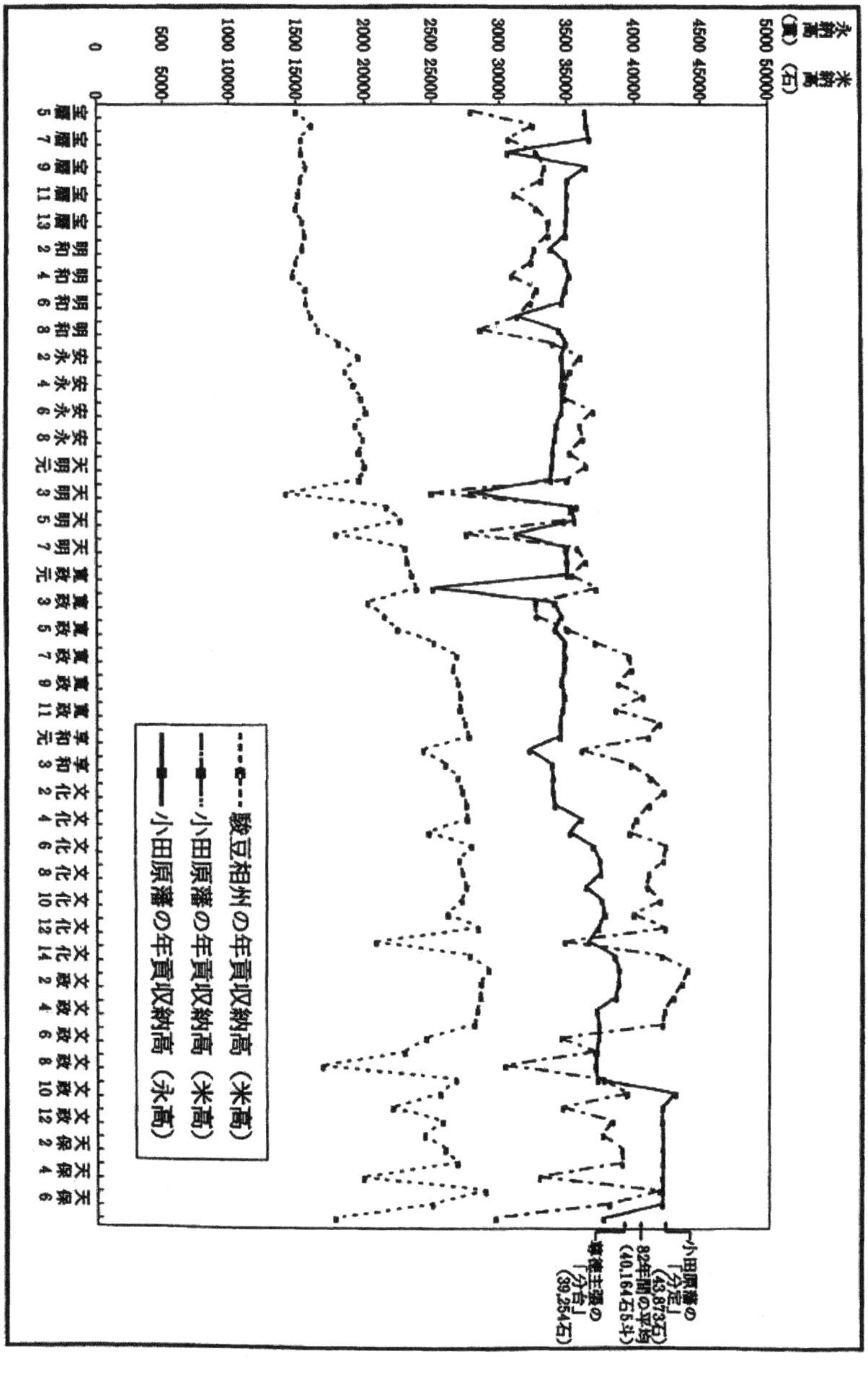
駿豆相州の年貢収納高（米高）
小田原藩の年貢収納高（米高）
小田原藩の年貢収納高（永高）
小田原藩の「分定」(43,873石)
82年間の平均 (40,164石5斗)
「分台」(39,254石)

この時、藩主忠真は病床にあり、尊徳は右の直書を勝手方の用人から受け取った。また、この直書に続いて、後筆ではあるが「右者大久保加賀守（忠真）殿御意の趣、天保八丁酉年二月七日、於龍之口御役所被仰渡候書付、其節猶重而御目通り可被召出処、御不快ニ付追而其儀ニ可被及候間、勝手次第小田原表江可致出立候」とあり、この直書が忠真の意向を伝えていることは間違いなかろう。

直書の内容をみると、前半部分は桜町領での復興仕法を賞賛したもので、後半は小田原仕法について述べている。つまり、金一〇〇〇両を尊徳に下げ渡すので、桜町領仕法での成果（余剰）である善種米金を加えて、領内に報徳金貸付けの道を存分に取り計らい、ゆくゆく安堵できる道を生じるようにしてほしい、とある。飢饉対策を講じなければならない状況下で、領内の飢民に報徳金の貸与を通して安堵できる道を開くことを依頼したのであって、藩の財政問題や「御分台」はおろか、領内の復興仕法さえも依頼する文言は全く見られない。言い換えれば、この直書は領内への報徳金貸し付けを依頼したのであって、それ以上の意味をもつものではないのである。よって、尊徳は算出した「御分台」を藩に受け入れさせ、それを実行に移させる論拠をもともと得ていなかったのであり、正式な仕法依頼（直書）がないまま、領内の仕法を行うことになってしまったのである。[40] 藩には文政一二年の改革で忠真が示した「関東御朱印高四ツ成物」「四ヲ以台処入用」「六ツヲ以家中渡方」という基本方針があり、しかもそれが実現可能であれば（領内村々が報徳仕法によって「四ツ成物」が実現できていれば）、尊徳が示した「御分台」を積極的に導入しなければならないという理由はもともとなかったのである。

註

（1）全集一五巻三九四頁、全集三五巻一二頁、『神奈川県文化財図鑑　歴史資料篇』（一九八九年）一〇〇頁、二宮尊志家資料（報徳博物館収蔵史料）。

（2）拙稿「小田原藩政の展開と報徳仕法（七）〜（十）」（『かいびゃく』四七巻二・三・六・七号、一九九八年二月〜七月）。
（3）佐々井信太郎『二宮尊徳伝』（日本評論社、一九三五年、のち経済往来社より再版）、宮西一積『報徳仕法史』（現代版報徳全書7、一九五六年）、奈良本辰也『二宮尊徳』（岩波新書、一九五九年一月）、大貫章『報徳に生きた人　二宮尊徳』（ＡＢＣ出版、一九九六年）、宇津木三郎『二宮尊徳とその弟子たち』（夢工房、二〇〇二年）、ほか。
（4）長倉保「小田原における報徳仕法について——とくに一村仕法の問題を中心に——」（北島正元編『幕藩制国家解体過程の研究』（吉川弘文館、一九七八年、のち長倉保著『幕藩体制解体の史的研究』吉川弘文館、一九九七年に再録）、前掲拙稿。
（5）全集三六巻一頁〜。富田高慶原著・佐々井典比古訳注『補注　報徳記（上・下）』（現代版報徳全書1・2、一九五四年）。
（6）本項の記述にあたり、馬場弘臣「小田原藩における近世後期の改革と中間支配機構——取締役と組合村をめぐって——」（『おだわら——歴史と文化——』八、一九九五年三月）と『小田原市史　通史編　近世』（一九九九年）第九章参照。
（7）文政五年九月「小田原掛合控」（鴻池家文書、大坂大学経済学部歴史系資料室蔵）、本項と次項では特に断らない限り、同史料を使用した。
（8）上方からの「下り金」は小田原藩の財政にとって大きな意味をもっており、尊徳は元禄四年から一二年までの財政運営の目論見を書写している（全集一四巻一一一〜一四六頁）。また、その内容を解説したものに『南足柄市史　六通史編　近世編』（一九九九年、三九〇〜三九九頁）がある。
（9）全集一五巻三八〇頁。
（10）全集一五巻三八一頁。
（11）このことは尊徳も十分承知していたようで、「小田原領明細調壱」（全集一五巻一九頁）に「御収納高を以、四分六分に分、六分米を御渡方相立候事」と書き留めている。
（12）・（13）註（7）に同じ。

(14) 註(6)に同じ。
(15) 全集六巻一一～一二頁。
(16) 全集六巻一四～一五頁。
(17) 全集六巻二六頁。
(18) 全集三巻三九一頁。
(19) 天保七年三月「上書写」(全集一五巻三九〇頁)。
(20) 註(1)に同じ。
(21)『集義和書抜粋』(万翠楼福住史料、報徳博物館蔵)。
(22) 尊徳が飢民救済を終えて小田原に戻ったのは四月一日で(全集六巻二七五頁)、桜町陣屋に戻ったのは同月二四日であった(全集三巻五〇四頁)。
(23) 全集六巻二八六頁。
(24) 註(6)に同じ。
(25)(26) 全集六巻二九一頁。
(27) 註(2)前掲拙稿。
(28) 全集六巻四一四頁。
(29) 全集六巻五五五頁。
(30) 全集六巻五七三～五七五頁。
(31)・(32) 全集六巻五七〇～五七一頁。
(33) 全集六巻七〇六頁。
(34) 全集一四巻一八七～二一八頁。
(35)『明治小田原町誌　上』(小田原市立図書館郷土資料集成1、一九七五年)一三一～一三三頁。
(36) 全集一五巻三九四頁。
(37) 全集三巻一一六三頁。

（38）『神奈川県文化財図鑑　歴史資料篇』一〇〇頁。

（39）註（1）に同じ。

（40）飢民救済が終わった後も小田原藩が報徳仕法を排除しなかった理由の一つに、大阪鴻池家居宅の焼失事件を見逃すことができない。大塩平八郎の騒動によって居宅が焼失した同家は、天保八年八・九月までに銀六〇貫目の返済を小田原藩に求めており、結局、藩もこれに応じたようである（註（7）に同じ）。その返済をするためにも、領内からの年貢徴収を確実にしておかなければならなかった。そのためには、領内への報徳仕法の導入・継続は不可欠であったと考えられる。

第六章　小田原領内の報徳仕法

はじめに

二宮尊徳とその一行は、天保一〇年（一八三九）一二月五日に野州桜町陣屋を出立し、一〇日に小田原領下新田村（小田原市）の名主小八宅に到着した。翌年一月一二日までは箱根塔ノ沢（神奈川県箱根町）に泊まり、翌一三日から三月一二日まで足柄上郡竹松村（神奈川県南足柄市）を拠点にして同村の復興仕法を行い、同一三日から五月四日までは曽比村（小田原市）に滞在して仕法の指導をしている(1)。その後、中里村・飯泉村・蓮正寺村（以上、小田原市）・中沼村（南足柄市）などを廻って、仕法の指導などを行ったと考えられるが、竹松村や曽比村のように、そこを拠点にして長期に滞在することはなかった。

天保八年に小田原藩から正式に仕法依頼を受けて以降、尊徳は計四回小田原に赴くが、村に対して本格的に復興仕法の指導を行ったのは天保一一年が初めてであった。尊徳が竹松村と曽比村を指導している最中に、領内の村々から仕法を実地見分する者や、仕法の教諭を得ようとする者らが多数尊徳のもとを訪れた。尊徳一行は、七月二五日に小田原領をあとにするが、その後、両村で実地見分し、また仕法の手伝いをした者が、自村にもどって仕法を実践していった。小田原領の場合、尊徳が直接仕法を指導した村数は少ないが、竹松村や曽比村での仕法の影響を受けた者が自村で仕法を実践していくケースが多く、それが小田原領の報徳仕法の大きな特徴ともいえる。にもかかわらず、これまでの小田原領における報徳仕法の研究といえば、尊徳が直接指導した村のみを扱い、両村の仕法の影響を受けつつも自主的に進めた村でどのような仕法が行われたかを具体的に検討されることはなかった。(2) そこで、本章では、そうした仕法村における仕法について概述し、農村における仕法の大枠を見ていきたいと思う。

第一節　小田原領飢民救済の仕法

天保飢饉の影響は小田原領の村々にも深刻な状況をもたらした。西大井村（神奈川県大井町）の史料に、(3)

当村之儀は、前々困窮難渋罷在候処、去ル巳年（天保四）以来、違作打続、其上申年（天保七）冷気、雨天勝にて、五十有余年に稀成大凶荒飢饉と罷成、藁・干葉又は葛蕨、草木之根等に至迄掘尽し、既に餓死可仕之処（後略）

という文言がしばしば見られる。飢饉で食糧が確保できず、藁や干葉、葛・蕨、草木の根などまで掘り尽くし食したという。藩もわずかばかりの米金を村方に付与したが、大した効果はなく、「村方難渋之者、是迄可成渡世相暮申候者より夫食配付為致、助合仕候所、追々穀物高値ニ茂相成、自力ニ難凌、一同難儀仕候」(4)と、余裕ある者が困窮人に夫食を与えるなど助成したが、それでも凌ぐことができない状況にあった。

尊徳が天保八年（一八三七）二月から三月にかけて相模国で飢民救済を行った村は九六か村（三万三三一七石）におよぶ。九六か村の家数は五七五九軒で、この内、救済を必要としない「無難」は二二三三軒（三八・六パーセント）、何らかの救済を必要とする「中難」は七七三軒（一二・八パーセント）、「極難」は二八〇三軒（四八・七パーセント）であった。「無難」とは家族一人当たり五俵以上の穀物が確保できている者、「中難」は一人当たりの貯穀が五俵未満の者、「極難」は貯穀が皆無の者としている。尊徳は「中難」の者に一人当たりの貯穀が五俵に満たない分を援助し、「極難」には一人当たり五俵の穀物を援助した。(5)しかしながら、相模国における酒匂川東岸・西岸の村むらで穀物が配付されたことを確認することはできず、よって五俵を区切りとして「無難」と「中難」・「極難」と分かれていたことを確認することはできない。金井島村（神奈川県開成町）の「困窮人書上帳」(6)によると六五軒を三階層に分けて、計一五石八斗余りの夫食給付を嘆願している。この内、一九軒は「夫食御座候者共」であり、「無難」に相当すると考えられる。次の二四軒には戸主と家族人数を書上げており、夫食米高は記していない。彼らは「中難」に相当すると考えられる。残りの二二軒は「困窮人」で、「極難」に相当すると思われる。彼らには戸主名と家内人数を書上げ、「一人に付一日二合ずつ」の割合で、九〇日間給付した場合の夫食米高が記されている。これは極難者への夫食米給付を嘆願したもので、実際にそのように貸与されたことを示すものではない。

夫食米給付について十分明らかにすることはできないが、藩主忠真から小田原領東筋の村々に下付された御仁

表9　御仁恵金下付の額（天保8年3月）

村名	御仁恵金
篠窪村	2両2分2朱、9文5分2厘
赤田村	2両3分、1文6分9毛8弗
高尾村	1両1分1朱、92文5分7厘7毛3弗
上大井村	4両1分1朱、19文8分2厘1毛8弗
西大井村	3両1分3朱、16文6分4厘8毛5弗
金手村	3両2分1朱、8文7分3厘8毛2弗
金子村　貞治組	2両3分3朱、48文2分8厘9毛3弗
金子村若三郎組	8両1分1朱、59文4分1厘9毛2弗

〈出典〉『二宮尊徳全集』第15巻415頁～

恵金について、その一部（現神奈川県大井町）を示したのが表9である。金子村若三郎組には御仁恵金を下付する前に各家の状態を調査し尊徳に差し出した書上帳が残されている。[7] それによれば、同組は七四軒で、この内「難渋人」は六三軒（八五パーセント）二三四人を数えるが、ここには「中難」や「極難」のような区別はみられない。難渋人とそうでない者とに区別され、合計八両一分余りの御仁恵金が割り渡された。西大井村では六〇軒中三〇軒、[8] 篠窪村では四九軒中九軒[9]に割賦されている。東筋の村ではこの三か村の比較しかできないが、水田地帯の西大井村や金子村の方が畑作地帯の篠窪村より難渋人の割合がきわめて多くなっている。つまり、天保飢饉の影響は、畑作地帯よりも水田地帯の方が大きかったことを示している。

さらに、表10から御仁恵金を個々の農民に割賦した状況を見ると、その割賦高は村によってばらつきがあることがわかる。金井島村や岡野村は一朱、二朱、一〇〇文、二〇〇文のように区切りのよい金額が貸与されているが、宮台村では区切りのよくない金額が与えられており、お手許金の分配は、村の裁量によってそれぞれ行われたと推測できる。東筋の村々では金井島村や岡野村と同様、御仁恵金は四ランクに分けられて貸与された。お手許金の内、金井島村では三分三朱余り、岡野村は一分、宮台村は一分一朱余が農民に分配されず、残された。この残金について金井島村の『御仁恵金御請書』[10]は、「残り御金之儀は、右弥五右衛門・清吉・五郎右衛門・平八儀は平日実体之者に付、一同より見立御金世話人に相頼置、此上銘々心掛次第

表 10　お手許金（御仁恵金）の配分状況

村　　名	飯沢村	雨坪村	金井島村	岡野村	宮台村	萩原村
村　　高	148 石 151	217 石 556	797 石 781	237 石 554	649 石 045	504 石 852
御仁恵金高	2 両 2 分 111 文	2 両 1 分 2 161 文	4 両 2 朱 202 文	1 両 3 朱 267 文	3 両 1 朱 256 文	3 両 1 分 168 文
3 朱 303 文					1	
3 朱 207 文					1	
3 朱 070 文					1	
3 朱						3
2 朱 374 文					1	
2 朱 370 文					1	
2 朱 205 文					1	
2 朱 100 文			6（6）			
2 朱 037 文					1	
2 朱			5（5）	2（2）		10
1 朱 302 文					1	
1 朱 300 文	7（7）					
1 朱 269 文					3	
1 朱 212 文					1	
1 朱 200 文	3（3）					
1 朱 103 文					2	
1 朱 100 文	4		5（5）			
1 朱 036 文					3	
1 朱	15		4（4）	7（7）		6
372 文		9（9）				
349 文					3	
334 文					6	
300 文			6（1）			
232 文				1		
231 文				7（3）		
224 文		32（4）				
200 文	2		21			
172 文					1	
166 文					2	
100 文			11 ①			
88 文	11 ④					
72 文			8 ④			
合　　計	42	41	64	17	29	19

〈出典〉村高は『二宮尊徳全集』第 14 巻、飯沢村は天保 8 年 2 月「御仁恵御請書」（飯沢自治会資料、南足柄市郷土資料館蔵）、雨坪村は同年同月「御仁恵御請書」（南足柄市資料、南足柄市郷土資料館蔵）、金井嶋村は同年同月「御仁恵御請書」（『開成町史』資料編近世（1）№ 200）、岡野村は同年 3 月「御仁恵頂戴金小前書上帳」（前同№ 202）、宮台村は同年同月「差上申御請書之事」（前同№ 204）、萩原村は同年同月「差上申御請之事」（『御殿場市史』第 2 巻 227 ～ 229 頁）

少分を不恥御加金、又此度頂戴仕候者は別て骨折相稼、作り初尾は勿論、日用之品聊ずつも除置、連々報集仕り、村囲に備え、一統之御救に相成」り、と記している。同村では弥五右衛門らをお金世話人としてその金の管理を任せ、村内から初尾や日用品などの心掛けを少しずつ集め蓄えて、村のお救いにするというのである。御仁恵金と称する手許金の下付は、難渋人らの「取凌」だけでなく、村備金を設ける契機も創り出したのであった。

第二節　中筋農村の報徳仕法

文政三年（一八二〇）頃、尊徳は当時代官だった鵜沢作右衛門に、小田原領の名主の内、一〇年後には一五人ほどが潰れたり、半潰れになると語ったという。この一五人の中に小田原領中筋の吉田島村名主徳兵衛と延沢村名主市平が含まれていた。それから一七年後の天保七年（一八三六）、鵜沢は、尊徳が言ったように、一五人の名主らは「不残居屋敷田畑までも売払、潰ニ及候者、或は半潰にて自分本家は売払、物置長屋之内江漸住居仕、今日之営にも差支候」状態に陥っていると「上書」に認め、藩主忠真に差し出した。[11]

その徳兵衛は、小田原領の救急仕法が開始された天保八年二月に田畑四反一畝余歩を引当て（抵当）にして、報徳金二九両三分余りを借用し、[12]さらに翌九年一月には七両三分を五か年賦で借用したり（田八畝四歩を引当）、田畑二反一畝余歩の請戻しを尊徳に願い上げている。[13]このように、徳兵衛は、尊徳が予言したように困窮し、報徳金を借用して家政再建を図ったのである。そこで、最初に同家の困窮状況と家政再建について見ていくことにしよう。

1　吉田島村の報徳仕法

徳兵衛家は、祖父土岐の代には四〜五〇〇石を所持し、「家作之儀は五間、梁長一四間」と立派で、華美に長じ、繁栄して弊風が生じていた。父は手習い、学問、諸稽古に身をゆだね、農事には全く心を寄せず、田畑山林の手入れも不行届となった。そのため麁作となり、拝借金など種々の手段によって取り続いてきたが、利息が嵩み、その返済ができず、次第に増借におよんだ。そこで尊徳は、①田畑山林を売り払って借財を償還する、②所持高の内二、三〇〇石は村内の耕作出精人に、子孫で耕作出精の者が出た時には返還してもらう条件で、無償で預ける。同家を相続した徳兵衛は、手習い読書の師範をして暮し向きを立てる、これらのことを徳兵衛に教諭した。だが、彼は元のように大借りにおよび、家・小屋はもちろん、田畑山林を残らず売り払い、退転亡所同様になってしまった。状況を鵜沢作右衛門から聞いた尊徳は、計二九両三分の報徳金を無利息七か年賦で貸し付け、希望どおり質地田畑を請け戻させた。もし、徳兵衛がその土地を作り立てることができなければ、小作にすれば「作徳浮金」が入り、年賦返済ができ、「一家相続の基本相立」つとした。徳兵衛家の一家相続には組合や親類が助成してきたが、彼が「女房貰請」け、家族人数が増えたことで、年賦返納は申すにおよばず、一度彼の手元に戻った田畑などを売却しても、内借り分の返済ができなくなったとして、再び報徳金拝借を願い出たので、内借り分は親類縁者らが引き受けるようにし、請戻し田畑は六郎右衛門方に世話を依頼して年賦返納を助成してもらう条件で、天保一一年三月に無利息置据金一〇両を別に借りうけ、新田七畝七歩を買い求めた。尊徳は六郎右衛門に徳兵衛家の再建を担当させ、「徳兵衛式取立引受人」として、嘉永四年（一八五一）頃まで徳兵衛の年賦返済の世話をしている。(14)

吉田島村の報徳仕法を指導したのは組頭の六郎右衛門であったと言っても過言でない。彼は天保一〇年一月一七日に桜町陣屋に赴き[15]、約二〇日間滞在して尊徳から教諭を受け、常州・野州の仕法地を実地見分している。帰郷した六郎右衛門は不要な衣類・諸道具を売り払い、縄索いにも出精し多分の報徳金を差し出した。また、尊徳が同年一〇月から翌一一年六月まで小田原領に滞在した時に、彼は一五日以上も尊徳のもとに赴いている。

吉田島村は上嶋と下嶋に分かれており、六郎右衛門は下嶋を中心に指導した。天保一一年の春、尊徳が曽比・竹松村の仕法を指導している時に吉田島村が仕法を嘆願したところ、尊徳から「大高・小高、相互にむつまじく一和して艱苦いたし、誠心をもって善を挙げる」ことを教諭すれば村柄が復すと、微細に教誨を加えたという。[16]その一つは、小前百姓らが惰弱に流れ、村のまとまりもなかったが、昨年（天保一一年）より追々人気も良くなった。たとえば、当年（同一二年）には衣類・諸道具などを売り払い、報徳加入金を願い出るほどになり、また部屋住みの者は夜稼ぎにも出精するようになったという。二つめは、以前から道筋が悪かったが、当年三月三日の村方一同休日に、部屋住みの者が出て道普請を行った。しかも、それを見かけた村役人が彼らに金三分遣わしたところ、弁当代として二朱受け取り、残りの二分二朱を報徳加入金に差し出したいと願い出たというのである。三つめは、若者組といえば、悪習に流れやすかったが、この節はむしろ若者組に入ると為になるといわれるようになったという。

上吉田島の仕法も下嶋に準じて行われたが、その中に「堰浚いなどの儀も、下嶋・金井島村同様出精仕候」とある。下嶋においても堰浚いが行われたが、天保一三年三月上旬に「用水・悪水堰普請など出来[17]」したという。六郎右衛門は同月に再び桜町陣屋の尊徳を訪ね、これまでの報告を行っている。この時、六郎右衛門が尊徳に提出した帳簿の中に『報徳田地取調帳』がある。報徳田は富農者が所持する田の一部を出し合い、その田を貧農者に無償で貸与し、作徳米で借財を返済させ、質田畑を買い戻させるための耕地で、貸与期間中の年貢は所持者である富農者が負担した。これを一つの有力な方法として、六郎右衛門は村柄の再建を目指したのであったが、同年一〇月に尊徳が幕臣に取り立てられ、さらに小田原仕法開始から一〇年後の弘化三年には「仕法畳置」、すなわち仕法廃止となり、吉田島村も尊徳から直接指導を受けることはなくなった。

こうした動きの中で、六郎右衛門は天保一三年五月末に「決心書」を尊徳に差し出している。(18)彼は「生涯御趣法一向に相守り、急度勤行可仕候」と決心を顕し、彼が所持する「家株田畑不残御趣法善種金之内へ御加入を歎願し、家族之暮し方」は「受（請）作同様」にするというのである。小田原仕法の廃止後も吉田島村の報徳仕法は継続され、嘉永元年（一八四八）早春から「一同相談之上、子年（天保一一年）以来通り、趣法向取行致治定」(19)したとあるように、村民が相談のうえで仕法続行を決めたことがわかる。嘉永六年二月二日、小田原地方は大地震に見舞われた。六郎右衛門は村内の被害状況を尊徳に知らせる書簡を送っているが、(20)その中で、

御仕法相守り来り候につき、村方一同手強く相談仕、三日早朝より早速諸式買入方手配、諸道具等相整、四日早朝より一同にて木竹品相運、五日より村方四通りに手分け致し、役人世話人家数割合引受、普請家起し相始、日々出精仕

と記している。仕法を行ってきた故に、村でまとまってその復興を迅速にできたというのである。(21)同様なことは四月の尊徳あて六郎右衛門書状で「御仕法之儀、村方一同も当地震に付ても弥相顕、全御仕法之御徳と一同相励出精仕、潰家普請その外等も弥出来仕」(22)と仕法による「御徳」を喜んでいることからも伺える。

こうした吉田島村の様子を鵜沢作右衛門は安政元年（一八五四）八月に「報徳之仕法、六郎右衛門とくと致承服、

其外村役人共世話人共も一致一和之取計、人気もよろしく、小さくも丸に合いまとま」っていると尊徳に知らせ、称えている。その後の吉田島村の仕法については明らかでないが、尊徳没後の安政五年(一八五八)には、足柄上郡に「報徳会一致社」を設立し、それが解散したと見られる明治一五年(一八八二)には「報徳会真穆社」が吉田島村に設立された。同社は明治三六年に解散したが、四三年には「吉田島徳成社」という報徳社が設立されるなど、同村は報徳社運動を通して、貧農民をはじめ、地域の振興に大きな役割を果たした(23)。

2 金井島村の報徳仕法

天保一三年三月から五月にかけて、吉田島村の六郎右衛門は野州桜町領の尊徳を訪ねている(24)。この時同道したのが弱冠二三歳の五郎左衛門であった。彼の家は代々金井島村の名主をつとめ、報徳仕法を率先して行った人物として知られている。

同一〇年一二月から一一年六月にかけて尊徳が小田原に滞在した際、金井島村から延べ一一九名が尊徳のもとにかけつけ、教えを受け、曽比村・竹松村の仕法に助力するなどの修業をつとめた。この内、五郎左衛門は二三日間詰めており、弥太郎の二四日に次いで多い。五郎左衛門家は彼の実父の時から家政が不如意となり、借財が嵩み、その返済手段も尽き果てていた。一方、村方でも惣百姓が困窮し、天保一一年には六五軒中五二軒に借財があり、その総計は約一八三〇両におよんでいた。そこで五郎左衛門は、借財返済の手段と村柄立て直し仕法の修業をしたいと、その筋(報徳役所と思われる)に嘆願するにいたった。そこで彼は小田原滞在中の尊徳から教諭を受け、「必手違い無之様に微細に」指示を受けて自村に戻り、村柄復興に取り掛かった。ところが彼は「一村の浮徳、我か物之様に心得、取扱」ったので、「手違有之哉之旨風評」が生じ、行き詰まってしまった。そこで尊徳が更に彼に教諭を加えたというのであるが、五郎左衛門は「しかと其筋へ願立て、詰切り修業いたし候はゝ、一村二村に不限、御領分にも及可申」人物と評されていた。

金井島村の報徳仕法は、主として一八三〇両におよぶ借財の償還と、村柄の復興にあった。尊徳からの直接指導は受けられず、自発的に進められた仕法であるが、その様子の一端を次の史料から見てみよう。[25]

然所去子年（天保一一）取穀之儀、御年貢米御上納仕、引残浮徳米之儀は、銘々家株無尽借財諸夫銭等を村方へ引受、家政取直し申度心得に御座候に付、一同申談事之道、御主法中右浮徳之分差出、名主村役人御主法世話方にて万端引受取計ひ、一先夫にて営居候のみに御座候間、往々は何卒御主法被仰付被下置候様、偏に奉願上候

同村では、年貢上納後に手元に残る浮徳米をはじめ、家株・借財などまで村方で引き受け、そのうえで家政取り直しを進める方法で一同が納得し、仕法年限中は浮徳米を差し出して、名主・村役人・主法世話人が全て取り計らうようにしたとある。この自主的な方法は、あくまで臨時的な処置で、ゆくゆくは仕法を願うとしている。

同様な記述は天保一二年三月『報徳加入金取調帳』[26]の末文にも見ることができ、「昨子年（天保一一）より銘々作徳米を始メ、其外衣類器財等不明之分、可成丈けは相省き、何れも売払、総て銘々金銭之出入、一村一体に相混じ取賄」うようにしたいとしている。だが、借財については大金であり、見当が付かないので、一同が評議して、次のように取り決めたとする。

①村内の貸借は相互に「畳み」とする。

②他村からの借用分は、口々に交渉して免除してもらったり、年賦返済としたり、趣法期間中の返済免除にしてもらった。

③それでも六〇〇両ほどは全く見当が付かないため、村内の主立った者から、醤油や酒造の売り払い代金などを取り集めた三一〇両を報徳加入金に差し出し、六〇〇両ほどの報徳金拝借を願う。

この報徳金拝借の嘆願について、その後の状況を知ることはできないが、金井島村では家財・諸道具などの売り払い代金を差し出すことがよく行われた。そのいくつかの例を見てみよう。

（1）天保一一年一一月に、各家にある余服や余器（諸道具）を出し合っている。五郎左衛門の五四品、二一両余りを最高に、計一八人が一七二品を出し、その総額は三九両一分余りであった(27)。

（2）翌一二年二月には二三人が屋敷囲いの竹木を売り払い、四両二朱余りの代金を差し出した(28)。

（3）翌三月には部屋住みの者が、馬沓・藁鞋・縄などを休日に作り、その代金一両一分を報徳加入金に差し出したいと願っている(29)。

（4）同四月には村方一同によって縄索い、沓作り・薪取や萱刈りなどの代金八五貫文余りが村方立て直しの土台金として差し出された(30)。

（5）金井島村では、天保七年の出水で字狐久保付近の土地が流失し、荒地になっていた。村では部屋住みの者にその開発を依頼し、一二年四月一日から開発が着手された。趣法世話人が彼らに酒代として金一分二朱を遣わしたところ、部屋住みの者はそれを報徳加入金に繰り入れるよう求めてきた(31)。

このほかにも、同村では余分の品の売却代金などを村復興の資金や報徳加入金として差し出している。

また、五郎左衛門は弥五右衛門や伝之助とともに出金した一両二分余りの金銭で、出精人の入札を行っている。

これは村内で出精人を投票させ、得票数の上位五名に褒美を与えるもので、曽比村や竹松村での方法を導入したのであろう。出精人一位の磯五郎には鍬二枚と鎌四枚、二位の富左衛門には鍬一枚と鎌二枚、そして五位の与五兵衛には鎌一枚が贈られた(32)。この時、部屋住みの奇特人七名にも木綿の半天や手拭いなどの褒美が与えられた(33)。

3　牛島村の報徳仕法

前述の吉田島村六郎右衛門の親戚である牛島村の善吉家は、不仕合わせが続き、とくに天保飢饉後の同家は退転するよりほかに道がないほどに困窮していた。六郎右衛門は尊徳が天保九年に小田原に来た際、善吉家の相続手段を嘆願した。その時、彼は尊徳から厳しく教戒を加えられ、格別の配慮で趣法金の拝借を許されたという(34)。

牛島村には吉田島村の六郎右衛門や金井島村の五郎左衛門のような報徳仕法の指導者は現れず、村としての仕法というよりも、個々の家に対する仕法が行われた。善吉家もその一つである。天保九年の同家は二町五反七畝歩の土地を所持し、持高は三二石九斗余りで、村内では上位に位置していた。取米は八一俵で、その内五九俵の年貢米を支払うと、二一俵三斗余りが手元に残る。これを米相場一〇両＝米二五俵替えで換算すると八両二分余りとなる(35)。ところが、善吉家には三四八両三分の借財があり(36)、年一割の利息としてみると、利息だけで年間三四両余りになり、年間収入だけでは到底それを賄うことはできない。家財を売却すると一一二両を得ることができるが、それでも二三六両の借財が残る。そこで同家の再興試案が作られることになるが、善吉家に余剰が出るような試案ができるのは天保一一年一二月になってからである。

善吉家に関して、報徳金の拝借証文が三通残っている。善吉家再興の最終試案が示された一一年一二月、彼は二〇八両二分二朱の報徳金を借用している(37)。この内、一六〇両一分二朱は同家の家政が直るまで返済を据え置き

とし、残りの四八両一分を一〇年で返済するとしている。また、この嘆願書では、

其外頼母子講割戻金百五両壱分三朱余之内、野州表において金拾両被下置候御仁恵に基、親類懇意の者共より預助成、都合借財高三百五拾七両弐分壱朱余之分、夫々相片付、偏に御趣意之御余徳と、私儀は申上不及、親類一同相助り、重々冥加至極難有仕合に奉存候

と、借財が三五七両余りに増えていることがわかる。善吉はこの内の二五二両余りを頼母子講手取金や諸品売り払い代金、拝借する報徳金二〇八両二分二朱で賄い、そのほかの一〇五両一分余りは頼母子講割り戻しによって、借財を片付けるとしている。その際の暮らし向きは吉田島村六郎右衛門ら親類が助成したと考えられる。

天保一〇年二月の「御趣法金御拝借証文之事」[38]は二〇両の報徳金を一〇年賦で返済するとしたもので、この二〇両はもともとの報徳金ではなかった。以前、善吉が中沼村（南足柄市）の田蔵から二〇両借用したところ、田蔵はこの金子を報徳加入金として差し出すと申し出たのである。そこで、その二〇両を善吉が報徳金から拝借する形に切り替えたのであった。同様な例は、天保一一年七月の「報徳金御拝借証文之事」[39]でも見ることができる。善吉は曽比村（小田原市）の名主与右衛門から五二両二朱、同人隠居の雅吉から七両一分、同村組頭広吉から四〇両二分を借用していた。今度、三人がその金を報徳金に加入したので、善吉は合計九九両二分を報徳金から借りた形に改めている。

曽比村の与右衛門と広吉、それに善吉は兄弟で、牛島村善右衛門家の出であった。善右衛門は天保九年三月に五町二反一畝歩、高六七石七斗八升四合を所持し、一五六俵の取米を得ていた。年貢、諸夫銭などを差し引くと、

三七俵余りが残り、これが彼の作徳となった。一方、借財は二七二両におよび、尊徳はこれを四分割して、与右衛門・広吉がそれぞれ六八両ずつ助成し、善右衛門自身は衣類の売却、所持田畑の売却などによって六八両を用意し、残りの六八両は報徳金から借用するという復興案を示した(40)。ところが、その年の五月に善右衛門が死去したため、この返済計画は実施されなかった。善右衛門の跡を相続したのが善吉で、一一年四月に同家の借財二五二両の返済を、①一八〇両は報徳金で賄い、②一〇両は善右衛門の落籤で賄う、③与右衛門・広吉がそれぞれ三五両ずつ助成し、④竹松村の名主河野幸内が五両助成する、とした計画が作成された(41)。

善吉・善右衛門の家政取り直しがその後どのように展開されたかは明らかでない。だが、両家の復興にあたって多くの報徳金が貸与された点は見逃すことができないであろう。それを可能にしたのは尊徳が直接指導した曽比村の報徳世話人の与右衛門と広吉の存在であろう。両名は善右衛門家の出であり、善吉は彼らの弟であった。さらに、彼らの妹は竹松村の幸内の妻であるという血縁関係も大きく左右していたように思われる。

牛島村では、このように報徳金借用による個々の家の家政整理が報徳仕法の主たる動きであった。次に、同村全体の仕法について、若干触れておこう。天保九年一二月に村として議定書を作成して尊徳に提出している(42)。それは報徳仕法を行ううえでの村民らの決心書ともいうべきもので、三三項目にわたって、生活全般にわたる申し合わせが記されている。たとえば、四項目「婚礼」で、「新に買整え遣す事無之、万一先方にて不承申立候はゞ、望次第道具ばかり相贈」るとし、六項目の「葬式」では「飯酒一向なし」としたり、九項目では「月に二日積金」を申し合わせている。このほか、生活全般に質素倹約を旨とする内容が含まれ、惣百姓が連印している。

同一一年三月に村内一三名が余服・余器一八四点を売却し、その代金四〇両三分二朱を「惣て奢ケ間敷費を省き、書面之金子調達仕奉差上候間、何卒難村御取直御仁恵金之内え御加入被成下置」と尊徳に差し出した(43)。

牛島村としての報徳仕法についてはこれ以上のことはわからないが、天保一二年三月に小田原藩報徳方は同村の仕法の状況を次のように記している。①牛島村は天保九年から主立った者によって仕法の嘆願が行われてきた、②組頭半助は貸し付けてある米金を残らず報徳善種金に加入した、③村役人が実意に傾いてから小前百姓も実意に進み、④昨年から村が一つにまとまり、⑤小前百姓も衣類諸道具などを売り払い、加入金を差し出し、⑥そのほか、山稼ぎ・真木などを出来次第に差し出したとしている。(44)

4 宮台村の報徳仕法

宮台村の復興仕法は、曽比村の釼持与右衛門・同広吉が幼年の頃に手習いした師匠慧門和尚が、(45)同村本光寺への報徳金貸与を嘆願したことに始まる。(46)天保九年九月、尊徳は与右衛門・広吉に対し、他の門弟らとも相談して、できる限り手を尽くし、それでも不足であれば、その不足分を用立てると返答した。(47)門弟らの相談により、債権者でもあった広吉や与右衛門らがその金を寺に寄付するなどして二五両を片付け、残り一〇両は無利息五か年賦返済で報徳金より借用した。(48)

この本光寺への報徳金貸与をはじめとして、宮台村には名主源治家の家政立て直しと、村復興の二つの仕法が行われた。源治は一八歳で家督を継ぎ、(49)天保一三年一〇月には一一町七反歩余り、高一一七石余り、そのほかに「牛島村徳右衛門触分」一七石五斗余りを有する大地主で、計二六七俵余りの取米を得ている。年貢諸役を差し引くと、米八一俵余が手元に残ることになるが、借財も二四〇両と多かった。(50)翌一四年二月の借財は一六〇両とあり、この間に八〇両ほど返済したことになる。(51)その方法について詳細は不明であるが、「引当田畑合四町四反歩」という記述が見られることから、田畑を抵当あるいは質入れすることで、借財の償還が行われたと考えられる。なお、この時に八六両余りの報徳加入金を差し出していることも見逃せない。

ところで、同家困窮の原因について、源治は自分の責任として書き上げている。家督相続の三年後に父が他界し、母とともに農業につとめてきたが、弊風に流され、驕奢に走り、大切な金を湯水のごとく使い捨て、借財だけが増えたという。藩から名主役を命じられたが、奢りに長じるのを是として、かえって大借りにおよび、再三名主役御免を嘆願した。天保三年に漸く名主退役が許されたところに、同四年と七年の飢饉に見舞われ、時借りや借り換えで凌いできたが、家政は至って危うく、一家離散、退転するよりほかにない状況であった。天保一一年、源治は、曽比村・竹松村の仕法を指導する尊徳に面会し、教諭をうけた。その時の話と思われるが、源治は尊徳から「大高をも所持致しながら、一己の借財に身を余し、窮民潤助はその任にあらず」と言われたという。(52)源治は「篤行の者に対し深く恥じ入り、毎度赤面にも及び候」ほど後悔したので、尊徳は「一家の相続より、村の相続心掛け可申」(53)と教戒を加えた。源治は「大道之一端奉伺」と喜び、村の復興を優先させるようにした。(54)

源治は、一一年三月に村内五二名から報徳加入金三四両一分余りを集めて差し出しており、(55)この頃から本格的に村を指導するようになったようである。彼は「万端費を省き、節倹を宗（旨）とし、其上麁服を用て余服を売払、麁器を用て余器を売払」い加入金を調達した。翌一二年一二月には、さらに「衣類・家財は勿論、四壁の樹木を伐り払い、或は草鞋を作」るなどして、五七名の村民が五六両二分の報徳加入金を差し出している。(56)なお、差し出された加入金の一部は、翌一三年九月に宮台村の九名と牛島村の一名に貸与されている。(57)

天保一二年三月に藩の報徳方は同村の仕法の様子を次のように伝えている。(58)①小前分限により、衣類諸道具を売り払い、加入金に差し出し、②昨年（天保一一年）より頻りに趣法を願うようになり、③当年一月二日から惣百姓が麦作の手入れをし、女子・子供にいたるまで六日間罷り出た。暮らし方が中位より下の者はその日稼ぎであるが、村の主立った者が彼らを奇特として弁当を差し出し、一人につき麦二升と米一升ずつを遣わし、残りは極難者に割賦した。④今年の正月までに難渋人五軒の屋根替えを行った。葺き草は惣百姓で苅り出し、屋根賃やその他の入用は「源治始身元相応之者」が差し出したという。⑤浄蓮院では二反歩の土地を困窮人や潰百姓に与えて作取りとし、年貢諸役は同院が負担する方法で、彼らを救済している。⑥源治は五反歩の土地を報徳田として差し出し、入札（投票）によって選ばれた五人に作取りさせている。

天保一四年一月現在、宮台村には四三四両三分の借財があり[59]、この償還こそ同村仕法の中心課題であった。源治はこの頃までに名主に復帰して村民を指導しつつ、仕法を行うための準備を進めた。村民から集めた報徳加入金を藩の地方役所に差し出したが、その中で「己を捨他に譲り、是迄之弊風相改、年々出精之廉を立」てることを誓い、「一同永続之御趣法御組立被遊被下置候様」にと嘆願した[60]。だが、尊徳による指導は勿論のこと、藩の地方役所からも具体的な指導を得ることはできず、源治を中心とした自主的な仕法が行われることになった。四三四両の借財の処理がどのように行われたかは明らかでない。

弘化三年（一八四六）七月、藩は報徳仕法の「畳置」を宣言するが[61]、その翌年の一二月に、源治は報徳仕法について①一方ならざる骨折りで、②加入金など差し出しで難渋人ども凌ぎの一助にもなった、③心掛け宜しく、奇特であるとして、藩から脇差しを許された[62]。

第三節　東筋農村の報徳仕法

天保大飢饉直後の飢民を救済した尊徳は、天保九年（一八三八）一月一日に再び小田原に到着し、九月末まで滞

表11　尊徳のもとでの修行者人数（天保10年12月10日～11年6月）
（のべ人数：人）

西大井村	金手村	金子村	赤田村	山田村	高尾村	上大井村
165	151	128	13	9	3	2

〈出典〉『二宮尊徳全集』第15巻550～603頁

在して、上新田・中新田・下新田（小田原市）の復興仕法を手掛けた。小田原領東筋で最初に報徳仕法が行われたのはこの三か村であろう。また、箱根筋の村々や曽比村（小田原市）・竹松村（南足柄市）に報徳金を貸与するなど、領内村むらの復興事業を開始している(63)。尊徳が次に小田原に来て復興仕法を指導したのは、天保一〇年一二月一〇日から一一年五月までであった。この間、彼は曽比・竹松両村に滞在しながら直接仕法を指導している。前述したように、その仕法を見学したり、助成する者、尊徳からの教諭を受けようとした者や、仕法を嘆願する者などが毎日のように尊徳の宿舎に詰めかけた。現在の神奈川県大井町域の村々からも尊徳のもとに多くの者が出向いたが、その延べ人数は表11で示した通りである。

西大井・金手・金子村のように酒匂川流域の稲作水田地帯からの者が非常に多い。畑作地帯に比べて水田地帯の困窮人の割合が多かった点も含めて、二つの地域で報徳仕法に対する取り組みの意識が大きく異なっていたと見ることができる。

上新田・中新田や下新田など一部の村を除けば、東筋に報徳仕法が本格的に開始されたのは同一一年であった。この年は主として個人の所持反別や借財、村全体の借財などの調査が行われている。現在の大井町におけるその諸帳簿名を書上げたのが表12である。①は金手村若三郎の、②は同村名主郡司の所持反別や年貢などの支出状況や小作地反別の書上げ、借財の内訳などを取り調べている。③は金子村四郎兵衛の所持反別や小作米などの収入額を算出している。この年のものと思われる④は同村の明細帳に似た記載になっており、家数一五三軒と記した後に一軒当たりの平均反別（八反三畝一〇歩）を算出している。また、軒数の内訳として、「上の者」一四軒(九・二パーセント)、「中の者」四〇軒(二六・一パーセント)、「下の者」七〇軒(四五・八パーセント)、「潰れの者」二四軒(一五・七パーセント)、「寺」五か寺(三・二パーセント)とある。上・中・下の者が前述の無難・中難・極難の者に相当するかは明らかでないし、また、三区分した基準なども確認できない。
東筋の村々で報徳仕法の実態が最もよくうかがえるのは西大井村であろう。⑤は天保一一年四月段階での同村の借財を取り調べたもので、その総額は表13で示したように一五六〇両におよんでいた。⑦〜⑨はその借財の内容を書上げたもので、⑦は借財の内の拝借金を「御掛り様御拝借」・「御掛り様御年賦」・「馬喰町御年賦」に分けて書き上げている。この三項目の合計借財額は四七八両余りで、それぞれの返済計画も示している。⑨は村外からの借財四四七両の内訳を書き上げたもので、これは尊徳から趣法金を借りて返済するとある。⑧は村内の貸借関係を取り調べたもので、その金額は六四三両におよび、これをすべて「御趣法金ニ加入」するとしている。これは債権者が借金を返してもらったものとして加入金に差し出すという意味で、実際の金銭は動かさず、新たに「報徳」と債務者の間で貸借関係を残すようにした。仕法一年目は村や個人の家産や借財などの取り調べが中心で、具体的な仕法としては、三月から四月にかけて各人より報徳加入金を取り集めている。⑩はその内訳を書き上げたもので、加入金について次のように記す。

万端物毎倹約を宗(旨)とし麁服を用ひ、男女之衣服を売払ひ、或は男女之帯を売払ひ、或は夜着を売払、麁品を用ひて、或は椀類、或は吸物椀、或は長持、或は畳、或は四壁竹木を売捌、悉く驕奢を去り、或は有金を差出し、其外休日真木伐、或は萱刈、或は沓草鞋、或は縄索ひ、或は日雇賃銭、或は駄賃銭を差出、或は神事祭礼、年季仏事、或は凶礼、惣て基本源を尊び、奢ケ間敷費を省き、其外村内貸借金、並鬼柳村貸附

表 12　天保 11 年の報徳関係史料目録（足柄上郡大井町分）

番号	月	報徳関係史料名	出典
(1)	1	田畑家政借財取調書上帳	二宮尊徳全集第 15 巻 423 頁～
(2)	2	田畑借財取調帳	二宮尊徳全集第 15 巻 416 頁～
(3)	2	田畑取調書上帳	二宮尊徳全集第 15 巻 428 頁～
(4)		村内家数取調帳	金子村間宮恒行氏所蔵史料
(5)	3	御拝借金新古取調書上帳	二宮尊徳全集第 15 巻 19 頁～
(6)	4	難村御取直御趣法願書控帳	二宮尊徳全集第 15 巻 1 頁～
(7)	4	御拝借金並内借金取調書上帳	二宮尊徳全集第 15 巻 21 頁～
(8)	4	当村内貸借金取調書上帳	二宮尊徳全集第 15 巻 36 頁～
(9)	4	他村借財金取調書上帳	二宮尊徳全集第 15 巻 41 頁～
(10)	4	報徳加入金取調書上帳	二宮尊徳全集第 15 巻 62 頁～
(11)	4	西大井村出精人入札帳	二宮尊徳全集第 15 巻 72 頁～
(12)	4	御趣法金無利御拝借証文帳	二宮尊徳全集第 15 巻 74 頁～
(13)	4	村柄御御取直御趣法金貸付名前番付帳	二宮尊徳全集第 15 巻 86 頁～
(14)	4	三才報徳現量鑑	二宮尊徳全集第 15 巻 92 頁～
(15)	4	出精人作取浮米並暮方書上帳	二宮尊徳全集第 15 巻 105 頁～

表 13　西大井村の拝借金内訳と返済方法（天保 11 年 4 月）

拝借金内訳	拝借金額	返済方法
拝借金（御郡代金）	429 両 2 分 3 朱、 13 文 1 分 3 厘 9 毛 9 弗	71 か年賦
御掛り様拝借	39 両 2 朱、 20 文 4 分 9 厘 2 毛	上納
他村からの借財	447 両 3 分	御趣法金借用、返済
村内貸借金	643 両 1 分 3 朱、 38 文 3 分 3 厘 4 毛	御趣法金に加入
合　計	1560 両 1 朱、 9 文 4 分 6 厘 4 毛 9 弗	

〈出典〉『二宮尊徳全集』第 15 巻 21 頁～

共、千四百両余調達仕、奉差上候間、何卒難村御取直し、御趣法　御仁恵金之内へ、御加入被成下置（後略）

倹約したり、不用品を売却して加入金を用意したほか、休日に薪刈り萱刈りなどをし、その駄賃を加入金として準備したというのである。つまり、仕法一年目には村内でこうした作業が行われていたことがうかがえよう。さらに、同史料は「報徳善種金千六百五拾六両余、御拝借被　仰付、其内千四百両余之儀は、村柄立直り候迄置据、残金弐百五拾両、無利十ヶ年賦御拝借被　仰付、前々相嵩居候御拝借、並内借等迄、不残致返済」とあり、西大井村には合計一六五六両の報徳善種金が貸与されたことがわかる。この内一四〇〇両は同村が復興するまで返済が猶予され、残りの二五〇両余りは無利息一〇か年賦で貸与された。四月には村方から趣法金一六五六両余りの拝借證文が尊徳あてに差し出されるとともに、仕法実施の嘆願書を差し出している。その嘆願書⑥には、「是非共村柄御取直し、御趣法奉願上度奉存候間、何卒格別之以御憐愍、前々相嵩居候御拝借、並内借、又は頼母子講跡掛共、皆済に相成、村柄古に復し、永久無難に御百姓相続仕候様、偏奉願上候」[64]と、村方百姓が借財を返済し、安心して相続できるようにしたいとしている。

この仕法嘆願書が差し出されてから間もなく、西大井村では耕作出精人の入札（投票）が行われている。[65]同村の軒数は六一軒で、内三二軒は「暮方差支無之候」者で、彼らは出精人を選ぶ（投票）ことはできても、選ばれるメンバーからは外された。残り二九軒の内一三軒は「奉公に罷出候」者であるため、やはり入札の対象外とされ、残る一六軒の中から耕作出精人が選ばれた。入札の結果、庄右衛門が一四票を獲得し一番札となり、二番札は吉五郎の八票、三位は米松の四票であった。庄右衛門ら上位の者は無利息金の貸与を受けたり、夫食や農具、屋根替えなどの助成を受けることができた。何らかの理由で無利息金の返済ができなくなった場合は、彼に投票

した者が弁済することになっている。さらに、この三名には「褒美田」が与えられた。(66)

御褒美田作取之分　　　　　家内五人一番札
一反別六反歩　　　　　　　　庄右衛門
　此米弐拾四俵三斗八升九合
所持之分
一同　三反八畝弐拾歩
　此米拾弐俵弐斗
〆反別九反八畝弐拾歩
　此代金拾壱両壱分三朱、銭三拾壱文
　　　　　　　　　但両ニ石四升替
　　　　　　　　　銭六貫八百文替
　　　　　外に
一金壱両　是は出精人高札に付御褒美として被下置候分
一御蔵米壱俵
　此代金弐分　　　　右同断
一金三朱、銭弐拾七文
　此米三拾七俵壱斗八升九合

内

米四俵壱斗九升七合　御年貢
米三俵　飯米
同九升弐合　有米
〆米七俵弐斗八升九合
残米弐拾九俵三斗
是は沓・草鞋代
〆金拾三両弐朱、銭五拾八文
此払い
金弐分壱朱、銭百三拾三文　年中諸夫銭
金壱両壱分、銭百七拾文　肥代
金三朱　鍬馬杷代
金弐分三朱、銭弐百八文　年中小遣
〆金弐両三分、銭八拾七文
残金拾両壱分壱朱、銭三百九拾壱文　浮金

この史料は庄右衛門の例である。彼はもともと三反八畝歩余りを所持していたが、出精人入札の結果、褒美田として六反歩を与えられ、計九反八畝歩を耕作することになった。褒美田は上田二反歩と中田の四反歩からなり、計算上は米一八俵二斗になる。実際には二四俵三斗余りの収穫を得て、以前からの所持地を含めると三七俵が彼の収入となった。年貢は所持地の分だけ支払い、飯米などと合せて約七俵二斗を支出した。二九俵三斗が残り、これを金一両＝米一石四升替え、金一両＝銭六貫八〇〇文替えで換算すると、金一一両一分三朱余りが残る。このほかに褒美として下付された金一両、同じく米一俵などを加えると金一三両二朱となる。ここから夫銭や肥代などの必要経費や小遣いなどを差し引くと、彼は約一一両一分の余剰を生じたのであった。この余剰金の使途は明らかでないが、借財の償還や報徳金の返済などに充てることが可能となる。褒美田を与えることは、その地を耕作させ、作徳米を増やして余剰を生じさせることが目的だった。ここで注意しなければならないのは、庄右衛門はこの褒美田に対する年貢を支払っておらず、作取りになっていることである。こうした褒美田を「報徳田」といい、本来の所持者が報徳田分の年貢を負担したのであった。所持地の一部を報徳田として差し出した者は表14で掲げた如くである。彼らは村役人をはじめとする上層農民で、ほぼ一町五反歩以上の土地を所持する「暮方差支無之」者で、報徳田として差し出した後もその地の年貢は負担している。このように出精人には褒美として報徳田が与えられ、作取りにして暮し向き再建を図ったのであった。なお、二番札の吉五郎には五反歩、三番札の米松には四反歩の報徳田が貸与され、この年それぞれ八両三分と六両二分の余剰を得ている。

仕法二年目の天保一二年一月一五日と一八日に延べ八四人が石持ち人足として出ている。これは「大川通囲石持人足」とあるように、酒匂川堤防の護岸用の石を用意する人足で、彼らは「農間休日を見立、当月（一月）十五日、十八日両日、村方一統申合、家並罷出、石拾ひ持運、積立、囲石沢山に相成」と、休日を利用して石を集めたことがわかる。(67)

表14　報徳田の差出者名

村役	名前（地主）	所持反別	天保11年作取田	天保14年作取田
名主	十郎右衛門	1町8反	2反	1反
組頭	為八郎	1町8反	2反	
組頭	仲右衛門	1町4反	2反	5畝
百姓代	新藏	1町8反	2反	1反
	園右衛門	2町	2反	5反3畝
	岩次郎	1町5反	1反	5畝
	勘右衛門	2町2反	2反	5反2畝
	市郎左衛門	1町5反	2反	7畝
	儀右衛門	1町		3畝
	武左衛門	2町		4畝
	和吉	1町9反		1反
	勝藏	1町4反		2反
	真福寺			2反

〈出典〉高田稔氏提供史料による

翌閏正月には用水堰の普請が行われた。この普請は西大井村を通る三筋の用水を普請したものである。三筋の用水とは、鬼柳堰・立堰・新堰で、鬼柳堰は居村の西方の新田場を流れる幅二間（約三・六メートル）の用水で、村内での長さは二〇〇間（約三六〇メートル）であった。立堰は居村の東方の本田地を流れ、幅六尺（約一・八メートル）、村内での長さは三〇〇間（約五四〇メートル）におよんだ。新堰は居村北方から金手村境を流れ幅五尺（一・五メートル）、村内の長さは九〇間余り（一六二メートル）の用水であった。困窮のために用水堰の手入れが行き届かず、砂埋りになり、葭菰が生い茂るなど、大破同然の状態で、「大雨之砌は悪水田面を押流、旱乾損之砌は用水不足致し、実に以難渋」していた。そこで、閏正月二七日から晦日までの四日間に西大井村で延べ一三三人の人足が出て、さらに隣村の鬼柳村から二四人の助成を得て普請をしている。村内の人足について、「村方一統申合、大小之御百姓は勿論、部屋住之者下男迄不残罷出」たとあるように、部屋住みや下男などまで人足として出たことがわかる。(68)

同じく閏正月には、前年同様に出精人の入札を行っている。(69) 入札の結果、一番札が忠左衛門、二番札が新太郎、三番札が市五郎で、忠左衛門には六反歩、新太郎には五反一畝歩、市五郎には四反一畝歩の報徳田が与えられ、この年の収穫分で余剰を生み出し、(70) 借財の償還などに充てたようである。

天保一一年一二月から一二年二月にかけて、同村では居宅の屋根替普請を三軒、厩の新築を二棟、灰小屋の新築を一棟行っている。普請は「村方申合、竹木縄藁、諸色銘々持寄」(71) って行われた。また、二月に西大井村は報徳加入金を集め、尊徳に差し出している。その金額は一二両三分余りと、前年四月の一四〇〇両に比べれば極めて少ないが、すでに前年に多額の加入金を出したためであろう。この加入金は「農間朝夕相励、草鞋等を作出し、或は衣類諸道具売捌代金、或は山草苅取差出、御趣法御土台被成下置候」と、草鞋や衣類・諸道具を売り払った代金や、山草の刈り取り代金などを用意し、差し出したのであった。(72)

以上のように、仕法二年目には村柄や個人の暮し方についての取り調べが行われなくなり、出精人の表彰や報徳田の貸与、報徳加入金の納入など、前年と同じ内容も見られるが、酒匂川の護岸用の石を集めたり、用水や居宅・厩・灰小屋の普請といった、前年には見られなかった仕法内容が見られるようになる。

仕法三年目をむかえた天保一三年、西大井村は正月から農民の暮し方を取り調べている。所持地・小作地からの作徳米・小作米から年貢や飯米などの必要経費を差し引き、最終的に浮金（余剰）が出ているのか、あるいは不足のために米金の貸与を受けたのかを個人ごとに書き上げて尊徳に差し出している。それによると、五六人中、若干でも浮金があったのは二六名、二九名は何らかの米金の貸与を受けている。(73) 彼らの暮し方についての取り調べはその後も行われており、仕法の成果として後述することにしよう。

翌二月には前年・前々年と同様に、出精人の入札を行っている。一番札になった市三郎は六反五畝歩、二番札の長蔵は四反五畝歩、三番札の安兵衛は二反一畝歩の報徳田を借用した。安兵衛と同じ票数で三番札になった徳次郎は報徳田を受け取っておらず、なぜか組頭の為八郎が借用している。市三郎はこの外に無利息金一〇両を借りることができ、また褒美として金四両二分、鍬一枚が与えられた。褒美は長蔵（金二両二分、鍬一枚）、徳次郎と安兵衛（金二分、鍬一枚）、さらに入札で四番札となった安右衛門と市蔵は金一分と鍬一枚をそれぞれ受け取った。(74)

二月から三月にかけては諸普請が行われている。まず、二月七日から一四日にかけて延べ三六六人が道普請に出ている。これは道幅を広げる普請で、金手村から三一人の助成があった。また、同月二二日から二五日にかけて、合計一四四二間半（約二六〇〇メートル）の悪水堀普請を行っているが、その普請は酒匂川東岸の三七か村から二六八五人が参加して行われた。さらに、三月一一日から一三日にかけては古堰浚い普請が行われ、延べ七〇人の人足が出たり、二月二七日には西大友村、三月一〇日には成田村、同一一日には桑原村（小田原市）の道普請に手伝い人足として合計六三人が赴いている。このように、西大井村の普請に他村から助成を得たり、西大井村の者が他村の普請に手伝い人足として出向くなど、互いに普請を成就させた。(75)

天保一二年一二月から一三年五月二日にかけて、橋掛け普請や大川（酒匂川）通り川除普請を進めるなど、村柄復興の具体的な仕法が講じられた。これらの普請で得られる賃金の大部分は報徳加入金として差し出された。その額は米四五俵余りと金一四六両余りで、(76)同年一二月にも二七両余りの加入金が差し出された。(77)

六月には西大井村伴右衛門の家作が行われた。(78)その普請入用は、大工賃や材木代などの入用が二五両余りとなっている。このほかに縄二九〇房や竹二束半は村内の者と隣村鬼柳村からの持ち寄りによるものであった。馬三五疋と人足九二人の助成をうけているが、一部は鬼柳村からの助成であった。この伴右衛門家は、以前は伴治と名乗り、名主役を勤めた家である。同家は寛政年間（一七八九～一八〇〇）に潰百姓となり、出精人入札の投票にも参加できず、その名前さえ記されなかった。村方は「祖先之勤功も有」、「血脈相続之者」もおり、「村柄取直被下置候御趣意に基」づいて、同家を普請したと尊徳に報告している。伴右衛門家の家作は、潰百姓の家の家作という意味だけでなく、「普請成就仕候上は、外に潰百姓無御座、村柄古に復候同様」であると記しているように(79)、西大井村復興の一つのバロメーターと意識されていたのであった。

八月にはいると、村内の者が酒匂川の堤防に囲石を持ち寄ったり、九月には道普請を行っているが、それらの作業はいずれも休日に行われた。その人足には部屋住みの者を含む労働可能な者が多数参加している(80)。これらは前年と同じ仕法内容で、西大井村をはじめ、酒匂川東岸の村々も似たような仕法が行われたようである。こうした仕法は小田原領の仕法が廃止される弘化三年(一八四六)まで続けられたが、その内容は以上見てきた事業を繰り返したもので、それを繰り返しながら村の生産・生活の場を建て直していったのである。

おわりに

天保一二年(一八四一)六月一八日から七月八日にかけて、小田原領東筋の代官川口漉右衛門と山崎金五右衛門が酒匂川東岸の村々を回村した。その時の様子を「出郷中雑記(81)」に記しているが、その中に金子村や西大井村の「報徳」に対する気運の様子や仕法の内容を概述している。その一部を見ておこう。

金子村名主市左衛門は村内の報徳世話人で、所持高七四石の大百姓であった。同村の平均所持高が九石余り(実際は八石余り)ということで、彼も九石で生活し、残りの約六五石は村復興のために差し出すという。また、彼は貸付金が二〇〇両あったが、相手(債務者)の生活が立ち直るまで返済を猶予している。さらに竹木・衣類・

諸道具を売り払って一〇両三分を加入金として差し出した。同じ報徳世話人であった何兵衛も所持反別の内、七反四畝歩を村に報徳田として差し出したり、報徳加入金三両三分を差し出している。このように仕法実施の気運が高まっていることを述べたうえで、村全体の様子について触れ、村中で早朝より草刈りを行ったり、報徳加入金を差し出したり、道筋を怠りなく繕っていることなどをあげている。代官は部屋住みの者を集めて教諭を加え、その部屋住みの者も仕法に積極的に参加していることを評し、それは市左衛門をはじめ村全体が「報徳」の心を専らに執り行っていると褒め、村復興が順調に進んでいるのは「全ク若三郎心配行届候故之儀」であると、名主若三郎の存在の大きさを指摘する。

若三郎が村内で行った代表的な仕法の一例を紹介しておこう。(82)

> 十三代　若三郎善包、間宮家ハ名門ノ裔ヲ以テ（中略）領主大久保侯ヨリ封内名主惣代トシテ東筋名主惣代ヲ命セラレ、常々小田原城下ニ往来シテ助郷役ヲ勤メ、精励克ク、其職ヲ尽クセシヲ以テ名声大ニ揚リ、侯ヨリ帯刀ヲ許カシ、裃ヲ賜ハル、藩吏山崎金五右衛門ト親交アリ、共ニ二宮翁ニ私淑シ、本村上川原ノ地、川音川ノ水害ニ罹リ、良田湮滅《インメツ》シテ荒廃ニ帰センヲ以テ、之レカ開墾計画ヲ立テ、藩吏ノ派遣ヲ乞ヒ、酒匂川ノ上流ニアル松田堰ヲ拡張延長シテ、川音川ニ合流シテ東方ニ引キ、上川原ニ達セラル新堰ヲ設ケ、余流ヲ東南ニ導ビキ、坊（亡）村及空地ニ及ボシテ灌漑ニ供シ、一方水神松下ノ山脚ヲ切リ取リテ良田トナシ、材木ヲ伐採シ、拓キタル畑ニ各々水口ヲ設ケテ田トナシ、以テ上田盛開墾事業ヲ完成セリ、之ニ依リテ嘉永七年甲寅十一年十八日付ヲ以テ、袴脇差可差免免状ヲ賜ハル（後略）

一三代若三郎（善包）は二宮尊徳の教えを受けて、村内上河原の地を開墾し、村復興を意図していたという。その功によって彼は袴・脇差しを許された。

西大井村の仕法内容は前述した通りで、「出郷中雑記(83)」も同様のことを記したうえで、村全体の報徳仕法に対する気運について代官は次のように述べている。同村の農民らは「報徳之大徳ニ而如何成悪魔も立ち去る心地ニ相成」仕法に出精しているという。その出精ぶりの一例として、同村の為八郎と勘右衛門が野州にいた尊徳のもとに赴いた時の出来事をあげている。

一、同村（西大井）為八郎・勘右衛門野州表江罷越候留守中、仕附時ゟ草引（取カ）最中ニ御座候処、誰申出候とも無之、真先ニ両人之田畑仕附、草引等懇ニ致呉、却而当人共耕作致候ゟ丁寧ニ致呉、出来方茂宜敷、銘々相歓居候事

つまり、留守中の為八郎と勘右衛門に代わって、村の者たちが両人の耕地の草取りを丁寧に行ったというのである。さらに、「当（天保一二年）年柄作付之様子も分而之出精」にて順調であることを明らかにし、西大井村は「東筋ニ而は一番ニ仕上ケニも可相成」とし、東筋の他の村々の「立直手本ニも可相成」と褒めた。

天保一二年六月から七月にかけて東筋の村々を回った代官の川口と山崎は以上のように書き留め、尊徳に報告した。右の三か村は、いずれも「報徳」気運が高まり、農民たちも出精していると褒めている。他の村、特に山田・赤田・篠窪・高尾の四か村には代官の回村がなく、その様子は明らかでないが、高尾村には天保一五年四月に村内の者が「報徳連銘規定書」を作成し、「報徳」に出精することを議定している。さらに部屋住の者も同様

な「規定書」を作成し、連名している。(84) このように、代官の回村がなかった村々でも村復興の気運が高まりをみせていたことがうかがえよう。

では、報徳仕法が行われたことで、個々の農民の年間の収支状況がどのように変化したであろうか。表15は各戸の耕作反別ごとの収支について、「不足」(赤字)であるか、「浮金」(黒字)を生じたか、あるいは収支が〇(ゼロ)であったかを示したものである。まず、天保十三年(実態は一二年を示す)は五三パーセントに相当する二九戸がであったが、翌一四年(実態は一三年を示す)には「不足」と「浮金」の家が半数になっている。同一五年(=弘化元年)五月頃には「浮金」の家が「不足」の戸数を上回るようになり、「不足」戸数の減少と「浮金」を生じる戸数の増加という傾向を読み取ることができ、報徳仕法の効果が着実に顕れていた。これを階層別でみると、「浮金」を生じている者の多くは耕作反別が一町二反歩以上の者で、それ以下の層には「不足」の者が多い。天保一五年前半の様子を見ると、八反歩以上の者の多くが余剰を生み出すようになり、「浮金」を生じる者の層が拡大していることがわかる。

この傾向は弘化元年一二月においても大きな変化はなかったが、翌弘化二年の前半期には「不足」の戸数が激増し、六一パーセントに相当する三九名が「不足」になっている。二町歩以下の者の多くは「不足」となっている。報徳仕法の成果は薄れ、天保一二年の状況よりも悪化した。弘化二年前半に何があったのか、これは今後の課題である。小田原藩は弘化三年七月に報徳仕法の廃止を決定するが、その背景には弘化二年前半以降の「不足」者の増加という状況も考えておかなければならないであろう。

表 15　西大井村階層別「不足」・「余剰」人数

耕作反別	天保13年正月			天保14年正月			天保15年5月			弘化元年12月			弘化2年6月		
	不足	0	余剰	不足	0	余剰	不足	0	余剰	不足	0	余剰	不足	0	余剰
2.5 町以上															1
2.4 〃 ～ 2.5 町未満															
2.3 〃 ～ 2.4 〃						2		1				1			
2.2 〃 ～ 2.3 〃			1						1	1					2
2.1 〃 ～ 2.2 〃				1		1			1			1			1
2.0 〃 ～ 2.1 〃	1		2	1		3	2		4			3			1
1.9 〃 ～ 2.0 〃			3		1	2			1			2	2		1
1.8 〃 ～ 1.9 〃	1		3			1			2	2		3	2		1
1.7 〃 ～ 1.8 〃			1						2			1	1		
1.6 〃 ～ 1.7 〃			1			1						2			1
1.5 〃 ～ 1.6 〃	1		3			4			4	1		4			1
1.4 〃 ～ 1.5 〃	1		2			3	1		3			1	2		
1.3 〃 ～ 1.4 〃	2		1	1		1			2	1		1	1		
1.2 〃 ～ 1.3 〃							1		1			2	1		2
1.1 〃 ～ 1.2 〃	2		2	1		3	1		1				2		2
1.0 〃 ～ 1.1 〃	1		2	1	1				1	1		1	2	1	
0.9 〃 ～ 1.0 〃	3		1	2			2			2		1	3		2
0.8 〃 ～ 0.9 〃	1			1		1	3		1	2		2	2		
0.7 〃 ～ 0.8 〃	3		1	4	2		5			5			4		2
0.6 〃 ～ 0.7 〃	2		1	1			1					1	3		1
0.5 〃 ～ 0.6 〃	1			1		1	2			6		1	4		
0.4 〃 ～ 0.5 〃	3			4			3			2			5		2
0.3 〃 ～ 0.4 〃	2			2						2				1	1
0.2 〃 ～ 0.3 〃	1						1			1	2		1		
0.1 〃 ～ 0.2 〃	1			1		1	1		1	1		1			
1反歩未満	1			1			1						1		
作徳米のみ	2		2	3		1		2	2			1			
計	29		26	25	4	25	24	3	27	27	2	29	36	2	21

〈出典〉『二宮尊徳全集』第 15 巻 129 頁

註

（1）天保一〇年一二月～同一一年七月「小田原出張中日記」（全集一五巻五五〇頁～）。

（2）小田原領村々の報徳仕法に関する主な先行研究は序章第二節であげたとおりである。

（3）天保一一年四月「難村御取直御趣法願書扣帳」（全集一八巻二頁）。

（4）天保八年三月「暮方夫食取調帳」（間宮恒行家文書、神奈川県立公文書館蔵）。

（5）天保八年三月「相州駿州御領分村々之内報徳貸付寄帳」（全集一五巻七九八～八〇一頁）。本論第三章参照。

（6）『開成町史　資料篇　近世Ⅰ』（一九九七年）一九九号文書。

（7）註（4）に同じ。

（8）天保八年三月「御仁恵並加金書上帳」（全集一八巻三～五頁）。

（9）天保八年三月「御請書」（篠窪　小島睦男家文書、神奈川県立公文書館蔵）。

（10）『開成町史　資料篇　近世Ⅰ』二〇〇号文書。

（11）天保七年三月「上書写」（全集一五巻三九一頁）。

（12）天保八年二月「御趣法金御拝借証文之事」（全集一五巻七九二～七九三頁）。

（13）天保九年正月「御趣法金御拝借証文之事」（全集一

五巻八三五頁)。
(14)天保七年二月~天保九年「報徳金返納済裏書扣帳」(全集一五巻一〇八五頁)。
(15)全集三巻六二二頁。
(16)天保一二年三月「御趣法向出精村々書抜帳」(全集一五巻六一〇~六一二頁)。
(17)天保一三年六月九日「御趣法向書状壱通」(全集一五巻六四一頁)。
(18)天保一三年六月九日「御趣法向書状壱通」(全集一五巻六四二頁)。
(19)全集八巻四七二頁。
(20)全集九巻三八四頁。
(21)嘉永六年の地震直後に下吉田嶋村(開成町)名主六郎右衛門や中沼村(南足柄市)名主田造といった報徳仕法の推進者が被害の復旧を指導した。彼らがそれを出来たのは、天保期に尊徳の教えを受け、実際に自村で報徳仕法を指導した経験が生かされたからである。小野崎尊和「嘉永期小田原藩政と危機対応――嘉永六年小田原大地震の事例――」(『神奈川地域史研究』一七号、一九九九年三月)を参照。
(22)全集九巻三九八頁。
(23)六郎右衛門については高田稔「吉田島村井上六郎右衛門と辻村徳兵衛」(『開成町史』七号、一九九三年三月)を参照。
(24)全集三巻八八一~八九五頁。
(25)天保一二年四月「子年取穀浮徳米取調帳」(全集一七巻三〇頁)。
(26)天保一二年三月「報徳加入金取調帳」(全集一七巻六二~六三頁)。『開成町史　資料篇　近世I』二一二号文書。
(27)天保一一年一一月「余服余器売払取調帳」(全集一七巻四二~四五頁)。
(28)天保一二年二月「屋敷囲竹木売払取調帳」(全集一七巻四七~四八頁)。
(29)天保一二年三月「馬沓藁鞋縄加入取調帳」(全集一七巻六三~六九頁)。
(30)天保一二年四月「報徳日掛月掛取調帳」(全集一七巻六九~七七頁)。
(31)天保一二年四月「奇特人酒代加入取調帳」(全集一七巻七七~七八頁)。
(32)天保一二年二月「出精人入札取調帳」(全集一七巻四五~四六頁)。

(33) 天保一二年二月「奇特人褒美取調帳」(全集一七巻四六〜四七頁)。
(34) 註(17)に同じ。
(35) 天保九年三月「家株並借財取調書上帳」(全集一七巻二四二〜二四三頁)。
(36) 註(35)の二四三頁。
(37)〜(39) 足柄上郡開成町牛島　草柳正男家史料。
(40) 天保九年三月「家株並借財取調書上帳」(全集一七巻二二三〜二二九頁)。
(41) 天保一一年四月「田畑借財取調帳」(全集一七巻二四一頁)。
(42) 天保九年一二月「儀定書」(全集一七巻一九〇〜一九三頁)。
(43) 天保一一年三月「報徳過入金取調書上帳」(全集一七巻一九三〜一九六頁)。
(44) 註(16)に同じ。
(45) 留岡幸助『二宮尊徳と釼持広吉』(警醒社書店、明治四〇年)一二〜一四頁。
(46) 天保九年九月「借財金取調書上帳」(全集一七巻一二四頁)。
(47) 天保九年九月「借財金返済手段帳」(全集一七巻一二四〜一二五頁)。
(48) 天保九年九月「借財金返済趣法帳」(全集一七巻一二五〜一二六頁)。
(49) 天保一三年一〇月「嘆願書」(全集一七巻一七九〜一八一頁)。
(50) 天保一三年一〇月「源次家株借財取調帳」(全集一七巻一八一〜一八三頁)。
(51) 天保一四年二月「借財貸金取調帳」(全集一七巻一八三〜一八五頁)。
(52) 註(49)に同じ。
(53) 註(51)に同じ。
(54) 註(49)に同じ。
(55) 天保一一年三月「報徳加入金取調書上帳」(全集一七巻一二六〜一三四頁)、天保一一年三月「報徳加入金取調帳」(足柄上郡開成町宮台　草柳才助家史料)。
(56) 天保一二年一二月「報徳加入金取調帳」(全集一七巻一二八〜一三四頁)。

(57) 天保一三年九月「丑暮貸附取調帳」（全集一七巻一三五〜一三六頁）。
(58) 註（16）に同じ。
(59) 天保一四年正月「村方借財取調帳」（全集一七巻一三六〜一四三頁）。
(60) 天保一四年正月「寅年御加入金銘書上帳」（全集一七巻一四八〜一五一頁）。
(61) 弘化三年二月「小田原御仕法向取纏方往返書翰留」（全集一九巻一一一六〜一一一七頁）。本書第九章参照。
(62)『開成町史　資料篇　近世（1）』一九号文書。
(63) 天保九年正月〜一二月「天保九戊戌年日記」（全集一五巻五二二〜五四九頁）。
(64) 天保一一年四月「難村御取直御趣法願書扣帳」（全集一八巻一〜三頁）。
(65) 天保一一年四月「西大井村出精人入札帳」（全集一八巻七二〜七四頁）。
(66) 天保一一年一二月「出精人作取浮米並暮方書上帳」（全集一八巻一〇五〜一〇八頁）。
(67) 天保一二年正月「大川堤囲石持人足書上帳」（全集一八巻一〇九〜一一〇頁）。
(68) 天保一二年閏正月「用水堰堀人足取調書上帳」（全集一八巻一一三〜一一五頁）。この用水普請については、本書第七章「堀と道普請にみる報徳仕法」で検討する。
(69) 天保一二年閏正月「西大井村出精人入札帳」（全集一八巻一一〇〜一一二頁）。
(70) 天保一二年一二月「出精人作取浮米並暮方書上帳」（全集一八巻一二六〜一二九頁）。
(71) 天保一二年二月「屋根替並灰小屋普請書上帳」（全集一八巻一一二頁）。
(72) 天保一二年五月「報徳加入金取調書上帳」（全集一八巻一一六頁）。
(73) 天保一三年正月「去丑暮方銘々取調書上帳」（全集一八巻一二九〜一五〇頁）。
(74) 天保一三年二月「西大井村出精人入札帳」（全集一八巻一五二〜一五八頁）。
(75) 天保一三年三月「道橋川堀川除囲石諸色並人足書上帳」（全集一八巻一五八〜一六四頁）、天保一三年三月「悪水堀人足取調書上帳」（全集一八巻一六四〜一六九頁）。この用水普請および道普請については、本書第七章「堀と道普請にみる報徳仕法」で検討する。
(76) 天保一三年「報徳加入金取調書上帳」（全集一八巻一七三〜一九七頁）。

(77) 天保一三年一二月「報徳加入金取調書上帳」(全集一八巻二一九〜二三三頁)。
(78)・(79) 天保一三年六月「伴右衛門家名相続普請入用書上帳」(全集一八巻二〇八〜二一一頁)。
(80) 天保一三年九月「当村方道筋繕普請人足取調書上帳」(全集一八巻二一三〜二一四頁)。
(81) 天保一二年六月一八日より「出郷中雑記」(二宮家伝来資料、報徳博物館蔵)。なお、同史料の読み下しは、拙稿「小田原領東筋代官の回村指導報告書」(一円融合会『かいびゃく』平成一〇年一一月〜同一一年一月号)に掲載した。
(82)「最明寺古文書一一」(足柄上郡大井町金子　最明寺蔵)。ほぼ同文が『足柄上郡誌』(足柄上郡役所発行、大正一三年)に掲載されている。
(83) 註(81)に同じ。
(84) 天保一五年四月「報徳連銘規定書」・「報徳部屋住連判帳」(足柄上郡大井町高尾　近藤巌家資料)。

〈補論2〉小田原領の困窮人

天保九年(一八三八)正月一日に、二宮尊徳は野州桜町陣屋から小田原に到着し、九月末まで藩と報徳仕法についての話し合いを進め、領内の上新田・中新田・下新田(小田原市)などに仕法を実施した。五月五日からはほぼ生誕地の栢山村(小田原市)に滞在するが、この頃藩領東筋の困窮人を取り調べたようで、その書き上げが尊徳のもとに届けられた。尊徳はそれを翌天保一〇年二月に「困窮人相続方取調帳」(全集一六巻七九〜一二六頁、天保九年五月の日付)と題してまとめ、藩の大勘定奉行鵜沢作右衛門をはじめ、三筋(東筋・中筋・西筋)の代官と手代あてに提出している。同史料は東筋における困窮人二〇二名の暮らし向きを記しており、ここではその困窮人一端を見てみよう。まず、史料の冒頭部分を紹介しておこう。

一家内六人、父壱人、三人幼若　　　　　　下新田村　平兵衛

一所持　屋敷計

一小作田　七反歩

一稼　　定使

一名田　上田壱反八畝弐拾壱歩、代金六両壱歩壱朱　下新田小八方へ

一借金　弐両

此訳

金壱両　中新田平次郎方

金壱両　鴨宮村庄之助方

（下げ札）「両人共利壱割弐分五厘」

但右金子定使給米を以返済致候積

此作米八俵弐斗

内五俵弐斗　　御年貢諸懸り

引〆三俵

一父長々病身、当人去酉（天保八年）病難

下新田村の平兵衛は、父と三人の子供、それに本人と妻の六人家族であった。父は以前から病身で、平兵衛自身も天保八年から病気になったという。同家は屋敷地のみを所持し、七反歩の小作地と定使の稼ぎが生活の基礎

表16　東筋困窮人暮し向き概略

家族人数	軒数（%）	病人がいる家	奉公人を出している家	所持地		小作地		諸稼ぎ		借　金	
				有	無	有	無	有	無	有	無
9人	1 (0.5)		1		1	1		1		1	
8人	18 (8.9)	1	10	10	8	18		15	3	17	1
7人	22 (10.9)	3	12	15	7	17	5	16	6	20	2
6人	34 (16.8)	6	13	21	13	27	7	28	6	31	3
5人	40 (19.8)	3	10	33	7	34	6	28	12	38	2
4人	39 (19.3)	9	13	28	11	28	11	27	12	32	7
3人	27 (13.4)	5	6	16	11	16	11	21	6	23	4
2人	16 (7.9)	5	2	10	6	8	8	9	7	13	3
1人	5 (2.5)	1	1	1	4	1	4	1	4	1	4
計	202 (100.0)	33	68	134	68	150	52	146	56	176	26

〈出典〉『二宮尊徳全集』第16巻79～126頁

であった。彼の家はもともと上田一反八畝歩余りの名田を有していたが、(1)同村の小八に六両一分余りで売り渡した。借金は二両で、中新田村の平次郎と鴨宮村の庄之助から一両ずつ借りていた。利息は下札に一割二分五厘と記され、定使の稼ぎで返済するとしている。収穫は米八俵二斗で、年貢諸懸かりで五俵二斗支払うと、三俵の作徳米が平兵衛の手元に残るというのである。(2)

下新田村平兵衛をはじめとする困窮人二〇二人の暮らし向き(3)の様子を簡単にまとめたのが表16である。家族人数は四～六人が多く、全体の五六パーセントを占める。七人以上の大家族は二〇パーセントを超え、「家内多にて難渋」などと記されるケースが多い。この文言は六人以上の家族にしか見られない。前川村（小田原市）の久兵衛（六人家族）には「家内多く、子供死去」とある。家族の死亡を困窮の理由にしているのは、四人以下の家族に多く、国府津村（小田原市）助右衛門（四人家族）の項には「四年已前両親死去、当春女房病死、子供四人死去、何も長病」（全集一六巻一〇二頁）とある。同家はこの年の春まで女房と子供四人を含む九人家族だったことになる。家族に病人を抱えていたのは二〇二軒中三三軒、全体の一六パーセントになる。また、家族の誰かを他所他家に奉公に出している家は六八軒と多く、全体の三分の一余りを占めている。七人以上の家族では、五〇パーセント以上の家で、家族の誰かが奉公に出ていた。

次に、所持地と小作地について見てみよう。何らかの所持地を有する者は一三四軒（六六パーセント）で、小作地を有する者は一五〇軒（七四パーセント）であった。所持地を持っていないことや、小作地を有していることだけが「困窮人」の要素ではないことがわかる。彼らの所持地と小作地の所有状況を示したのが表17である。一口に「困窮人」といっても所持地と小作地の所有状況は様々であった。所持地を四反歩以上有する者は一八名で、このうち小作地を持たない者は二名にすぎない。残りの一六名は小作地を有するが、一名を除けば所持地の反別の方が多くなっている。一反から四反歩の所持地を持つ者には、一町歩以上の小作地を有する者から全く小作地を有しない者まで見られる。

困窮者にとっては所持地・小作地の耕作だけが生産の手段ではなく、前出の下新田村平兵衛は諸稼ぎとして「定使」を行っていた。何らかの諸稼ぎをしている者は一四七名（七三パーセント）を占め、諸稼ぎをしていない者五五名（二七パーセント）の多くは他所他家に奉公しており、彼らの生活にとって諸稼ぎと他家への奉公は重要な意味を持っていたといえる。諸稼ぎの職種は人夫的稼ぎ、商人的稼ぎ、職人的稼ぎに大別できる。人夫的稼ぎは諸稼ぎ全体の七五パーセントを占め、中でも季節を撰びつつ比較的簡単に収入が得られる「日雇い稼」が最も多い。(4)「往来稼」は、酒匂川の川越えや往来運搬などの稼ぎで、東海道沿いの村の者が多く、この地域の特徴的な稼ぎといえる。下新田村平兵衛が行っていた「定使」は村に抱えられ、村入用から給米（給金）が与えられた。漁業に携わっていた一一名は、いずれも海に近い村の者で、これも地域的な稼ぎといえる。

表 17　東筋困窮人の土地所持状況

小作地反別＼所持地反別	所持地なし	1反未満	1反～2反	2反～3反	3反～4反	4反～5反	5反～6反	6反～7反	7反～8反	8反～9反	202
1.5 町以上～ 2 町未満	1										1
1 町 〃 ～ 1.5 町 〃					2						2
9 反 〃 ～ 1 町 〃	1		2	2	1						6
8 反 〃 ～ 9 反 〃	8		3								11
7 反 〃 ～ 8 反 〃	4	3	1	1							9
6 反 〃 ～ 7 反 〃	4	1	3	1	4						13
5 反 〃 ～ 6 反 〃	1	1	2	1	3	1	1				10
4 反 〃 ～ 5 反 〃	6	2	3	1	3		2	1			18
3 反 〃 ～ 4 反 〃	9	3	5	1	5	3					26
2 反 〃 ～ 3 反 〃	8	2	4	5	3	3	2	2			29
1 反 〃 ～ 2 反 〃	6		2	3	2					1	14
1 反歩未満	2		4	1	4						11
小作地なし	18	4	8	12	8	1	1				52

〈出典〉『二宮尊徳全集』第 16 巻 79 ～ 126 頁

次に困窮たる要素を最も良く示すと思われる借金について見てみよう（表19）。東筋困窮人二〇二人の八七パーセントに相当する一七六名が何らかの借財を抱えていた。借財の総額は七〇一両で、一人平均約四両になる。借金の金額を階層別にみると、所持地や小作地を有し農業経営を基盤としていた者ほど多く、農業経営から遊離していた者ほど少ない傾向にある。

下新田村平兵衛はかつて上田一反八畝二一歩の名田を所持していたが、それを同村の小八に六両一分一朱で売り渡した。この土地が検地帳などに登録された同家の名請地であったかは確認できないが、平兵衛にとっては売却できる土地であったことは確かである。ここでいう「名田」とは、もともと彼らが有していた土地の内、売り渡した土地と理解でき、その残りが「所持地」

表18　東筋困窮人の諸稼ぎ

困窮人軒数	202		
諸稼ぎなし	55		
人夫的稼ぎ	日雇い	76	134
	往来稼ぎ	34	
	定使	13	
	漁業	11	
商人的稼ぎ	天秤稼ぎ	17	29
	小商い	3	
	魚商い	3	
	水車商い	2	
	その他	4	
職人的稼ぎ	屋根葺き	7	20
	綿打ち	4	
	沓・草鞋	3	
	木挽き	1	
	その他	5	
延べ人数	183		

※複数の諸稼ぎをする者がいるため延べ人数は合計と合わない

として残されたと考えられる。困窮人二〇二人の内、こうした名請地を有していたのは一三九人で、全体の約六九パーセントを占めていた。困窮人の約三分の二以上は、ここに至る過程で所持地の全部あるいは一部を手放しているが、その面積が小さいことから、二〇二人の多くはもともと所持面積が少ない下層農民であったと考えられる。このように、困窮人の暮らし向きを調べたうえで、尊徳は彼らに一〇七七両余の報徳金を貸与した。下新田村平兵衛に貸し付けられた報徳金について、次のように記している（全集一六巻二六二頁）。

上田一反八畝二一歩　受戻金　下新田
一金六両一分二朱　平兵衛

平兵衛は上田一反八畝歩の「受戻金」として、売り渡し代金と同じ六両一分二朱の報徳金を借用している。「名田」を有し報徳金を拝借した全員の様子を表示することはできないが、名田の売り渡し金額が七両以上の者は七両の報徳金を、「名田」の売り渡し金額が七両以下で三両以上の者は、売り渡し金額と同額の報徳金を、売

表19　東筋困窮人の借金状況

借金の有無		借　金　額	借用人１人当たりの借金	１人当たりの借金
有	無			
176	26	701両2分2朱	約4両	約3両2分

〈出典〉『二宮尊徳全集』第16巻79～126頁

り渡し金額が三両未満の者へは五両を貸与し、「名田」を受け戻させ、残りを「主段貸」と称して、何らかの手段を講じる資金とさせた（表20）。また「名田」を有していなかった者には一律五両を貸与し、「主段貸」と称して、土地の購入などの何らかの手段を講じるための報徳金が貸与された。彼らへの報徳金貸し付けが「名田」の受け戻し[5]と「名田」を有していなかった者への土地購入などの起業資金を目的としていたことがわかる。[6]

註

（1）この「名田」が検地帳に登録された名請地を意味しているかどうかはっきりしない。これ以前に平兵衛が有していた土地で、売り渡されたこと以外は明らかでないが、名田の売買については後に触れたい。

（2）平兵衛の場合、所持地はなく、小作地七反歩で八俵二斗の作米を得たことになる。ところが、所持地や小作地を有する者に作米などの記載がない者も多く、逆に所持地・小作地を持たない者に「作米」の記載が見られることがある。「作米」については不明な点が多いが、ただ「名田」の記載がある者だけに「作米」の記載があり、今後、両者の関係を明確にしなければならないであろう。

（3）この史料は、これまで天保飢饉による打撃で、困窮人の間で脱農化が進んでいる状況を示すものとして使用されてきたが、脱農化が進展しているか後退しているのかをこの史料だけで明らかにすることはできない。本稿では、まず報徳仕法直前の困窮人の暮し向きを明らかにし、その上で報徳仕法が彼らの生産基盤をどのように改変しようとしたのかという視点からこの史料を検討したい。

（4）日雇いなど人夫的稼ぎが多い一つの理由として、天保期に彼らの給金が高騰したこともあげられよう（内田清「天保期の小田原藩領中里村と報徳仕法」『小田原地方史研究』三号）。

（5）名田の請戻しが比較的容易にできた背景に、この地方の土地売買慣行の主流が「有り合せ売渡し」であったことを見逃すことはできない。「有り合せ売渡し」は土地の売渡し代金を売り主が買い主に支払えば、何時でもその土地を請戻せるというものである。こうした土地売買慣行が小田原領全体でどの程度の比重を占めていたかは明らかでないが、『二宮尊徳全集』第一六巻に所収されている土地売買証文の大部分は「有り合せ売渡し申す田畑の事」となっている。

（6）これまで、困窮人をはじめとする下層農民への救済資金（報徳金）が、上層農民へのそれに比べて少なく、彼らは「仕法の対象外におかれた」とされてきた。ここでの問題は、その金額の高低ではなく、報徳金が各層の農民の救済復興に、どのような方向性をもって貸与されたかであろう。本稿では、小田原領の困窮人に対し、名田を有していた者にはそれを請け戻させ、名田を有していなかった者には何らかの土地を所持できる手段を講じる、そうした目的をもった報徳金貸与が行われ、彼らの経済的基盤の確保をめざしたことを明かにした。

表20　名田売渡し金額と報徳金貸与金額
（所持地１反以上４反未満層で小作地より所持地反別が多い者）

No.	村名	困窮人名	名田反別	売渡し代金	報徳金高	報徳金使途
1	網一色	惣兵衛	7反3畝	56両2分	7両	名田の内請戻
2	延清	常次郎	1反8畝	7両2分	7両2分	名田請戻
3	金子	幸右衛門	2反1畝	7両1分	7両1分	〃
4	金手	彦兵衛	1反5畝	6両2分	6両2分	〃
5	矢作	惣右衛門	9畝2歩	6両2朱	6両2朱	〃
6	酒匂	幾蔵	1反8畝	6両	6両	〃
7	田嶋	伝八	3反3畝5歩	5両2分	5両2分	〃
8	高田	佐次兵衛	1反	5両2分	5両2分	〃
9	田嶋	文七	1反7畝	5両1分	5両1分	〃
10	上大井	儀右衛門	2反1畝	5両	5両	〃
11	飯泉	林八後家	2反	5両	5両	〃
12	鴨宮	常右衛門	1反2畝	5両	5両	〃
13	羽根尾	滝次郎	1反	5両	5両	〃
14	羽根尾	紋七	9畝	5両	5両	〃
15	金子	弥五右衛門	1反8畝	4両3分	4両3分	〃
16	国府津	半蔵	1反6畝	4両2分	4両2分	〃
17	中新田	新右衛門	6畝	3両	3両	〃
18	田嶋	金兵衛	1反	2両	5両	〃、手段貸し
19	曽我別所	仁右衛門	6畝	2両	5両	〃、〃
20	成田	茂十郎	1反	1両1分	5両	〃、〃
21	千代	八郎右衛門			5両	手段貸し
22	西大井	國右衛門			5両	〃
23	千代	其八			5両	〃
24	成田	五兵衛			5両	〃
25	前川	久右衛門			5両	〃
26	網一色	平吉			5両	〃
27	川匂	平四郎			5両	〃
28	下堀	菊右衛門			5両	〃
29	前川	治郎右衛門			5両	〃

〈出典〉『二宮尊徳全集』第16巻79～126頁、259～265頁

第七章　用悪水堀と道普請にみる報徳仕法

はじめに

天保一〇年（一八三九）一二月に小田原入りした二宮尊徳は、翌年正月二三日に足柄上郡竹松村（南足柄市）に赴き、二か月間同村の復興仕法を実施した。三月二二日には隣村の曽比村（小田原市）に移り、同村の村柄取直し仕法に着手している。(1) 両村において尊徳は出精人の入札（投票）、入札者への褒賞や報徳金の貸与、家小屋などの普請、田地の請戻し等々の仕法を講じた。このほか、竹松村では「新悪水抜」きや「新川並堰さらい」(2) が、曽比村でも「堰堀川浚」(3) いが行われた。日記の四月二三日の項には、この堰浚いに出た人足数と扶持米を計算しており、竹松村の人足は三二二人、扶持米一四俵二斗八升、曽比村では二九八人、扶持米一三俵二斗五升とある。日記はさらに続けて「武永田堰」の拡張工事に携わった人足数と扶持米を書き上げている。(4) 竹松村・曽比村の近隣村である牛島村・下吉田島村・上吉田島村・宮台村・延沢村・金井島村（開成町）の六か村で五四五人がこの普請に携わり、その扶持米は四一俵三斗七升余であった。この時期、尊徳が滞在した村およびその周辺で、用悪水堀の普請が集中して行われたことは注目してよいであろう。(5)

ところで、小田原領報徳仕法の研究でこうした水利普請に関するものは極めて少ない。(6)高田稔氏は「相州曽比村仕法顛末」(7)で曽比村の報徳仕法を取り上げ、天保一一年三月〜四月に尊徳が「御田地悪水抜見積り見分」をし、堰浚い普請が行われたことを記すが、具体的な検討は見られない。

これに対し、内田清氏は「竹松の報徳堀」(8)で竹松村を事例に、報徳堀普請について初めて本格的に検討している。同村には小芝原と三町田に二筋の報徳堀があり、小芝原の報徳堀は天保一一年三月に尊徳の指導のもとで普請が行われた約四〇〇間（七二〇メートル）の新排水路で、普請は二〇日間程要すると思われたが、わずか二日で完工したという。それは、工事のことを聞いた近隣村の三〇か村から多くの人足が駆けつけ、助成したことで実現できたという。排水路の普請によって下田だった所がたちまち上田になるなどの成果を得たことで、現地を視察する者が増え、領内では自力で同様な普請を行いたいという気運が一気に高まった。五〇年間も堰浚いができなかった前述の武永田堰を金井島村の弥太郎が模範的な働きによって普請を実現させたのもその一例であると指摘する。内田氏の検討の中心は三町田の報徳堀にあり、同報徳堀は嘉永元年（一八四八）三月から四月にかけて、同村の名主河野幸内が尊徳から内々に指導を受けながら、仕法仲間の援助をうけて実現した工事で、尊徳の方法を実践した村民の自力更生運動であったと位置づける。この悪水堀普請は近隣村の二一か村から人足一一二三人が参集して四日間で行われたことを明らかにする。そして、小田原領の報徳仕法高揚期に行われた西大井村ほか二か村の悪水堀工事と比較すると、参加村で五六パーセント、参加人足は四二パーセントにすぎず、小規模化していると述べている。

小田原領の村々で行われた報徳仕法、その中で悪水堀普請について（検討した史料に若干の問題がないわけではないが）本格的に検討した唯一の論考といえる。ただ、三町田の悪水堀普請を西大井村の悪水堀普請と比較することの意味は何だったのか、なぜ、年代的にも近い小芝原と西大井村の悪水堀普請を比較しなかったのかという疑問が残る。

用悪水堀の問題は一村だけで完結するものではなく、上流あるいは下流の村々との関係がある。とはいえ、一つの村の用悪水堀の普請に二〇か村以上の村から人足が自主的に駆けつけて手伝うということは、近世のこの地域において報徳仕法以外にありえただろうか。その点からみても、尊徳直接指導の報徳仕法が小田原領に与えた影響の大きさ、特異性を看取できよう。

そこで、本章では、内田氏が小田原領報徳仕法の高揚期に行われたと評した西大井村での用悪水堀普請を中心に（若干の道普請を含めて）、報徳仕法が行われているもとで、他の村々から自主的に助成人足が駆けつけることの意味について検討してみたいと思う。

第一節　竹松村報徳堀の開削とその影響

最初に、これまで内田清氏(9)によって論じられてきた足柄上郡竹松村の報徳堀開削の概要を見ておこう。

二宮尊徳が同村に滞在し、復興仕法を指導したのは、天保一一年（一八四〇）正月二四日から二か月間であった。(10)この間に同村において家屋敷の屋根補修、耕作出精人の表彰や報徳田の貸与、借財返済など報徳仕法が講じられた。(11)

また、仕法の過程で尊徳は、用水の便利・不便利な所や、耕作難渋の場所を見回り、思うところがあれば申し出るようにと、村民に指示した。野廻りをした者から、ことのほか湿地になっている中田が一枚あり、いま一度土を入れて耕作すれば実りもあるだろうという申し出があった。翌日、尊徳自らが見分したところ、この地は下から清水が湧き出る所で、その水は冬温かく夏冷たいために、冬には草が茂り、夏には稲が育たないという状況で、清水が抜けるようにすれば、近辺の田地も乾くと農民らに諭したという。そして、その地を掘り、悪水（清水・湧き水）を残らず「下もの溝」に流せば、付近の田地も上田になると、溝の開削を指示したのであった。農民たちにとっては思いもよらない指示であったが、相談して一日で幅二間余り（三・六メートル）、長さ二〇間（三六メートル）程を掘ったところ、四～五日程で近辺の田地の湿気も去り、一同が喜んだという。

右の悪水堀とは別の場所と思われるが、次のような堀浚いの例も記されている。尊徳が見分しても下田とは思えない地所で、水の抜け道がないために湿地となり、実りの悪い田地があった。この弊害を取り除くには新溝を掘り、悪水を下流の川に流す以外にはないとして、尊徳は新溝の開削を名主や同道させた数人の村人に指示した。人足については何の沙汰もしなかったが、新溝開削のことを聞きおよんだ近村・近郷の者が集まり、その日の昼頃には三〇〇人余りになった。普請には多くの婦女子も農具を持参して参加したようである。その結果、幅二間（三・六メートル）、長さ四〇〇間（七二〇メートル）余りの新溝開削工事をわずか二日で完工させた。人足等がどこから来たのか尋ねたところ、およそ三〇か村から集まったという。完工後直ちに帰宅してしまった者もおり、名前もわからない者も多いが、中には富貴に暮らし、農業をしたこともない面々が改心して参集したと思われる者もいたという。

報徳仕法の一環として開削された竹松村の新溝には、近村・近郷の者が普請を助成していた点が注目されよう。

しかも彼らは自主的に参加したのであって、強制的であったり、役負担として参加したわけではなかった。彼らが自発的に普請に参加した背景について、

此度幸ひ聊たり共相働御恩を報度旨申談、倶ニ普請場江罷出、辛苦を不厭、両日共ニ出精致し候由、右様之事ゆへ其余の者共ハ不及申、一和致し候上相勤候ゆへ、如此大普請忽出来候事ニ御座候

と述べている。つまり、改心した者たちが「御恩」に報いたいという気持ちから出精したのであり、他の者ども「一和」してそれに加わったので、この大普請が成就できたというのである。そのような「報恩」と「一和」の心得に改心させたのは尊徳からの教戒であるとして、史料の筆者は尊徳を賞賛する。

この大普請は、溝の長さや幅の間数などからして、内田清氏が検討された「小芝原」の報徳堀のこととみて間違いない。では、この報徳堀開削が他村におよぼした影響について見てみよう。

右の報徳堀を掘り進むと下流の村（曽比村のことと思われる）に至る。下の村に入ってそのまま四〇間（七二メートル）ほど掘り進むと下の川に至るが、他村ということもあってそのままは掘り進まなかった。すると、下流の村も便利になるとして、下の川までの四〇間の開削を願い出た。日没まで一時半しかなかったが、人足らが出精して、掘ることができた。数日の内に湿地が乾き、下田だった所が上田になり、下流の村も報徳仕法に対する期待が高まったというのである。

また、曽比・竹松村の近村にある吉田島村・牛島村・金井島村の田地には酒匂川から引水する「武永田堰」があった。この堰は幅が三間（五・四メートル）余におよぶもので、約五〇年間も堰浚いが思うようにできなかった

のである。というのは、堰浚いをすることで自分の田地が狭くなるとして、堰浚いに反対する者が少なからずいたからであった。竹松村で新堰をわずか二日間で開削したことを聞いた三か村の農民は、武永田堰の堀浚いを望むようになり、金井島村の弥太郎という者が立ち上がって、

竹松村ニ而ハ田地之中江新に新溝すら出来候、因てハ田地も余程減候事ニ候へ共、其余之田地悉く上田に相成候へは、何程の有益かも相知不申候、是小利ニ拘り不申、大利に従ひ候事ニ存候、況や在来の溝を浚ひ候事何之子細可有之、若少々田地減じ迷惑ニ候ハヽ、拙者田地方へ曲て掘切、貴様田地江ハ聊障り不申様可致、仮令田地丸ニ潰候而も村為ニ相成候事ゆへ厭不申候間、早々明日より取掛可申

と、村民にうったえた。堀浚いに反対してきた者も改心し、弥太郎がうったえたように普請が行われた。一〇〇間余りにおよぶ長溝の普請をわずか三〜四日で終わらすことができたという。用水の便利もよくなり、後世まで「不朽之用水」と誇れるような用水になったと、農民らも喜んだということであった。

「相州小田原竹松村曽比村御趣法扣」は、武永田堰の堀浚いについて、五〇年来実施することができなかったが、何の指図がなくても「百姓忽感悟致し、自然力を尽し」て完工できた堰と評している。彼らが武永田堰の堀浚いを行うようになった背景に竹松村での悪水堀普請があったことを見逃すことはできない。

第二節　西大井村の報徳仕法と用水悪水堀普請

1　西大井村の報徳仕法

西大井村は現在の神奈川県大井町に属し、天保飢饉で農民らは大きなダメージをうけた。同村の史料に「藁干葉、又は葛蕨、草木之根等に至る迄堀尽し、既に餓死可仕之処」(12)とある。このことが事実であったか否かはともかく、(13)困窮した村落の一つであったことは間違いなかろう。そんな折、竹松村と曽比村で尊徳による「御取直し御趣法」、つまり報徳仕法が行われ、西大井村からも「今般曽比村、竹松村御取直し御趣法被成下置候由に付、日夜朝夕御出張先へ罷出、御趣意之次第、村役人初、小前一同相詰居、御教戒之趣相伺」(14)ったという。同村では尊徳による仕法に高い関心をよせ、その教えを会得しようとして、尊徳の出張先である曽比・竹松村に出向いていたことがわかる。(15)

西大井村の仕法内容は『大井町史』通史編で概述しているので、ここでは河川の普請について簡単に見ておこう。天保一二年（一八四一）六月一八日から七月八日にかけて小田原領東筋の村々(16)を廻村した代官の川口漉右衛門と山崎金五右衛門は『出郷中雑記』(17)で同村の報徳仕法の様子について述べているが、その一節で、

男女大小人共人気落合宜敷、田地をはじめ道筋迄手入れ、橋之大小七拾八箇所懸け渡、大川通堤石坪判人は勿論、部屋住之者迄持寄り、右様之木品等銘々居屋敷立木、或は求置候分我勝に差出度旨にて、格別廉立出精之次第相顕……（後略）……

と記している。すなわち、村全体の人気がよく、田地や道、橋普請などに村内の者が、自分の持っている木材などを我先にと差し出し、協力しているというのである。また、両代官は西大井村の報徳仕法の様子を「報徳之大徳ニ而如何成悪魔も可立去心地ニ相成」るほどの成果をあげていると賞賛し、「東筋ニ而は一番ニ仕上ニも可相成」と評した。

西大井村は尊徳の直接指導を受けたわけではなかったが、東筋における代表的な仕法村になりつつあった。報徳仕法への気運の高まりは報徳金についても窺える。(18)

和楽之交り第一、調帳ニも御座候通り、村方ニ而貸借通用金并びニ去年より差出候分相束、金千四百両余報徳加入金差出、自他之借用片付、其上右入金之義は永ク差出置、万々一之節御助被下候様与之義、尤右之五百両は鬼柳村へ無利十ケ年賦貸渡、両村共ニ一家之如ク相見江、実ニ頼母しき様子……(後略)……

同村では一四〇〇両余りの報徳加入金が差し出され、自他の借財(特に他村からの借財)を片付け、さらに五〇〇両は隣村の鬼柳村に一〇年賦で貸与している。両村は「一家の如く」に見えるほど緊密な関係にあり、「和楽之交り第一」にする村として、東筋代官に強い印象を与えたようである。

2　用水堰普請

西大井村が竹松村や曽比村の報徳仕法の影響を受けたことは前述した通りである。同村では悪水堀だけでなく、用水堀の開削普請も行われているので、最初にその点から見ていくことにしよう。

西大井村では天保一二年閏正月二七日から晦日まで、三筋の用水の堀浚い普請が行われた。(19) 三筋のうち、村の西方の新田場を流れる「鬼柳堰」は、堰幅が二間（三・六メートル）、長さは二〇〇間（三六〇メートル）におよぶ用水堰であった。同堰は以前から砂埋まりになり、両側から土が崩れていたという。また、柳の木株が生い茂り、「大破同様」になっていた。次の「立堰」と呼ばれる用水堰は村の東側の本田内を流れ、その幅は六尺（一・八メートル）、長さは三〇〇間（五四〇メートル）であった。上大井村や下大井村の境にある同堰も、鬼柳堰と同様、砂埋まりになり、両岸からは土が崩れ落ち、柳の木が生い茂っていたのである。三筋目は「新堰」と呼ばれ、村の北側の金手村境を流れる用水で、堰幅は五尺（一・五メートル）、長さは九〇間（一六二メートル）であった。状況は前の二筋と同じく「大破同様」になっていた。三筋ともに手入れが行き届かず、そのために「大破同様」になり、不便利になっていたのである。

計五九〇間におよぶ三筋の用水堰堀浚い人足として、普請期間中に一五七人の人足が出ている。そのうち、西大井村からの人足は一三三人で、残りの二四名は隣村の鬼柳村からの助成人足であった。これらの堀浚い人足について「用水堰堀人足取調書上帳」は次のように記している。

右者当村方御本田用水立堰、新田用水鬼柳堰、上河原用水新堰筋、連々致困窮、手入不行届、或は砂埋り、或は左右より欠ケ落、或は柳株、或は葭菰等生茂り、大破同様罷成、大雨之砌は悪水田面を押流し、旱乾損之砌は、用水致不足、実以難渋仕居候処、此度村柄御取直、御趣法　御仁恵に基き、自然と人気相進、村方一統申合、大小之御百姓は勿論、部屋住之者、下男迄不残罷出候付、見受、隣村鬼柳村之者共、農業先より直様馳付、一同申聞候儀は、今般村柄御取直御趣法に付ては、他村と相心得居候儀は毛頭無御座、一村同様

之儀に付、夫々罷越候段、実意を以厚申聞呉候に付、任其意、助成相頼、書面之通堰筋大破之分、五百九拾間、其外前後長間堀立、並道普請等迄成就仕候へば、最早古に復し、村柄立直候様一同相歓……(後略)……

前半では、手入れ不行届のために三筋の用水堰が砂埋りになり、両岸の土が崩れ、葭や菰が繁茂し、「大破同様」になり、大雨の時は悪水が田地を押し流し、旱損時には用水不足になってしまい難渋していると嘆く。後半では、報徳仕法が行われるようになり、その一環として実施された用水堀浚いの普請には、百姓は勿論のこと、部屋住みの者や、下男などまで人足に出たという。これを見た隣村の鬼柳村の者が、農業先から駆けつけて普請に助成している。鬼柳村の者は西大井村のことを「他村」とは思っておらず、「一村同様」と思って自主的に参加したという。先述の武永田堰普請における「一和」と通じるところがある。最後には、道普請まで成就すれば復古し、村柄が立ち直り、一同が喜ぶと尊徳に書き送っている。

3 酒匂川の川掘普請

天保一二年八月一九日と二〇日、西大井村持ち分の酒匂川堤防近くの川掘り普請が行われた。まず、その様子をみてみよう(20)。

……(前略)……字喰違堤、川中長百五拾間程水行直し、川堀仕度、丑八月十九日、廿日、村方一同申合、家並罷出候処、書面之通、鬼柳村、曽比村、金子村若三郎組、金手村、金子村貞治組、桑原村、西大友村、右村々より農業先より見受、或は承り伝罷越、助成致呉、存外果敢取、川堀出来仕、水行相直り安堵仕……(後略)

西大井村は酒匂川東岸の九一二間（一六四〇メートル余）の堤防管理を受け持っていた。この所は大雨が降ると水当たりが強く、堤防を保ちがたい場所であった。そこで、喰違堤と呼ばれる一五〇間（二七〇メートル）程の水流を直す川堀普請を行うことになった。村方一同で申し合わせ、家ごとに人足が出たところ、鬼柳村ほか五か村（表21、金子村は二組）[21]の者が農業先から駆けつけたり、普請のことを聞いて参集し、助成してくれたというのである。[22]その結果、川堀普請ができ、水流も直り、安堵できるようになったという。

この普請は「村柄御取直御趣法」の「御趣意に基」づいて行われたもので、西大井村以外の者が多数助成していた点が注目できよう。

表21　酒匂川川掘り助成人足

〈天保12年〉

村　名	8月19日	8月20日
西大井村	58	61
鬼柳村	40	40
曽比村	45	60
金子村若三郎組	8	73
金子村貞治組	16	14
金手村	21	21
桑原村		24.5
西大友村		26
計	118	319.5

〈出典〉天保13年3月「道橋川堀川除圍石諸色並人足書上帳」(『二宮尊徳全集』第18巻161頁)

4　悪水堀普請

天保一三年二月に、金手村〜西大井村〜鬼柳村を結ぶ悪水抜きの普請が行われた。[23]同堀は金手村地内で三六九間（六六〇メートル）、西大井村地内で八一三間半（一四六四メートル）、鬼柳村地内で二六〇間（四六八メートル）、計一四四二間半（二五九六メートル）におよんだ。堀幅は縁まで含めて四間（七・二メートル）という長大な堀であった。この堀が開削される前の様子について見ておこう。

是者居村より西之方上手、金手村より下手、鬼柳村迄、新田通り地窪にて、酒匂川堤外ヨリ、自然と差水仕、其上上耕地東西より悪水差入、湿気強ク、水之掛干自由に相成兼、田畑に赤色之浮草、或は芦、菰、澤潟、芹等之冷草而已生茂り、地所立直り不申、難渋仕居候事

金手村より鬼柳村にかけての新田通りは地窪で、酒匂川の堤防の外側にあるので差水（清水・湧き水）があり、また上耕地からの悪水も入り込むために湿気が強く、耕地に水を入れたり干したり自由に調整することができない。そのため、田には赤色の浮き草や芦・菰などが生い茂り、難渋しているというのである。そこで、三か村の者一同が村柄取り直し趣法＝報徳仕法によって「悪水抜、新堰相仕立」たいと申し合わせ、大百姓・小百姓は勿論のこと、部屋住みの者や下男まで残らず堀普請の人足に出た。さらに、この普請には酒匂川東岸の三四か村（表22）から人足が参集している。そのことについては、

右村々之者農業先、或は承り及、直様馳附一同申聞候儀は今般村柄御取直御趣法に付ては、自他之差別毛頭無御座、一村同様之心得にて、夫々罷越候段、実意を以厚申聞呉候に付、任其意、助成相頼

とあるように、彼らは農業先、あるいは聞きおよんだ所から直ちに普請場に駆けつけたようである。彼らがいうには、村柄取り直し趣法については「自他の差別はなく、一村同様の心得」で普請場に駆けつけたというのである。前項でみた用水堀開削に鬼柳村の者が参集した際にも、彼らは「一村同様」の心得で駆けつけたと述べていた。この「一村同様」の心得が三四か村という地域的な広がりを見せたことは注目できよう。

表 22　悪水堀普請人足出身村別人数〈天保 13 年〉

村　名	2 月 22 日	2 月 23 日	2 月 24 日	2 月 25 日
金手村	85	82	55	59
下大井村	39			38
鬼柳村	59	62	74	74
酒匂村	126		58	
成田村	46	44	10	12
曽我別所村	54			
金子村貞治組	36	21		19
金子村若三郎組	93	32	68	61
桑原村	21	24	23	14
永塚村	16	12		20
山王原村	43	59		
中新田村	6			15
下新田村	9			14
西大友村	28	23	21	31
上大井村	42			40
東大友村	12			
中里村	37		34	
西大井村	72	76	80	73
上曽我村		23	19	15
延清村		12		12
曽我谷津村		13	13	13
飯泉村		18		19
曽我原村		12	12	10
曽我大沢村		6	6	6
神山村		20	16	12
矢作村		17		
高田・別堀村		34		34
鴨宮村			23	27
下堀村			17	
川匂村			4	
羽根尾村			6	
前川村			7	
曽我岸村			6	6
千代村			19	
田島村			28	
国府津村				15
上新田村				4
小八幡村				32
計	824	590	599	675

〈出典〉天保 13 年 3 月「悪水堀人足取調書上帳」
（『二宮尊徳全集』第 16 巻 164 ～ 168 頁）

5　道普請

西大井村では悪水堀普請が行われる直前に道普請も行われている。小規模な道普請は当然日常的に行われていたであろうが、報徳仕法中の普請で、天保一三年二月七日から一四日に行われた普請について見ておきたい。(24) 普請前の様子については、

> 道筋之儀は、古来より何となく狭り、或は従来、境木等植出、盛木に相成、或は大木之根張出、通路に障、橋々之儀は、無余儀場所而已掛渡……(後略)……

あるいは「是者村方往還道並作道、悪敷相成、古来より道幅何となく狭り、人馬通路難渋仕居候」と、障害物などによって道幅が狭くなるといった不都合が生じていた。そこで、西大井村では農閑期の二月七日から八日間、道に張り出している大木の根などを除去し、道幅を広げる工事が行われたのである。

この時の人足は合計三九七人で、表23で示したように西大井村からの人足が三六六人、金手村からの助成人足が三一人であった。西大井村の人足の内五七人は「家別役」の人足で、残りの三〇九人は「部屋住之者、下男迄不残罷出」た者と思われる。このように、道普請の人足は、各家に賦課された「家別役」と、それ以外の人足、それに金手村からの助成人足で構成されていた。西大井村はこの普請によって「古復人馬通路安ク相成」ったと尊徳に報告した。

この年の二月二七日には西大友村(小田原市)、三月一〇日には成田村(同前)、翌三月一一日には桑原村(同前)でも道普請が行われた。その普請に西大井村から合計六三人が助成人足として駆けつけている。西大友村には一

八人、成田村には二九人、桑原村へは一六人罷り越したことを記したうえで、

是は成田村、桑原村、西大友村道普請之趣及承り、御趣法筋感服仕、当村方より二月七日、当月十日、十一日、十二日、十三日手伝人足に罷出候

と尊徳に報告した。多くの事例を示すことはできないが、西大井村の者も他村の普請に助成人足として駆けつけていたことが確認できる。そうした行動の源は「御趣法筋感服」したからにほかならず、天保一一年春の竹松村・曽比村に対する尊徳の直接指導がその根底にあったと考えてよいであろう。

表 23　道普請人足内訳

〈天保 13 年〉

日付	西大井村	金手村
2 月 7 日	57	16
2 月 8 日	59	15
2 月 9 日	67.5	
2 月 10 日	69	
2 月 11 日	26	
2 月 12 日	19	
2 月 13 日	19	
2 月 14 日	49.5	
計	366	31

〈出典〉天保 13 年 3 月「道橋川堀川除圍石諸色並人足書上帳」（『二宮尊徳全集』第 18 巻 162 頁）

おわりに

天保一一年一月末から四月にかけて、二宮尊徳は竹松村・曽比村の報徳仕法を直接指導した。この影響をうけ、各村々でも村柄取り直しの仕法が行われた。二か村で仕法が行われている最中に、尊徳の教戒を得た者が後に自主的に自己の村で仕法を指導することも少なくなかった。吉田島・牛島・金井島村の武永田堰や西大井村の用水堀・悪水堀の開削、道普請も報徳仕法の一環として行われた。これらの普請は一村だけで完結する問題ではなく、近隣村にも関係す

る問題で、本章はそうした普請の検討から報徳仕法の意味を見直すことを試みたものである。

竹松村や西大井村の悪水堀新規開削は別として、用水堀や道は手入れが行き届かなかったことから「大破同様」になっていた。何故に何年間も手入れ不行届になっていたのか、その要因を探ることが小田原領農村の荒廃の本質を考える一つの課題となろう。さて、武永田堰普請で堀浚いに反対する者の中に、普請によって自己の田地が狭くなることを理由にする者がいた。自己の土地（先祖伝来の土地と言い換えることもできる）を確保しようとする「小利」に対し、「報徳」の考え方を主張した金井島村弥太郎は、多少の耕地減少よりも、用水という公共の施設の充実（復古）によって生産性の向上をもたらすことで村柄の立て直しができるという「大利」の論理を示して堀浚いに反対する者を説得している。

次に、用水・悪水堀や道の普請に参集した人足については、普請の内容や規模が異なるので、単純に比較することは意味がないであろう。問題は、竹松村や西大井村内の普請をその村の者が行うのは当然としても、(25) 報徳仕法の一環として行われた普請で近郷近村の者が多数助成に駆けつけていることは見逃せない。竹松村小芝原の悪水堀普請では約三〇か村からの助成があり、西大井村では最初の用水堀普請では隣村の鬼柳村から、酒匂川の川堀普請では鬼柳村の外に近隣の五か村から助成人足が駆けつけている。さらに、悪水堀（上流の金手村から下流の鬼柳村を結ぶ）普請では、酒匂川東岸の三四か村から助成があった。道普請では隣村の金手村からの助成のみであったが、西大井村の者が他の数か村の道普請に助成人足として赴いていた点を明らかにした。

竹松村・西大井村の悪水堀浚いに対して多くの村からの助成があった。この地方の主穀生産地帯では悪水抜きができず、多くの湿地が存在するという共通した課題を抱えていたようである。悪水堀はいずれも新堰であり、この地方では報徳仕法以前に悪水抜きの施設がなかったのかもしれない。しかも悪水堀は用水堀よりも深く掘ることを要求され、それゆえに多く労力を必要としたのである。(26) 労力だけを見ても、もはや一村だけの問題で済まなくなっている。そうした問題の解決に、報徳仕法が果たした役割の大きさを見ることができよう。

最後に注目したのは、助成に駆けつけた人足が、西大井村の用水・悪水および道普請についても他村のこととは思えず、「一村同様」の心得で参集した、あるいは「自他の差別」と思って駆けつけたのではないと、と述べている点である。武永田堰の普請の際には当該の三か村が「一和」することで大普請が成就できたと述べている点と共通するところがある。「村」という枠を越えて、「一和」「一村同様」と心得る「地域」での普請でなければ成就することもできないし、自己の村の復興もできないことを意味していた。用水堀・悪水堀・道といった公共性をもった普請をとおして、報徳仕法は各村々の復興を目指すとともに、人々に自村と「地域」（地域社会）を改めて意識させる機会を与えたのであった。

註

（1）全集一五巻五五〇～六〇三頁。
（2）全集一五巻五七二～五七三頁。
（3）全集一五巻五八六～五八七頁。
（4）全集一五巻五九〇頁。
（5）天保一一年五月四日には「二宮氏武永田堰致見分、是より大口土手筋通、怒田（南足柄市）より竹松・曽比両村新堰致見分」（全集一五巻五九三頁）とあり、これらの普請は尊徳の指導のもとで行われたと考えてよい。
（6）小田原藩領の報徳仕法に関する主な先行研究については、序章第二節に掲げた諸論稿などがある。
（7）高田稔「相州曽比村仕法顛末――釼持広吉とその周辺――」（二宮尊徳生誕二百年祭記念論文集『尊徳開顕』有隣堂、一九八七年）。

（8）・（9）内田清「竹松の報徳堀——嘉永元年の三町田報徳堀開発を中心に——」（『市史研究　あしがら』三号、一九九一年三月）。内田氏は報徳仕法によって開削（堀浚い）された悪水堀のみを報徳堀と称した。
（10）全集一五巻五九〇～六〇三頁。
（11）「相州小田原竹松村・曽比村御趣法扣」（三河国報徳社史料、報徳博物館寄託史料）、日付は「四月十日」とあるが、年代は記されていない。内容から天保一一年のものと判断できる。同史料は全集一六巻八三一～八三七頁に収録されているが、三河国報徳社史料のものとは多少文言が異なっている。ここでは、原本に近いとみられる三河国報徳社史料を用いる。
（12）天保一一年三月「御拝借頼母子講金差引帳」（全集一八巻六一～六二頁）。
（13）同じ文言の史料は領内各地で見られるので、天保飢饉を語る際の定文言になっていたと思われる。
（14）註（12）に同じ。
（15）拙稿「二宮尊徳と大井の村むら」（大井町郷土史研究会編『於保為』二一号、二〇〇一年）、『大井町史通史編』（二〇〇一年）第四編第五章第四節を参照。
（16）小田原領は東・中・西の三筋に分かれていることが多かった。この筋には担当の郡奉行や代官がおり、支配の単位になっていた。三筋の範囲も時期によって多少異なるが、酒匂川東岸は東筋と呼ばれた。馬場弘臣「小田原藩における近世後期の改革と中間支配機構」（『おだわら——歴史と文化——』一九九五年）、『小田原市史　通史編・近世』（一九九九年）を参照。
（17）・（18）報徳博物館所蔵。なお、『出郷中雑記』については拙稿「小田原領東筋代官の回村指導報告書（上）」（『かいびゃく』通巻五五五号、一九九八年一一月）を参照されたい。
（19）天保一二年閏正月「用水堰堀人足取調書上帳」（全集一八巻一一三～一一五頁）。同史料は西大井村の村役人が尊徳に提出したものである。本項では同史料を出典とする。
（20）天保一三年三月「道橋川堀川除圍石諸色並人足書上帳」（全集一八巻一六一～一六二頁）。本項では同史料出典とする。
（21）金子村に二組あることについては『大井町史　通史編』（二〇〇一年）を参照。
（22）この村の中で曽比村だけは酒匂川の西岸の村であり、東筋の村ではない。西大井村の用水・悪水堀の普請で、東筋以外の村が助成しているのはこの時だけである。この普請が酒匂川の堤防内であったことが、対岸の曽比村からの人足助成になったとも考えられるが、詳細は明らかでない。

(23) 天保一三年三月「悪水堀人足取調書上帳」(全集一八巻一六四〜一六九頁)。

(24) 天保一三年三月「道橋川堀川除圍石諸色並人足書上帳」(全集一八巻一五八〜一六四頁)。道普請は天保一二年五月二五日・六月二三日・二四日にも行われ、橋の修復も行われた。ここでは普請の様子が最もわかる天保一三年二月の普請についてのみ取り上げることにする。

(25) 村内では役負担としての「家別役」以外に、婦女子や部屋住、さらに下男などが人足となっており、報徳仕法を考えるうえで極めて重要なポイントと考えている。

(26) 用水・悪水普請などに人足として参加し、普請のノウハウを習得することは、やがて自己の村の普請の際に役立ち、他村から人足の助成をうけることができ、村復興につながる。なによりも、「報徳仕法」の理解者・指導者として、尊徳から指導を受けたり、報徳金などの貸与されることを期待していたであろう。

第八章　伊豆韮山の報徳仕法と「報徳」ネットワーク

はじめに

二宮尊徳が報徳仕法を押し進めることができた背景として、藩や旗本内に報徳仕法を理解し推進しようとした藩士の存在や、尊徳の指示を受けながらそれぞれの出身村や地域で「報徳」の教諭に携わり、報徳仕法を指導した在地の指導者の存在を見逃すことはできない。彼ら在地の報徳指導者は「報徳世話人」などとも称せられ、自らの家および村の困窮を報徳仕法によって救済する過程での指導者であった。富田高慶や福住正兄などのように、尊徳の身近にいて報徳仕法を学び、後世に尊徳の思想や報徳仕法の方法を伝えるという歴史的役割を負った尊徳の門人、随身者とは異なった位置付けであったとみてよいだろう。足柄上郡曽比村（小田原市）の釼持広吉や竹松村（南足柄市）の河野幸内など、在地における「報徳」指導者は、個別の村の報徳仕法を検討される場合に紹介されることはあっても、(1)他の村や地域における「報徳」指導者としての存在を取り上げられることはなかった。ここでは伊豆韮山の多田村（静岡県伊豆の国市）の多田弥次右衛門と三島宿（静岡県三島市）の朝日与右衛門への報徳仕法の導入から仕法実施時期の検討を通して、それに関わった「報徳」指導者を紹介しつつ、彼らのネットワーク（横の繋がり）について考えることを本章の目的としたい。(2)

なお、尊徳は弥次右衛門家と与右衛門家の報徳仕法を直接指導したが、そのことを研究した論稿はほとんどないと言ってよい。わずかに佐々井信太郎が『二宮尊徳伝』(3)の第一三章で「韮山の仕法」と題して、両家に仕法が導入される経緯と両家の借財の概要および尊徳が仕法を指導した事実について概述しているが、それは門人であった富田高慶が『報徳記』（『二宮尊徳全集』第三六巻所収）で著した内容を記述したのみで、本格的な検討が行われたとは言い難い。さらに、同仕法が着手されたのは天保一一年（一八四〇）で、富田高慶が尊徳のもとに入門して間もない時期のことであり、彼が直接関わっていない仕法内容を記した資料を用いるには問題を孕んでいると言わざるを得ない。また、『韮山町史』(4)では多田弥次右衛門家の報徳仕法についてその概略を紹介している。

第一節　尊徳の韮山行き

尊徳は天保一〇年一二月から小田原領村々の復興仕法を直接指導し、翌一一年五月末にその指導が一旦終えたとして、同二五日の夜に逗留先の曽比村（小田原市）を出立し、下野国桜町陣屋（栃木県真岡市）への帰途についた。(5)一日遅れて、二六日に豆州君澤郡多田村の多田弥次右衛門が相模国大磯宿（大磯町）の小松屋利右衛門と同道して曽比村を訪れた。また、伊豆韮山の代官江川太郎左衛門（英龍）の手代町田亘が江戸から来て、曽比村に滞在していると思った尊徳に面会しようとした。尊徳がすでに出立したことを聞いた彼らは大磯宿方面に向かったという。

五月二六日の朝、尊徳一行は大磯宿の川崎孫右衛門宅に着き、二七日には片岡村（平塚市）の大沢小才太方に入り、二九日には伊勢原村（伊勢原市）の加藤惣兵衛（宗兵衛）宅に立ち寄り、戸塚宿（横浜市）で宿泊した。この日、江川代官の手代八田兵助が小田原に来て、代官所元締役から小田原藩郡奉行への伝言として、江川代官が尊徳と面会したい意向であることを伝えた。この意向をうけて、小田原藩は尊徳の随身者で藩士の豊田正作に尊徳の迎えを命じ、八田兵助も同行した。

豊田と八田は六月一日に戸塚宿に着き、尊徳と会い、江川代官の意向を伝えた。彼らと尊徳一行は大磯宿の川崎孫右衛門宅に引き返し、関係書類の取り調べを行い、五日まで孫右衛門宅に滞在した。この間に豊田は小田原に戻り、郡奉行に報告するとともに、「韮山表御用往」を命じられた。彼は尊徳を迎えに大磯に戻り、「韮山表より御待請に付罷出候様」という郡奉行の指示を伝えた。八田は再三尊徳と面会し、六月三日に「いづれ近日韮山表へ差上り可申旨」の返事を得て（全集一五巻五九六頁）、韮山の代官役所に向かった。

六月六日の夜、尊徳一行は大磯宿を出立して小田原領下新田村（小田原市）の小八方に入り、隣村の酒匂村（同）名主新左衛門宅に宿泊した。翌七日には江川代官の手代清水三郎治と中村清八が尊徳の迎えとして小田原に入り、清水は江川代官の直書を中筋担当の郡奉行井沢門太夫に届けている（後掲）。同日夕方に尊徳と豊田正作、藩の郡奉行および藩の代官が井沢宅に集まり、尊徳一行の韮山行きを八日と決定した（全集一五巻五九八頁）。

八日朝、尊徳と豊田正作は目付の早川茂右衛門宅に立ち寄ったのち、伊豆韮山にむけて出発した。同道者には豆州多田村多田弥次右衛門、大磯宿川崎孫右衛門、同利右衛門、御厨領竈新田村（静岡県御殿場市）組頭平兵衛、茱萸澤《ぐみさわ》村（同）三治、金目《かなめ》村（平塚市）鉞蔵、それに野州桜町領物井《ものい》村（栃木県真岡市）の名主忠治がいた。一行は箱根の関所を通り、暮ころに多田村の弥次右衛門方に到着した。この日、江川代官役所から手代の清水三郎治が麻の上下を着用して尊徳一行を迎えたという。翌九日の夕方に尊徳は韮山代官役所（「韮山御陣屋」とあり）に罷り出て、江川代官と会談している。日記帳には「先生（尊徳）明七ツ時頃御陣屋引取申候」（全集一五巻五九八頁）とあり、尊徳が代官役所を出たのは翌日の朝であったことがわかる。以後、尊徳は六月二三日までしばしば江川代官役所に赴き、代官と会談している（全集一五巻五九八頁～五九九頁）。その内容は、後述するように、多田弥次右衛門と朝日与右衛門が抱えている「新金銀御引替御用」での種金の多額な未納分の返済と両家の家政再建の仕法についてであった。

韮山で一応のことを終えた尊徳は、出立する前日の六月二二日に江川代官と会い「御暇乞」をし、二三日に弥次右衛門宅を出発した（全集一五巻五九九頁）。この時、尊徳と同道したのは、豊田正作に代わって「韮山表御用往」を命じられた小田原藩士栗原長次郎ほか、弥次右衛門、川崎孫右衛門、小松屋利右衛門、加藤惣兵衛、鉞蔵、三治、平兵衛、そして野州桜町領物井村の忠治に代わった岸右衛門の九名であった。二四日に小田原に着いた尊徳は小田原藩郡奉行の坂部与八郎・大橋儀兵衛・井沢門太夫、代官の入江万五郎・男沢茂太夫・山崎金五右衛門ら報徳仕法推進派の地方役人と会談し、「手段方及相談」んでいる（全集一五巻五九九頁）。尊徳とその一行は七月三日に小田原を出立し江戸に向かい（全集一五巻六〇〇頁）、八日の夕方に野州桜町陣屋に到着した（全集三巻七二三頁）。途中、相州浦賀（横須賀市）の報徳世話人らが川崎孫右衛門を介して、尊徳に立ち寄ってもらえるように求めたが、尊徳は「彼是次第も御座候間、立寄候はゞ又々日数も相掛り可申」（全集一五巻六〇〇頁）と言って、浦賀方面には立ち寄らなかった。ここでは浦賀の報徳指導者の存在と、大磯宿の川崎孫右衛門が尊徳への取り次ぎをしているという役割が確認できる。その背景には、尊徳に立ち寄りを求めようとした報徳世話人同士の繋がりを見ることができる。

以下、こうした点にも注意しながら、多田家と朝日家の仕法に関わった人達の存在を、両家の仕法内容とともに見ていくことにしよう。

第二節　多田家と朝日家の家政状況

1　多田弥次右衛門家の家政状況

多田弥次右衛門と朝日与右衛門が尊徳に救済を嘆願した頃の財政状況について見ておこう。

多田村の弥次右衛門と三島宿の朝日与右衛門は文政六年（一八二三）より「御吹替金銀引替御用」を仰せ付けられ、天保九年（一八三八）まで一六年間勤めた。金銀の引き替え御用の範囲は伊豆国だけでなく、武蔵国や相模国、駿河国までおよんだ。その間、弥次右衛門には四五人扶持が下付され、金三〇〇〇両が利足三分の利足で幕府から下げ渡された。弥次右衛門らはそれを一割二分で貸し出し、九分の利息分は「活鯛」を助成するということであった。その他に盆暮れには二〇〇〇両の前借りを仰せ付けられ、遠州から奥州にかけての「諸漁送方」や諸家の「御鮮魚御用」などを手広く行っていた。彼によれば「極手広之御用向に御座候間、右金銀引替御用損金仕、埋方に可相成と相励み」とあり、「御吹替金銀引替御用」で損金を生じた時にその穴埋めができるとして、手広く商いを行っていたようである（全集二〇巻二一八・二四〇頁）。

弥次右衛門は尊徳に家政再建の仕法を依頼するために、天保一〇年三月二八日に尊徳がいた野州桜町陣屋を訪れるが（全集三巻六二八頁）、その時の状況について後日次のように記している（天保一一年一二月「報徳金御拝借証文」

全集二〇巻三二〇頁)。

戌年(天保九)十二月三日、御代官様御役所へ被召出、引替人共一同御用御免之旨、従御勘定被　仰渡之趣、種金納残之分事、亥(天保一〇年)三月迄納切候様被　仰付、当惑仕、年賦上納之儀奉歎願候得共、御聞済無之に付、最初為証拠奉書上候田畑山林売払上納仕度、近郷近辺在町所々承合候得共、凶年後大金之事故相手無之、十方に暮嘆息之余り無余儀年来御館入仕、御扶持をも頂戴、奉蒙　御懇命候御縁を慕ひ、小田原御勘定所へ願書差出、所持之地面御買上之儀奉願候処、種々御評議も被成下置候得共、田地御買上之儀も難被遊、別格之御勘弁を以、野州桜町へ参り見候様御内意有之候に付、亥年三月罷越、混ら歎願および候処、年来御出入とは申、初て得面談候

弥次右衛門ら金銀引替御用を許されてきた者は天保九年一二月三日に代官役所に呼び出され、勘定役より翌一〇年三月までに「種金納残之分」を納入するよう仰せ付けられた。弥次右衛門は困惑し、年賦返納を嘆願したが聞き入れられなかったため、田畑山林を売却して上納することを考え、近郷近在にあたったが、天保飢饉直後のことでもあり、購入する相手が見つからず途方に暮れていた。以前からの縁を頼って小田原藩の勘定方に願書を差し出したものの、買い上げてもらえず、野州桜町へ行くよう内意をもらい、天保一〇年三月二八日に桜町に行き(全集三巻六七八頁)、尊徳に田畑山林の買い上げを嘆願した。尊徳は彼に「報徳」の考えを教諭するのみで、金銭の貸与などは行っていない。

弥次右衛門も与右衛門も文政六年から「金銀御引替御用」を許されてきたが、その「種金」(引替元納金)に未

表24　文政6年から天保9年までの金銀引替御用の上納高

名前	居住地	金銀引替御用の上納高
多田弥次右衛門	豆州田方郡多田村	183,440両2朱、38文2分
朝日与右衛門	豆州君澤郡三島宿	123,936両2分、25文
清次郎	豆州君澤郡北江間村	118,959両3分2朱、61文6厘
友右衛門	豆州田方郡中村	118,048両3分2朱
惣右衛門	駿州庵原郡岩淵村	117,881両1分2朱、44文5分
千右衛門	武州多摩郡下諸丘村	26,827両1分2朱
人名不明		621両1分、162文7分
計		689,715両3分、81文4分6厘

〈出典〉天保10年6月「古金銀上納高取調帳写」
　　（『二宮尊徳全集』第20巻209～215頁）

表25　多田弥次右衛門の借財内訳

借財の内容	借財の金額
新金銀御吹替に付、文政6年より天保9年迄16ヶ年之間、古金銀引替御用被仰付、在勤中種金不足仕候分	1389両3分
文政6年より天保9年迄16ヶ年之間、新金銀御引替御用被仰付、在勤中致出府、家政不如意罷成、或は出入往来入用、又は暮込に罷成借用相成候分	2020両
借主江戸表、豊作、証人彦左衛門、親類弥次右衛門、右名前にて借請、檜物町貸付所へ差加金之分、活鯛御用損にて引負に相成候分、弥次右衛門引請、返済方取計申度口々	1413両、333文3分
計	4823両、83文3分

〈出典〉天保10年6月「御上納金並内借取調帳」
　　（『二宮尊徳全集』第20巻216～217頁）

納分が生じ、他の借財と合わせて、莫大な借金になっていた。この「金銀引替御用」の内容は必ずしも明らかでないが、佐々井信太郎氏は『二宮尊徳伝』(6)の中で「幕府の金銀改鋳に際し、新貨幣を交付し置き、古金銀を引き上げ之を上納せしむる」（三三四頁）御用で、地方の富豪がその任にあたったと説明している。弥次右衛門と与右衛門らは新旧金銀の引替御用を伊豆・相模・武蔵・駿河の四か国で行い、文政六年から天保九年までに六八万九七一五両余りの上納を課せられたが（表24）、弥次右衛門は一三八九両三分が未納になっていた。

弥次右衛門らは天保九年一二月に「御吹替金銀引替御用」を御免にな

り、翌一〇年三月までに種金の納め残金を上納するよう命じられた。その用意ができず、同月になって桜町に赴き、借財を返済したいとして、尊徳に救済を依頼することになった。その頃の彼の借財は表25で示した通り、四八二二両余りにおよんだ。「御吹替金銀引替御用」の種金上納が一三八九両三分で、幕府から厳しく催促されたこともあって、弥次右衛門も江川代官役所もその対処を最優先にした。この詳細を弥次右衛門は、

> 去ル文政六未年以来、新金銀御引替御用被　仰付、冥加至極難有仕合奉存候、然ル処在勤中致出府、出宅を構罷在候処、猶又活鯛御用向被　仰付、彼是繁多に候故哉、家政不如意罷成、其上天保四巳年、同七申年大凶作饑饉之節暮込に相成、内借金弐千弐拾両、第一新金銀御引替種金之内、千三百八拾九両三分不足、並江戸出店次男豊作方、活鯛御用向引負金千四百拾三両余、都合金四千八百弐拾三両永八拾三文三分借財相嵩、御返納に差支（後略）

と記している（全集二〇巻二一八頁）。「新金銀御引替御用」の在勤中に江戸に出店し、「活鯛御用」を勤めたが、そのために家政不如意となって、二〇二〇両余りの借金ができたという。さらに、江戸表で「活鯛御用向」を営んでいた次男の豊作が借り受けた一四一三両余りを弥次右衛門が引き負うことになり、合計四八二三両余りの借財を抱えたのであった（天保一〇年六月「御上納金並内借取調帳」、全集二〇巻二一六〜二一八頁）。

一方、弥次右衛門は当時四二町歩を有する地主で、各方面に多くの金銭を貸し付けていた。この貸金について尊徳は後日、

借財金四千八百弐拾三両余、貸附金四千七百拾八両余有之、差引過分之不足にも相成申間鋪候得共、貸附金
外より罷出、俄に取立方も有之間鋪

と述べている（全集二〇巻三四九頁）。弥次右衛門の貸金は四七一八両余りで、差し引きすれば彼の借金額は一〇〇両余にすぎない。しかし、その貸金を俄に取り立てることは難しく、差し迫った「新金銀引替御用」の種金返金は急を要していたのである。特に天保飢饉の直後ということもあって、貸付金の取り立ては難しく、それを借財返済に回すことが困難だったのであろう。

2　朝日与右衛門家の家政状況

三島宿の朝日与右衛門も多田弥次右衛門と同様に「新金銀引替御用」を勤め、文政六年から天保九年までに約一二万四〇〇〇両の種金返納をしなければならなかった。しかし一部に未返納があり、天保一二年一一月に再び厳しい催促があったらしく、江川代官の手代長沢与八郎と松岡正平を通して小田原藩の郡奉行三名に、尊徳による救済の仲立ちを嘆願した。松岡らが小田原藩の郡奉行に宛てた書簡によると（全集二〇巻六二四〜六二五頁）、

当御支配所、三島宿朝日与右衛門儀、古金銀引替御用相勤罷在、先達て中右御用御免、引替元手金納切之儀、其筋被仰渡之趣を以、追々厳敷羅立、当時納残金六百拾三両有之候処、困窮にて、右納方は勿論、相続方にも差支候に付、野州表二宮金次郎殿方へ罷出

と、その未返納分が六一三両であったと記している。これが返済できずに困窮し、家政にも差し支えていたというのである。天保一二年一〇月の時点で、朝日与右衛門の借財の内訳（表26）は前述の「新金銀引替御用」で上納に迫られている返金額は六七〇両に増え、親戚や懇意の者からの借り入れが三一七両二分、与右衛門の次男伝八が江戸本所で紙問屋を営んでおり、そこでの借金が三六五両、所持地を有り合わせで書き入れにして借用している金銭が一〇九一両、計二九四三両に及んでいた（全集二〇巻六二八頁）。与右衛門は弥次右衛門と同様に江戸に出店し、次男の伝八に商いをさせていた。その目的は「金銀引替御用」で損金を生じた場合に補填する積もりでの出店であった可能性は高い。だが、その経営は順調でなく、訴訟問題も抱えて計八六五両もの損金を生じた。ただ、「江戸本所相生五丁目、紙問屋傳八方借財引合に付、無是非引取、其分漸年延に相成候間、尚又委敷取調持参仕奉差上候」（全集二〇巻六二八頁）とあるように、伝八の借財を与右衛門が引き受けたとことで、返済はしばらく猶予になったようである。

表26　朝日与右衛門の借財内訳

借財の内容	借財の金額
文政六年以来、新金銀引替御用被仰付、在勤中種金不足仕、今般御上納被仰付分	670両
隣村親類其外懇意の者より借受候分	317両2分
商売向諸色仕入代金滞借用之分	365両
江戸伝八より昨年来出訴に相成候所、新金御上納相済、天保13年より返済可仕積、内済熟談相整済方に相成申候	500両
田地有合に書入置候分田徳余分に入置候事	1091両
計	2943両2分

〈出典〉天保12年10月「御上納並内借取調書上帳」（『二宮尊徳全集』第20巻626～628頁）

与右衛門は当時数か村にわたって合計三四町九反歩余を所持する大地主であったが、これを質地に出すなどの動きは見ることができない。また、弥次右衛門のように多くの貸金があったと思われるが、それを確認することはできていない。このように困窮した状況で与右衛門は仕法を嘆願することになったが、そのことについて次のように記している（全集二〇巻六二八頁）。

種金御上納之儀は不及申上、内借等相嵩、必至と差詰、無余儀一昨亥年（天保一〇）春中、小田原報徳御趣法方、鵜沢作右衛門様、入江万五郎様、山崎金五右衛門様御出張之由承り及び、御懇意を慕ひ、内外微細に取調、山元（本）瀬兵衛様御紙状を以罷出、御上納金始、借財返済、家政取直御趣法奉願上候

与右衛門は天保一〇年の春に、小田原藩報徳方の鵜沢、入江、山崎の懇意を慕い、家政の取り調べをして、江川代官役所の山元（本）瀬兵衛の添状を携えて仕法の嘆願に罷り出たというのである。多田弥次右衛門の場合と同様に、代官役所の手代らの添状を持って小田原藩に仕法を願い出るという方法をとっている。ただ、弥次右衛門の場合は手代を通して藩の郡奉行に嘆願しているのに対し、与右衛門の時は報徳方の代官クラスの者に願い出ている点が異なる。金額に差はあるものの、同様な課題から報徳仕法の実施を小田原藩に願い出るのに右のような差があるのは、それまでの両者の小田原藩とのかかわり合い方が異なっていたからと考えられる。弥次右衛門は小田原藩の「御用達」であったこと、与右衛門は藩に出入りしていた商人であり、鵜沢、入江、山崎らと懇意であったことを頼ったことの違いと考えられる。

第三節　尊徳への仕法依頼

上記のような借財を抱えて、さらに幕府から天保一〇年（一八三九）三月までに「新金銀引替御用」の種金返済

を迫られた弥次右衛門と与右衛門は尊徳に救済を求めたが、ここではその経緯を見ていくことにしよう。

1　多田弥次右衛門と尊徳

「新金銀引替御用」の種金返済を迫られた弥次右衛門は、野州桜町陣屋にいた尊徳に救済を求めるが、そこに至る経緯を見ておきたい（全集二〇巻三四八頁）。

多田村多田弥次右衛門、去ル文政六未年より、同新金銀引替御用相勤罷在候内、病難不仕合等打続、別て巳申（天保四・七年）両度之大凶荒饑饉に付、暮込に相成、大借と罷在、第一引替御用種金上納に差詰、術計尽果、同人儀も、小田原表勝手向立入用向相達居候手続を以、及歎願候処、野州表へ罷越、手段可相願旨書状持参仕、出役之者迄罷出候得共、趣法向繁用に付、其旨相断、差戻し申候処、是又帰国之砌小田原表勝手向役場へ罷出、頻に歎願仕候に付、彼地より同人儀は、前々立入勤仕罷在候旧縁も有之間、上納金は勿論、家名相続之趣法組遣度段、再応懸合申来、往返数度之儀に付……（後略）

多田家では病難などの不仕合わせが続き、天保飢饉によって困窮し借財が嵩み、「新金銀引替御用」の種金返済もできなくなった。全く行き詰まってしまい、小田原藩の勝手向き御用に関わっていた縁を頼って嘆願したところ、野州表に行き尊徳に願うようにということであった。出役の書状まで持って行ったが、趣法が繁忙であるとして断られ、差し戻された。帰国の途中、小田原藩の勝手向き役場に寄って嘆願したところ、以前から勝手向き御用に立ち入っていた縁もあるので、上納金は勿論のこと、家名相続の趣法を行いたい旨を再度掛け合うと言ってきた、というのである。さらに、次のような記述もみられる（全集二〇巻四五八頁）。

都合五千両程之暮込引負に罷成、一家退転仕候ても、返納之道更に無御座、一同十方に暮、昼夜悲歎に沈み、当惑罷在候処、御種金御上納之儀、翌亥（天保一〇年）三月迄、聊無遅滞上納可仕、万一遅々仕候におゐては、御咎筋も可有之段、厳敷被仰渡、益々当惑仕候得共、難捨置、先差寄り右引当として奉書上置候家株、田畑不残売捌、上納仕候より外手段無御座、所々口々買人相尋候得共、大金之儀、急に買人も無之、無拠御延奉願上置、先年より御用達相勤、奉蒙　御懇命候御縁により、小田原御勘定所へ御買上之儀奉願上候処、其頃御分家宇津釟之助様御知行所、野州桜町御陣屋御出張、難村御取直御趣法中に付、御趣法立奉願候方可然旨、小田原役人中様は不申及、御支配御代官江川太郎左衛門様より、厚御頼談御添翰も被成下置候付、子（天保一一年）七月中御陣屋許へ罷出、右田地御買上之儀、並家政旧復之御手段一向に奉願上候処、小田原御領分、並諸家様御趣法向御繁多にて中々御取調も被成兼候御場合には御座候得共、素小田原御先君様御在世中、蒙御懇命、御扶持方迄被下置居候者、且は御同所御役人中様より、厚き御頼、御添簡も有之、韮山御代官様よりも御頼状旁以、無御拠出格之御仁恵を以、急場差寄候種金引負上納之分、金千三百八拾両余、御趣法金之内拝借被　仰付　公辺御上納向首尾能相済、御返納之儀も、厚御仁恵にて御買上奉願候

この史料によると、天保一〇年三月までに種金の返納をするよう厳しく命じられ、遅延の場合には咎を申し付けられるとも伝えられていたようである。弥次右衛門はその種金返納ができず、所持する田畑を抵当に金銭を調達しようとして、その購入者を捜したが、大金ということもあって、買ってくれる人はいなかった。そこで、返

納の日延べを嘆願するとともに、先年より御用達を勤め、懇命を受けていた縁をたよって小田原藩の勘定所に田畑の購入を願い上げた。藩はこれを買い上げることができないとして、野州桜町領において、報徳仕法を進めている尊徳に仕法を願うことを弥次右衛門に勧めた。

弥次右衛門は天保一〇年三月二八日に野州桜町領を訪れており（全集三巻六二八頁）、その直後に初めて尊徳と面会したと考えられる。この時尊徳は彼に「報徳」の考えを教諭するのみで、金銭の貸与などは行っていない。天保一〇年七月、弥次右衛門は小田原藩の役人と支配代官江川太郎左衛門からの添翰を持って、再び桜町陣屋に赴き、田畑の買い上げと家政旧復の手段を願い上げている。小田原領をはじめ諸仕法が繁多であり、なかなか引き受けてもらえないだろうが、忠真在世中から懇命をうけ、扶持方もいただいた関係もあって、小田原藩の役人からの添状、韮山代官からの頼状を持参し、出格の仁恵により、急場の上納分一三八〇両余りを報徳金から借用して幕府に上納し、その返納として田畑の買い上げを願いたいと申し出た。

尊徳はこの年の六月一一日に小田原藩士の鵜沢作右衛門・山崎金五兵衛・豊田正作、小田原領下新田村の小八の弟左五兵衛、それに桜町領下物井村の岸右衛門らを伴って小田原に向け出立した。小田原領の報徳仕法を本格的に着手するためであったが、子息の弥太郎が病気との知らせをうけて七月末に小田原を離れた。この間に弥次右衛門が小田原に赴き家政建て直しの仕法について尊徳に嘆願した可能性もあるが、それを確認することはできない。彼は七月四日に尊徳あてに書簡を出しているが（全集二〇巻五二九〜五三九頁）、そこには野州に行った際に厄介になり、「難有御教諭拝聴」の礼を述べ、「諸色取急調可申心極に御座候」と家政の関係史料の取調をして「盆後には是非共野州へ罷出」たいので、面会してほしいと述べている。彼は尊徳が小田原に来ている事を知らず、また何時まで滞在するかも知らないために、盆後に野州に行きたいと申し出たのであろう。

結局、弥次右衛門は同年一一月三日に再び桜町を訪れ（全集三巻六九八頁）、尊徳に「改心仕、如何様苦心仕候共、借財返済仕度」と家政再建の着手を願い出て、借財が四五三八両余りに及んでいることなど、取り調べた家政の状況を報告している。一〇日間ほど滞在し、一一月一四日に彼は小田原藩士の栗原長次郎と曽比村（小田原市）の与右衛門とともに桜町を出立、小田原に向かった（全集二〇巻七〇〇頁）。翌月五日には尊徳が野州烏山藩士で元家老の菅谷八郎右衛門、小田原藩士豊田正作、内藤能登守家中の由田半治、下館藩士大島儀左衛門とともに小田原に向かった。その目的は小田原領村々に報徳仕法を本格的に実施するためであった。

2　朝日与右衛門と尊徳

多田弥次右衛門が尊徳から家政再建仕法の指導を受けるのとほぼ同内容で同時期に家政再建仕法の指導を受けようと交渉していたのが伊豆国君澤郡三島宿の朝日与右衛門である。彼も金銀引替御用を勤めたが、種金上納に差し詰まり、江川代官を通して尊徳に救済を求めた。まず、その概要を見ておこう（全集二〇巻三四八頁）。

> 去ル天保十己亥年、江川太郎左衛門御代官所、豆州君澤郡三嶋宿朝日与右衛門儀、去ル文政六未年以来新金銀御引替御用相勤罷在候折柄、度々之類焼、引続巳申（天保四・七）両度之大凶荒飢饉に付、暮込旁及大借、種々様々手を尽し、術計尽果、第一引替御用種金返納方に差詰り、十方に暮、然ル処同人儀は、小田原表勝手向へ立入、勤仕罷在候手段を慕ひ、上納之手段歎願仕候処、野州表へ可罷越旨被申聞候趣を以、其節彼地勝手向出役之者迄歎願有之由、厚内談之処、遠路相隔り居り、見知りも無之は、殊に趣法向き繁多に付再応相断、差戻申候付、帰国之砌、小田原表へ罷出、しいて歎願申述候に付、前々勝手向立入相勤居候旧縁も有

之間、上納金は勿論家名相続之趣法組立遣度旨、彼地役場より掛合も有之候

朝日与右衛門は多田弥次右衛門と同様、文政六年から新金銀御引替御用を勤めてきたが、たびたびの類焼と天保飢饉によって借財が嵩み、手を尽くしたものの、御用種金の返済に差し詰まった。小田原表の勝手向きに関わってきた関係から、縁を頼って種金上納の手段を嘆願したところ、野州桜町の尊徳の所に行くように申し渡されたという。ここまでの話は多田弥次右衛門の場合とよく似ている。与右衛門は尊徳に救済を嘆願したものの、遠路であり知人もおらず、何より尊徳の趣法が繁多であるという理由から断られ、帰国することになった。帰国時に小田原表にて更に嘆願したところ、藩には以前からの旧縁もおり、上納金および家名相続の趣法を組み立てたいと、小田原藩の役場から尊徳に掛け合いがあった、というのが右の史料の内容である。

与右衛門は多田弥次右衛門より若干早い天保一〇年二月二〇日に桜町陣屋を訪れ（全集三巻六二四頁）、三月一六日まで滞在した（全集三巻六二六頁）。この間に家政再建について嘆願したのであろう。

彼は帰国途中に足を痛め、帰国直後には疾瘡を煩い、着座することさえ不自由だったという。六月二五日になって与右衛門は小田原藩の鵜沢作右衛門に書簡を送り、尊徳の言葉は「誠に報徳の高談、現世にて古之儒仏神に面謁いたし候様に奉存候」と感激し、「生れ替り候様成心地」で帰国したと伝えている。鵜沢はかつて藩の大勘定奉行を勤め、以前から尊徳の報徳仕法を小田原藩に導入しようとした中心的な役割を果たしていた。そして、与右衛門はこの書簡で、一日も早く再度野州（桜町）に罷り出たいとの心境を明らかにしている（全集六巻五二九頁、二〇巻六二〇頁）。ところが、彼は「去ル亥年（天保一〇）中より願出置候儀に付、家財取調、当御趣法奉願上度、其夫のみ昼夜思案仕居候得共、無拠行違之儀有之、支配より堅く他行之儀、右引替元上納相済候迄は不相成旨、其

節厳敷被差留候姿に相成、一寸も罷出候儀難成」（全集二〇巻六四四頁）と、代官所より金銀引替御用が片付くまで、他出することを禁じられたのであった。「行違之儀」の内容は不明だが、代官所としては与右衛門の欠落を防ぐことを考えたのかもしれない。弥次右衛門は尊徳が小田原から韮山に行くときに同道しており、他出を禁じられた様子はないが、与右衛門の場合、他出ができない以上、仕法に着手するとすれば尊徳が与右衛門のいる三島宿および韮山に行くしか方法がなかったことは言うまでもない。

第四節　尊徳の仕法着手

1　幕府代官江川太郎左衛門の直書

尊徳が天保一一年六月に伊豆の江川役所に赴く契機になったのは、六月六日付けの江川太郎左衛門からの直書であった。その直書には次のように記されている（全集第二〇巻二〇五・三四八頁）。

未得拝眉候得共、以小楮啓上仕候、向暑之砌、愈御清福奉賀候、然ば私儀五ヶ年以前御代官被仰付、支配所一同之進退一身に抱候処、何事も不行届にて、其任に堪不申、深慚愧之至御座候、然所風と先生之御大名承知仕候間、是非御旅宿迄漸出、色々相窺、厚御教諭をも蒙度存罷在候得共、官辺にて申候得ば私事之様に相当、御関所を越、他領へ罷越候事、何分にも難出来候に付、御用序も御座候はばと相待候内、野州表へ御出立之趣承知仕候間、渇想に不堪、以手代共御出之儀相願候儀に御座候、至愚之処より若不敬に陥候儀も御座候はゞ、何分にも御海容被下、御出被下候様幾重にも奉願候、御聞済も御座候はゞ、私壱人の幸に無之、支

配所一統之幸にて、畢竟は　公儀御為筋之儀に付、呉々も御出之儀奉願候、右申上度如斯御座候、以上

六月六日　　　　　江川太郎左衛門（英龍）

二宮金次郎様

江川太郎左衛門は五年前に代官に任じられ支配所の面倒を見てきたが、「何事も不行届にて」「深慚愧之至」であると嘆く。そうしたところに尊徳の高名なるを知り、ぜひ罷り出て教えを受けたいところだが、「何分にも難出来」、御用のついでがあればと待っていた。今度野州に帰ることを知って手代どもを通して伊豆に来るように嘆願したというのである。来てもらえることは江川一人の幸いではなく、支配所全体の幸いであり、ひいては公儀の為でもあると、尊徳を説得した。つまり、この事は「私事」の依頼ではなく、「御公儀之御為筋」の願い事として伊豆への「御出」のみを願っており、韮山で何をすることが「御公儀之御為筋」になるかについて、直書では何一つは記していない。それは、内容が既に両者間では周知のことであったと理解してよいであろう。もう一つは、多田弥次右衛門と朝日与右衛門の家政再建、特に「新金銀引替御用」の種金返金が両家だけの問題ではなく、代官の役割としても大きな意味をもっていたと考えてよいだろう。つまり、幕府の「新金銀引替御用」を江川代官が弥次右衛門や与右衛門に斡旋したのではないだろうか。それゆえに、江川代官所の手代が小田原藩の郡奉行に嘆願してまで両名の救済を求めた背景もそこにあったのかもしれない。

前述したように、尊徳一行は天保一〇年一二月に小田原領に入り、直ちに復興仕法の指導に着手した。その頃、小田原藩郡奉行の坂部与八郎・大橋義兵衛・井沢門太夫の三名は江川代官の手代柴雁助と松岡正平あてに書簡を送っている。内容は弥次右衛門の「古金銀引替御用」の件で、今度「元手金納切之儀御沙汰」があったというも

ので、彼が「二宮金次郎取扱候報徳金と唱候金子借受、右元手金納切致度申」しているので、「金次郎へも篤申聞候」と弥次右衛門へ報徳金貸与の照会をしたというのである。この書簡で郡奉行は、弥次右衛門がたびたび野州に行き「報徳」のことも理解しており、「何れ来陽、猶弥次右衛門と対談之上、追々相開可申趣、尤委細同人（尊徳）にも申含置候儀に付、篤と御承知被下候」（全集二〇巻二〇五頁）と伝えている。小田原藩の郡奉行が多田家の救済仕法を尊徳に「申含」めると言っているように、江川代官所、小田原藩も大きく関わっていたのである。

右の書簡に対して、柴と松岡は「多田村多田弥次右衛門引替元納金一條之儀」について、翌一一年正月二八日に次のように返信している（全集二〇巻二〇六頁）。

旧臘銀座之方納切厳敷御沙汰有之、尤弥次右衛門儀銀座納切候得共、不遠金座納之儀も厳敷御沙汰有之趣之由、江戸表より申越一体多分之未納金にて候処、去亥年（天保一〇）七月中、金百両相納候迄に候間、此上御沙汰有之候ては、兼て取極之次第も有之候付、太郎左衛門様より其筋へ被仰訳も難立、旁先達中より納方厳敷申渡置候

弥次右衛門は銀座への上納は終えたものの、近いうちに金座からも厳しい沙汰があるという。前年（天保一〇年）の七月に一〇〇両納めたものの、更に沙汰（催促）があれば、代官（江川）との取り決めもあり、言い訳も立たなくなるとして、厳しく納入を仰せ付けられたというのである。「太郎左衛門様より其筋へ被仰訳も難立」と記されていることからも、代官所として弥次右衛門と与右衛門の「新金銀引替御用」の種金返納が指示通り行われなければならなかったことがうかがえよう。

2 多田弥次右衛門家の仕法

尊徳が小田原領の復興仕法を行っている最中の弥次右衛門は、尊徳と行動を共にしていることが多かったようで、その様子について彼自身の記述を見てみよう（全集二〇巻三一一頁）。

同年（天保一〇）十二月、小田原表へ御出張に付、御先へ出立仕、塔の澤御逗留先へ罷出候処、伜藤五郎、質地田畑御水帳写持参致候様被　仰付、夫より竹松村へ御引移りに付、御跡を慕ひ相詰居、御調奉請候内、韮山表より引替残上納之儀、厳敷御沙汰に付、其段奉歎願候処、追て御趣法被成下置候まで金弐百両当座御拝借被　仰付

尊徳が小田原に来て塔の沢村（箱根町）に逗留していた頃（天保一〇年一二月一二日〜一一年一月二三日）、弥次右衛門の伜である藤五郎（多田村の名主）は多田家の質地の様子がわかる帳簿や水帳などの写しを持参するよう命じられたという。尊徳が竹松村に移るのに同行し（天保一一年正月二三日）、家株に関する調べをうけた。そうした時に韮山から「引替残上納」についての厳しい沙汰があり、尊徳に報告したところ、趣法が行われるまでの当座として二〇〇両が貸与された。

小田原領に報徳仕法を実施している間にも尊徳は弥次右衛門らの種金返納や家政再建の調査を行っていたらしく、天保一一年三月七日の小田原藩郡奉行の書状によると「此節は同人（多田藤五郎）取調向も凡出来に付、趣法組入とも可相成所」と、藤五郎による多田家の家政調査が三月上旬には出来上がっていたことがうかがえる。

尊徳らは六月に韮山に入り、多田弥次右衛門宅に宿泊した。当然に弥次右衛門らと種金返済や家政再建仕法に

ついて話し合われたのであろう。尊徳一行が韮山を出立した六月二三日に江川代官役所の手代松岡と柴が小田原藩の郡奉行にあてた書状には「所持之田畑家財其外共、夫々取調仕法相附候由、依ては右田畑質地に差出、代金を以引替、元納切致候積之処、千両余之地所一旦引受候者無之、差支に付、右地所質地に差出、金次郎殿被取扱候報徳金借受度段、其段当人より強て相願」（全集二〇巻二〇六〜二〇七頁）とあり、弥次右衛門は所持する田畑を差し出して（抵当にして）代金を借りて納め切りにしたいと考えた。だが、一〇〇〇両余りでこれを引き受ける者はなく、差し支えているので、この地所を質地に出し、金次郎が取り扱っている報徳金を借り受けたいと、弥次右衛門が強く嘆願したというのである。

松岡と柴はこの返信で「多田弥次右衛門主法向、上納金等之儀に付、御頼得貴意候所、金次郎へ厚御達被下、対談相整候」と弥次右衛門への仕法について話しが進んだようである。さらに「全御厚情にて、弥次右衛門上納方仕法相附、相続方も出来候儀、忝仕合奉存候」（全集二〇巻二〇七頁）とあり、家政再建仕法の内容が固まったようである。

家政再建仕法の具体的な動きは一一月頃から見られ、一二月には所持地の三二町六反九畝歩を「引当」（抵当）に、一〇年季で売り渡すことを条件に尊徳から報徳金一三八九両余を拝借し、「新金銀引替御用」の種金を返納した（天保一一年一二月「報徳金年賦利積中勘帳」全集二〇巻三〇一〜三〇五頁）。一年で一三八両余の返済となり、「御年限中、田畑反別三拾壱町六反九畝廿八歩差上置、年々作徳米を以、元金調達之上は、田畑御差戻し、一家御取立被下置候様被　仰渡」とあるように、年限中は田畑を金次郎に差し上げ、毎年の作徳米で返済するというのである。元金が返済されたならば田畑を弥次右衛門に差し戻し、一家取り立ての方法を講じるとしている。また、天保一二年春から田畑は尊徳が所持し、年貢役の差配も行うことになった。「年季明代金御返済申候はゞ、右地所無相違御返可被下候」と、年季が明け代金が返済されれば弥次右衛門に田畑が差し戻されることも明記している（天保一一年一二月「御返上納金代地売渡証文扣帳」全集二〇巻三〇五頁）。尊徳に渡った田畑について、弥次右衛門の倅藤五郎は後に「格別之以御手段、書面之田畑御買上、地代金千三百八拾九両三分慥に受取、以御影御上納金首尾好相済、難有仕合奉存候、然処翌丑年《（天保一二）》より右田畑私方へ御任せ被下候」（全集二〇巻三一八頁）と述べている。つまり、約三一町歩の田畑を一三八九両余りで買い取った（一〇年季で）尊徳は、弥次右衛門に管理（直小作）させたのであった。同所からの作徳米で彼の生活と借財返済ができるよう配慮されている。

尊徳が用意した報徳金一三八九両の内訳は、「小田原御役所より金六百九拾四両三分弐朱御拝借被　仰付、残金六百九拾四両三分弐朱之儀は大磯宿孫右衛門御趣法金之内へ御手段被成下」（全集二〇巻三一一頁）とあり、半分は小田原藩の報徳役所から、残りの半分は大磯宿川崎孫右衛門の趣法金の中から出されたのであった。明確なことは今後検討しなければならないが、進行中の小田原領内の仕法での報徳金返納と、同じ江川代官の支配所であった大磯宿の川崎孫右衛門家の仕法金（報徳金）を多田家の「新金銀引替御用」の種金返済に回すことになったのである。孫右衛門家の仕法資金からの六九四両余りのうちの二五〇両は当時調達できず、その残金が多田家に渡ったのは翌天保一二年二月二六日のことであった。同日、江川代官所の手代松岡正平は「多田弥次右衛門引替取納残金弐百五拾両大磯宿孫右衛門方より、今日受取候由にて、則相納、都合金千三百八拾九両三分、昨年中より納相済」（全集二〇巻二〇八頁）になったことを尊徳に伝え、礼を述べている。また、松岡・柴・長沢与四郎は連名して、小田原藩の郡奉行三名に同じ内容の礼状を発している（全集二〇巻二〇九頁）。これによって、多田弥次右衛門の「新金銀引替御用」の種金返納一件は片付いたが、尊徳から拝借した一三八九両余りの報徳金返済問題と、その外の借財償還の仕法が課題として残った。

まず、一三八九両の返済問題について見てみよう。弥次右衛門が尊徳に差し出した三一町歩の田畑からの収穫米について、彼は次のように記している（全集二〇巻三一一頁）。

持高三百九拾三石三斗三升壱合三勺三才、反別三拾壱町六反九畝廿八歩、此預米千俵、内御年貢諸役高掛り物、並下作用捨米共五百八拾四俵引、残全徳米四百拾六俵余之見積を以小田原、大磯へ引当、来丑年（天保一二）より戊年（嘉永三）迄、無利十ケ年賦、年々十月廿日限り御返納可仕候

この田畑は尊徳のもとに差し出しているため、そこからの収穫米等を「預米」としているのであろう。その「預米」が一〇〇〇俵になるとし、年貢・諸役・高懸物などの五八四俵を差し引いた四一六俵余りを小田原役所と大磯への返済にあてると計画されていた。返済は無利息で一〇年賦とされ、毎年の返済額は一三八両三分二朱と永一〇〇文であった（天保一一年一二月「報徳金拝借証文」全集二〇巻三〇九頁）。

では実際の返納の状況をみると、表27のように毎年未納分がみられた。返済開始の天保一二年から返済終了予定の嘉永三年までの一〇年間に報徳金返済額の一三八両を上回る年は一回もなく、当初の計画通りには返済できなかったことが窺えよう。毎年未納分が嵩み、その未返済額に対しては約一五パーセントの利息が付けられた。報徳金の無利息返済の場合は利息が付けられず、年賦返済後一年或いは二年間それまでと同額の金額を報徳元恕金（礼金）として納めることで精算されるというのがこれまでの見解であった。しかし、多田家のように年賦金が返済できずに、未納分を生じた場合は利息が付けられたことを表27は示している。嘉永三年（一八五〇）末には一〇年賦が終える筈であったが、実際には約一〇三三両余の未返済金が残ったことになる。この年の一二月一二

表 27　弥次右衛門の報徳金返済状況

年　代	返済すべき額（前年の未納分との合計）	返　済　額	未　納　額	利　息　金
天保 12	138 両 3 分 2 朱、100 文	110 両	28 両 3 分 2 朱、100 文	4 両 1 分、96 文 2 分 5 厘
天保 13	172 両 1 分、46 文 2 分 5 厘	105 両 3 分	66 両 2 分、46 文 2 分 5 厘	9 両 3 分、231 文 9 分 4 厘
天保 14	215 両 2 分、3 文 1 分 9 厘	132 両	83 両 2 分、3 文 1 分 9 厘	12 両 2 分、25 文 4 分 8 厘
弘化元	235 両、3 文 6 分 7 厘	110 両	125 両、3 文 6 分 7 厘	18 両 3 分、5 分 5 厘
弘化 2	282 両 2 分、229 文 2 分 2 厘	100 両	182 両 2 分、229 文 2 分 2 厘	27 両 1 分、159 文 3 分 8 厘
弘化 3	349 両、113 文 6 分	65 両	284 両、113 文 6 分	42 両 2 分、117 文 4 厘
弘化 4	465 両 2 分、205 文 6 分 4 厘	70 両	395 両 2 分、205 文 6 分 4 厘	59 両 1 分、105 文 8 分 5 厘
嘉永元	594 両、36 文 4 分 9 厘	50 両	544 両、36 文 4 分 9 厘	81 両 2 分、105 文 4 分 7 厘
嘉永 2	764 両 2 分、116 文 9 分 6 厘	125 両	639 両 2 分、116 文 9 分 6 厘	95 両 3 分、192 文 5 分 4 厘
嘉永 3	874 両 2 分、34 文 5 分	96 両 1 分、166 文 6 分 7 厘	778 両、117 文 8 分 3 厘	116 両 2 分、217 文 6 分 7 厘
嘉永 4	1033 両 3 分、60 文 5 分	96 両 1 分、166 文 6 分 7 厘	937 両 1 分、43 文 8 分 3 厘	140 両 2 分、109 文 7 厘

〈註〉「返済すべき額」とは年賦返済額に前年とその利息金を加えた金額
〈出典〉天保 12 年～嘉永 3 年「報徳金無利十ケ年賦御拝借積取調帳」（『二宮尊徳全集』第 20 巻 312 ～ 315 頁）

日、尊徳は多田藤五郎に対して、

天保十一子年右御引当、田畑御買上被下置候様、小田原表へ歎願被申立候所、何分出来兼、無余儀趣を以御頼談に付、無是非田畑反別三拾壱町六反九畝廿八歩引受、地代金千三百八拾九両三分差出、御歎願之通御返上納仕、右質地田畑其儘相任置候所、作徳浮米代金暮込相成、無拠当御趣法金、無利五ヶ年賦御拝借被仰付候積を以、取調見候所、金三千八百三拾九両壱分余不足仕、無余儀前條之通、無利拾ケ年賦御拝借被仰付候積を以、取調見候所、来卯（安政二年に相当）拾五年目に及、漸元金皆済相成、不納金千百五拾七両三分余、新借出、何分御亡父（弥次右衛門）御志願之通、家株取立方無御座候

と、取り調べ結果を送った（全集二〇巻三一五頁）。多田弥次右衛門（弥次右衛門は弘化三年五月に死去）の報徳金返済を五年賦で考えたが多額の不足金を生じることになるために、一〇年賦にしてその返済状況を取り調べたところ、一五年目にようやく元金が皆済になるという計画で、未返済が累積してその間に一一五七両余の新借金ができ、これでは家政再建の方法がないという結論であった。

嘉永三年一二月に弥次右衛門の倅藤五郎が尊徳に提出した「御返上納金引当田畑上金御拝借証文下按」（全集二〇巻三一八〜三一九頁）には、次のように記されている。

如何様共厚御世話可申上筈之処、不仕合打続、同年（天保一二）より酉年（嘉永二）迄九ヶ年之間、金六百六拾七両永七百三拾七文五分暮し込不足仕、御返納出道更に無御座、親類縁者組合村役人立入、種々才覚仕候共、何分金子出来兼、無余儀去ル天保十一子年相願置候田畑三拾壱町六反九畝廿八歩へ、上金に被成下置候様相願候処、格別之以御勘弁、御承知被成下、不納金御勘定相済、重々難有仕合奉存候、然上は本金上金共、弐千五拾七両壱分弐朱永百拾弐文五文《ママ》致調達候はゞ、田畑無相違御返し可被下候

多田家では不仕合わせが続き、報徳金の返済を始めた天保一二年から九年間で六六七両の不足を生じ、三一町歩余の田畑を抵当として借用した報徳金一三八九両余に上金した約二〇五七両の借用証文である。表27で見る嘉永二年の未納額とは若干異なっているが、多田家から報徳金が全く返済されていないのではなく、予定額を返済できなかった場合には、約一割五分の利息が掛けられたため、借用金が二〇五七両に嵩んだのであった。

弥次右衛門には報徳金の返済問題の他に、金三一三八両余の借財を処理するという課題があった。この借財返

済について、天保一一年一二月に次のような返済計画を示して、前述の報徳金一三八九両を尊徳から拝借した（全集二〇巻三一一頁）。

残借財金三千百三拾八両壱分之内、四百五拾六両壱分は、親類之儀に付預り勘弁、残金弐千九百九拾弐両永三百三拾三文三分之処、残田畑家蔵衣類諸道具売払代、三百八拾五両永三百六拾七文六分八厘余を以、金百両に付拾弐両三分弐朱永三文五分宛、分散配当及歎談、夫々熟談相整

三一三八両余の内、約四五六両は親類からの借財なので勘弁（帳消し）にし、残りの二九九二両余りは田畑や家財衣類の売り払い代金三八五両を一〇〇両につき一二両余りの割合で「分散配当」することで熟談したというのである。一〇〇両につき約一二両しか返済できず、債権者にその了解を取り付け、熟談整ったというのである。それでも三六〇両が必要になるが、それをどのように用意したかは明らかでない。弥次右衛門はもともと四二町四反八畝歩余の田畑を所持しており（全集二〇巻二四〇頁）、尊徳に「引当」として差し出した三一町六反九畝歩を差し引いても約一一町歩の田畑が残っていたことになり、これを利用しながら返済の金銭を準備したのではないかと考えられる。

なお、天保一四年一二月に尊徳は「其外内借金三千四百三拾三両余之儀は、残り田畑居屋鋪家財諸道具衣類等迄、不残売捌、不足之分貸附金取立次第相渡可申筈、遂熟談」（全集二〇巻三四九頁）と記したように、内借金三四〇〇両余りは残りの田畑と家財諸道具を売り払い、不足の分は貸し付け金を回収して支払うということで熟談したというのである。

多田家の借財の内、報徳金返納分以外の返済状況については明らかでないが、例えば天保一五年（一八四四）九月には弥次右衛門が「前條心得違之廉々、御教戒にて、逸々徹心魂感服仕、難有仕合奉存候」（全集二〇巻四六二〜四六三頁）と尊徳に詫びている。そこには、弥次右衛門だけでなく、家族や親類などが連名している。

3　朝日与右衛門家の仕法

天保一一年六月に尊徳が韮山に行く頃までの朝日与右衛門の仕法嘆願については前述した通りである。尊徳と随伴者は六月一五日に三島明神に参拝したが（全集三巻五九八頁）、その際に与右衛門も同道している。その後、与右衛門宅に立ち寄ったようである（全集二〇巻六四四頁）。

その与右衛門も「新金銀引替御用」での種金六一三両の返納が急務であった。しかし、その対応は遅れており、手代の松岡正平はその理由を（全集二〇巻六二六頁）、

前書弥次右衛門儀相願、上納金は相済候得共、相続方其外追々等閑に罷成候付、与右衛門差出相願候儀も難仕、上納金之儀は、此上手延には難相成候間、厳敷納方申付置候

と述べている。弥次右衛門が金銀引替御用の種金を報徳金から借用して上納したあとの家政再建の仕法が等閑になっていたことで、与右衛門の仕法嘆願も聞き届けがたい状況であるというのである。松岡は続けて、種金の上納をこれ以上日延べすることはできないと厳しく申し付けたと記している。与右衛門は代官役所に参上して家政再建を嘆願し、小田原表に尊徳への仲介を願い出た。そこで、天保一二年一二月一日付けで、松岡は尊徳に直接

書状を送り、与右衛門家の仕法着手を嘆願するに至った。江川代官役所の手代松岡正平と長沢与四郎は、少し前の一一月一七日の書翰で小田原藩郡奉行の三名に次のように依頼している（全集二〇巻六二四〜六二五頁）。

野州表二宮金次郎殿方へ罷出、当惑之次第段々相歎、報徳方御趣法相願度段相頼、与右衛門家株、借財向取調書差出候処、当方より添翰を以、其　御役所へ可相願旨、金次郎殿被申聞候由にて、右報徳御趣法を以、年内限皆納切、並相続方之儀共願出度、添面之儀相願候之間、則与右衛門差出申候、右は昨年中、多田弥次右衛門儀、全御精力にて、納切も相済、又候与右衛門差出候段、何とも御厄介、御手数之儀には可有御座候得共、同人儀も何卒出格之訳を以、前書六百拾三両、年内皆上納相成、相続方主法相附候様、御精力被下度奉頼候

与右衛門はすでに朝日家の家産、借財などの取調書を尊徳に見せており、その時に尊徳は仕法願いを役所（江川代官役所のこと）に差し出すように指示した。それを受け取った長沢と松岡が、昨年の多田弥次右衛門と同様に、「金銀御引替御用」の元手金上納を「納切」にし、家政相続が整う仕法を講じるよう、代官に代わって依頼するというのである。

このように、江川代官役所側は与右衛門の種金返納ができる仕法を求めるが、小田原藩側には与右衛門の種金返納のための仕法に積極的でない動きも見られた。郡奉行の大橋儀兵衛と井沢門太夫は、一二月八日付けで江川代官役所の松岡と長沢にあてた書翰で（全集二〇巻六二五頁）、

当御領分内（小田原領内）難渋之者共へ貸附取計度向も余多有之候得ども、此節立廻金も無之、差支罷在候間、野州表より金子相廻候様申遣置候程之時節に付、金次郎方へ申遣候迚も、於爰許は融通之道も無之候間、同人方へ申遣候迄にも無之候得共、御頼被仰越候儀に付、右之趣一応野州表へ申遣候上、可及御断とも申合候

と記している。大橋と井沢は、小田原領内の難渋人に金銭を貸し付けたい向きもあるが、その資金（立廻金）もなく、差し支えているので、野州の尊徳に金子を廻すように申し遣わしているほどであり、たとえ尊徳から金子が廻ってきたとしても与右衛門へ融通することはできないだろうというのである。そして、尊徳に伝えることでもないが、ご依頼に来られたので、一応尊徳に申し遣わした上で、断ることになると申し合わせたと述べている。

小田原藩内には与右衛門への金銭の融通を尊徳に願う者もいた（全集二〇巻六二四頁）。

当年は、別て不熟之年柄にて、曽比・竹松等も、賄方六ケ敷趣相聞、心配仕候、何れ奉行中へ相伺、少々宛も当座凌附遣不申は相成間敷とも存候事に付、他向へ差出候金子は、差当成丈御領分之者撫育いたし度儀と申合、其上奉行中猶厚勘考被致、韮山表へは断之返報差出候（中略）右様之儀に御座候間、御地御融通金等も御座候はゞ、御廻被下候儀相成間敷哉

これは、小田原藩の鵜沢作右衛門と男沢茂太夫が一二月一四日付けで尊徳にあてた書翰の一部である。両名は、今年（天保一二年）は不熟の年柄で、尊徳によって直接仕法の指導をうけた曽比村（小田原市）・竹松村（南足柄市）

でさえも厳しいと聞いており、心配であるという。何れ奉行らに伺うが、少しでも村々に当座凌ぎに遣わすことはできないかと考え、他に差し向ける金子はできるだけ領内の撫育に使いたいと申し合わせているとして、奉行らは韮山表に断りの返報を差し出した。このような次第であるから、桜町での融通金などがあれば、廻してもらうことはできないだろうか、というのである。山崎・鵜沢の両名は、報徳役所に属する代官であって、小田原領内の困窮人撫育がととのえば、与右衛門への金子融通も可能になると考えたのかもしれない。

与右衛門家の救済を求める小田原藩報徳役所の鵜沢・山崎の嘆願があっても、尊徳が同家の仕法を着手した様子はなく、翌一三年四月になって、各地の農村・宿場、港町の報徳指導者が与右衛門家の仕法着手を尊徳に嘆願するようになった。その願書を次に見ておこう（南足柄市中沼　杉本晃氏蔵、全集二〇巻六四五～六四六頁）。

乍恐以書附ヲ奉願上候

一、当御知行所村々荒地再発、窮民撫育、借財返済、極難暮シ方取直し御趣法　御仁恵ヲ慕ひ奉歎願、報徳冥加米金無利御拝借被　仰付、饑饉之節も繋露命、無難ニ御百姓相続仕、夫ヨリ追々御教戒ニ基き驕奢弊風を改、既ニ退転ニも可及哉之処、大小貧富共相助リ冥加至極難有仕合奉存候、然ル処、多田弥治右衛門、朝日与右衛門両人義も新金銀御引替御用在勤中、饑饉旁暮シ込ニ相成恐入、十方ニ暮、無是非、御先代様以来御出入仕候御縁を以、御趣法金御拝借奉歎願、弥治右衛門儀は、去ル子暮金千三百八拾九両余無利御拝借被仰付、種金御上納相済、然ル処与右衛門儀は、江戸表内借金被及出訴、掛合申挽擢打延、彼是行違、弥治右衛門同様之御手続ニも至兼、殊ニ田畑山林等は是御上納之節売捌、漸々家蔵而已、其外手宛一切無御座、剰親類縁者等も致退転、取留候引請人も不罷出、御趣法御組立被遊方無御座、当人儀は勿論、居合候私共迄一同当惑至極仕、詰り何程之手違等も出来可致哉と深ク懸念仕候、尤平生何事ニ限らす相互ニ助合、実意を尽し可申旨御教諭被成下候ニ付、御趣意之次第申合、取急き帰国仕、是迄御趣法ニ而立直リ、相続罷在候村々世話人惣代之者申談、与右衛門御上納金御手段、御中勘御組立被下置候様奉願上、当時有物家蔵売払、不足之分私共前々相助リ居候御恩沢之万分一ニも為可奉報、御返納之儀は銘々引請、御割合之通、聊無遅滞急度御返納可仕候ニ付、一日も早く御上納金首尾能相済候様為仕度奉存候、然ル上は内借返済方家銘相続之儀は、尚又取悩方も可有御座哉と奉存候間、何卒格別之御憐愍を以、右願之通御聞済被下置候ハヽ、当人儀は不及申上、私共迄一同重々冥加至極難有仕合奉存候、以上

天保十三壬寅年四月廿五日

三崎町　竺　卿
浦　賀　瀛　洲
大　磯　孫右衛門
片　岡　小才太
曽　比　広　吉
竹　松　幸　内
中　沼　田　蔵
吉田嶋　六郎右衛門
御殿場　源　兵　衛
藤　曲　平　四　郎
西大井　勘右衛門

鬼柳　源太郎
中里　治郎左衛門
青木　勘右衛門
谷田部　治郎兵衛
桜町　忠治

二宮金次郎様

前半に経緯を記した後、多田弥次右衛門、朝日与右衛門ともに「新金銀引替御用」による種金上納と天保飢饉によって生活が困窮し、弥次右衛門については天保一一年に一三八九両の報徳金を拝借して種金返納を終えることができた。しかし、与右衛門は江戸の店での借金について訴訟が起き、行き違いがあったとして、弥次右衛門と同様な対応をできなかったとする。与右衛門は種金上納の時に田畑を売却しており、僅かばかりの家産があるのみで、外の対応策がない。親類縁者には退転した者もおり、与右衛門の借財を引き受ける者は出てこない。再建の方法もなく、本人（与右衛門）は勿論、我々一同も困惑しており、今後どのような手違いが生じるかもしれない。そこで、趣法によって再建中の村々の世話人総代が集まって相談し、尊徳に上納金返納の趣法組み立てを願うというのである。家にあった物を売り捌き、不足の分はかつて助けてもらった者が恩沢に報いるため、返納については銘々が引き請けるとして、趣法の組み立てを願い上げている。江戸での借財の問題もあるが、一日も早く御上納金を納めたいと嘆願した。

ここでの嘆願について興味深いのは、嘆願者のメンバーではないだろうか。三崎町の竺卿と浦賀の宮原屋瀛洲は浦賀の商人として尊徳から家政再建仕法の指導をうけ、(8)川崎孫右衛門も大磯宿の商人として天保七年に打ち毀しにあい、家政再建の指導をうけており、竺卿や瀛洲、次の片岡村大沢小才太とは親戚としての繋がりもあった。大磯宿は江川代官支配所であり、その関係もあって韮山の多田・朝日両家の仕法に深く関わっていたのだろう。大沢家は片岡村の名主として村再建を尊徳指導の報徳仕法によって実現しようとし、近村の報徳仕法普及にも大きな役割を果たした。小才太の弟政吉は後の尊徳門人福住正兄である。(9)西大井村の勘右衛門、鬼柳村の源太郎、(10)中里村の治郎左衛門(11)は小田原領東筋の中でも熱心に報徳仕法を実践した村の指導者であった。曽比村の広吉、(12)竹松村の幸内、(13)中沼村の田蔵は中筋の中でも特に尊徳が直接指導した代表的な仕法実施の村で、この三名はその時の中心的なメンバーである。次の吉田島村の六郎右衛門(14)は、尊徳の直接指導はうけていないものの、曽比村、竹松村の報徳仕法を手本にして熱心に実践しようとした名主である。藤曲村の平四郎、(15)御殿場村の源兵衛、(16)竈新田の平兵衛(17)は小田原藩領御厨地方で行われた報徳仕法の代表的な村々の名主である。藤曲村の仕法は曽比村などとともに一村式仕法の代表として、その仕法書は他の地域や村に写し伝えられた。また、御殿場村の源兵衛は天保飢饉直後の窮民救済仕法で尊徳の指導・指示をうけて直接窮民救済にあたった名主である。また、竈新田の報徳仕法を熱心に推進したのは組頭の平兵衛で、彼は心学の指導者として伊勢原村の加藤惣兵衛（宗兵衛）らと繋がりがあった。惣兵衛の親戚には前述の片岡村の大沢小才太や、大磯宿の孫右衛門がいる。次の勘右衛門は尊徳が桜町に続いて行った仕法地青木村（茨城県桜川市）の名主であり、(18)治郎兵衛は谷田部・茂木藩（細川氏）で代表的な報徳仕法推進の御用商人であった。(19)最後の忠治は桜町領物井村の名主で、(20)尊徳が直接小田原仕法を指導する際も同行するなど、尊徳の指示によって各仕法地に赴くなど、各地との緊密な連絡網をもっていた。彼らはそれぞれの場に生活の拠点をもちつつ、尊徳の指示を受けて他の地域や村の仕法推進にも大きな役割を果たした。そうした「報徳」指導者達のネットワークをここに見ることができよう。

おわりに

以上、伊豆韮山江川代官役所の支配所多田村多田弥次右衛門と三島宿の朝日与右衛門、両家の家政状況から報徳仕法の嘆願、導入の経緯、その後の展開状況について見てきた。

両者が尊徳に仕法を嘆願する背景には「新金銀引替御用」による種金上納が困難になったという状況があった。その御用は江川代官が仲介（紹介）する形で始められたと推測できる。両名にとっては利益を得られるような御用ではなく、ともに損害をまねいた時を想定して、その穴埋めのために江戸での商売を行っている。天保飢饉による地域経済の停滞から貸し付け金の回収ができない状況をもたらし、さらに江戸での商売で借財を増やす結果になった。そうしたところに、種金の返納を迫られ、弥次右衛門は約一三九〇両、与右衛門は六三〇両の種金返納が未納になり、この返納を優先的に、それぞれの家政再建が両者に課せられた課題であった。

二人ともに、江川代官役所の手代を通して、出入りしていた小田原藩の勘定方に種金返納分の金子借用を申し入れた。弥次右衛門の場合は郡奉行に、与右衛門は報徳方の代官クラスの者との繋がりを頼るという違いはあるが、それぞれに以前からの御用達という繋がり、ネットワークを利用した嘆願であったことをそこに見ることができよう。しかし、小田原藩ではこれらの金銭を用意することはできないとして、尊徳に救済を求めるように勧める。結果、弥次右衛門は尊徳の指示によって小田原領の仕法資金と大磯宿孫右衛門の仕法資金を拝借し、種金を返納した。しかしながら、その後の報徳金返済をはじめとする借財返済は尊徳が示した仕法通りに進まず、一〇年後においても借財は減少していない。その再建を尊徳に嘆願することはあっても、それを支えるのは多田家の家族と親戚のみで、代官役所から指示を得ることさえなかった。つまり、多田弥次右衛門家の場合は、代官役所と小田原藩郡奉行らのネットワークを通して種金返納をはじめとする家政再建仕法を尊徳に依頼し実施することができたが、種金返納後はそれらのネットワークを利用した再建を見ることができなかった。

一方、弥次右衛門の種金返納が優先されたために、朝日与右衛門の種金返納は大幅に遅れたようである（実際に返納されたかも確認できない）。彼は、小田原藩報徳方の代官クラスの者との繋がりから尊徳への嘆願、そして種金返納の借金や家政再建仕法について、広範囲にわたる「報徳」指導者のネットワークを通して尊徳に仕法実施の嘆願をすることができた。

韮山の報徳仕法嘆願にはこの二つの面を見ることができた。一領内の枠を越えた広範囲で本格的な「報徳」指導者のネットワークを確認できるのは、与右衛門の仕法が最も初期のものであろう。

註

（1）高田稔「相州曽比村仕法顛末――釼持広吉とその周辺――」（二宮尊徳生誕二百年記念論文集『尊徳開顕』有隣堂、一九八七年）、内田清「天保期の小田原藩領中里村と報徳仕法」（『小田原地方史研究』三、一九七一年一〇月）などを参照。

（2）報徳仕法の研究に、仕法の実践主体の人びとのネットワークという視点を最初に導入したのは早田旅人「藩政改革と報徳仕法――烏山仕法にみる報徳仕法と政治文化――」（早稲田大学史学会編『史観』一六二号、二〇一〇年三月）であろう。

（3）佐々井信太郎『二宮尊徳伝（復刻版）』（日本評論社、一九三五年。一九七七年に経済往来社から再版）。

（4）『韮山町史第五巻（下）』（一九九一年）六二六～六三〇頁。

（5）全集一五巻五九五・五九八頁。
（6）註（3）に同じ。
（7）多田弥次右衛門が天保一五年九月に尊徳にあてた詫び状には「小田原表之儀は、御先代（大久保忠真）之時より、立入御用達罷在候を慕ひ」（全集二〇巻四六〇頁）と記している。
（8）『三浦郡誌』（一九一八年）一六九～一七〇頁。佐々井典比古「三浦三崎の報徳仕法」（『郷土神奈川』一四号、一九八四年三月）、松原啓次『二宮尊徳をめぐる三浦の報徳活動』（一九九六年）。
（9）高瀬慎吾『新平塚風土記稿』（平塚市教育委員会発行、一九七〇年）。平塚市博物館『幕末の村おこし――二宮尊徳と片岡村・克譲社の報徳仕法――』（特別展図録、二〇〇六年）。
（10）西大井村・鬼柳村の報徳仕法については拙稿「用悪水堀と道普請にみる報徳仕法」（小田原近世史研究会編『交流の社会史――道・川と地域――』岩田書院、二〇〇五年、本書第七章所収）。
（11）註（1）の内田論文。
（12）註（1）の高田論文。
（13）竹松村の仕法については内田清「竹松の報徳堀――嘉永元年の三町田報徳堀開発を中心に――」（『市史研究　あしがら』三号、一九九一年三月）。
（14）吉田嶋村については『開成町史　通史編』（一九九九年、三一九～三二三頁）。本書第六章所収。
（15）大藤修「二宮尊徳の飢民救急仕法と駿州駿東郡藤曲村仕法」（『東北大学文学部研究年報』四七・四八号、一九九七・一九九八年、後に大藤著『近世の村と生活文化――村落から生まれた知恵と報徳仕法――』吉川弘文館、二〇〇一年に再録）。
（16）御殿場村仕法については内田哲夫「報徳仕法と御殿場村」（『御殿場市史研究』四号、一九七八年四月、後に内田著『小田原藩の研究』一九九六年に再録）、早田旅人「宿場村の報徳仕法――御殿場村仕法の検討――」（『早稲田大学大学院文学研究科紀要』四七輯・四分冊、二〇〇二年三月）。
（17）竈新田村の報徳仕法については仁木良和「小田原藩竈新田村の報徳仕法について――小林平兵衛と相続講――」『立教経済学研究』四五巻三号、一九九二年一月）、同「報徳思想の受容について――小林平兵衛を事例として――」

(『立教経済学研究』四七巻二号、一九九三年一〇月)。
(18) 青木村仕法については山中清孝「関東農村の〝荒廃〟と二宮尊徳の仕法――常陸国真壁郡青木村仕法を中心に――」(『江戸川学園人間科学研究所紀要』三、一九八七年四月)、早田旅人「報徳仕法の事業展開と民衆――常州真壁郡青木村仕法の構造と主体形成――」(『地方史研究』三〇六号、二〇〇三年一二月)。
(19) 谷田部茂木藩の報徳仕法については大藤修「関東農村の荒廃と尊徳仕法」(『史料館研究紀要』一四、一九八二年九月、後に大藤著『近世の村と生活文化――村落から生まれた知恵と報徳仕法――』に再録)。
(20) 桜町仕法については早田旅人「初期報徳仕法の展開――桜町前期仕法における百姓政策を中心に――」(『民衆史研究』六〇号、二〇〇〇年一一月)。

第九章　小田原宿報徳社の成立と展開

はじめに

二宮尊徳による小田原領の報徳仕法は天保八年（一八三七）二月に始まり、弘化三年（一八四六）七月に藩が仕法「畳置」を宣言するまでの一〇年間行われた。(1) この仕法は農村復興を中心に行われ、藩財政再建の仕法におよぶことはなかった。(2) この間、小田原城下の町人らが尊徳から教諭を受け、天保一四年には互助的方法による救済グループを組織している。そのグループがここでいう「小田原宿報徳社」である。『神奈川縣文化財圖鑑――歴史資料篇――』(3) には、安政二年（一八五五）から「小田原報徳社」の名称が見られ、「小田原駅報徳社」とも称したというが、筆者はそのことをいまだ確認するに至っていない。いずれにせよ、成立当初の小田原城下の町人による「報徳」グループには、その名称が付けられていなかったようである。天保一四・一五年における同社の関係史料には、世話人の肩書きなどに「東海道小田原宿」あるいは「小田原宿」と記しており、(4) また安政二年の「報徳善種金貸附帳」[5]にも「小田原宿世話人」とあることから、本章では右の「報徳」グループを「小田原宿報徳社」と総称する。[6]

さて、小田原宿報徳社が成立した年には下館藩でも「報徳信友講」が結成されている。[7]両グループを報徳結社ということができるならば、この年にわが国最初の報徳社二社がほぼ同時に誕生したことになる。下館藩士の有志で結成された信友講は、藩の仕法終焉とともに消滅したが、小田原宿報徳社は「小田原報徳社」などと称して現在まで継続している。この両社を明治期に結社された報徳社と同一視することはできないが、報徳社の原型を検討するうえで格好の題材といえよう。ところが、近世における小田原宿報徳社について本格的な研究はほとんど行われておらず、同社の活動などについても明らかにされているとはいいがたい。

こうした中で、小田原宿報徳社について最初に解説を加えた佐々井信太郎氏は『二宮尊徳全集』第一七巻[8]で、同社は①町民らの自発的結社、②今井村（小田原市）の方法を拡充したもの、③天保一五年から報徳入札（出精人らの投票）を開始し、弘化三年まで尊徳の指導を受けた、④二四名によって創立され、当初の世話人は尾島屋忠次郎・竹本屋幸右衛門・百足屋孫七であった、⑤各自の推譲金を元として互助的に仕法を講じる結社仕法であった、⑥小田原報徳社成立の基礎は尊徳から貸与された報徳金一六〇両である、と述べている。

また、長年報徳社について論じてきた八木繁樹氏は『報徳運動百年のあゆみ』[9]や「報徳社百四十年のあゆみ」[10]において、⑦小田原報徳社ははじめ「小田原仕法組合」と称し、後に「小田原報徳社」と改めた、⑧報徳を信条とする者の自主結社、⑨社員は全員商人、⑩無利息貸し付けが唯一の事業、⑪小田原藩の仕法「畳置」と明治維新の二度の痛打を浴びたが、その都度復興した、⑫尊徳の直接の承認と助成を受けて、結社式をもって発足した最初の報徳社、⑬尊徳は結社式方法を主軸に報徳仕法を行うことを考えていた、と指摘した。

さらに、前掲『神奈川縣文化財圖鑑』で佐々井典比古氏は小田原報徳二宮神社所蔵（報徳博物館蔵）の「小田原報徳社関係資料」について解説し、その中で同社は下館藩の報徳信友講とともに⑭「わが国報徳社の嚆矢であり、世界の協同組合史の中で最も早期に位置する」という小田原報徳社の位置付けをされた。

このほかにも小田原宿報徳社について述べた研究は若干あるが[11]、おおむね以上の点に尽きると思われる。これらの指摘は、その全てが誤っているわけではないが、十分な史料検討を重ね、分析したうえでの指摘とはいいがたく、指摘の根拠さえ明らかでなかったり、思い込みで論じていると考えられる点が少なくない。そこで、本章では小田原宿報徳社の構成メンバーや事業内容、報徳金運用の実態などを実証的に明らかにしつつ、前述①〜⑭の指摘が適当であるかを検討しながら、明治期以降に展開する報徳社運動を見通した場合の小田原宿報徳社の歴史的位置付けについても試みてみたいと思う。

第一節　小田原宿の困窮と町人

1　小田原宿の困窮

近世後期において、小田原宿が困窮していたこと、それが小田原宿報徳社結成の前提であったというのがこれまでの一致した見解であろう。そこで小田原仕法が行われる以前の同宿の困窮について、その概要を見ておこう。『明治小田原町誌』[12]によると、同町は文化一四年（一八一七）に二度の大火があり、宿のほぼ全域が焼失したという。小田原宿はしばしば火災に遭っているが、宿の中心部をほぼ焼き尽したこの大火で宿が大打撃を受けたであろうことは容易に推測できよう。

また、文政一二年（一八二九）頃には小田原府内の質屋と在方の質屋が争う事件が起こっている。(13)府内の質屋は本質屋として、下質屋である在方の質屋から質物なり利益の一部を徴収することができたが、在方質屋が「下ケ質」を拒否したり、「上り銭」の増加を主張するようになった。在方質屋の台頭にともない、城下の質屋は在方から得ていた利益を失いかねない状況に陥っていたのである。これは質屋に限ったことではなく、在方商業の台頭によって城下町商人が次第に困窮したことを示している。同様な例は小田原宿報徳社が設立された天保一四年（一八四三）においても見ることができる。(14)

一、小田原御趣意筋、又此程は厳敷、当月十日限寺町、井細田村始、村々商ひ向き一切不相成趣に付、悉仕廻候処、又難渋申立、湯屋・髪結床・居酒屋之類を除、其外は是迄之通り相成、町人へも度々直下ケ申渡有之候得共、未験も不相見、一両日以前より重立候町人とも、玉龍房方へ寄合、在方商ひ一切差留之儀願立候趣又及承申候

これは、小田原藩報徳方の豊田正作が尊徳に伝えた同年八月二二日付け書翰の一部である。藩は台頭する村々の商いを禁止する厳しい趣意を発したが、在方から難渋の申し立てがあり、湯屋・髪結い床・居酒屋以外は従来どおりの営業が認められた。これに対して、主だった町人らが数日間玉竜坊（松原神社の別当、修験本山派聖護院末寺）で寄合い、在方商いを一切禁止するよう藩に願い出る相談をしたという。その背景には、台頭する在方商業が城下町商人の営業を脅かす存在になっていたことを示している。(15)

2　小田原町人と尊徳

前項で見たように、確かに小田原宿は疲弊し、困窮した町人も多かったと思われる。だが、尊徳による小田原仕法が開始される以前に、尊徳に救済を求め、報徳金借用を許されたことが確認できる町人は意外に少ない。単に同宿の慢性的な疲弊だけが小田原宿報徳社結成の前提になっていたとは考えにくい。

小田原仕法開始以前に尊徳に救済を求めた唯一の例が大工町の殿村仁兵衛である。彼は大工の棟梁として町の上位に位置していたが、天保二年（一八三一）二月に尊徳から報徳金一六両を借用した。(16) 翌三年九月に仁兵衛の縁者と思われる殿村弥助が野州桜町陣屋の尊徳を訪ね、仁兵衛の借財二五〇両の返済方法について相談している。(17) 弥助が帰宅する際、尊徳は「かさらねば楽なり」という不二講の行者である鳩ヶ谷の小谷三志の書をあたえ、(18) 奢りによって多額の借財を生じた仁兵衛を戒めた。小田原領の仕法が開始された直後の天保八年三月に、須藤町の和泉屋孫八、竹花町の源助・田右衛門は尊徳から報徳金を借用し、月賦返納していることが確認できる。(19) 次の表28は、小田原仕法の開始から天保一一年一月までに報徳金を拝借したことが判明する小田原町人（商人）を掲げたものである。例えば筋違橋町の和泉屋半兵衛・平野屋平右衛門・越後屋庄助らの借用証文を見ると、(20)

一金八両壱分三朱

内三分三朱　　　御用捨被下置候分引

残金七両壱分

右者前々困窮之節、川添勘介様にて御拝借仕、取続罷在候処、書面之金子御返済仕度、無拠報徳金御拝借奉願上候付取調奉書上候処、少も無相違無御座候、以上

表 28　小田原宿町人の報徳金借用状況

年　月　日	町　名	拝借金	拝借金額	出　典
天保 2 年　2 月	大工町	仁兵衛	16 両	15-751
天保 8 年　3 月	須藤町	和泉屋孫八	3 両	15-752
同　同	同	源　助	2 両 2 分 1 朱、13 文 26	15-759
同　同	竹花町	田右衛門	3 両 2 朱、34 文 09	15-759
天保 9 年　2 月	(不明)	佐五右衛門	5 両	15-760
同　3 月	大工町	殿村屋親類組合	21 両	15-761
同　4 月	筋違橋町	中村屋勝三郎	5 両	15-761
同　同	同	和泉屋半兵衛	25 両	15-761
同閏　4 月	高梨町	藤屋忠七	20 両	15-761
同　同	筋違橋町	吉田屋七兵衛	17 両	15-761
同　同	千度小路	鈴木屋利兵衛	15 両	15-761
同　5 月 14 日	筋違橋町	越後屋庄助	4 両 2 分	15-761
同　同	同	平野屋平右衛門	7 両 2 分	15-761
同　5 月 26 日	同	関村屋喜左衛門	1 両 3 分	15-761
同　同	同	入木屋長左衛門	7 両 2 分	15-761
同　同	安斉町	水車徳兵衛	3 両 2 分	15-761
同　12 月	竹花町	治　助	3 両	15-1215
天保 10 年　2 月	(不明)	熊沢屋新兵衛	15 両	15-1216
天保 11 年　1 月　晦日	須藤町	孫　八	10 両	15-1217

〈出典〉『二宮尊徳全集』、「15-751」は同全集の第 15 巻 751 頁を意味する

天保九戊戌年五月
小田原筋違橋町
拝借人　平野屋平右衛門
二宮金次郎様

とあり、小田原藩士で報徳方の役人である川添勘介の世話によって拝借した金銭を返済するにあたって、報徳金を借用したいと尊徳に申し出たことがわかる。川添は報徳方の役人であり、(21) 報徳方を通して尊徳から報徳金を借用している。小田原仕法が開始された時期に尊徳および同藩は村々だけでなく、城下の町人らにも報徳金貸し付けを行うなどの手段を講じていたのであり、和泉屋や越後屋らも個々でその貸与を受けていたのであった。

第二節　小田原宿報徳社の成立

1　趣法土台金の拝借

天保一一年（一八四〇）正月までの小田原宿町人らは尊徳に報徳金の拝借を願い、尊徳から教諭を受けつつ自家再建を目指した。同一三年一二月になって同宿の尾島屋忠次郎・竹本屋幸右衛門・百足屋孫七が連名して尊徳に報徳金の拝借を願い出た(22)。

乍恐以書付奉願上候

一、東海道小田原宿山角町尾嶋屋忠次郎・欄干橋町竹本屋幸右衛門・高梨町百足屋孫七一同奉申上候、私共茂連々不仕合打続、臨時物入等相嵩、困窮致難渋罷在候折柄、去ル巳申（天保四・七年）両度之大凶荒飢饉ニ付、暮方必至与差詰り、家業相続相成兼、術計尽果十方ニ暮歎息仕罷在候処、格別之以御仁恵御領中村々窮民撫育借財返済暮方御取直旧復之御趣法被仰出、被遊御出張、家政取直方種々様々御教諭之砌、瓜の種を蒔ハ瓜生し、又茄子の種を蒔ハ茄子生して茄子実法、世の中の有様委敷蒙　御教戒驚入、是迄所行逸々先非後悔仕、是非共能き種を蒔、能実法を得、我等之義ハ勿論、子々孫々ニ至迄能き例しに引れ、貧苦艱難之憂を免れ、親先祖より伝へ受たる家株無難ニ相続仕度奉存候得共、素より困窮難渋今日之渡世ニ覆れ、私欲身勝手而已ニ流れ、恩を報ひ徳を積抔之義者菅（只管カ）ニ茂思わす、何一ツ能種を蒔置不申候ニ付、幸之実法へき謂無御座奉恐入候、最早村々身親類之内眼前相助り、追々立直り候御仁恵を慕ひ、御領中同様報徳善種金御拝借奉願上、家名相続仕度奉存候間、何卒出格之御勘弁ヲ以、

右願之通御趣法御土台金御拝借被　仰付被下置候様、偏奉願上候、以上

天保十三壬寅年十二月

東海道小田原宿山角町

尾嶋屋忠次郎

欄干橋町竹本屋幸右衛門

高梨町　百足屋　孫　七

この嘆願書によれば、彼らには不仕合わせが続き、臨時物入りなどが嵩んで困窮していたところに天保飢饉で暮し方が差し詰ったとしている。そんな折に尊徳が領内村々の窮民撫育・借財返済・暮し方取り直し趣法を命じられ、小田原に来て村々の趣法を指導していた。その時に「報徳」の教諭を聞き、先非を悔い、貧苦艱難の憂いを免れ、親先祖よりの家株を無難に相続したいと思っても、何一つ良き種を蒔いておらず、「幸の実る謂れ」はなく、恐れ入っている。村々の親類はみるみる立ち直っており、我々もその御仁恵を慕い、村々と同様に報徳善種金を拝借し、家名相続をしたいというのである。このように、彼らは慢性的に困窮していたうえに天保大飢饉による追いうちがあって、一層暮らし方が差し詰ったという背景があった。さらに、尊徳による村々への復興仕法の成果を眼前にしたことで、尾島屋ら三名は村方と同様に家名相続ができるよう報徳善種金の借用を嘆願したのである。

その結果、翌一四年四月に報徳金一六〇両の拝借が許され、再び右の三名が連名して拝借証文を差し出した。(23)

御趣法金御拝借証文之事

一金百六拾両也
　内金百拾両
　　是者私共初同志之者一同暮方立直り候迄無利置据御拝借被　仰付候分引
　残金五拾両
　　此年賦済方
　卯十月廿日　金拾両
（中略）
　未　　金拾両
〆

右者私共儀者不及申上、同志之者一同去ル巳申（天保四・七年）両度之大凶荒飢饉ニ付、米麦雑穀諸色高直ニ付暮込旁追々必至与困窮難渋仕、礑与差詰り十方ニ暮罷在候処、近年格別之以　御仁恵御領中村々窮民御撫育借財返済暮方御取直御趣法被　仰出、私共諸親類縁者共眼前相助候御趣意慕奉歎願候処、報徳善種金百六拾両御拝借被仰付、内百拾両之義者暮方立直り候迄無利足置据、残金五拾両之義者当卯十月より来未年迄無利五ヶ年賦御拝借被　仰付難有仕合奉存候、御返納之義者御割金之通少茂無遅滞急度御上納可仕候、仮令年賦御返納相済候共、年弐割之御利足而已ニ相当り、元金五拾両之義者全預御助成、家業無差支相励、親先祖伝へ受たる家株無難ニ相続仕候、重々冥加至極難有仕合ニ奉存候、殊ニ暮方立直候迄無利置据御拝借御趣法御土台金百拾両之義、別紙利倍御積立御勘定帳之通、年経るニ及て幾百万倍預御救、一同相助り相続仕候御恩沢之次第、子々孫々ニ至迄申伝置、家業相励、一日茂早く暮方取直し元金御返納之義者勿論、急度可奉報

御恩沢候、為後日家政取直御趣法御土台金御恩借証文、仍如件

天保十四癸卯年四月

相州小田原宿欄干橋町

竹本屋幸右衛門

高梨町　百足屋孫七

山角町　尾嶋屋忠次郎

拝借金一六〇両の内一一〇両は尾島屋ら三名をはじめ、「同志之者一同」の暮し方が立ち直るまで無利息で返済を据え置き、残り五〇両を五年賦返済として拝借した。また、右の史料では「同志之者一同」が天保飢饉による米麦などの物価高騰で暮し方が難渋に陥ったとしている。このように、趣法金一六〇両は「同志之者一同」に貸与されたものであり、尾島屋ら三名はその代表者（世話人）的存在だったことがわかる。「同志之者」とは天保飢饉による諸物価高騰で困窮した者であり、彼らの目的はあくまでも「家業無差支相励、親先祖より伝へ受たる家株無難ニ相続」できるようにするための「家政取直」しであって、決して宿や町全体の復興を目的としたものではなかった。(24)

2　小田原宿報徳社の世話人

天保一四年四月に尾島屋・竹本屋・百足屋の三名を世話人として発足した「同志之者一同」のグループがここでいう「小田原宿報徳社」である。同社の活動内容を検討する前にこの三名について見ておこう。(25)

【尾島屋忠次郎】　彼は飯泉村（小田原市）権右衛門の弟であったが、病身のため農業ができず、天保一一年に酒

匂村（小田原市）の浅七店に借家し、水菓子類や油商売を営み、同村名主の新左衛門から報徳仕法のことを聞きおよんでいた。尊徳が新左衛門宅に逗留した時に末席において教諭を受けたという(26)。その教諭に感じ入った彼は先非を悔い、家業に励んでいたところ、下堀村（小田原市）の常蔵の紹介で山角町尾島屋の家守を頼まれ、同年四月一日に同家に引き移り、荒物渡世を始めた。

【竹本屋幸右衛門】　彼は寛政一〇年（一七九八）に甲州八代郡成田村（山梨県御坂町）百姓栄蔵の次男として生まれた。一五歳の時に彦助と名乗り、その頃から不法の行いを繰り返し、賭の諸勝負を職分のように心得るようになり、ついには村に居られなくなって、所々を徘徊するようになった。文政五年（一八二二）、二五歳の時に小田原宿代官町庄助方をたより、庄助の世話で竹松村（南足柄市）薗右衛門方へ養子に入った。やがて男子も生まれたが、「素より悪習ニ染たる身分」である彦助は、倅を置いたまま出奔したものの、同一〇年には帰村が許され、薗右衛門家を相続した。倅も年ごろになったので天保三年に家督を譲り、彦助自身は小田原欄干橋町中村屋源兵衛の家屋敷を買い(27)、竹本屋幸右衛門と改名して旅籠屋を営み、飯盛女を召し抱えてかなり「取り続い」ていたという。同一一年三月の竹松村仕法の際、幸右衛門の倅仙吉が出精人入札で選ばれ、家作手入れをしてもらった(28)。その御礼として幸右衛門も尊徳に目通りし、末席で教諭を受けることになる。その趣意に感服した彼は二年後の天保一三年二月に竹松村へ仕法加入金一〇両を差し出し、さらにその年の暮れから翌年春にかけて小田原宿報徳社の設立に大きな役割を果たしたのであった。

【百足屋孫七】　彼も旅籠屋渡世をしていた。酒匂村の名主新左衛門と会うたびに尊徳の仕法や「報徳」の趣意について聞き、知らず知らずのうちに驕奢になり、眼前の利益のみを求めてきたことを悔い、善種を蒔き、節倹を旨とする「報徳」に加入するようになったという。

世話人三人が「報徳」に加入した経緯をみると、尊徳指導による村々の復興仕法や「報徳」の趣意を見聞したうえで加入したとあり、村方の仕法の影響を多分に受けたことがうかがえる。とくに、酒匂村の名主で東筋報徳肝煎の新左衛門からの影響は見逃すことができない。忠次郎と幸右衛門は百姓出身で、小田原宿で営業を始めて間もない商人であり、孫七は以前より小田原宿にいたものの、経営的には「眼前の利」を求めるような者であった。三人とも宿の役人とか、藩の御用を勤めるような商人ではなく、また同宿において由緒ある者でもなかった。

3　小田原宿報徳社の構成員

小田原宿報徳社が成立した天保一四年四月から一年間に三六名の者が報徳加入金を差し出した。その加入金額と差し出した者の名前、その者の略歴などを記したのが前述の『報徳金土台帳』(29)である。同帳は美濃大判の厚手の紙が使われ、明らかに保存を目的に作成された「小田原宿報徳社」の基本帳簿で、その内容をまとめたのが表29である。加入金納入者の居住地は、欄干橋《らんかんばし》町が八名、高梨《たかなし》町が七名、新宿《しんしゅく》町が四名、山角町が三名などとなっており、欄干橋町と高梨町に集中していたほかは、各町に二〜三人いる程度であった。家業については不明な者も多いが、旅籠屋などの商人、塗り師・大工・鋳物師などの職人が多くなっている。この外では僧侶と思われる板橋村（小田原市）の林泉坊、座頭と見られる「鶴の市」（鶴の都）(30)、小田原藩士の豊田正作の名前も見られる。

加入金を工面した方法については、倹約によるものと手道具や不用品を売却して用意したものなどが見られる。少々変わった例としては、家業が脇本陣で、藩主から下付された酒代を加入金として差し出した小清水屋伊兵衛がいる。

ところで、同社では創立直後から弘化二年（一八四五）一〇月まで出精人入札（投票）を行っているが(31)、それに参加できたのは表29の三六名中二四名に限られていた。出精人入札に参加した者の名前を書上げたのが表30であ

表29　小田原宿報徳社創立期の報徳加入金納入者

No.	加入金納入者	居住地	家業	加入金初見年月	加入金初見の内容
1	尾島屋忠次郎	山角町	荒物屋	天保14年4月	倹約、余業
2	竹本屋幸右衛門	欄干橋町	旅籠屋	天保14年4月	暮方万端節倹
3	百足屋孫七	高梨町	旅籠屋	天保14年4月	暮方万端費を省く
4	塩屋藤次郎	筋違橋町	塩油商売	天保14年4月	暮方万端費を省く、倹約
5	江戸屋孫四郎	欄干橋町	旅籠屋	天保14年4月	暮方万端費を省く、倹約
6	野田屋市右衛門	欄干橋町	旅籠屋？	天保14年4月	倹約
7	沢田屋小右衛門	欄干橋町	荒物商売	天保14年4月	万端費を省く、倹約
8	杉崎屋元次郎	高梨町	瀬戸物商売	天保14年4月	万端費を省く、倹約
9	日野屋与兵衛	欄干橋町	塗師職	天保14年4月	暮方倹約
10	鶴屋勘左衛門	欄干橋町	旅籠屋	天保14年4月	暮方倹約
11	川西屋藤兵衛	欄干橋町	旅籠屋	天保14年4月	暮方倹約
12	柏屋弥兵衛	山角町	小間物商売	天保14年4月	倹約
13	石田屋治郎兵衛	茶畑町	石・材木商売	天保14年4月	御趣意の趣感服
14	菓子屋滝蔵	古新宿町	菓子屋	天保14年5月	
15	糀屋七兵衛	茶畑町	古着屋	天保14年5月	手道具売払い
16	小島屋治兵衛	須藤町	荒物商売	天保14年5月	日々倹約
17	曽比屋半兵衛	一丁田町		天保14年9月	夜業
18	林泉坊	板橋村		天保14年閏9月	日々倹約
19	ぬしや与兵衛	欄干橋町	塗師職	天保14年10月	日々倹約
20	丸木屋忠次郎	代官町		天保14年10月	日々倹約
21	片野屋治右衛門	高梨町		天保14年11月	日々倹約
22	菓子屋久蔵	新宿町	菓子屋	天保14年11月	善光寺参詣と心掛け金
23	小松屋亀次	高梨町	飯盛屋渡世	天保14年11月	返済金
24	小清水屋伊兵衛	宮前町	旅籠屋	天保14年11月	上様よりの酒代
25	三河屋善蔵	高梨町		天保14年11月	日々倹約
26	柏木正敬	新宿町	（鋳物師）	天保14年11月	日々倹約
27	豊田正作		小田原藩士	天保14年12月	帳面仕立て代
28	塔ノ沢喜平次	塔ノ沢村	旅籠屋	天保14年12月	日々倹約
29	吉野屋彦右衛門後家	高梨町		天保14年12月	日々倹約、不要品売却
30	杉屋留五郎	新宿町		天保14年12月	夜業縄、日々倹約
31	高砂屋栄左衛門	本町		天保14年12月	不用衣類売却
32	松本屋清兵衛	宮前町		天保14年12月	日々倹約、不用品売却
33	村田屋鉄五郎	高梨町		天保14年12月	難渋の者への差出し、餅米
34	善兵衛	古新宿町		天保15年2月	小手縄ない
35	鶴ノ市	山角町	座頭	天保15年2月	日々倹約
36	柳屋久次郎	新宿町		天保15年3月	日々倹約

〈出典〉天保14年4月～同15年3月「報徳金土台帳」（報徳二宮神社資料）

表 30　小田原宿報徳社出精人入札者の推移

No.	入札参加者	居住地	天保	弘化元年	弘化２年					弘化３年	
			14 年	11 月	1 月	2 月	4 月	6 月	10 月	8 月	9 月
1	竹本屋幸右衛門	欄干橋町	○	○	○	○	○	○	○	○	○
2	尾島屋忠次郎	山角町	○	○	○	○	○	○	○	○	○
3	江戸屋孫四郎	欄干橋町	○	○	○	○	○	○	○	○	
4	鶴屋勘左衛門	欄干橋町	○	○	○	○	○	○	○	○	
5	川西屋藤兵衛	欄干橋町	○	○	○	○	○	○	○	○	
6	沢田屋小右衛門	欄干橋町	○	○	○	○	○	○	○	○	
7	野田屋市右衛門	欄干橋町	○	○	○	○	○	○		○	
8	ぬしや与兵衛	欄干橋町	○	○	○	○	○	○	○	○	
9	塩屋藤次郎	筋違橋町			○	○				○	
10	万屋弥兵衛	山角町	○	○	○	○		○		○	
11	柏屋弥兵衛	山角町			○	○	○	○	○	○	
12	小島屋治兵衛	須藤町	○	○	○	○		○	○	○	
13	林泉坊	板橋村			○	○				○	
14	石田屋治郎兵衛	茶畑町	○	○	○	○		○	○	○	
15	糀屋七兵衛	茶畑町	○	○	○	○	○	○	○	○	
16	菓子屋滝蔵	古新宿町	○	○	○		○	○		○	○
17	菓子屋久蔵	新宿町	○	○	○		○			○	○
18	曽比屋半兵衛	一丁田町	○	○	○	○				○	
19	丸木屋忠次郎	代官町			○	○				○	
20	高砂屋栄左衛門	本町	○	○	○	○		○	○	○	
21	小清水屋伊兵衛	宮前町			○	○	○	○	○	○	
22	百足屋孫七	高梨町	○	○	○	○	○	○	○	○	
23	杉崎屋元次郎	高梨町	○	○	○	○	○	○		○	○
24	刀屋治右衛門	高梨町	○	○	○	○	○			○	
25	三河屋善蔵	高梨町	○	○		○	○		○	○	
26	小松屋亀次	高梨町	○	○			○	○	○	○	
27	吉野屋彦右衛門後家	高梨町	○	○			○	○		○	
28	大工留五郎	新宿町	○	○			○			○	○
29	柏木正敬	新宿町	○	○						○	
30	鶴ノ市	山角町								○	
31	亀屋清兵衛	欄干橋町								○	
32	丸屋宗治郎	欄干橋町								○	
33	天野屋富三郎	欄干橋町								○	
34	柴屋半治郎	欄干橋町								○	
35	柏屋権八	高梨町								○	
36	紀伊国屋善兵衛	新宿町								○	
37	柳屋久次郎	新宿町								○	
	他に 5 名										○

〈出典〉『二宮尊徳全集』第 17 巻 626 ～ 632、660 ～ 663 頁

る。報徳加入金を差し出した者の内、出精人入札に参加できない（していない）一二名と、出精人入札に参加している二四名に分けられ、その構成員が重層的になっていたことは注目できよう。何故に両者に分けられていたのかを明らかにすることはできない。いずれにせよ、同社のメンバーは、商人だけでなく、職人・藩士・僧侶など、種々の階層の者で構成されていたことが確認できよう(32)。

第三節　小田原宿報徳社の展開

1　報徳金の運用と問題点

小田原宿報徳社は尊徳から拝借した一六〇両を土台金として、天保一四年（一八四三）四月から無利息金貸し付けを開始した。その運用状況を示したのが表31である。同月には二九両の貸し付けがあり、残金は一三一両となる。翌五月には貸付金二九両の月賦返納金三両二分があり、新たに五両一分の貸付金があって、差し引き一二九両一分の残金となった。同社からの貸付金は一八か月、三六か月、六〇か月の三種類の月賦返済方法が用いられた。この点は年賦返済であった領内村々の場合と異なる。史料ではこの返納金と、加入金を区別していないが、大部分は返納金であって、加入金は少なかったようである。弘化二年（一八四五）一二月には杉崎屋元次郎が四七両、親類の杉崎屋平兵衛が二〇両、竹本屋幸右衛門が一〇両、計七七両の加入金があったが、これらは杉崎屋元次郎の家政整理のために貸与することを目的とした加入金で、この月に元次郎は報徳金八〇両を借用している(33)。諸費の内訳を見ると、筆紙代の経費がある外、毎年一〇月には趣法土台金の内五〇両分の年賦返済金を尊徳に送っている。

諸費支出		貸付金支出		残　金	
		29 両		131 両	
		5 両 1 分		129 両 1 分	
1 分 2 朱	15 文 384	3 両 2 分		127 両 3 分	109 文 616
		2 両		127 両 3 分	54 文 0604
		3 両		128 両 2 分 2 朱	123 文 5408
1 分	61 文 5385	3 両		127 両 2 分	48 文 0774
2 朱		4 両 2 分 2 朱		125 両	75 文 8552
10 両 1 分		18 両 1 分	11 文 2903	99 両 1 分	99 文 3681
		35 両 2 朱		66 両 3 分	60 文 5506
2 分 2 朱	92 文 3077	22 両 2 分 2 朱	97 文 2032	47 両 2 分	82 文 2228
15 両	580 文 4			22 両	397 文 5
		20 両		9 両	15 文 6
		3 両	365 文 6	13 両	269 文 1
		13 両		7 両	331 文 7
		10 両		4 両	611 文
		6 両		6 両	57 文
		10 両		3 両	603 文
				11 両	316 文 7
		10 両		9 両	29 文 4
				16 両	908 文 8
				24 両	788 文 2
		3 両		26 両	834 文 3
25 両	995 文	8 両	340 文		823 文 6
				6 両	976 文 45
		80 両		12 両	161 文 95
		5 両		10 両	932 文 35
		15 両		3 両	983 文 8042
				7 両	184 文 2042
		6 両		4 両	540 文 9042
				9 両	109 文 3042
		6 両		6 両	448 文 6042
				9 両	887 文 9042
		14 両	856 文 4889	7 両	146 文 3153
		5 両		5 両	108 文 0153
				7 両	986 文 0153
10 両					864 文 0153
				3 両	742 文 0153

表31　小田原宿報徳社の金銭出納

年　月	前月残金		返納金・加入金		収入合計	
天保14年4月	160両（趣法土台金）					
5月	131両		3両2分		134両2分	
6月	129両1分		2両2分		131両3分	
7月	127両3分	109文616	1両3分2朱	69文4444	129両3分	54文0604
8月	127両3分	54文0604	3両3分2朱	123文	131両2分2朱	123文5048
9月	128両2分2朱	123文5408	2両	101文1111	130両3分	109文6159
閏9月	127両2分	48文0774	2両1分	27文7778	129両3分	75文8552
10月	125両	75文8552	2両2分	34文7222	127両2分	110文5774
11月	99両1分	99文3681	2両2分	86文1828	101両3分2朱	60文5509
12月	66両3分	60文5509	3両2分	86文1828	71両	21文7337
弘化元年10月	31両	359文8	6両	618文1	37両	977文9
11月	22両	397文5	7両	381文9	29両	15文6
12月	9両	15文6	7両	619文1	16両	634文7
弘化2年1月	13両	269文1	7両	62文6	20両	331文7
2月	7両	331文7	7両	279文3	14両	611文
3月	4両	611文	7両	446文	12両	57文
4月	6両	57文	7両	546文	13両	603文
5月	3両	603文	7両	713文7	11両	316文7
6月	11両	316文7	7両	(破損)	19両	29文4
7月	9両	28文4	7両	879文4	16両	908文8
8月	16両	908文8		(破損)	24両	788文2
9月	24両	788文2	5両	46文1	29両	834文3
10月	26両	834文3	11両	324文3	38両	158文6
11月		823文6	6両	152文85	6両	976文45
12月	6両	976文45	85両	185文5	92両	161文95
弘化3年1月	12両	161文95	3両	770文4	15両	932文35
2月	10両	932文35	8両	51文4542	18両	983文8042
3月	3両	983文8042	3両	200文4	7両	184文2042
4月	7両	184文2042	3両	356文7	10両	540文9042
5月	4両	540文9042	4両	568文4	9両	109文3042
閏5月	9両	109文3042	3両	339文3	12両	448文6042
6月	6両	448文6042	3両	439文3	9両	887文9042
7月	9両	887文9042	12両	114文9	22両	2文8042
8月	7両	146文3153	2両	961文7	10両	108文0153
9月	5両	108文0153	2両	878文	7両	986文0153
10月	7両	986文0153	2両	878文	10両	864文0153
11月		864文0153	2両	878文	3両	742文0183

〈出典〉天保14年4月～12月「暮方取直相続手段帳」（報徳二宮神社資料）、弘化元年12報徳金土台帳下調」（同前）、『二宮尊徳全集』第17巻633～658頁

以上の点から創立期の小田原宿報徳社は、尊徳から拝借した趣法土台金一六〇両の無利息金貸し付けと、その月賦返納金の回収を事業としていたことがわかる。そのほか、お礼の意味を含んだ元恕金や加入金も受け入れていたが、前述した弘化二年二月を除けば、加入金が帳簿に記された例は少ない。報徳社が成立した天保一四年四月には一三名が三〇両二朱の加入金を差し出したが[34]、この加入金は報徳社の金銭出納帳簿には全く現れておらず、この加入金が尊徳のもとに納められたのか、あるいは表31の趣法土台金とは別の運用がなされたのかは不明である。もし後者であるとすれば、報徳社が右とは別の事業を行っていたことになり、重要な課題となる。このように、加入金は現存する報徳社関係史料に現れるものと、現れないものとがあり、二通りの運用がなされたのであった。

趣法土台金の運用は、弘化元年一〇月以降になると、残金が二〇両を超えることは稀になり、月賦返納金も増額しておらず、若干の貸し付けを行うだけになっている。拝借金の返納が滞っているという具体的な記述は見られないものの、弘化元年から二年にかけて報徳金運用は明らかに行き詰まり、事業を大幅に縮小しなければならない状況に陥っていたことが予想できる。

2　豊田正作と竹本屋幸右衛門

天保一四年一二月に小田原藩士の豊田正作が、小田原宿報徳社のメンバーと同様に報徳加入金を納入した[35]。藩士として名前が見られるのは彼だけである。彼は野州桜町陣屋に赴任して尊徳の手助けをしたこともあり、また藩の報徳方役人として尊徳指導による小田原領仕法に携わるなど、藩内では尊徳とかなり近い存在であった[36]。その彼が、弘化元年二月三日付けで尊徳に二通の書翰を送っている。その一通に「小田原宿町迄も、昨年以来報徳之道多分取行ひ候もの有之、依御高徳に不徳之私宅へも、折々罷越候」(37)とあり、小田原宿の「報徳」も盛んになりつつあって、豊田宅に関係者が出入りしていた様子がうかがえる。また、他の一通には次のように記している。(38)

一、先達て町方之者ども差上り候処、早速御目通り被　仰付、其上品々御取調之上、拝借被　仰付候段、誠に以冥加に相叶、難有段申出、右に付御教戒に基き、此上手堅く可仕旨申聞、此程欄干橋町一統相和し倹約を宗（旨）とし、町柄立直り候迄、身元々々に応じ、五文、三文之日掛を以、家業相励、往々宿為にも相成候善人を見立、入札為仕候積相整、全　御趣意之御余徳と、幸右衛門・忠次郎始重々難有段申出候

最初に、先達て町方の者が尊徳のもとに行って、早速面会を許され、種々取り調べのうえ拝借を許されたとして、礼を述べている。続いて、豊田は町方の者に手堅く執り行うことを申し聞かせるとともに、この程は欄干橋町の者が「相和し」、倹約を旨として、町方が立直るまで個々に応じて五文、三文の日掛けを行い、家業に励み、ゆくゆく宿の為になる善人者を見立てて出精人入札を行うつもりであると尊徳に報告している。これは、小田原宿報徳社のことではなく、欄干橋町の報徳仕法について述べていることは明らかである。尊徳から報徳金の拝借を許された「町方之者」とは竹本屋幸右衛門のことで、彼は弘化元年に尊徳から無利息金七両を拝借している。その理由を「是は右同人（竹本屋幸右衛門）儀、同町（欄干橋町）借財返済暮方取直し仕法嘆願に付、無余儀為土台金暮方立直り候迄無利置据貸附遣し申候」(39)と、前掲の豊田の書翰と同内容のことを記している。おそらく、豊田の仲介によって幸右衛門は尊徳に面会し、無利息金拝借をすることができたのであろう。

ここで、欄干橋町の困窮状況について明らかにする余裕はないが、幸右衛門が小田原宿報徳社とは別に、自分

の居住地である同町の復興を意図していたことは注目できよう。小田原宿報徳社の世話人らが天保一三年一二月に報徳善種金の拝借を願い出た時には「家株無難に相続仕度」とか「家名相続仕度」とし[40]、また趣法土台金の拝借証文でも「同志之者一同」が「暮方立直」り「一同相助り相続仕[41]」りたいと述べているように、小田原宿報徳社の構成メンバーの救済を目的としていた。これに対し、弘化元年に無利息金七両を拝借した幸右衛門は「町柄立直り」を目指し、「宿為に」なることを目的としており、対照的である。このように、彼が小田原宿内の欄干橋町の復興を目指していたことは見逃すことができない。

3　竹本屋幸右衛門と甲州成田村

世話人竹本屋幸右衛門[42]は弘化三年二月に小田原宿報徳社から一五両借用している（表31）。その借用金について見てみよう。

金拾五両　　　　　　　　　　　竹本屋幸右衛門
　此年賦済方
午　金三両
（中略）
〆

是者去巳（弘化二年）正月人撰落札に相成、一旦拝借仕候処、同人儀暮方可成取続候に付、猶又余人へ相譲申度旨、尤甲州八代郡成田村之儀は生国に付、旧恩を報ひ申度、追て得時節候はゞ、其節に至得拝借仕度段申出候に付、任其意に、猶入札致し、余人へ御拝借被　仰付候、然ル処成田村にて幸右衛門所業及承り、御趣法を慕ひ、同村役人之内惣代として、源之丞、半十郎と申者罷越、何卒御趣法に基き取行申度志願に付、善種金御拝借仕度、幸右衛門兼々内願に付、成田村にかゝわらず同人へ五ケ年賦御拝借被　仰付、返納共引請、一ケ月永弐百五拾文ヅヽ、返納可仕事

幸右衛門は弘化二年正月の出精人入札において選ばれ、一旦は報徳金を拝借したが、「暮方可成取続」いていたので、他人に譲りたいと思っていた。甲州八代郡成田村は幸右衛門の出身地であり、かつての恩に報いたいと思い、その時期が来たら借用したいと申し出ていたところ、成田村では彼の所業（意向）を聞きおよび、趣法を慕って、惣代の源之丞と半十郎という者を小田原に派遣し、報徳善種金の拝借を申し入れてきた。これは幸右衛門の意向でもあったので一五両を貸与し、彼が五年賦（年三両、一か月二五〇文）で返済することになったというのである。(43)

幸右衛門が報徳善種金を拝借した翌月、成田村の源之丞と半十郎は、藩御趣法懸りの豊田正作と栗原祐造に会い、「報徳」について種々の教諭を受けた。これまでの所業を心得違いと悟り、報徳の教えに感服した両名は、ただちに倹約した金銭を土台金として差し出した。(44)さらに一一月には、幸右衛門自身が甲州成田村に赴いている。村内多くの者が加入金を差し出し、(45)縄索いが行われ、その代金が差し出された。(46)村内農民の内「可成取り続」き困窮していない者二名を除く一〇〇軒によって耕作出精人の入札（投票）が行われるなど、成田村の報徳仕法が本格的に開始された。同村の仕法は「一村報徳として」(47)行われ、安政六年（一八五九）までに「成田村報徳連中」が組織され、(48)後に「成田報徳社」と称した。同村の報徳運動についてこれ以上言及することはできないが、小田

原宿報徳社の世話人であり、指導者であった竹本屋幸右衛門が居住地の欄干橋町の再興を意図したり、生国である甲州成田村に報徳運動の契機をもたらすなど、大きな役割を果たしたことは見逃せない。「成田報徳社」は後世まで「小田原宿報徳社」を本社とし、その関係を保ち続けた[49]。そこに「小田原宿報徳社」の存在意義もあったと考える。

4 小田原仕法の「畳置」と小田原宿報徳社

弘化三年七月、小田原藩は報徳仕法の「畳置」を宣言し[50]、ここに小田原仕法は一応終了した。そのために領内の者らは尊徳の指導を受けられなくなったというのがこれまでの指摘である。たとえば、嘉永元年（一八四八）五月二四日に大磯宿の三河屋半左衛門（旅籠屋）が桜町領に至り、「家政取直方」を嘆願したが、尊徳は髄身の者を通して「小田原之者之儀ニ付、何分世話致し難く候筋合」「小田原領之儀ニ付当時世話致し難」くと断わっている[51]。三河屋は「先年一度御仕法致し遣」わされたが、「名主役被仰付候以来、又々困窮に及」び、再度「家政取直」仕法を願い出たのであった。この時の大磯宿は小田原藩領であったために、尊徳は三河屋の仕法を行うことができないとして、願書を差し戻したのであった。

一方、小田原宿報徳社の世話人らの中には仕法「畳置」の宣言後もしばしば出府して尊徳と面会している。尾島屋忠次郎は弘化三年八月に古新宿の里見滝蔵（菓子屋多喜蔵、後の福山滝助）と同道して尊徳と面会している[52]。さらに翌四年の五・八・九・一〇・一一・一二月と嘉永元年三・一一月にも、「商用」「商用仕入」と称して出府し、尊徳を訪ねていることが確認できる[53]。もう一人の世話人である竹本屋幸右衛門も弘化三年七月をはじめとして、同年九・一〇月、翌四年四・八月にも「売女相求度」とか「喰売女一條」の用件で出府し、尾島屋と同様、尊徳を訪ねている。(54) とくに弘化四年四月一五日には尊徳と「暫相咄し」「同人（竹本屋幸右衛門）仕法帳御貸差置申候(55)」と、面会のうえ仕法帳を借用しており、仕法「畳置」宣言後も彼らが尊徳から指導を受けていたことは間違いない。

仕法「畳置」という事態が小田原宿報徳社にどのような影響をもたらしたであろうか、これについて出精人を入札したメンバーの変化を中心に見てみよう。前掲表30で示したように、出精人入札は弘化二年一〇月まで二四名で行われていたが、「畳置」宣言の翌月（八月）までに三七名に増加している。同社結成後一年間に加入金を差し出したが入札に参加していなかった（できなかった）者の多くが入札に加わっているのである。先に加入金を差し出した者でも出精人入札に参加できる者とできない者との重層的関係を指摘したが、それが「畳置」宣言と時期を同じくして解消され、多少メンバーの一致をみない者もいるが、結成当初に加入金を差し出した者が出精人入札者と一致するようになった。

ところが、翌三年九月には報徳社のメンバーが一挙に一一名まで減少した。しかも、一一名中五名は「追て安否可申上候事(56)」と、その態度を保留した者であり、小田原宿報徳社の実質的なメンバーは竹本屋幸右衛門ら六名になるという、大幅な縮小がみられた。このように同社は創立からわずか三年にして大きな転換期を迎えたのである。また、表31で示したように、報徳金貸し付けも弘化三年九月でストップしており、報徳社としての活動も大幅に制限され、一一月には三両余りの報徳金を残して金銭出納帳簿の記入も中止された。

第四節　小田原宿報徳社の再編

1　報徳金運用の再開

小田原宿報徳社の社員数の減少や報徳金運用が弘化三年（一八四六）一一月で中止された原因の一つには、これまでも指摘されてきたように、小田原藩による仕法「畳置」宣言があったと考えられる。(57)だが、そのように記した史料は今のところ確認されていない。その後、嘉永元年（一八四八）五月に報徳金の運用が再開されるが、再開前後の様子について安政二年（一八五五）一月の「伺書」と題する史料をみてみよう。(58)

伺　書

報徳金御拝借仕候根元者、抑去ル巳申（天保四・七年）両度之大凶荒飢饉ニ付、米麦雑穀諸色高直ニ付、暮込旁追々必至与困窮仕、礑与差詰り罷在候処、御先代（大久保忠真）様格別之以御仁恵御領中村々窮民御撫育借財返済暮方御取直し御趣法被仰出、眼前相助り候付、尾嶋屋忠次郎・竹本屋幸右衛門・百足屋孫七義、御趣法御趣意を慕ひ奉嘆願候処、種々御教誨被下置、其之上出格之以御憐愍無利足年賦金百六拾両御拝借被　仰付、一同相助り、難有仕合奉存候、右御趣意ニ基き家業相励、漸四五ヶ年も取行ひ、追々力附候折柄、発願人幸右衛門病身ニ被成、世話方次第ニ相流れ、全快之期を相流、空敷手を束罷在候も御趣意之程奉恐入候付、当惑およひ候始末、豊田・栗原之両公へ相伺候処、仮令幸右衛門病中ニ候迚、是迄困窮難渋を御救ひニ預り候御厚恩を致感服候ハヽ、此上取計ひ方も可有之旨被　仰聞、嘉永元申年五月より厚心之者月々打寄、報徳縄索積立　御仁恵金ニ差加へ、世話方取計居候中、与風同人義病死仕、一同驚入愁傷難絶言語、倶々仏事を

軽営、其後諸帳面等取調候処、天保十四卯年二宮大先生より御下ヶ被下置候東海道小田原宿雛形御帳面而已有之、其余は一有而二なく、二有而三なく、然則如何取計候而可然哉与御両公へ相伺候処、いにしへも能人之志を継与之金言も有之よし、致憤（奮）発抛万事、御帳面ニ基き手戻り無之様一同致丹誠、御趣意を押立可申旨被　仰聞、素より志願之程相叶、重々冥加至極難有仕合奉存候、以上

安政二乙卯年正月

古新宿町
世話人　久　蔵
新宿町　同　多喜蔵
高梨町　同　治右衛門

冒頭部分は尊徳から土台金一六〇両を拝借するまでのことを述べ、その後四、五年取り行い次第に力をつけてきたが、発願人（世話人）の竹本屋幸右衛門が病気になり、世話が行き届かなくなったと記している。彼の全快を待っていても当惑するばかりで、藩報徳方役人だった豊田正作と栗原祐造に相談したところ、たとえ幸右衛門が病気であっても、これまでの厚恩に感謝するなら、これから（すぐに）取り計らうべきであろうと諭されたという。そこで、嘉永元年五月から厚心の者が毎月集まり、「報徳縄索」いの積立金を御仁恵金に差し加え、それを運用するようになったというのである。その後、幸右衛門が病死し、仏事を軽く営んだ後に、報徳社の諸帳面などを取り調べたところ、天保一四年（一八四二）に尊徳から下げ渡された「東海道小田原宿雛形御帳」があるだけで、その外の主だった帳面は見当たらず、今後どのように取り計らって良いか、再び豊田と栗原の両人に尋ねた。両人からは、とにかく奮発して万事をなげうち、残っていた帳面に基づいて、手戻りなく、ご趣意を押し立

てるように言われたとしている。

以上の記述の中で特に三つの点に注目しておかなければならない。第一は、小田原宿報徳社が弘化年間に衰退したのは幸右衛門が病気になり、世話が行き届かなくなったためとしている点である。菓子屋久蔵が尊徳の髄身中にあてた安政二年正月の書状には「毎月廿日、竹本屋幸右衛門宅に寄合仕」(59)と、彼が病気になる以前は毎月二〇日に同人宅で常会が開かれたと記している。ところが、幸右衛門が病気になり世話が行き届かなくなったことで小田原宿報徳社の活動も停滞し、大きな転換期を迎えたのであった。これまでは、明確な史料がないにもかかわらず、小田原藩による仕法「畳置」が小田原宿報徳社衰退の原因とされてきたが、右の史料はそれに一考を与えるものである。おそらく、幸右衛門の病気と小田原藩の仕法「畳置」の時期が重なり、仕法「畳置」だけが小田原宿報徳社衰退の原因として語られるようになってしまったのであろう。

第二は、嘉永元年五月から「厚心之者」が集まり、「報徳縄索」いをし、それを積立て運用するようになったとあるように、この時に活動が再開された点である。三七名いた報徳社員の内、本当の意味で「報徳」活動を継続した六名が残ったのであって、この再編によって、その色分けがされたと言うことができる。活動の再開にともなって「三才報徳現量鏡」が作成されるようになり、(60)再編後の小田原宿報徳社の活動を金銭出納の面からも記されるようになった。安政元年一二月に菓子屋(里見)久蔵が二宮尊徳の髄身中にあてた書状には、その活動の概略について「不計幸右衛門身曲候上者、無是非私弟多喜蔵并親類之者打寄、如例縄索積立御仁恵金ニ奉御加入、貸附取計候」(61)と記している。「報徳縄索」いの積立金を御仁恵金として差し加え、それを貸付けて運用するようになったというのである。しかも、その中心的役割を果たしたのは久蔵の弟多喜蔵と、親類の者であった。同史料ではその開始時期を竹本屋幸右衛門の死去後としているが、先に掲げた「伺書」では活動を再開し「世話取計居候中」に幸右衛門が死去したとして、記述内容が微妙に異なっている。彼が病死したのは嘉永五年正月上旬であるから、(62)「伺書」の記述が正しいことになるが、ここでは再編後の小田原宿報徳社は菓子屋多喜蔵と彼の親類が中心となって組織され、彼らが集まって「報徳縄索」いの積立金を御仁恵金に差し加え、それを貸し付けて運用する活動が展開されたことを確認しておきたい。

第三は、再編後の世話人が菓子屋（里見）久蔵・多喜蔵・片野屋治右衛門の三名であったことである。弘化三年一一月の「暮方取直相続手段金貸附帳」(63)は、以前と同様に竹本屋幸右衛門・尾島屋忠次郎・百足屋孫七を世話人としているが、弘化五年（嘉永元年）五月〜同年一二月の「三才報徳現量鏡」(64)には久蔵・多喜蔵・治右衛門の三名が世話人になっている。このように、報徳社の再編とともに世話人の交替が行われ、新世話人体制のもとで、新たな活動が開始されたのであった。

2　小田原宿報徳社再編後の世話人

小田原宿報徳社の再開とともに世話人が交替し、菓子屋久蔵・多喜蔵兄弟と片野屋治右衛門の三名が新たに世話人となった。久蔵と「報徳」とのかかわりについては明らかでなく、ここでは多喜蔵と治右衛門について簡単にみておきたい。まず、多喜蔵が「報徳」とかかわりを持つに至った経緯を記した史料を掲げておこう。(65)

福山瀧助氏伝

福山瀧助氏ハ相模国小田原駅古新宿ノ人、諱ハ元知倹翁ト号ス、兄弟四人皆ナ没ス、氏家業ヲ承テ菓子卸売ヲ以テ生業トス、氏一日菓子箱ヲ担フテ東栢山村及曽比村ノ得意先ヲ廻ラントシテ、酒匂村源右衛門ノ家ニ至ル、源右衛門問フテ曰ク、君何クニ行ク、曰ク、将ニ東栢山・曽比ニ行カントス、源右衛　曰ク、両村此コロ菓子商ヲ禁ス、行クモ徒労ノミト、氏怪ンデ其故ヲ問フ、源右衛　曰ク、金次郎ナルモノアリ、報徳ノ道ヲ以テ両村ノ衰頽ヲ興起セントス、此人不世出ノ英俊ニシテ、令行ハレ禁止之、無知ノ童子ト雖モ敢テ其令ニ違ハス、君行クモ益ナカラムト氏喟然トシテ嘆シテ曰ク、是レ有ルカナ、此ノ如キノ人、願クハ其行フ所如何ヲ説ケト、源右衛　曰ク、君之ヲ聞カント欲スルカ、宜シク外套着袴正服シテ来ルベシ、氏乃チ還リ、更ニ服ヲ改メテ行キ、源右衛　ノ説ヲ聴ク、是レ氏カ報徳入門ノ始ニシテ、時ニ天保十一年庚子ノ歳ナリト云フ

多喜蔵（のちの福山滝助）は、小田原古新宿で菓子屋を営む里見久蔵の弟で、兄を手伝って菓子の卸売りを生業としていた。天保一一年（一八四二）のある日、菓子箱を持って東栢山村や曽比村（両村とも小田原市）の得意先を回ろうとして、酒匂村の源右衛門という者の家に至った。源右衛門が「どこに行くのか」と尋ねたので、多喜蔵は「東栢山村や曽比村に行こうとしている」と答えたところ、源右衛門は「両村はこの頃菓子商いを禁じられており、行っても徒労である」と語った。多喜蔵がその訳を問うと、源右衛門は、両村には尊徳による復興仕法が行われており、子供であっても節倹の令に従っており、「君行クモ益ナカラム」と教示した。そこで多喜蔵は源右衛門から「尊徳」や「報徳」のことを聞くようになり、次第に感じ入り入門するに至ったという。多喜蔵が小田原宿報徳社の創立当初から加入金を差し出したり、出精人入札に参加してきたことは表29・30で示した通りである。

後に、兄の久蔵は「先生様之御教諭聞事無之者如何せん与弟ト常に身を慎、家業日増繁昌致し、店借之者に稀成致し方与近辺之者ニ賞美被為母之悦、是皆先生様之御余光与難有奉覚候」(66)と尊徳の教諭に礼を述べている。そ

の中で、久蔵・多喜蔵兄弟が周囲から「店借之者」と意識されていたことは注目される。

次に、片野屋（刀屋）治右衛門は、安政元年一二月「証」に「治右衛門義は廿年以前越後国を出走致し候者ニ御座候」[67]とあり、越後国の生まれで、天保五年以前に出奔した者であることがわかる。詳細は不明であるが、その後に小田原宿に来て「御趣意ニ基候ヨリ専家業出精仕節倹尽」[68]すようになったという。彼も創立当初から報徳社の活動に参加してきたが、弘化三年に一旦同社を退き（表30参照）、嘉永元年に報徳社が再開されると戻り、世話人として活動するようになった。その頃の報徳社の様子を安政元年一二月「証」は次のように記している。[69]

（御仁恵金）貸附取計候中、片野屋治右衛門抔差加り、夫已来七ケ年之間御無利足金貸付世話方取計候処、御返納滞もの壱人も無御座、皆家業出精仕、一同安堵之道ニ至り、其親類縁者ニ至迄大悦不尠

治右衛門が報徳社に戻り、無利息金貸し付けの世話方を取り計らうようになってから七年とあることから、彼が報徳社に戻ったのは同社が再開された嘉永元年（一八四八）ということになる。右の史料によれば、貸付金の返納を滞る者はおらず、皆家業に出精し、一同安堵しており、親類縁者も喜んでいるというのである。この「親類縁者」とは久蔵と多喜蔵の親類縁者と考えた方が良さそうである。先に掲げた史料にも「私弟多喜蔵并親類之者打寄、如例縄索積立御仁恵金ニ奉御加入」[70]とあり、報徳社再開にあたり久蔵と多喜蔵の兄弟と親類が中心メンバーであったとしている。このことは、再編後の小田原宿報徳社が両名とその親類・縁者によって構成されていたという、この時期の同社の性格を示す重要な点である。治右衛門が久蔵らの親類・縁者であったという確かな史料はないが[71]、久蔵は治右衛門が「私弟江年来心掛置候金子弐拾両遣シ、別宅為致候与存候処、弟ト一円請不申

加入金	収入合計	18か月賦貸付	60か月賦貸付	残　金
	2朱　67文3076			2朱　67文3076
	1分2朱　9文6152			1分2朱　96文6152
	2分2朱　35文2561			2分2朱　35文2561
	3分2朱　72文9162			3分2朱　72文9162
	1両　2朱　110文5763	1両①		2朱　110文5763
	2分　90文8112			2分　90文8112
	3分2朱　71文0461			3分2朱　71文0461
	1両1分　51文281	1両①		1分　51文281
	2両1分2朱　66文4738	2両①		1分2朱　66文4738
	1両3分　79文597	2両①		1両3分　79文597
	3両1分2朱　30文8699	2両①		1両1分2朱　30文8699
	2両3分　99文5487	2両①		3分　99文5487
	2両1分2朱　27文6084	2両①		1分2朱　27文6084
	2両　66文7792	2両①		66文7792
	1両3分　34文8024			1両3分　34文8024
	3両2分　8文8258	2両①		1両2分　6文8256
	3両1分　26文4043	2両①		1両1分　26文4043
	6両2分2朱　59文5633	6両③		1分2朱　59文5633
	3両　76文3078	2両①		1両　76文3078
	3両2分　84文6962	2両①		1両2分　84文6962
	2両3分　93文9391	2両②		―両―分―朱　93文8391
	2両3分　17文1535	2両②		3分　17文1535
	2両2分2朱　93文1457	2両①		2分2朱　93文1457
	2両2分2朱　44文1379	2両①		2分2朱　44文1379
22文8018	2両3分2朱　57文5126	2両①		3分2朱　57文5126
	2両2分2朱　34文5248			2両2分2朱　34文5248
2両　813文3858	6両2分2朱　63文8116		5両①	1両2分2朱　63文8116
	3両1分　26文9349	3両①		1分　26文9349
	8両　2朱　45文6137	8両②		2朱　45文6137
	2両　147文6259	2両①		2朱　22文6259
	2両　2朱　122文9079	2両①		2朱　122文9079
	2両2分　97文3219	2両①		2分　97文3219
	2両3分　6文1595	2両		3分　3文1595

表32　小田原宿報徳社集金状況

年　月	縄索代・元恕金	元 恕 金	報徳善種金	月賦返納金
嘉永元年5月	2朱　67文3076			
6月	2朱　67文3076			
7月	2朱　67文3076		83文3333	
8月	2朱　79文3268	83文3333		
9月	2朱　79文3268	83文3333		
10月	2朱　91文3461	83文3333		55文5555
11月	2朱　91文3461	83文3333		55文5555
12月	2朱　91文3461	83文3333		55文5555
嘉永3年1月	2朱　101文8144	3分　51文2991		2分　111文1113
2月	2朱　96文4566	1分2朱　69文4443		2分2朱　97文2223
3月	2朱　96文4566	2分2朱　63文1494		2分2朱　41文6669
4月	2朱　96文4566	1分2朱　69文4443		3分　27文7772
5月	2朱　94文7264	1分2朱　69文4443		3分2朱　13文8883
6月	2朱　94文7264	1分2朱　124文9998		3分2朱　69文4439
7月	2朱　93文0232	1分2朱　69文4443		1両　55文555
8月	2朱　93文0232	1分2朱　124文9998		3分2朱　124文9995
9月	2朱　93文0232	1分2朱　69文4443		1両　111文1116
10月	2朱　93文0232	4両　23文4689		1両　2朱　41文6662
11月	2朱　100文	2分2朱　41文7443		1両1分2朱　124文9995
12月	2朱　105文5329	2分2朱　97文2998		1両2分　55文5551
嘉永5年1月	226文6144	194文44-		一貫555文5-5
2月	223文2144	83文3333		1貫616文6666
閏2月	223文2144	111文1111		1貫616文6666
3月	223文2144	111文1111		1貫616文6666
4月	221文4566	624文6718		1貫394文4444
5月	221文4566	111文1111		1貫394文4444
6月	221文4566	111文1111		1貫283文3333
7月	221文4566	111文1111		1貫288文8888
8月	221文4566	61両1分　111文1111		1貫311文1111
9月	221文4566			1貫755文5555
10月	219文7265	166文6666		1貫713文8888
11月	219文7265	1分　54文6875		1貫825文
12月	219文7265			1貫936文1111

〈出典〉天保14年4月～12月「暮方取直相続手段帳」（報徳二宮神社資料）、弘化元年12報徳金土台帳下調」（同前）、『二宮尊徳全集』第17巻633～658頁

於尓今其金子兄弟之間を潤し」(72)と述べている。つまり、多喜蔵が別宅を構える資金として心掛けてきた二〇両を治右衛門が遣わしたというのである。この金銭の授受はともかく、治右衛門がこのようなことを心掛けるほど久蔵・多喜蔵と親しい関係にあったことがうかがえよう。

以上のように、再建後の小田原宿報徳社の世話人は、「店借」の地位にあった菓子屋久蔵・多喜蔵と、生国を出奔してやがて小田原宿に至った片野屋治右衛門の三名であった。また、再編後の小田原宿報徳社は菓子屋久蔵・多喜蔵を中心とした親類縁者によって構成されていたという特徴を有していた。

3　小田原宿報徳社再編後の報徳金運用

再編後の報徳社の活動を、報徳金の運用面から見たのが表32である。なお、同表は史料が確認できる嘉永元年・三年・五年の三か年分だけを示した。

まず、収入の項目を見ると、縄索代金を元恕金として、毎月金二朱と永七〇〜一〇〇文程を差し加えている。新たな報徳金運用に縄索代金の項目が見られることは、再編後に社員が縄索いをし、その代金を積立てて御仁恵金に加えたという先掲史料の記述を裏付けている。嘉永元年五月・六月の収入はこの縄索代金だけであり、表31で示したように弘化三年一一月には残金三両余りあったが、嘉永元年五月以降の報徳金の出納帳簿には全く見ることができない。

再編後は創立当初に尊徳から貸与された一六〇両の運用を継続するのではなく、新たに自らが差し出した元恕金を積み立てて運用されたのであろう。具体的に縄索いを行うなど、創立時とは異なった報徳社の活動と報徳金運用を見ることができる。

嘉永元年七月には「報徳善種金」、翌八月からは「元恕金」の収入が見られるが、これは菓子屋久蔵による小田原宿報徳社へ差し出した金で、金額も同じであり、項目の名称を変更したものである。月賦返納金は一〇月から見られるが、これは九月に貸し付けをうけた大工の留五郎が毎月五五文五分五厘五毛五弗ずつ一八か月の月賦返済を始めたもので、以後は他の者の月賦返済も加えられていく。加入金は嘉永五年に二度確認できるのみで、恒常的な収入とは言えない。創立当初には尊徳から貸与された一六〇両と加入金がそれぞれに運用されたということが考えられたが、再編後は加入金なども報徳社の出納帳簿に記載されており、報徳金運用は一元化されたと考えてよいだろう。以上のように、報徳金の運用も弘化三年一一月以前と、嘉永元年五月以降では明らかに異なっている。ただ、その規模は、臨時的に見られる元恕金や加入金を除けば、前月からの繰越金を含めても二～三両程度と小規模であったことも確かである。

次に、支出面は報徳貸付金があるのみである。貸付金額は一人が二両で、それ以上貸与している例は嘉永五年五月と八月の二例にすぎない。これらの返済は一八か月返済の短期か六〇か月返済の長期になっており、再編前に見られた三六か月返済はなくなっている。返済が終了した後には月賦返済額と同額を数か月間元恕金として差し出された。

報徳社が扱った金額は月額二～三両程度と小規模であったが、その金額がほぼ一定していること、また毎月報徳金の貸し付けが行われ、月賦返納金や元恕金も確実に差し加えられていることから、全体としては安定した運用であったと言うことができる。残金は少ないものの、確実な貸し付けが行われ、小田原宿報徳社としての総資金は拡大する傾向にあったと言えよう。

おわりに——新たな小田原宿報徳社像を求めて——

小田原宿報徳社の活動には弘化三年（一八四六）一二月から嘉永元年（一八四八）四月まで、約一年四か月の空白期間があったが、その空白期間があったことさえこれまで指摘されてこなかった。この空白期間の前後では報徳社の活動も質的にも変化していたが、そうした視点に立った研究は皆無であった。それは全体として小田原領の報徳仕法研究を停滞させる一因にもなっていた。ここでは、これまで指摘されてきた点の再検討を通して、新たな小田原宿報徳社像形成への展望をしてみたい。

第一に小田原宿報徳社結成の背景をみると、宿全体の困窮化もあるが、むしろ天保飢饉の影響で困窮した者が集まり、家政建て直しを目的に、その救済組織を求めていたことがあげられる。さらに、尊徳による小田原領内への報徳仕法によって村々の復興が進み、親類らの家政再建を目の当たりにしたことが、彼らの救済組織結成をより現実にしたといえる。いずれにせよ、創立当初の小田原宿報徳社は、宿全体の救済を目的としたものではなく、あくまでも自らの家政建て直しを必要とする者たちの互助組織であり、それは基本的には再編後も変わらなかった。

第二に、小田原宿報徳社は、佐々井信太郎氏が『二宮尊徳全集』第一七巻で解説したように「町人による自発的な結社」であった。ただ、同社のメンバーは、基本的には創立当初に報徳加入金を差し出した三六名で、その中は出精人の入札に参加できる者と、できない者の重層的な構造になっていた。報徳社の構成メンバーが何故に重層的な構造になっていたかは今後の研究を待つことにしたい。佐々井氏や八木氏は出精人入札に参加できる者二四名をもって社員としたが、入札に参加できなかった者も含めて考える新たな小田原宿報徳社像を考える必要があろうし、報徳社の社員を二四名に限定したために、「社員が全員商人」という理解のまま今日にいたっていることも確かである。実際は、商人以外に様々な職人や僧侶、藩士および座頭らが含まれていた。おそらく実証的な検討をしないまま、思い込みだけが先行してしまったのであろう。彼らの宿内における地位は、脇本陣を営む者も見られるが、宿役人とか藩の御用商人など上層の町人は全く含まれておらず、全体的には中・下層の町人を中心とした組織であった。

第三に、小田原宿報徳社は構成員による報徳加入金の差し出しに始まったこと、尊徳から土台金を下付されてその運用が始まり、その帳簿が作成され始めた点から、その成立を天保一四年（一八四三）四月と見ることに何ら異論はなかろう。ただ、佐々井氏が小田原宿の仕法は「今井村（小田原市）の方法を拡充したもの」と述べているが、同村の仕法が小田原宿報徳社にどのような影響をもたらしたのかなどは述べていない。報徳社の世話人の中には酒匂村（小田原市）の名主や村民から「報徳」について教示をうけるなどの影響を受けており、今後は同村との関係を見直すことの方が有効となろう。

第四に、佐々井氏は、小田原宿報徳社の活動として、尊徳から貸与された趣法金一六〇両を土台とし、それを無利息金として貸し付けて運用し、「各自の推譲金をもとに、互助的に仕法を講じた」と述べている。しかし、前者の指摘は創立当初から弘化三年までで、後者は再編後のことであり、これまでの指摘は創立期の内容と、再編後の内容が混同されてきた。さらに、八木氏は「無利息金貸付けが唯一の事業」であったと述べたが、これも再編以前のことであって、再編後の小田原宿報徳社は明らかにその内容を変化させている。本章ではそのことと、報徳金運用を記した帳簿に、差し出された加入金の記載がなく、別の運用がなされた可能性もあることを示した。ただ、その実態を明らかにするまでには至らなかったが、もし別の運用がされていたとすれば、報徳社による報徳金運用が二重構造をもって行われたことになり、創立期の報徳社活動の新たな面を浮き彫りにすることができると思われる。

第五は、八木繁樹氏が、小田原宿報徳社は小田原藩の仕法「畳置」によって大きな打撃を受け、その後復興したと指摘されたが、どのような打撃だったのか、どのように復興したのかなどについては全く触れていない。確かに、仕法「畳置」で同社が大きな打撃を受けたであろうことは予想されるが、小田原宿報徳社の関係史料を見ても、そのような記述を目にすることはできなかった。すでに弘化元年から二年にかけての報徳金運用は行き詰っており、そのことも考慮に入れなければならないし、史料では小田原宿報徳社の創立当初からの世話人竹本屋幸右衛門が病気になったために世話が行き届かなくなったと記している。当初の小田原宿報徳社は竹本屋の個人的な運営の色彩が強く、彼が病気になったことで活動が停滞してしまったと考えた方が自然であろう。さらに言えば、こうした状況は小田原宿報徳社がまだ講的色彩の強い段階にあったと考えるべきであろう。いずれにせよ、小田原宿報徳社の活動が停滞した直接的な要因は竹本屋幸右衛門の病気であったと見て間違いない。その時期がたまたま藩の仕法「畳置」と重なり、それが報徳社活動停滞の原因とされてしまったのであろう。

第六は、報徳社再編の内容について、本章では同社の構成メンバーと世話人、それに報徳金運用について検討した。構成メンバーでは、藩が仕法「畳置」を宣言した翌月までに、創立当初に加入金を差し出した者のほぼ全員が出精人を入札するメンバーに編成替えされた。つまり、社員の重層的構造を解消する形で再編がなされたのであった。だが、その翌月には構成メンバー三六名の内二五名が報徳社を去り、しかも残った一一名の中で実質的に活動を継続したのはわずか六名であった。八木氏は、小田原宿報徳社は報徳を信条とした者の自主結社とされたが、本来的な意味で「報徳」を必要としたのは再編後も報徳社に残り活動を継続した者であって、創立当初からの者を全員「報徳を信条とした者」と言えるかは疑問が残る。報徳社の再編は、規模が小さくなっても「報徳」の継続を必要とする者と、すでに必要でなくなった者とを色分けする意味をもったのである。

第七は世話人についてである。佐々井氏は創立当初の世話人を竹本屋幸右衛門・尾島屋忠次郎・百足屋孫七の三名であるとしたが、なぜか再編後の世話人については示していない。再編後の世話人は本章で述べたように菓子屋（里見）久蔵・多喜蔵の兄弟と片野屋治右衛門の三名であった。幸右衛門と忠次郎はともに「百姓」の出身であり、幸右衛門は甲州、治右衛門は越後国の出身で、ともに出奔して最終的に小田原に至った者である。孫七と久蔵・多喜蔵兄弟は以前から小田原にいた者であったが、経済的に裕福な者であったとは言えないし、久蔵・多喜蔵は周囲から「店借」身分と見られていた。

報徳社を再編するにあたり、久蔵・多喜蔵を中心に縄索いをし、その代金を積み立てる活動を始めたが、そのメンバー、すなわち報徳社のメンバーは両人の親類・縁者であった。このことは、報徳社の再編が久蔵・多喜蔵とその親類・縁者によって進められたことを示し、血縁的な結び付きの強い報徳社に再編されたことを意味している。この段階においても小田原宿報徳社は彼らの家政再建を目的としたものであって、いまだ小田原宿復興を目的とするような志向性をもった組織ではなかった。

第八は報徳金の運用についてである。創立当初（弘化三年一一月まで）の小田原宿報徳社は尊徳から下付された土台金を無利息で貸し付けるのが主たる活動であった。「毎月廿日竹本屋幸右衛門宅江寄合仕」[73]りとあり、再編前の常会が竹本屋幸右衛門宅で行われていたことがわかる。今後、土台金の運用についての詳細な検討をしなければならないが、弘化元年から二年にかけて報徳金運用の規模は明らかに縮小していた。基本的には報徳金の貸し付けを受けた者の月賦返納が順調でなかったことにその要因があったと思われる。これに対し、再編後はまず社員が縄索いをし、その代金を積み立て、それを無利息金として貸し付けるという活動が行われた。再編後の無利息金貸し付けは以前と同様であったが、資金運用という面から見れば、以前に尊徳から下付された趣法土台金の運用を継続したものではなく、自ら生み出した縄索い代金を新たに運用したのである。

最後に、こうした報徳社は歴史的にどのように位置付けられるであろうか。この議論の素材を提示するのが本章の役割の一つであったが、これについて少しだけ踏み込んでおこう。

八木氏は前掲論文において「小田原報徳社は尊徳の直接の承認と助成を受け、結社式をもって発足した最初の報徳社」とし、尊徳はそうした結社式方法を主軸に据えた報徳仕法を考えていたと述べている。確かに、小田原宿報徳社は尊徳の承認と教諭を受け、下付された一六〇両を土台金として成立したわが国最初の報徳社であるが、尊徳が結社式を報徳仕法の主軸に据えようとしていたとは考えられないし、それを証明することもできないであろう。さらに、本章で明らかにした小田原宿報徳社は、その規模や体制からみても「報徳社」と呼べるほどに整っていたとは言い難く、果たしてこれを「結社式」と称することが適当であるかという疑問が残る。小田原宿報徳社の創設を八木氏のように考えるのは、過大評価といわざるをえない。ただし、下館藩の「報徳信友講」とともに、こうした方法は尊徳にとっても初めてのことであり、彼が両報徳社の動向にかなり注視していたことは十分予想されよう。

『神奈川縣文化財図鑑』で「小田原報徳社資料」について解説された佐々井典比古氏は、この小田原宿報徳社を「報徳信友講とともに、わが国報徳社の嚆矢であり、世界の協同組合史の中で最も早期に位置する」と高く評価する。つまり、イギリスの社会主義者オーエンの思想的影響を受け、同国においてロッチデール組合が成立したのは一八四四年、ドイツにおいてシュルツらによる都市手工業者の信用組合が創設されたのは一八五〇年以降、ライファイゼンによる農村での協同組合が設立されたのは一八五四年であり(74)、天保一四年（一八四三）に設立された小田原宿報徳社や報徳信友講はこれらの協同組合より早期に成立した協同組合であるというのである。これは二つの報徳社がライファイゼンらによって組織された協同組合に匹敵するものという前提に立っているが、近代ヨーロッパ社会において成立してくる協同組合の概念や機能などを検討された同氏の論稿を筆者はいまだ目にするに至っていない(75)。筆者は本章で検討したように、創立から再編時期における小田原宿報徳社の構成メンバーが最も多い時でも三七名であり、家政再建を目的としたその運営方法を見ても、小田原宿報徳社は講的な色彩の強い「報徳」グループと見た方が適切と考えている。少なくとも、小田原宿報徳社をヨーロッパの近代社会において誕生した協同組合と無前提に比較することはできないであろう(76)。

では、尊徳が土台金を下付して創設した小田原宿報徳社の歴史的意義はどこにあるのだろうか。この課題についての明確な回答を持つわけではないが、見通しとして、創立期から再編期における同社の世話人に注目する必要があると考えている。竹本屋幸右衛門は弘化三年二月に小田原宿報徳社から拝借した一五両を、出身地の甲州八代郡成田村仕法の土台金として渡し、同村での報徳社誕生の基礎をなした。成田村での報徳社は成立後も小田原宿報徳社（小田原報徳社）を本社とし続けた。また、再編後の世話人の一人である片野屋治右衛門は越後からの出奔者であったが、やはり国元に一五両送っている(77)。彼の国元で報徳社が組織されたかは不明であるが、竹本屋と共通するところがある。さらに、慶応三年（一八六七）のことであるが、菓子屋多喜蔵は、遠江国の報徳運動の指導者安居院庄七の死によって衰退しつつある報徳社を再建するため同地に赴き、新たに報徳社を設立するなど、明治一〇年代にはその運動範囲を三河国まで拡大させた(78)。これらの報徳社を指導するにあたり、彼はあくまでも「小田原報徳社」の社員として活動し、彼らの指導を受けた報徳社はいずれも「小田原宿報徳社」を本社とした。小田原宿報徳社自体は極小規模であったが、各地の報徳社の本社としてその意味を持ち続けたと言うことができよう。それは、小田原宿報徳社が他の報徳社に先駆けて設立されたこと、「報徳」の祖である尊徳から直接土台金を下付されて設立されたという一種の格式を備えていたからにほかならない。同社はもともと農村復興を目的とした報徳社ではないが、こうした格式を持つ報徳社の支社（分社）になることで、「報徳」を信条とする者の結社という結び付きが強められ、正当化されていったのであろう。[79] 明治期以降、報徳社運動が全国的に展開するが、そうした中で各地農村における支社が協同組合的な性質を帯るようになったとしても、小田原宿報徳社は「本社」としての正当性を保ち続けることにその歴史的意義を有していたと考えている。

註

（1）拙稿「小田原報徳仕法『畳置』をめぐる諸問題」（『小田原地方史研究』二三号、二〇〇五年五月）本書第一〇章所収。

（2）『小田原市史通史編近世』（一九九九年）、『開成町史通史編』。なお、尊徳による小田原仕法が藩財政の再建までにおよばず、仕法「畳置」きに至った理由として、藩内に尊徳の登用をねたみ、尊徳が主張する分度を拒否する勢力が強かったというのがこれまでの指摘であった。もちろん、このことを客観的な史料で論証した研究はなく、筆者もそのような感情論を論じるつもりはない。報徳方の藩内における位置付けと、仕法を行ううえで基本となる分度の設定方法とその額をめぐる藩側と尊徳の考え方の違いが根本にあったと考えている（拙稿「小田原藩の『御分台』と二宮尊徳」『神奈川地域史研究』二一号、二〇〇三年三月、本書第五章所収）。

（3）神奈川県文化財保護課編『神奈川縣文化財圖鑑――歴史資料編――』（一九八九年）五三頁。

（4）天保一四年四月〜同年一二月『暮方取直相続手段金貸附帳』・天保一四年四月『暮方取直相続手段金貸附帳』（報徳二宮神社史料、同史料は報徳博物館蔵、以下記載を略す）。

（5）安政二年一月〜同年一二月『報徳善種金貸附帳』（報徳二宮神社史料）。

（6）「小田原宿報徳社」と称するものの、明治期以降の結社による報徳社とは性格が異なり、「講」的性格の強い「報徳」グループ的なものと考えている。
（7）報徳信友講については全集二六巻一九六頁の解説、佐々井氏前掲書、宮西氏前掲書、『下館市史』（一九六八年）、上牧健二「天保後期下館藩の尊徳仕法（下）」（『常総の歴史』一八号、一九九七年一月）を参照。
（8）全集一七巻六二四～六二六頁。
（9）八木繁樹『報徳運動百年のあゆみ』（龍渓書舎、一九八〇年）。
（10）八木繁樹「報徳社百四十年のあゆみ」（二宮尊徳生誕二百年記念事業会報徳実行委員会編『尊徳開顕』、一九八七年）。
（11）奥谷松治『二宮尊徳と報徳社運動』（高陽書院、一九三六年）などがある。
（12）片岡永左衛門編著『明治小田原町誌　上』（小田原市立図書館郷土資料集成1、一九七五年）六～七頁、『小田原市史　史料編近世Ⅲ』（一九九〇年）九八号。
（13）『小田原市史　史料編近世Ⅲ』№一二八。
（14）全集七巻一〇六頁。
（15）このほか、文化二年（一八〇五）には箱根・小田原宿と湯本村（箱根町）の間で一夜湯治をめぐる争論が起きているが、これも在方商業が城下町商人の営業を脅かした例と理解できよう（『小田原市史　史料編近世Ⅲ』№七）。この争論および小田原宿の構造については、宇佐美ミサ子「小田原宿経営の実態」（『小田原地方史研究』五号、一九七三年一一月、のち宇佐美ミサ子『近世助郷制の研究』一九九八年に再録）、岩崎宗純「化政期の箱根湯治――一夜湯治をめぐる争論を中心に――」（『小田原地方史研究』九号、一九七七年一一月）、下重清「近世城下町住人の諸負担――小田原を事例として――」（『比較都市史研究』一七巻二号、一九九八年一二月）を参照。
（16）全集一五巻七五一・七六三頁。
（17）全集三五巻四三七頁。
（18）全集三五巻四三八頁。
（19）全集一五巻一一五八頁。

(20) 全集一五巻九五六頁。
(21) 全集一五巻五二二頁。『小田原市史　通史編　近世』。
(22)・(23) 天保一四年四月〜明治七年一二月『報徳土台金惣高取調帳』(報徳二宮神社史料)。
(24) 世話人三名をはじめ、「同志之者一同」は何故に、前掲の平野屋平右衛門のように、藩報徳方を通して尊徳から報徳金を借用しなかったのかという疑問が残る。これについては今後の課題であるが、今のところ、小田原領の仕法は天保一一年前半で実質的には中止になっていたこと(前掲拙稿)、同年までの藩による救済や尊徳による仕法からもれた者が「同志之者」として嘆願におよんだのではないかと考えている。
(25) 以下、本項では特に断らない限り、天保一四年四月〜同一五年三月『報徳金土台帳』(報徳二宮神社史料)による。
(26) 尊徳が酒匂村の名主新左衛門宅に逗留したのは天保一一年二月二二日である(全集一五巻五六六頁)。なお、名主新左衛門は小田原領東筋の報徳肝煎役をつとめている(全集一五巻五四六頁)。
(27) 文政二年三月の『小田原欄干橋町坪帳』によると、源兵衛の家は表(間口)が三間四尺、裏(奥行き)が二二間で八六坪、一〇日の役日数が課されていた(『小田原市史』資料編近世・Ⅲ—三七号)。なお、役日数については下重氏前掲論文を参照。
(28) 天保一一年四月『竹松村曽比村入札帳』(三河国報徳社史料、報徳博物館蔵)には、「御趣法出精人入札」「屋根替入札」「耕作出精人入札」の様子を記しているが、入札人の中に「仙吉」および「蘭右衛門」の名前を見ることはできない。すでに、仙吉は改名していたかもしれない。
(29) 天保一四年四月〜同一五年三月『報徳金土台帳』(報徳二宮神社史料)。
(30) 下重清氏のご教示による。
(31) 全集一七巻六二六〜六三二頁、六六〇〜六六三。
(32) 文政二年三月『小田原欄干橋町坪帳』(註(27)に同)には役日数が課せられている三〇名の屋敷地の様子が記されているが、天保一四年四月から翌年三月までに同町の者で報徳加入金を差し出した一〇名の内五名の者の名前が一致する。五名の内、一五七坪の勘左衛門が最高で、残りの四名は八〇〜一一〇坪程度の比較的小規模な屋敷地であったことがわかる。また、同帳に現れていない五名はまだ小田原に居住していなかったり、町役などを負担するような者でなかったと考えられる。
(33) 全集一七巻六四八頁。
(34)・(35) 註(29)に同じ。
(36)『小田原市史　通史編　近世』。
(37) 全集七巻二一四頁。
(38) 全集七巻二七九頁。
(39) 全集一五巻七四三頁。
(40)・(41) 註(22)に同じ。
(42) 全集一七巻六五〇頁。
(43) 全集二〇巻一一三〇頁以下を参照。
(44) 全集二〇巻一一〇五頁。
(45) 全集二〇巻一一〇五〜一一〇八頁。
(46) 全集二〇巻一一〇八〜一一一〇頁。
(47) 全集二〇巻一一二一頁。
(48) 全集二〇巻一一三二頁。
(49) 報徳二宮神社資料中に「成田報徳社」の『三才報徳現量鑑』・『報徳土台金物高并貸付返納残金取調帳』が三〇点余り含まれている（『報徳博物館館報』四、「報徳二宮神社蔵報徳社関係資料目録」）こと自体、本社―分社（支社）の関係にあったことを示している。
(50) 全集四巻三六三頁、全集一九巻一一一七〜一一一八頁。
(51) 大磯宿三河屋半左衛門については全集四巻七九七〜七九八頁。
(52) 全集四巻三五九頁。
(53) 全集四巻三六九・三七一・五二六・五三三・五四九・六九三・六九六・七〇三・七〇七・七〇八・七二六・七二七・七四〇・七五三頁。

(54) 全集四巻三四八・三六五・三七七・五三一頁。
(55) 全集四巻五三一頁。
(56) 全集一七巻六六二頁。
(57) 佐々井氏前掲書など。
(58)・(59) 註(22)に同じ。
(60) 全集一七巻六六三~六六六頁。報徳二宮神社史料。
(61) 註(22)に同。
(62) 全集二〇巻一一二一頁。
(63) 全集一七巻六五七~六五八頁。
(64) 全集一七巻六六三~六六六頁。
(65) 小田原市里見信義家史料。
(66)~(70) 註(22)に同じ。
(71) 菓子屋久蔵・多喜蔵兄弟の親戚関係を明らかにすることはできないが、報徳社再編以前の世話人であった尾島屋忠次郎と親類関係にあったことだけは確認できた(全集四巻七二七頁)。
(72)・(73) 註(22)に同じ。
(74) 大塚史学会編『新版郷土史辞典』(朝倉書店、一九六九年)、『世界大百科事典7』(平凡社、一九八一年)の「協同組合」の項を参照。
(75) 黒田博氏は「五常講」(『三楽』一六号、報徳学園創立八十年記念号、一九九一年一一月)で、尊徳が小田原藩士の服部家の家政再建の際に創設した「五常講は今日の信用組合と同じような制度といえるが、これは世界最初のライファイゼンの信用組合よりも四二年も前の一八二〇年に発足させたもの」であり、「五常講は後年の報徳結社のもととなったと述べている。ライファイゼンの協同組合を信用組合と置き換えていることも問題だが、尊徳によって創設された五常講や報徳結社がライファイゼンの協同組合と比較できる対象にあるのかという検討は一切なされていない。
(76)『国史大事典』の「協同組合」の項で奥谷松治氏は「日本における協同組合は、二宮尊徳の報徳社、大原幽学の先祖株組合がはじまりであるという説もあるが、これらは封建体制の維持補強を目的としたものであるから、資本主義経済を基礎とする近代的協同組合と同一視することはできない」と指摘している。二宮尊徳の報徳社を単に封建体制の維持補強を目的としたものと言えるかは疑問であるが、筆者も小田原宿報徳社を近代的協同組合と同一視することはできないと考えている。

(77) 註(22)に同じ。

(78) 福山滝助については内藤才治郎『福山翁小傳』(一八九四年)を参考。

(79) 河内八郎氏は「二宮尊徳における常総・野、そして前近代と近代」(『茨城近代史研究』二号、一九八七年一月)で、「福山滝助によっては、慶応三(一八六七)年三月以来報徳運動がすすみ、遠州の二十余社をまとめて明治四(一八七一)年の報徳遠譲社が組織されたが、これは小田原報徳社と深く連携していた」という貴重な指摘をされている。この深い連携を、筆者は本社としての小田原報徳社、分社としての報徳遠譲社という関係と見ている。

第一〇章　小田原報徳仕法「畳置」をめぐる諸問題
――弘化三年の小田原藩と二宮尊徳――

はじめに

小田原藩の報徳仕法を考えるうえで、弘化三年（一八四六）七月の仕法「畳置」について触れないわけにはいかない。二宮尊徳は同月一六日に江戸の上屋敷に呼び出され、小田原仕法の「畳置」を告げられた。(1)藩はどのような理由で仕法の中止を通知したかという疑問が残るが、この疑問を正面から検討した論考はみられない。尊徳は藩から「畳置」の理由の明確な説明を得ておらず、そのために史料としても残らず、十分な検討が加えられなかったのであろう。本章では小田原仕法が「畳置」になる前後の様子をできる限り検討し、この時期の尊徳と小田原藩の諸問題を明らかにしていくことを目的としている。

これまで小田原藩による報徳仕法廃止の理由について、農民身分出身の尊徳の高名を妬み、行政（政治）面に介入することを嫌い、彼のやり方は下（村・農民）に厚く、上（藩・武士）に薄くするもので、彼の指示で藩政を左右されてたまるものかという意見が強く、尊徳排斥に至ったと考えられてきた。(2) 尊徳を登用した藩主大久保忠真が没した後に、彼に対する感情的反感が強まり、報徳仕法に無理解な者が藩政を担当するようになると同時に、尊徳を敬遠するようになったというのである。このような感情的な対立が根底にあって報徳仕法が「畳置」になったとするのが、これまでの考え方の主流であったが、領内の仕法や藩財政の問題について、尊徳が藩側と交渉したのは天保一一年(一八四〇)頃までであり、それから六年も経て「畳置」に至ったことを感情的対立で論じるには極めて不合理と言わざるを得ない。彼が幕臣に登用された天保一三年に、藩は幕府に領内の仕法続行を嘆願するが、この時になぜ「畳置」にしなかったのか、これまでの感情的対立論では説明できないであろう。

これに対して長倉保氏は、小田原藩報徳仕法の「畳置」を藩政の展開そのものから見出そうとした。(3) 藩と尊徳による方針の対立、藩内部での報徳仕法への理解の温度差による対立などによって、尊徳の影響力を排除した形での「領内限り」の一村仕法継続を認めたという。尊徳の幕臣登用から四年間、彼の直接指導を受けなくとも領内の仕法を継続できた実績は大きく、弘化三年七月に大磯沖に異国船が現れ、海岸防備の強化という急務があったことも「畳置」の要因とする。

長倉氏の指摘については随時検討することとし、こうした指摘があることのみ掲げておきたい。(4) いずれにせよ、弘化三年七月の仕法「畳置」前後の尊徳の日記や書簡などを本格的に検討しないまま、感情論で尊徳と小田原藩の関係を論じてきたことへの反省を踏まえ、両者を中心とした諸問題を提示することを本章の課題としたい。

第一節　仕法「畳置」の通告

最初に、尊徳が小田原藩から仕法「畳置」を告げられた七月一六日の日記を見てみよう（全集四巻三五〇～三五一頁）。

一、右大久保加賀守（忠愨）様上屋敷留守居両人より懸御目度只今申越候間、昼八ツ半頃供人亀蔵召連、牟礼宅へ罷越、高月両人出座被申聞候儀、報徳之儀故障之次第有之、畳にいたし付ては、是迄不一通御実意不浅、忝依て別紙書を以左之通り被相贈候

白銀弐百枚　　二宮金次郎殿

「料金百四拾三両壱分弐朱」

報徳之儀、故障之次第有之候に付、畳にいたし候之間、村々存寄をも相尋候之処別段異存も無之旨、請書も差出候間、此度相畳申候、是迄は不一通御実意之儀、不浅、忝被存候、依之白銀弐百枚被相贈候

これは『全集』第四巻からの引用で、「白銀弐百枚……」以下は同七巻・一九巻にもほぼ同文の記載がみられる。七月一六日に小田原藩上屋敷に呼び出された尊徳は、留守居役の牟礼（三郎太夫）宅に罷り出た。同役の高月六左衛門も出座のうえで「報徳之儀故障」があるとして、報徳仕法の中止を告げられたという。このように、尊徳が仕法「畳置」を告げられたのは藩上屋敷内の牟礼宅であった。

次に、尊徳に「白銀弐百枚」を贈るというのであるが、その後に「料金百四拾三両壱分弐朱」と記されている。この部分は『全集』第四巻ではゴシックになっているが、第七巻・一九巻にはこの部分の記載そのものがないこ

とから、後筆の可能性が高い。

続けて「報徳」には「故障之次第」があるので「畳にいたし候」と繰り返している。これについて村々に「存寄」を尋ねたところ、「別段異存も」なく、請書も差し出したので「相畳」むとある。じつは全集第四巻だけに「村々存寄……差出候間」に傍点が付されているが、この傍点の意味ははっきりしない。村々から差し出したという請書や、仕法中止を村々に告げた史料は、小田原領内では全く見ることができない。よって、この傍点箇所は後日抹消されたことを示すと考えられる。こうした動きがあったとすれば、報徳仕法の推進者があらかじめ尊徳に知らせたであろうが、その形跡も見られない。後に抹消されたにせよ「村々存寄……差出候間」の文言が全集に載っていることは尊徳のもとに伝えられていた事柄であり、抹消した意図については疑問が残る。

仕法を「畳にいたし」と告げられた尊徳は、日記で次のように続けている（全集四巻三五〇〜三五一頁）。


右仕法畳にいたし候に付、数年極難被取扱砌、多分金子繰入、撫育取計有之候分、御返金被成度段、被申聞、答およひ候次第　御先代（大久保忠真）様格別深御配慮を以、三十年来安民仕法御意任被成置候、在々取行中、故障次第にては何れ勘弁仕、其筋へ伺之上次第により受取候筋も有之、先夫迄御預置候旨及挨拶候、右白銀当御代厚き思召を以被下置候儀候はゞ、其筋へ相伺相立、其上難有頂戴可仕候、右報徳金之儀、御先代様御存意を以、数年取扱候儀に付、容易に難受取旨再応申置、右次第両人へ種々及談論候上、夜に入西久保へ罷帰り申候

「仕法畳にいた」すにあたり、藩はそれまで尊徳が窮民救済などで領内に投入してきた報徳金を返金すると申

し出た。これに対して尊徳は、①白銀は御礼の意味なので、許可を得てから受け取る、②報徳金は先代藩主大久保忠真の存意によるものであるから、容易に受け取ることはできない、と留守居役の牟礼と高月の両名に返答し、宿泊先の「西久保」（大久保家の分家である宇津氏の屋敷）に帰ったと記している。仕法「畳置」にともなう白銀、報徳金の請け取りについて、両者の間で大きな問題として残されたのであった。

第二節　「畳置」直前の尊徳と小田原藩

小田原藩としての仕法「畳置」を告げた七月一六日の記述を見ただけでも右のような疑問がある。それらを検討していく前に、「畳にいた」す直前の尊徳と藩の動きを概観しておこう。

尊徳は天保一三年（一八四二）一〇月に幕臣に登用され、御普請役格となり、弘化元年（一八四四）から日光仕法雛形の作成に専念していた。同三年はその最終段階にあり、六月二九日にその雛形を勘定所に提出している（全集四巻三四四頁）。

こうした中にあって、尊徳は小田原仕法について藩の者としばしば論談している。たとえば、正月三日には、脇山喜藤太や天沼鏡治郎と会い、「三十三ケ村趣法筋」について話し合っている（全集四巻二七〇頁）。脇山・天沼は尊徳に近く、藩内では報徳仕法の推進派であった（こうした者を「報徳方」と称しておく）。「三十三ケ村」とは酒匂川東岸の小田原領の村々のことで、「東筋三十三ケ村」と呼ばれた。「東筋」は小田原藩の在方支配の単位で、担当の郡奉行・代官がおかれていた。[5] 二月一八日に尊徳は「東筋三十三ケ村」に出役中の報徳方の代官山崎金五右衛門・豊田正作・栗原長次郎らに見舞いを送り（全集四巻二八三頁）、その労をねぎらった。彼はこの仕法が本格的に行われるのか、それとも繕い程度に行うのか、二月二四日に留守居役の牟礼三郎太夫を訪ね、藩の考え方を問い糺した（全集四巻二八六頁）。

（前略）当正月より御領内村々御趣法御取行に付、山崎氏始豊田・栗原外にも御手代衆、東三十三ケ村取調在勤知承仕、聢と御取行引請被遊候儀にも御座候哉、又は当分取つくろい候哉承知仕度、内々問合罷出（後略）

これを問い糺した尊徳は、翌日江戸藩邸の勘定奉行である野崎弁左衛門と面会し、「然と御取行引請被遊候儀に御座候はゞ、明後廿七日御城入御発駕に付ては、御途中迄罷出、御礼申上度旨内々御咄し置」（全集四巻二八六頁）いたという。藩が本腰を入れて「東三十三ケ村」の仕法を行うならば、藩主忠愨が国元に帰る際に御礼を申し上げたいと申し入れたのであった。この年忠愨はお国入りし、二月二七日に江戸を出立した。尊徳らはその見送りに三田・品川宿に赴いたが、すでに通過した後で間に合わなかった（全集四巻二八七頁）。

弘化三年初めの小田原藩は「東筋三十三ケ村」の報徳仕法取り扱いが大きな課題になっていたといえる。これについての藩側の考え方（姿勢）を確認する間もなく、藩主忠愨がお国入りしてしまい、藩の重臣らの多くが国元に帰ってしまったことも留意しておきたい。

後に尊徳が鵜沢作右衛門へ宛てた書簡に（全集七巻八三二～八三三頁）、

数年御委任被成下置候御仕法向、去冬相開け、当正月頃より御取行有之由承り、万々一手違ひ無之様致し度、当春御発駕前より、御留守居中へ度々罷出、御内話申上候とあり、尊徳は弘化二年末から三年にかけて開始されることになった小田原領の報徳仕法を、手違いなく行いたいので、藩主忠愨が国元に入る以前から留守居役と度々相談してきたというのである。このように、尊徳は小田原領の仕法再開に意欲的であったことがうかがえよう。

次に、尊徳への来訪者について見ておこう。来訪者は藩士と、領内の商人・農民に大別できる。藩士で際だって多いのは、先述の天沼鏡治郎と脇山喜藤太である。尊徳は両名と親密で、小田原仕法について論談したり、国元の状況の報告を受けるなど、頻繁に会っている。また、天沼を通して江戸留守居役の牟礼に書状を届けたり、牟礼からの伝言を受けている。牟礼が尊徳のもとを訪れることは稀であったが、尊徳の方からしばしば牟礼宅を訪れ、直接小田原の様子や藩の姿勢などについて聞き、仕法について掛け合っている。

弘化三年閏五月頃になると、日光仕法雛形の完成が間近となり、尊徳がそれを藩の重臣等に見せようとした動きが見られる。六月四日には同雛形を牟礼宅に持参し、同じ留守居役の高月六左衛門に初めて面会して（全集四巻三三〇頁）、前藩主忠真に重用された報徳仕法について語っている。目途がついた仕法雛形をもって尊徳は小田原藩に本格的に取り組むよう促そうとしたのであろう。

商人としては、尾島屋忠治郎と竹本屋幸右衛門が際だって多く尊徳を訪問している。その外、佐野屋源兵衛（御殿場）、えびす屋藤吉（同）、曽比屋又兵衛（小田原）、三河屋半左衛門（大磯宿）の名前が見られる。六月四日には尾島屋と竹本屋がそろって尊徳と面会しているが（全集四巻三三〇頁）、両名は小田原宿報徳社の中心的なメンバーであり、同社の運営についての話し合いが行われたと考えられる。この時期の小田原宿報徳社は運営面で行き詰まっており、この年の一一月には活動を一旦休止する。(6) その対処をめぐる相談であろう。閏五月一三日に尾島屋は尊徳と会っているが、その時、尊徳は「小田原最様承」（全集四巻三二二頁）りと記しており、領内の様子を彼らから聞いていたことがうかがえる。

農民では、小田原領内の報徳世話人をはじめ、仕法に積極的だった者らが多数尊徳と面会している。「私用にて出府」してきた者もいるが、領内・自村の仕法に関することや、田畑の受け戻しや家の相続に関することで訪問している者が多い。

その中で領内西大井村（足柄上郡大井町）の組頭為八郎一件について見ておこう。西大井村は前述の「東筋三十三ヶ村」に属し、為八郎は同村仕法の指導的な立場にあった。その為八郎が欠落するという一件が起こった。彼は弘化三年三月十九日に下新田村（小田原市）の段蔵と出府し、尊徳に面会を求めたが、断られている（全集四巻二九三頁）。翌日、尊徳は両名を呼び出し、不埒があったとして説諭しているが（全集四巻二九四頁）、その内容は明らかでない。二五日に為八郎が欠落するが、周囲も「何之存意有之候哉」（全集四巻二九五頁）と、欠落の理由が分からないとしている。四月一日には西大井村の名主勘右衛門と隣村西大友村（小田原市）の友七が出府し、為八郎の不届きを尊徳に詫びている（全集四巻二九八頁）。翌二日と四日も両名は事件の報告をし謝罪すると、尊徳は「為八郎欠落一件勝手次第」にするよう申し遣わしたという（全集四巻二九九頁）。

事件そのものの詳細が不明であるためにこれ以上は触れないが、これを単なる事件としてよいだろうか。前述したように、為八郎は西大井村仕法の中心的な存在であり、その西大井村はもともと「報徳之大徳ニ而如何成悪魔も可立去心地ニ相成」るほどの成果をあげ、「東筋ニ而は一番ニ仕上ニも可相成」と賞賛された村であった。(7)弘化三年という時期は、小田原藩が東筋三三か村の仕法に本腰を入れて推し進めるのか見極める時期であった。その東筋の模範的な村の報徳仕法の中心的な立場にあった為八郎が欠落したことは、仕法を継続するうえで大きな影響を与えたと考えられる。

尊徳は脇山喜藤太に送った五月二九日の書状で、「案外之大業に付、聢と致治定、往々御安堵之道に至り候様取行申したく候」（全集七巻七七二頁）と、小田原仕法に力を入れる覚悟でいた。彼のこの姿勢は仕法「畳置」が通告されるまで変わらなかったが、報徳方の栗原祐蔵は「とにかく土地柄、未だ時候故哉、晴雲不定之段御遠察可被成下候」（全集七巻七七一頁）と、楽観できない旨を伝えている。

それでも尊徳は、

御用透次第、是迄之通可取扱旨、奉行衆被仰渡候趣、御達しも御座候、不容易仕法之儀ニ付、直にも罷出、一家一村ツヽも取直、御趣意を奉安候はゞ、御奉公にも相当り可申候に付、御沙汰次第早々罷出万々可奉申上と相含罷在候

と（全集七巻八一二頁）、小田原仕法実施にむけての熱意を書き送った。

七月五日の夜、ある人物が尊徳と面談し、翌日の昼頃まで何かを話し合った。その時の日記に「昨夜（五日）小田原表より、極内罷出候物（者）面会致し、暫相咄し、昼頃西久保へ罷帰り申候」（全集四巻三四七頁）と記している。その人物は小田原表からきており、その内容は小田原仕法に関することであったと推測できよう。もし、仕法「畳置」の通告以前に尊徳がその情報を得たとすれば、この時であったと思われる。

その直後、尊徳は何かの書類を小田原表に送ろうとしている。おそらく、日光仕法雛形の一部であろう。その書類を帰国する竹本屋幸右衛門と大磯宿の三河屋半左衛門に託したが、六郷川の川止めにより、届けることができなかった（全集四巻三四八頁）。五日に小田原から内密に来た者から話しを聞いた尊徳が、その対応として書類を

送ろうとしたとも見ることもできる。

第三節　仕法「畳置」後の諸問題

1　仕法「畳置」直後の小田原藩と尊徳

このように、尊徳は小田原領の報徳仕法に問題があることを察していたかもしれないが、仕法が「畳置」になることまでは考えていなかったようである。こうして七月一六日に尊徳は小田原領の報徳仕法「畳置」を通告される。

藩は仕法「畳置」を尊徳に伝える直前に、老中阿部正弘の役所にもこのことを報告している（全集四巻三五二～三五三頁、全集七巻八二四頁）。

御用番阿部紀伊守（正弘）様御勝手へ

二宮金次郎殿、天保十三寅年御普請役格へ被召出候節、領分荒地開発、難村取直等之趣法、御用透之節相頼申度段、水野越前守（忠邦）様へ御内慮奉伺候処、伺之通御差図御座候、然処右趣法故障之次第有之相畳候付、此度各様迄御内意申上候様、加賀守（大久保忠愨）在所表より申越候以上

七月十六日　　大久保加賀守内

日下部雄之進

この書状には、天保一三年（一八四二）に小田原藩が領内の仕法を幕臣になった尊徳に依頼することの許可を、当時の老中首座水野忠邦から得たことを記し、その仕法を今度中止するので、その内意を申し上げるというものである。最後に、これは藩主忠愨の在所からの指示であることを明示している。前述したように、この時、忠愨は国元におり、仕法廃止は小田原表において決定され、江戸の藩邸を通して老中の阿部正弘や尊徳に伝えられたことがわかる。尊徳が江戸で日光仕法雛形の作成を終え、小田原仕法に取り組もうとした直前というタイミングで藩主忠愨と藩首脳の多くがいた国元で仕法廃止が決定されたのであった。

翌七月一七日、尊徳は前藩主忠真の廟所がある青山教学院に参拝し、金一〇〇疋を献納した（全集四巻三五一頁）。忠真は尊徳を登用し、天保飢饉の直後に飢民救済の仕法を尊徳に依頼するなど、報徳仕法を領内に導入した藩主であった。青山教学院の参拝を終えた尊徳は藩上屋敷留守居役の牟礼三郎太夫を訪ね、「昨日被下置候白銀之儀申上残候次第、御面会之上暫相咄」（全集四巻三五一頁）したという。一八日・一九日も彼は白銀の請け取りに関して小田又蔵（幕府小普請）や渡辺棠之助（幕府御普請役元締）ら幕府勘定所の者と相談し、さらに小田原藩の牟礼とも面会している（全集四巻三五一〜三五二頁）。尊徳にしてみれば、白銀二〇〇枚を受領して良いものか否かを勘定所に尋ねているのであって、仕法「畳置」後はこれが大きな課題となって展開する。

2　白銀と報徳金の受領問題

七月二〇日にも渡辺棠之助宅を訪れて、白銀受領問題を報告した尊徳は、「小田原より被相贈候白銀御届方に付御内談申上候処、故障次第小田原留守居度々掛合候得共、何分埒あけ兼」（全集四巻三五二頁）と、藩との話し合いが順調に進んでいないと述べるとともに、日記にもそのことを記している。そのうえで、「今少々其筋へ御届方御日送り相願度」（全集四巻三五二頁）と、白銀受領に関する届書提出の日延べを渡辺らに嘆願した。
翌二一日にも尊徳は小田原藩上屋敷の留守居役高月六左衛門方に赴き、白銀の受領について話し合っている（全集四巻三五三頁）。

（前略）先般被相贈候白銀之儀に付、其元より挨拶可有之筈之処、報徳故障之筋其筋へ申達候はゞ、小田原公御無念、先づ取調事相分候迄、御預り被下候様には相成間敷哉、度々相咄候得共、筋違ひ而巳申居候得共、御先代（忠真）様より深思召を以被仰含置候趣種々相咄し（後略）

これは日記の一部であり、前半部分で意味不明な箇所があるが、白銀について調べ事が済むまで預かってもらえないかと話した。「筋違ひ」のことではあるが、先代の大久保忠真から仰せ付けられたことなどを話して帰宅したというのである。つまり、白銀の授受は勘定所への届けと許可が済むまで待ってほしいというのが尊徳の意向であって、藩側は白銀を早急に渡したかったようである。

白銀と報徳金についての尊徳の考え方を示すものとして、七月二八日に牟礼・高月にあてた書簡を見ておこう（全集七巻八二八～八二九頁、全集一九巻一一一七～一一一八頁）。

（前略）然ば去ル十六日夕八ツ時過、御紙面を以、今日中繰合可罷出旨被仰越候に付、即刻参上仕候処、今般報徳之儀、御故障之次第出来、御畳置ニ相成候間、報徳金不残御引渡可被成趣、御口達有之候得共、元来自己之身勝手に取計候儀には無御座　御先代（大久保忠真）様、格別深以　思召、多分之御手許金御下ケ被下置、

其外亡所変じて産出候善種を加、報徳金貸付之仕法引移、往々御安堵之道を生じ候様、存分可取計旨被　仰付置候御仕法之儀に付、不計御故障之次第出来、御畳置相成、白銀被下置、報徳金御引渡御座候迚、無訳受納難仕、又は右之次第を以、其筋へ相伺候ては、彼是廉立、如何と当惑仕、無余儀追々御内談申上候、前書報徳金貸付之儀は、壱反起返せば壱反丈ケ開ケ、壱両貸付為致返済候はゞ、壱両丈無借に罷成、始に終りを尽し、急度致成就居候雛形之通、正業立直り候儀を深　御感に被　思召、御委任被成置候御仕法之儀に付、是非共　御趣意を不相汚様、速に御取分ケ被下候様、御談方相願置候得共、于今相流、最早御達後十日余にも相成、余り長引候儀に御座候はゞ、時日致齟齬、身分差支之儀も出来可申哉も難計候間、右之始末有体其筋へ相伺不申様はでは、相済申間敷儀を、深御恕察被成下、去月中書取差上置候儀は勿論、此間中より追々御談申上置候廉々、早々御報伏て奉願上候（後略）

まず初めに、七月一六日に仕法「畳置」を通告された時の様子が記されており、この時、小田原藩は報徳金を残らず引き渡すと尊徳に伝えていたことがわかる。これに対し尊徳は、報徳金はそもそも尊徳自身が勝手にできるものではなく、先代の忠真がお手許金を下され、荒地復興によって増収となった桜町領からの善種金を加え、報徳金貸し付け仕法を行ったのであり、白銀を下付されるというのであるから、報徳金は受納できないというのである。白銀はお礼の意味から受け取ることはあるが、報徳金は公的性格が強いので、理由なく受け取るわけにはいかない、というのが彼の考え方であった。このことを勘定所に伺いを立てたとしても廉が立ち、当惑しており、仕方なく内談申し上げたとある。だが、「畳置」の通告から一〇日余り経ており、問題を長引かせることもよくないので、これらの点を有体に申し上げ、伺いを立てなければ解決しないことを察してほしいと嘆願している。

八月一日に尊徳は留守居の牟礼と面会するが、その時の話しの内容を次のように記している（全集四巻三五六〜三五七頁）。

（前略）七月十六日御仕法向故障次第有之、畳置相成旨被申聞、並前々より繰出置候金子、凡五千両余御返却被成度、付ては不成一通り御実意、不浅忝被存、依て白銀弐百枚被下置候旨被申聞、立てじたいに及ひ、止事なく被申聞、無余儀右白銀持参致し置、右報徳仕法故障之次第有之、畳置に相成、白銀等被下置候儀に候はゞ、其筋へ伺方も無之旨、右留守居度々参上、並書取を以掛合候処、小田原表掛合之由、最早日数も打のひ、右御贈被下候白銀事柄、相分候上ならては頂戴難仕、一先づ御返済申上度、委敷右次第相咄し候上、被下候正白銀、三郎太夫（牟礼）返上致し候上、四ツ時頃に相成引取（後略）

小田原藩は「前々より繰出置候金子」、すなわち報徳金の約五〇〇〇両と、白銀二〇〇枚を尊徳に渡すというのである。尊徳はその筋への了解を得ていないので辞退するが、留守居の牟礼は白銀を渡そうとする。尊徳は「白銀事柄相分候上ならては頂戴難仕」として、これを断る。小田原藩側は早期に報徳金や白銀を渡して、この問題を処理しようとしていたことが伺えよう。

こうした中で、八月五日に藩主忠愨が帰府する。尊徳は品川宿まで出迎えるが（全集四巻三五八頁）、面会はしていない。八日には、尊徳と親しかった天沼鏡次郎が国元の勝手方を命じられた（全集四巻三五八〜三五九頁）(8)。藩側が報徳方の者を尊徳から遠ざける一つの処置であったとも考えられる。

九月二八日付けで尊徳が牟礼と高月に宛てた書状を見ると、小田原藩が尊徳に渡そうとした白銀・報徳金について次のように述べている（全集七巻八六三〜八六四頁）。

（前略）小田原表御掛合中、当七月右荒地起返、難村取直仕法御畳置被遊候御届書之写、其外白銀弐百枚、並従御先代（大久保忠真）様頂戴金、又は追々繰入貸付置候報徳金共、都合五千百両余御贈被下候趣、御口達に付驚入

藩から白銀二〇〇枚をはじめ、先代忠真からの頂戴金や繰り入れた報徳金の計五一〇〇両を尊徳に渡すという口達があり、驚いたというのである。これに対して尊徳は「其儘御預ケ置、畳置方御談申上候」と、藩側でそのまま預かってもらい、小田原領の仕法「畳置」について話し合いたいと主張する。

3　小田原仕法「畳置」の始末交渉

小田原仕法「畳置」の始末について、尊徳は次のように状況を記す（全集七巻八六三〜八六四頁）。

（前略）小田原表御掛合中之由、彼是長引、余り延引仕候に付、私彼地へ罷越、雛形之通畳置方取計可申哉之旨御談申上候処、小田原表御仕法向御案内之方々御出府被仰付候方、御用便宜敷趣御談に付、思召に随、一日々々と御待申上候得共、否無御座候（中略）近々御出府にも相成候趣被仰聞、早速引取、猶御待申上候得共、最早御達後三ヶ月に及、今月も一両日に罷成、何分差延置がたく候（後略）

仕法「畳置」について、国元との交渉が進まない状況を見た尊徳は、自身が小田原表に赴き、取り計らいたいと申し入れたところ、国元から仕法に詳しい者を出府させるとの返事があり、待っているが、何時出府するかの知らせもない。国元から適当な者を出府させるという話しは三か月前からあるとしており、仕法「畳置」の通告直後にはこうした話しがあったことになる。また、「仕法心意候人物」（全集四巻三七五〜三七六頁）が誰かも明らかにしていない。その後も尊徳は「仕法心意居候」者の出府を頻繁に催促するが、藩側は間もなく出府するとして日延べを願うという状況が続いた。

かつて小田原の報徳方の中心的存在であった鵜沢作右衛門は、尊徳が仕法「畳置」の後始末で小田原に来るという話しを聞いて、次のように書き送っている（全集七巻八四〇頁）。

（前略）折角当地迄御発駕被下候ても、却て思召とは雲泥之違ひと相成、迚もひらけ兼候に付ては、故障弥増候とも、初発之仕法通には何分被行兼候時節と奉存候（後略）

尊徳が小田原に来ても、考えていることとは雲泥の差があり、とても思うようにならない。故障が増すことはあっても、最初のとおりの仕法が行われる状況にはない、と嘆く。尊徳が来てもどうにもならない事態にあることを伝えたのであるが、それが藩内のことを意味するのか、領内の村々について言及したのかは明示していない。

一一月一八日頃に「仕法心意候人物」として小田原から山崎金五右衛門が江戸に来た（全集四巻三九四・三九九頁）。なぜか、すぐには尊徳と会っていない。一二月一八日に尊徳は江戸芝の上屋敷に呼ばれ、留守居役と小田原仕法について話している。藩側も尊徳も従来の主張を繰り返すのみで、進展はなかった。ただ、尊徳が、出府している山崎金五右衛門との面談を申し入れたところ、「留守居同席におゐて面会」（全集四巻四〇七頁）を許された。山崎は天保八年に当時大勘定奉行だった鵜沢作右衛門とともに生涯「報徳」に尽くすことを誓い決心書を藩に提出するなど、熱心な「報徳」の推進派であった。鵜沢失脚後は山崎が小田原藩の報徳方の中心的な存在となった。(9) 今度はその彼が小田原領仕法畳置の藩側の代表として出府し、尊徳と話し合うが、そこには留守居役の同席が必要であった。

右の話し合いをうけて、尊徳は翌一九日に幕府勘定方の渡辺又市（詳細不明）と会い、次のように依頼している（全集四巻四〇七～四〇八頁）。

小田原仕法畳置に付、白銀並報徳金受取候様、七月中より被申聞、右金子頂き候趣意には無之旨申立、及辞退置候処、昨日留守方へ罷出候処、とにかく受取可申旨被申聞、何れ勘考仕候上頂候ても宜敷筋申立、夜中引取右仕法金受取候筋一切無之候得共、右次第に付何れに取計可申哉、御内々其筋伺被下候様相頼（後略）

白銀・報徳金を受け取る筋にはなく辞退してきたが、昨日藩の留守居から「とにかく受取」るように言われた。受領してよいかを申し立て、どのように取り計らうかを、内々に関係筋に聞いてほしいというのである。翌二〇日にも尊徳は渡辺又市と会い、小田原藩から白銀・報徳金を受け取ることについてその筋に伺ったところ、「大金之儀、何れ御奉行衆へ御内意伺之上、取扱にて可然哉被申聞発端より取扱来り候手つゞき書取、差出候方可然哉之趣御座候」（全集四巻四〇八頁）と、幕府勘定奉行に伺う必要があり、小田原仕法発端からの経緯を書き上げ差し出すのがよいだろうということであった。

そこで、尊徳は一二月二七日に小田原藩留守居役に「七月中之通り、白銀報徳金御送り可被下旨強て被仰聞候に付、如何様共頂戴仕度、其筋へ伺方御内意申上候」(全集七巻九一三頁)と白銀・報徳金を受領する意向を伝えたうえで、翌二八日に勘定所内差出方の矢部木弥一右衛門に「白銀並報徳金受納仕方御内慮奉伺候書付」(全集四巻四一一頁)を提出した。年が明けた弘化四年(一八四七)には、右の伺書の文字文章などを修正して再提出し、幕府勘定所で本格的な吟味が行われるようになった。

4　報徳金返納問題

七月二四日、尊徳は上屋敷に赴き、誰かと面談している。その内容は「兼て申談置候、村々年賦返納納残居候残金、畳置に付、右基き名々申渡書取相認、内覧被下候様持参、一逸御咄し申上置」(全集四巻三五四頁)としている。領内の村々に貸し付けられた報徳金の返納残高を取り調べ、内覧のため持参し説明したというのである。二日後の二六日に同藩勘定奉行の野崎弁左衛門が尊徳のもとを訪れた。その目的は「兼て内談および置候次第申上度」(全集四巻三五四頁)と記すのみで、その詳細は明らかでないが、右の年賦返納金取り調べのことと思われる。このように、仕法「畳置」直後から、領内に貸し付けられた報徳金を返納する動きがあったことは見逃せない。

八月一五日に尊徳の倅弥太郎が、小田原藩中屋敷の脇山喜藤太宅を訪れた。そこで弥太郎は「此度御仕法向小田原表より御畳置之趣、右に付江戸屋敷内報徳金、同様畳置申度」(全集四巻三六〇頁)と、小田原表の仕法「畳置」にともない、江戸藩邸の藩士らへの報徳金貸与の仕法も「畳置」にしたいと申し入れたのであった。一八日には脇山喜藤太が尊徳を訪れ、「此度江戸報徳金畳置、一人限内談相済候」(全集四巻三六一頁)と、藩士らへの報徳金貸し付けの「畳置」を告げたという報告をしている。二九日には幕府勘定所御普請役元締の渡辺棠之助と面会し、江戸詰めの小田原藩士で報徳金が未返納になっている者の残金を書き上げた帳面を見せたうえで、藩上屋敷の勘定奉行野崎弁左衛門にその帳面三八冊を届けた（全集四巻三六三〜三六四頁）。

九月四日に矢野筈右衛門から尊徳に一〇両の報徳金が返納された。この金は、江戸屋敷報徳金取扱を担当していた矢野のもとに預けられたもので、返納金の渡し状に「此度小田原表仕法相畳置旨、右に基き江戸屋敷より相畳相初め可申」（全集四巻三六五頁）とあり、報徳金返納という仕法「畳置」の動きは江戸表で先行して進めていたことがわかる。事実、一二日にも五三両余りを受領したが、その受取「覚」に「江戸御屋敷内、今般報徳金畳置残金受取申候」とあるように、江戸屋敷では矢野筈右衛門を掛かりとし、報徳金の返納がはじめられた（全集四巻三六九頁）。

尊徳が八月三日に報徳方の脇山喜藤太に宛てた書簡には興味深い記述がある（全集七巻八三三頁）。

（前略）報徳金畳置取扱方之儀、小田原御領分之方彼是手間取申候はゞ、先西久保より始、江戸三御屋敷内畳置方、中勘相立見候間、御一覧之上双方都合宜方に御直し可被下候（後略）

仕法「畳置」にともなう報徳金の処理について、小田原領分が手間取るようであれば「西久保より始」め、江戸三屋敷（上中下屋敷）の処理の計画を立てるので、一覧していただきたいというのである。「西久保」とは、小田原藩主大久保家の分家宇津家の江戸屋敷があった所で、尊徳は宇津家のことを「西久保」・「西久保様」などと称していた。同家は下野国芳賀郡桜町領四〇〇〇石を知行する旗本で、尊徳が文政五年（一八二二）以降、桜町領の復興仕法を行い、宇津家の財政再建に尽力したことは周知のとおりである。小田原仕法「畳置」に「西久保」

がどのように関係するのか、これまで全く言及されたことがなかった。これまでは桜町仕法と小田原仕法はそれぞれに検討されてきたが、筆者は桜町仕法を小田原仕法の一環として位置づけるべきと主張したことがある(10)。右の史料をみても、小田原仕法「畳置」の一環として宇津家家臣らに貸与された報徳金の処理が語られている(11)。

5 新たな報徳金借用問題

江戸屋敷で報徳金の返納問題を処理しようとする一方で、藩士の中から報徳金の借用を尊徳に依頼する例も見られた。七月二七日の日記には藩上屋敷の澤山林八と勝俣太助の二名が尊徳を訪れ、「澤山借財出来、返済方に差支、借用申出」ている。尊徳は「此節柄之儀に付、先当分御断」ったと記している(全集四巻三五五頁)。

また、一一月七日、佐藤彦三郎という江戸詰め藩士の母親が尊徳に一〇両の借用を申し入れてきた。これに対して尊徳は、彦三郎に「小田原始、御屋敷内まて、御趣意に基、御畳置に取計候、取調掛合最中之儀に付、金銀取引、貸借一切不仕候」と、畳置のための取り調べを進めている最中であることを理由に、これを断っている。ただ、「万々一　御先代(大久保忠真)様被　仰付置候報徳金貸付之道相開候節は、如何様共御貞節之趣取計方可有御座哉と奉存候」(全集七巻八八〇頁)と、仕法が再開されれば取り計らう旨を伝えた。

注目できる例として、八月七日に川崎喜久蔵という国元の藩士が尊徳に宛てた書状がある。長文だが、その一部を紹介しておこう(全集七巻八三七～八三八頁)。

(前略)兼て御趣法被成下候三幣氏も、愈御家政一同御骨折之様子にて、御趣法相崩候様成儀は無御座、堅固に被相守候間、乍憚　御尊意安思召可被下候(中略)当年に至、御聞及も可御座有候得共、異国船両度渡来

にて、小田原表御上ヲ始、御家中一同大騒に御座候、然る処三幣氏武器類大小ヲ初、馬具等不残質物に入居候事故、何分急場之差支に相成、既に最初異国船渡来之節、大磯宿迄勘解由（三幣）殿直様御使被仰付候処、馬具無之、差懸り退引も出来不申、無余儀内々乗方役之者へ手合、御上之御馬具拝借被致、急場を被凌候処、其後は右様之取計出来不申趣にて何分被差支、彼是心痛被致候得共、私儀も大筒方にて真鶴村御台場へ先陣に出張致、留守中之事故、無余儀兼て質使致候人へ相頼、私（川崎）引請之趣を以、質屋へ欠合、証文入、馬具借請置、出勢中度々之物見役等被相勤、漸急場之凌被致、異船退帆致呉候に付、夫々御固も帰陣致、私儀も同様帰陣致候処、直様質屋より右之欠合有之、金子返済致呉候様、左も無之候得は、利払にて品物返呉候様度々催促有之候得共、未異船近辺へ相見へ候風聞も有之、不穏時節に付、彼是と断申述、品物借置候之処、其内又候大磯沖へ異船漂流之趣注進有之候処、勘解由殿、一番乗之役被　仰付、直様出張被致、夫より追々所々御固被差出、当浦固、大磯須賀浦固等、いづれも陣羽織、小袴着、自身持鎗を一騎立にて出勢致、私共も同様真鶴へ再度出張致候位之時宜に候、其節三幣氏へ参り世話致遣度存候得共、中々右之仕合にて、同様出張致候故、其猶予も無御座候得ば、誠に差支多にて、難渋被致候儀、筆紙にも難尽候間、何卒御尊慮を以、御推察被下、御助被下候様、偏に奉願候、質物へ入居候ては、何分馬具等取崩有之、急之間にも合兼、御軍役之儀に御座候得ば、延引出来不申、其場に到、引込等も不相成、且は武士第一御奉公に御座候間、何も相励出張致候中、勘解由殿は、一番乗迄も被　仰付候位之役柄にて、大小馬具も無之、時宜より先方より手向ひ致候節は、切捨候ても不苦敷と申迄之被仰渡、出張致候場にて、陣刀も無之、其外宜敷大小は不残質入にて、手元に無之、平日指之大小にて出張被致、何分心弱被相勤候様子御座候これは異国船渡来にともない、小田原藩士の三幣勘解由が海防の軍役を課せられた時の様子である。冒頭にあるように、彼は尊徳から家政取り直しの仕法を受けた報徳方の藩士であった（一五〇石取り）。仕法を受けたことで困窮した状態からは脱していたようであるが、弘化三年に異国船が渡来し、三弊は大磯宿近辺に行くことになった。しかし、彼の武器や馬具等は質物になっており、急場のことでもあるので、御上から拝借して凌いだという。その後、川崎喜久蔵が質屋に掛け合って証文を入れ、三弊の馬具を借り受けることができた。異国船が退いたので帰陣したところ、質屋から直ちに、金子を返済してもらうか、利払いのうえ品物を返してほしいとの掛け合いがあった。異国船がまだ近辺で見掛けられるという風聞もあり、質屋の申し出を断っていたところ、大磯沖に異国船が漂流しているという注進があった。三弊は一番役を仰せ付けられ、直ちに出陣し、[12] 川崎も再度真鶴に出向くことになり、三弊に充分世話をすることができなくなった。その準備にはなはだ差し支え、そのことは筆紙に表すこともできないほどである。武器や馬具が質屋に入っていたのでは急の時にも間に合わず、武士第一の御奉公を勤める事もできないので、「御助被下候様、偏に奉願候」と尊徳に嘆願してきたのである。もちろん、これは「御仕法金御拝借被　仰付候様奉願上候」ことであった。異国船渡来にともなう軍役負担に差し支えて、尊徳に報徳金借用を申し入れようとした者は他にもいたかもしれない。

6 「畳置」の理由

小田原仕法が「畳置」になったのは「報徳之儀、御故障之次第出来」したからとあるが、「故障」の内容については明らかでない。「畳置」直後に藩が尊徳にその理由を伝えた形跡も、尊徳がその理由を糺した様子もみられない。

九月二日に藩の上級家臣服部清兵衛（一二〇〇石取り）が尊徳に宛てた書簡には、「下評には、報徳之道は何分六ケ敷、先暫畳に相成候趣に聞申候」（全集七巻八七七頁）とあり、報徳仕法のことは難しいので、しばらく中止にするという噂が国元ではあったようである。言い替えると、藩内にも仕法「畳置」の本来的な理由は明らかにされておらず、巷ではこのような噂があったのであろう。

こうした噂があった一方で、尊徳自身はその理由を次のように考えていた（全集七巻八三二〜八三三頁）。

（前略）御用向取調中之儀に付、御趣法随身之面々助成之外、一切取敢不申旨堅相断、出入五ケ年捨置候故哉、今般御故障之次第出来、御畳置相成候趣（後略）

これは七月晦日に尊徳が留守居役の牟礼と高月に宛てた書簡の一節である。日光仕法雛形の作成中は、随身の者による助成の外は一切面会を断り、取り合うことをしなかった。小田原仕法についても、五か年間もそのままになっていたためか、今度「畳置」になったとしている。尊徳は「畳置」の理由をこのように予想していたが、それは明確な理由の説明を受けていなかったことにもよる。

その後の史料でも、尊徳自ら「御召抱被　仰付、御用繁に付、出入五ヶ年其儘捨置候故哉、右仕法御故障之次第出来、今般御畳置に相成候」（全集七巻八三六頁）と述べているように、天保一三年に幕臣に召し抱えられた以降、小田原仕法に携わらなかったことが「故障」の要因と考えていたようで、留守居役への書簡でも同様の文言がしばしば見られる（全集七巻八四九・八七五頁など）(13)。

藩側は、故障の本来的理由を尊徳に告げていないし、右のような尊徳の予想を肯定も否定もしていない。藩と尊徳の交渉窓口になっていた留守居役の牟礼と高月に仕法「畳置」の本来的な理由が伝えられていなかったとも考えられる。さらに、尊徳が仕法「畳置」の理由を問い糺していないことも疑問が残る。

これに若干の変化が見られたのは翌弘化四年二月になってからである。留守居役から尊徳に宛てた書簡は次のように記している（全集一九巻一一三五頁）。

（前略）然ば釟之助（宇津）殿知行所、荒地起返し、入百姓人別増、村柄取直以来、御趣法駿相領分へも引移候処、故障之次第出来、畳置相成候に付、白銀被相贈候儀に付、委細御紙面之趣承知仕候、然処右御書中に、貧者之望を失ひ、人気区々相成候故哉、御趣法相畳候趣に有之候得共、左様之訳に無之、全政事に差障候儀有之、相畳候儀に付、左様御承知可被下候（後略）

これは、尊徳が二月一九日付けの書簡で山崎金五右衛門に「御用繁旁、万端世話不行届、貧者之望を失ひ、人気区々相成候故哉、右仕法御故障之次第有之、御畳置相成候」（全集七巻一〇四〇～四一頁）と伝えたことに対して、留守居役の牟礼と高月が差し出した返書である。両名は、尊徳が言うように小田原領への世話が行き届かず、貧者の望みに応えられなくなり、領民の仕法に対する熱意が区々となったことが仕法「畳置」の理由ではないと否定する。そして、「全政事に差障」があって「畳置」になったというのである。この「政事」が何を意味しているかはその後も語っていないが、以後は仕法「畳置」の理由を「全政事に差障」と説明するようになる。(14)

嘉永元年（一八四八）六月に尊徳が栢山村に遣わした書簡では「去寅年（天保一三）御召抱以来、所々出役御用繁に取紛、前々仕懸取乱、出入勘定等も不仕、其儘捨置、御畳置に相成、五千百両余御弁金被成下置奉恐入候」

（全集一六巻三三七頁）と記している。彼は「政事」への差し障りが仕法「畳置」の理由とする藩側の主張を用いず、天保一三年の幕臣登用以来、小田原仕法を「其儘捨置」いたことが「畳置」の理由と理解し続けていた。

第四節　仕法「畳置」後の小田原領内

弘化三年（一八四六）七月一六日の小田原仕法「畳置」通告以後、大きく変わった点の一つに、尊徳のもとを訪れる小田原領の農民・商人が極めて少なくなったことをあげることができる。日記から九月までの来訪者を見ると、農民では中沼村（南足柄市）田蔵が二回、竹松村紋右衛門（同）が三回、中新田村（小田原市）栄左衛門が一回、上新田（同）吉右衛門が一回、商人では尾島屋忠次郎が六回、古新宿の福山滝蔵・竹本屋幸右衛門・曽比屋又兵衛がそれぞれ一回のみである。尾島屋・福山・竹本屋の三名は小田原宿報徳社のメンバーで、前述したように、同社の活動を一旦休止することに関して尊徳と面会したのであろう。(15) 仕法「畳置」とともに、小田原藩の領民が尊徳と会うことを禁じたとも伝えられている。そのような禁令が出されていることを確認していないが、いずれにせよ、領内からの来訪者は七月一六日以前に比べて極端に減っており、尊徳と小田原領の人々との交流は急速に衰えた。一〇月以降、領内からの来訪者はわずかながら増えるものの、全体の傾向は変わらない。(16)

仕法「畳置」後の小田原領内の動きについて、曽比村（小田原市）と周辺村の農民の動きを見ておこう。弘化四年正月八日と九日に同村では農民らによる大集会が開かれた。この大集会の様子を天沼鏡次郎の書簡から紹介しておこう（全集七巻一〇三〇～三一頁）。

当月八日、九日両日は、曽比村におゐて男女大小人一同、庄左衛門（名主）方へ呼寄、広吉（組頭）教訓御座候由、尤竹本幸右衛門迄罷越承候之段、此度御畳と相成候上は、一同如何相心得居候哉之由、当村之儀は右御趣法にて、六千余金之大借も無滞無借と相成、一同無難に相続いたし居候儀、中々以口上にては難申聞、種々教諭、右両日は三百七八十人打寄、粥煮一同へ振舞候由、竹松村（曽比村の隣村）其外、広吉親類之村迄打寄、存外之大連にて、昼三度、夜弐度位、種々先生（尊徳）之御教訓申諭、何歟風聞にて承候得ば、誠に先生御光来にて、直に御教諭被成下候様にて、広吉之勢、鬼之如くに見へ候よし、誠以一同難有感服仕候由、右に付竹松村之儀も、何卒広吉へ相頼、猶又教誡為承、弥往々之心底不残取極申度と、是又専に談中之由、付ては餘り多人数之事故、御代官より以配府、庄左衛門呼付候由に付、正作（豊田）、長次郎（栗原）も直に御代官へ罷出、種々之次第得と及示談候由にて、先づ軽く相済、只々奉恐入候と計にて相済候由、段々幸右衛門十一日に帰り、具に私宅へ罷越申聞、誠に勢ひ人通りとも不奉存候由、尤もはや其以前、二三十日曽比は談も御座候由、病人はかごにて罷越承り候様申遣、若途中にて病死いたし候はゞ、導師は直に往生安楽之申渡は此広吉がいたしべく間、一人も残りなく可参と大勢打呼寄、両日、両度三度位、粥焚出し、庄左衛門宅は庭迄張出し等出来、其上外迄人立いたし候由、乍去大人外には先づ小田原広しと申せども、有御座間敷人と、正作、栗原、竹本不及ながら、私も有難人と奉存居候、広吉儀も、此度は一世一代と申事にて、此上村内も乱、此度之相談整不申上は、江戸へ出、うた謡にても、いたし可申心得にて罷在候

曽比村の広吉は、小田原領内でもっとも報徳仕法に熱心な指導者であった。彼は曽比村と近隣の村から大勢の村人を集め、報徳仕法の「畳置」にあたり、どう考えるのかと投げかけながら、尊徳の教えを諭したのである。

この事件を扱った研究は多く(17)、ここでその詳細を繰り返えすことは避けるが、従来は集まった人数や、広吉の威勢が「鬼の如く」であったことなどが強調されてきた。大切なのは、例えば竹松村（南足柄市）が広吉に教誡を頼み、「往々之心底不残取極申度」とあるように、報徳仕法「畳置」によって、村々が今後の進む方向を議論（討論）し決めなければならない状況におかれていた点であろう。特に、曽比村や竹松村のように、熱心に仕法を推し進めてきた村では避けて通れない課題であった。

しかし、全ての村が曽比村や竹松村のような動きを示したわけではない。弘化二年の暮れから三年の初めにかけて、小田原藩が仕法を着手するという話しが伝わった東筋三三か村について、少し史料を紹介しておこう。曽比村広吉の大演説があった翌月の二月一三日付けで栢山村の二宮常三郎が尊徳に宛てた書簡に次のような記述がある（全集七巻一〇三九～一〇四〇頁）。

去卯年（天保一四）御拝借之内、金弐百六拾五両之儀、東筋三拾三ケ村御取直御趣法に付、為当時凌之遣候様被仰聞候間、西大井村十郎左衛門、為八方へ相渡申候処、此節報徳之儀は御畳に相成候上は、右金子何れに致呉候哉と、右両人方へ掛合仕候処、両人申候は、金子儀は五ケ村へ貸付に相成申候、此度報徳御畳に付、御返金仕度と存　御上様へ、御拝借御願申上候間、御下ケ金有之次第御返済可申候、若出来兼候はゞ、当未年（弘化四）分利足壱割位之勘定を以、当暮迄には元利共返済可仕と申事に候

天保一四年（一八四三）に拝借した報徳金の内、二六五両は東筋三三か村の仕法のために遣わすよう言われ、西大井村（大井町）の名主十郎左衛門と組頭為八郎に渡した。今度報徳仕法が「畳置」になり、その金子をどうし

たのか尋ねたところ、その金子は五か村に貸し付けており、今度「畳置」になったので返金したいと上様に（藩に）拝借を願っている。下金があり次第に返済する。もし出来なければ当年分の利息を一割と勘定して、暮れまでには元利金を返済すると両人が言っている、というのである。

このように、仕法を行いつつある村も、仕法「畳置」によって、報徳金の返済を急遽考えなければならなくなった。その返済には藩からの拝借金を充てることが考えられており、藩はこれらの対処にも迫られたようである。

おわりに

小田原仕法「畳置」をめぐる小田原藩と尊徳、および小田原領内の動き等について、弘化三年から翌四年初めの日記と書簡を中心に見てきた。最後に、四年以降の同藩と尊徳の動きを、白銀と報徳金の受領問題に限定して、補足しておきたい。

仕法「畳置」によって小田原藩が尊徳に白銀二〇〇枚と報徳金五一〇〇両を受け取るよう強く求めていたことは前述したとおりである。弘化三年暮に小田原表から来た山崎金五右衛門と会い、「畳置」後の取り纏めなどについて話した尊徳は、幕府勘定方に白銀と報徳金の受領許可を申請した。四年五月三日には（全集七巻一〇九五頁）、

（前略）昨日（五月三日）御出被下候節被仰聞候報徳仕法金五千両余、並白銀御受納之儀、兼て其筋へ御伺置被成候処、右は御用向之金子に無之、素相対ものに付、前金子並白銀之儀、御受納被成候共、御勝手次第に可被成旨被仰渡候（後略）

とあるように、その請け取りが許された。小田原藩では「直様今日（三日）より御片付御取掛被成候」（全集七巻一〇九五頁）と尊徳への報徳金・白銀の引き渡し準備に取り掛かったというのである。

その八日後の一一日に尊徳は「御勘定所附御料所手附」から「野州東郷附」への異動を命じられ（全集四巻五四四頁）、五月二四日に江戸を立ち、東郷陣屋に赴任した（全集四巻五五二頁）。勘定所は尊徳の野州赴任の前に白銀・報徳金受領問題を解決させたのであろう。

これを受けて尊徳は白銀と報徳金の引き渡しを藩に求めるが、今度は藩がその引き渡しの日延べを求めるようになる。少し後のことになるが、嘉永三年（一八五〇）七月に江戸上屋敷留守居役の高月と牟礼は尊徳に「異船渡来に付ては、度々人数も致出張、且防禦之備も追々厳重に相成、多分之入用にて、不心致延引候」（全集一九巻一一七二頁）と、海防費用が多分であるために尊徳への金銭の引き渡しが遅延していると説明している。この前年の一〇月に尊徳はすでに海防費用について次のように申し入れていた（全集一九巻一一六三頁）。

（前略）御先代（大久保忠真）様格別深き思召を以、御任被仰付置候以　御仁恵、亡所変て産出候御趣法金之儀に付、是非共今般取纏ひ、凡五千余金も可有御座候間、二口合壱万餘金、其発端小田原表御軍用金御差加、御備置被下置候はゞ、数年御任せ被仰付置候御趣意も相貫、且又公辺御奉公にも相当り、両全之儀、此段深く御汲取、厚宜被仰立（後略）

尊徳は、小田原藩から引き渡されるはずの五千両、それに五千両を加えて計一万両を献納するので、軍用金とすれば藩の為にも、公儀への御奉公にもなると申し入れた。同様な申し入れをしばしば行うが、藩側はこれを受け取ろうとしない。それどころか、尊徳への白銀・報徳金引き渡しが遅延するという事態が続きつつも、それを支払うという態度に変化をみせていない。この引き渡しは嘉永二年から分割で支払われ、尊徳が病没した安政三年（一八五六）に完納する。[18]そのことはともかく、海防問題は小田原仕法「畳置」以前からのことであり、それでも藩側は「しいて受取」ることを尊徳に求めた。さらに、「畳置」後も海防などで財政的に逼迫していたにもかかわらず、尊徳からの献納を断り続けている。これは単に海防による「多分之入用」が仕法「畳置」の要因ではなく、藩側に別の本来的な理由があったことを物語っていよう。[19]この点でも、長倉氏の指摘は再考を要すると考えている。[20]

この点を明らかにしない限り小田原仕法「畳置」の全体像を明らかにすることはできない。『二宮尊徳全集』に収録されている史料から小田原仕法「畳置」に関して見ていく場合、本章で示した諸問題を提起するのが限界で、今後は他の史料、別の視点からの検討が必要であることを示し、おわりにかえたい。

註

（1）全集四巻三五〇～三五一頁。全集七巻八二三頁、全集一九巻一一一六～一一一七頁。全集からの引用が多いので本文中に注記する。

（2）小田原仕法の「畳置」についてふれた主な論稿には次のものがある。いずれも、本文で述べたような理由で小田原仕法が「畳置」になったとしている。
なお、「畳置」とは、「まとめて片付ける」とか、結末をつけるという「畳む」の意味から、仕法の中止とか撤廃を意味する語として使われている。史料には「相畳」と記されている場合もある。

佐々井信太郎『二宮尊徳伝』（日本評論社、一九三五年、のち経済往来社より再版）、宮西一積『報徳仕法史』（現代版報徳全書7、一九五六年）、奈良本辰也『二宮尊徳』（岩波新書、一九五九年）、守田志郎『二宮尊徳』（朝日新聞社、

一九七五年）、高田稔「相州曽比村仕法顛末――釼持広吉とその周辺――」（二宮尊徳生誕二百年祭記念論文集『尊徳開顕』有隣堂、一九八七年）、大藤修「二宮尊徳の窮民救急仕法と駿州駿東郡藤曲村仕法」上・下（『東北大学文学部研究年報』四七・四八号、一九九七・九八年、のち『近世の村と生活文化――村落から生まれた知恵と報徳仕法――』吉川弘文館、二〇〇一年に再録）。

（3）長倉保「小田原における報徳仕法について――とくに一村仕法の問題点を中心に――」（北島正元編『幕藩制国家解体過程の研究』吉川弘文館、一九七八年、のち『幕藩体制解体の史的研究』吉川弘文館、一九九七年に再録）。

（4）このほかに、栗原裕「曽比村に於ける報徳仕法について」（『東海史学』九号、一九七三年一月）は、仕法「畳置」の要因を身分による感情的反対や政治介入への反対から生じたものではないとの考えを示した早期の論考として注目できる。

（5）拙稿「小田原藩政の展開と報徳仕法（六）」（『かいびゃく』四七巻一号、一九九八年一月、本書第四章に所収）、『小田原市史』通史編近世。

（6）拙稿「小田原報徳社の成立と展開」（『小田原地方史研究』二一号、二〇〇〇年一二月）。本書第九章に所収。

（7）拙稿「小田原領東筋代官の回村指導報告書」上（『かいびゃく』四七巻一二号、一九九八年一二月）。

（8）天沼が実際に小田原に出立したのは、暫く後の一二月七日であった（全集四巻四〇一頁）。

（9）拙稿「小田原藩政の展開と報徳仕法（八）」（『かいびゃく』四七巻三号、一九九八年三月、本書第四章に所収）、『小田原市史』通史編近世。

（10）拙稿「小田原藩政の展開と二宮尊徳」（『地方史研究』二八三号、二〇〇〇年、本書第二章に所収）、拙稿「小田原藩の『御分台』と二宮尊徳」（『神奈川地域史研究』二一号、二〇〇三年三月本書第五章に掲載）。

（11）この外に、八月二九日の尊徳書状には「数年御丹誠被成下候報徳金名前番付帳、天保三年より今年迄御屋敷之儀は勿論、西久保迄一同取調、右同断報徳金請払帳、正業取行帳、無利五ケ年賦貸付準縄帳都合四冊（後略）」（全集七巻八四七頁）とあり、宇津家家中への報徳金貸し付けの処理も小田原藩家中と一緒に進められていたことが明らかになる。桜町仕法はあくまでも小田原仕法の一環として実施され、「畳置」も一緒に行われたと考えねばならないであろう。

（12）『御家中先祖並親類書　4』（小田原市立図書館郷土資料集成7、一九九四年）四一頁参照、全集一四巻二三頁。

(13)この外、「畳置」の理由として、尊徳は脇山喜藤太に宛てた書簡（弘化三年一一月一〇日付け）で「御先代様（大久保忠真）御遺言をも蒙り居り候鵜沢、先立報徳善種御趣意金を多分に繰入、一家立直り兼、其儘相流居候的例を以、今般御畳に相成候哉と奉恐察候」（全集七巻八八二頁）と述べ、仕法資金を投入したものの、一家立ち直りの成果がなく、「其儘相流居候」ことで「畳置」になったと推測している。

(14)弘化四年五月一三日の書簡で、尊徳は「御政事に相障り候儀に付、御畳置に相成」（全集一九巻一一四三頁）ったと藩側から言われた旨を記している。

(15)註（6）に同じ。

(16)少し後のことになるが、嘉永元年五月二四日の日記に次のように書き残している（全集四巻七九七頁）。

小田原領大磯宿三河屋半左衛門、供人同道にて、今夕桜町へ着致し、家政取直方歎願申出候得共、小田原之者之儀に付、何分世話致し難く候筋合、随身之者より為申聞候

と、三河屋半左衛門が小田原領の者であるとして仕法の嘆願を拒絶している。しかも、尊徳は直接面会せず、随身の者を通してそのことを伝えている。

(17)釼持広吉に関する代表的なものとして、留岡幸助編『二宮尊徳と釼持広吉』（警醒社書房、一九〇七年）、『神奈川県史　通史編　近世2』（一九八三年）、高田稔「相州曽比村仕法顛末――釼持広吉とその周辺――」（二宮尊徳生誕二百年祭記念論文集『尊徳開顕』有隣堂、一九八七年）がある。

(18)佐々井信太郎前掲書。

(19)筆者を含めて、報徳仕法研究でもっとも欠けているのは、藩政史との関わりの中で位置づけることができない点であろう。例えば、小田原家中で最も早くから尊徳の仕法を受けていた服部清兵衛は、報徳の道は何分にも難しいので「畳置」になったという噂があることを尊徳に伝えたうえで、

一旦　御先代（大久保忠真）様被仰置候儀抔申散候は甚不向と相聞申候、御深察、猶御勘考被下候様奉祈候、段々厚御含、今に不始御深志、無々　御先君様御喜悦可被為在候、当節は奉申　御幼君様と、別て列座之者大切之御時節に可有御座候（全集七巻八七七頁）

と認めている。つまり、いつまでも先代藩主忠真が言われたことを持ち出すのは適当でないということが耳に入って

くるので、考えてもらいたいというのである。今は幼君忠愨と「列座之者」にとっては大切な時節であるという。忠真死後の忠愨体制で藩政を展開するうえで大切な時期というのであろう。忠愨体制での藩政と小田原における報徳仕法の関わりや報徳仕法の「畳置」を検討しなければならないと考えている。

(20) 長倉氏前掲論文。

終章　これからの報徳仕法研究のために

一〇章にわたって、主に文政期から弘化期にかけての小田原藩領における二宮尊徳の報徳仕法の問題を藩政の展開にも注視しながら検討してみた。本書では一貫して、伝記的な資料や尊徳顕彰を目的とした史料は、歴史的史料として相応しくないとの姿勢から、客観的に記された史料や日記・書翰などを用いながら、研究課題に向かい会ってきたつもりである。今後、尊徳による報徳仕法の議論を展開させていくために、本書で検討してきた点をまとめ、一つの区切りとしておきたい。ただ、本書は歴史学的な議論を深め、研究を深めていく通過点にすぎない。

序章でも述べたように、これまでの尊徳および報徳仕法研究は、尊徳の門人らが明治という時代に受け入れられる師尊徳や「報徳」を賛美することが優先されてきた。そうした史料（著述）を歴史研究に用いることは避けなければならないにもかかわらず、真実を述べているものと思いこみ、何らの史料検討をすることなく、事実が書かれていることを前提に扱われてきた。それは歴史学研究を進めるというよりも、「報徳」「尊徳」を社会的に広め、社会の基本に据えようとした尊徳門人らの考えであり、彼らの姿勢をそのまま引き継いだだけであった。

以前から「尊徳」や「報徳」研究の主導的立場の人が書いた尊徳や報徳賛美の記述を無批判のまま、それが事実であり一般論であるとする慣習が長く続いてきた。これを繰り返す限り、真実の尊徳像や近世における尊徳の農村復興や様々な財政再建策＝報徳仕法の本質を見出すことはできない。こうした状況から「報徳」「尊徳」の大きな業績である仕法について十分な議論ができ、客観的な判断ができる歴史史料を用いながら、一つ一つ事実関係の洗い直しをしようとしたのが、ここ一〇年余りの私の作業であった。尊徳が小田原藩領の復興仕法に着手し、やがて「畳置」になるまでの諸問題を検討してきたが、そこで明らかにできた点と今後の課題をまとめて本書を締めくくりたい。

（1）小田原藩政から見た桜町仕法

尊徳が本格的な報徳仕法を最初に行ったのは下野国芳賀郡の桜町領であった。桜町領は小田原藩主大久保家の分家である旗本宇津家の知行地（知行高四〇〇〇石）であった。宇津家は分家とはいえ、独立した封建領主であり、本家大久保家から何故に尊徳が派遣されたかという疑問は、私が報徳仕法を学び始めた頃からの課題であった。

これまでの見解は、名君であった大久保忠真が尊徳の才能を見出し、本当は小田原藩の財政再建や領内復興仕法を任せたかったが、一部の家臣が尊徳登用に反対したので、まず分家である宇津家の知行地桜町領の復興という実績をつくらせ、後に小田原藩と領内の仕法を任せるようにすると考えた、というものであった。一部の家臣が尊徳の登用に反対したという史料はあったようだが、現在その史料を確認することはできない。それ以外の記述について根拠となる史料は存在しておらず、この見解は再検討の必要がある。

小田原藩主大久保忠真は大坂城代から京都所司代へと昇進し、文政元年（一八一八）に老中となる。関西に赴任していた頃に多くの出費を余儀なくされ、もともと逼迫していた藩財政は更に財政難となり、財政改革が不可欠な状況に陥っていた。忠真が関西に赴任していた頃に小田原藩は鴻池家からの借財に頼っていた。利息返済をすることで本金の返済は引き延ばされてきたが、鴻池家の火災後の復旧資金調達として小田原藩に返済を求められたことから、藩は本格的な財政再建を余儀なくされたと考えられる。

この財政再建は、領内には年貢増徴をともなう。たんに増徴したのでは農民らの抵抗をまねくことになる。一方では領内の孝行人や耕作出精人などを表彰し褒美を与える、いわゆる飴と鞭を使い分けながらの年貢増徴であった。文政元年に藩主忠真が老中に進み、国元に立ち寄ったことを契機に、藩主自らが孝行人や出精人を表彰したのも、改革の一環と考えるべきであろう。藩は彼らを選出するにあたり、領内に郡中取締役を設置し、領内の孝行人や耕作出精人を報告させている。忠真は酒匂河原で孝行人や耕作出精人を表彰したが、その中に郡中取締役から推薦された尊徳（金次郎）も含まれていた。

藩政改革を進める中で、これまで多くの米金を投入しても回復しない桜町領の復興問題が浮上してきた。小田原藩はこのまま桜町領に多額の米金を援助し続ければ、藩の財政改革は進まず、その対策に迫られた。それは宇津家の財政とそれを支える桜町領を独り立ちできるよう復興し、援助する米金を極力少なくすることであった。宇津家の財政を独り立ちさせるのに、その復興を誰がどう行うのかを考えた時に、酒匂河原で表彰した「耕作出精人」にその見込み案を作成させることに決した。耕作出精人として表彰した数人を桜町領に派遣し、復興の見込み案を提出させたところ、尊徳の復興見込み案が最も優れているとして採用され、彼が桜町領の復興仕法を行うことになったのである。桜町領の報徳仕法は小田原藩の財政改革の一環として行われたのであり、両仕法を別々に考えるのは合理的でない。以前から忠真が尊徳の才能を見出し、桜町仕法を任せたのではなく、尊徳は表彰された「耕作出精人」の一人であり、復興見込み案を提出するという選抜試験が行われた。それまで藩主忠真が尊徳を見出すことはなかったはずである。

ここでもう一つの点を指摘しておきたい。名君と呼ばれる大久保忠真が老中になった後に、勘定吟味役に登用された川路聖謨が記したところによると、忠真は「都ての事御直裁にて、少も御家来の手に御懸不被遊」人柄であったという。全ての決裁は自身が行い、家臣に任せるような人ではなかったという忠真が、尊徳の小田原藩への登用にあたって家臣から反対意見があったとしても、桜町領の復興をさせたうえで小田原の仕法を任せたかったという妥協的な態度を示したというのは極めて不自然である。従来の指摘どおりならば、なぜ尊徳の登用に関してだけ藩主忠真が直裁しなかったのかという説明が必要になる。佐々井信太郎氏が『二宮尊徳伝』で尊徳の登用に反対したとする史料を掲げているが、忠真が妥協して尊徳に小田原領内の復興仕法をさせる前に桜町領の復興仕法をさせたいという内容のものではなく、忠真が反対派の意見を取り入れたとの見解には何ら史料的な根拠がない。また、忠真が政事に関して「直裁」するタイプの人物であったことも新たに示すことができた。そうした忠真が藩内に反対派がいたとしても、「直裁」しなかった理由、できなかった理由をはっきりさせない限り、反対派の意見を聞いて尊徳の登用をせず、桜町領の仕法を行わせたという根拠はなくなってしまう。

藩主忠真は鴻池家への借財返済という課題に直面して藩財政改革に着手するが、その改革の一環として桜町領の復興を意図し、そこに尊徳を派遣して桜町領の復興と宇津家の財政的自立を図ったのであって、当時は小田原への仕法導入は考えていなかったと見るのが自然であろう。このことは、藩主忠真の新たな人物像を知ることができるだけでなく、これまでの尊徳研究、特に尊徳が桜町仕法を開始する背景や小田原藩にとっての位置付けについて検討し直す必要を提示するものである。

（2）大久保忠真の直書と小田原仕法の範囲

天保飢饉直後の天保八年（一八三七）二月、尊徳は藩主忠真の直書を受け取ったうえで小田原に赴き、領内の窮民救済仕法に着手している。直書の内容は、藩からのお手許金一〇〇〇両に桜町仕法での成果（余剰金）を加えて、報徳金貸し付けの道を存分に行い、ゆくゆく安堵できるようにせよというものであった。これまで、この直書をもって忠真は尊徳に飢饉直後の窮民救済だけでなく、その後の領内村々の復興仕法や藩財政再建までの報徳仕法全体を依頼したと理解してきた。中でも藩財政に関して尊徳が藩に「御分台」設定を要求するものの聞き入れられず、それが小田原仕法失敗の要因であると、藩側の無理解が失敗の原因とされてきた。

しかし、直書を見る限り、飢饉直後という時期に報徳金の貸し付けを存分に行うように指示したのであって、藩財政のことに関与することまでは記されていない。また、後に領内村々の復興仕法で尊徳は、出精人の入札と表彰、用水・悪水堀の普請などを行ったが、直書に記されていたわけではない。直書において報徳金貸し付けの道を命じているにも関わらず、その理由が十分に検討されずに、直書によって小田原仕法全体を尊徳に委任したと、これまでの尊徳・報徳研究者（信奉者）が何の根拠もなく思い込んでしまったことが、今日の一般的な理解になった原因であろう。この点についても根本的な見直しが必要であろう。

その問題点の一つに、尊徳が主張する「御分限」と小田原藩の「御分台」のことがある。飢饉での飢民救済に着手する以前から尊徳が主張してきた「御分限」設定に関わる点について、忠真の直書は何も記していない。藩主忠真が尊徳に与えた直書は、飢饉後の飢民を救済してゆくゆく安堵できるようにせよという意味以外にはなく、復興仕法は勿論、「御分限」や、藩のいう「御分台」設定という領主財政に関わる内容を尊徳に委任したとまでは理解することには無理があろう。小田原藩としては、これらの主導権はあくまでも藩にあり、尊徳はその協力者にすぎなかった。復興仕法を行うにあたり、藩は「地方」（地方役所）にて行うとして、尊徳が意図した報徳方が主導することを避けた。

尊徳のいう「御分限」は、過去八二年間の年貢収納量の平均額を基礎に設定するという、実績重視によって藩の歳入を固定する考え方であった。これに対して藩側が主張する「御分台」は、関東領分について朱印高の四割にするというもので、藩が収納する年貢量を石高制の原理に基づいて算出するものであった。しかも、この方針は藩主忠真が自ら宣言して実施した文政一一年（一八二八）の藩政改革以来一貫したもので、「御分限」と「御分台」は尊徳と藩の考え方の違いと言い換えることができる。ここに尊徳と小田原藩が対立する一要因があったと考えるのが自然であろう。質的には全く別な方針であるが、尊徳がいう「御分限」に相当する藩の「御分台」が既に設定されている以上、藩にとって「御分限」は不要であり、藩政を乱すものとして、もともと受け入れられるものではなかった。尊徳のいう「御分限」を取り入れるには、藩の改革年限が過ぎるまで待たねばならないという藩士の指摘は極めて貴重といえよう。したがって、忠真の直書に尊徳が藩政との関わりを持つことは盛り込まれていなかったのである。藩主忠真の直書がもつ意味を根本から見直し、尊徳に依頼した小田原仕法の範囲、考え方などを再検討する必要があろう。

（3）「農村荒廃」と飢饉

尊徳が桜町領の仕法を行うようになった背景には、北関東一帯で見られた農村荒廃現象という問題があった。本書で若干検討した野州烏山藩領においても農村荒廃が深刻化していた。そこに天保の大飢饉に見舞われ、尊徳に救済を求め、飢民救済とその後の復興仕法を実施するに至っている。尊徳は南関東に位置する小田原藩領に対しても、天保飢饉後の窮民救済だけでなく、続けて「村柄旧復」の仕法を行うとしている。ということは、彼は小田原領においても農村荒廃が進行していたことを示し、疲弊した農村の復興を考えたのであろう。では南関東の農村荒廃がどのような荒廃であったのか、北関東農村の荒廃内容とどのように異なっていたのかという課題が残る。

近世後期に北関東農村では、領主財政の困窮化→領主による年貢収奪の強化→農民の過重な年貢負担→農民の困窮→農民の離農化（プロレタリア化）→農村人口の減少→手余り地の増加→年貢量の減少→領主財政の一層の困窮化→先納金などの賦課→農民の負担増加、こうしたサイクルを繰り返すなかで、農村が疲弊・荒廃するとともに、領主財政が破綻していくというのが一般的な理解であったように思う(1)。

かつて、筆者は信州伊那郡片桐村（長野県上伊那郡中川村）の新田開発訴願運動について検討したことがあったが(2)、同地域では近世後期・幕末に人口が急増したために、一人当たりの耕地面積が激減するという「荒廃」が生まれた。そこで耕地面積の拡大を目的とした大規模な新田開発の許可を求める訴願運動が展開した。この村の「荒廃」はこの地域の農村荒廃の一つの実態を示すものであり、北関東の農村荒廃の現象とは異なる。北関東農村での「荒廃」も一つの現象であって、農村荒廃は近世後期に各地域で様々な形態で進行していたと考える必要があろう。そうした視点で小田原領の農村荒廃と報徳仕法の関係を考えてみた。

小田原藩領で見ると、文政期から天保期にかけて、作柄とは関係なく物価の高騰がみられ、食糧の購入条件が悪化していた。特に報徳仕法が導入される契機となった天保飢饉後に顕著となり、領内の農村において穀物の売買や金銭の貸借が行われない、「融通」ができない状況であったというのである。尊徳は、こうした農村経済の停滞が小田原地方の農村荒廃のあり方で、これを農民の困窮要因と認識し、これを克服し、農村経済の再生をしていくことが小田原領における報徳仕法と考えたようである。領内へ穀物を流通させるために、多くの夫食米などの穀物と報徳金を貸与し、その穀物を流通させることによって農村経済の停滞を緩和させ「融通」をもたらすことが意図されたと考える。飢饉という状態では米が貸与の中心になり、畑作地帯の御厨領（駿東郡御殿場地方）では米が貸与され、米作地帯の足柄平野の村々には米だけでなく穀物の貸与も行われた。「地域」が求める穀物を有効に流通させるために金銭とともに貸与していく「融通」がまず飢饉からの脱出に他ならなかったのだろう。米だけ、或いは金銭だけの貸与では飢饉から脱出できないというのが尊徳の考えであった。

農村経済の停滞は農民・農村だけの問題ではなかった。豆州韮山の多田弥次右衛門家と、同三島宿の朝日与右衛門家はともに「新旧金銀引替御用」を命じられていたが、天保飢饉を契機に農村経済の停滞から旧金銀の回収ができず、自らの家産である耕地や山林を処分して金銭を工面しようとしても、その売買ができず、補填できなくなったことを紹介した。金銭流通の停滞、すなわち「融通」の停滞によって同家の家政は困難となり、幕府に納める旧金銀が未納となった。未納となった分を報徳金から借用したいと尊徳に嘆願し、弥次右衛門家の場合はそれが叶って上納することができたが、同家の家政再建問題は持ち越されたままであった。

（4）　報徳金貸し付けと「返済」

小田原領村々の借財で極めて多いのが、藩などからの公金貸付金の返済であった。この検討は今後行いたいが、その公金返済（利息を含む）のために村方が著しく困窮したことは、天保一二年（一八四一）に山崎金五右衛門ら藩の郡方役人の回村記録でも記されている。(3)

尊徳は最初にそれまでの長い時間の中で複雑化した村内・村外との金銭貸借関係を整理している。村内での農民同士の貸借関係は、債権者に対して返金されたものとして報徳金に預ける（寄付）ように説得して実施している。債務者には、全ての借金を報徳金から借用した形に一本化し、返済しやすくして仕法の対象としたのであった。村外の者からの借用金は、高利の借金を低利のものに切り替えるなどの処置をしつつ、報徳金を借りて計画的な返済を行うという方針がとられた。公金貸付金の返済は基本的には村柄の復興に目途がつくまで据え置くという方針であった。

「報徳仕法」は領内の貸借関係を直視し、返済金額の減額あるいは返金しやすい方法を講じることで債務者の返済を可能にさせた。それを可能した背景には、農民・農村の生産基盤を整え、復旧させる仕法の実施と、債権者が貸付金を「報徳」に差し出す、貸付金を帳消し、あるいは減額することを承諾し、報徳仕法に参加して村や「地域」の復興を意識するという尊徳の考え方が受容されたからにほかならない。

藩主大久保忠真が尊徳に与えた直書に「報徳金貸し付けの道を存分に行う」ようにとあるように、尊徳は様々な報徳金の貸し付けを行っている。その全体を把握することは不可能であるため、本書では「困窮人」への報徳金貸与の例を簡単に検討してみた。「困窮人」に貸与した報徳金は、彼らが売り渡した（質地売買）名田（かつて困窮人の名前で土地台帳に登録されていた地と思われる）の代金を与え、名田を請け戻させる資金とした。その代金は六両二分を上限としている。名田の売り渡し代金が二両以下の者や名田がなかった者には一率五両の報徳金が「主段貸」の名目で貸与された。

報徳金はあくまでも貸与であって、返済をともなった。御厨領では夫食や報徳金の貸与にあたり、村内を三つの層に分けた。夫食に困らず一人当たり五俵以上の貯えがある家を無難、夫食が一人当たり五俵未満の家を中難、夫食が皆無の者を極難とした。尊徳は、中難には五俵に満たない分の夫食を、極難には一人当たり五俵の夫食を貸与したほか、それぞれに報徳金も貸与した。その報徳金は村によって額に差があるものの、中難より極難の者に多くの報徳金が貸与されている。一方で、その返済額をみると、極難より中難の者が高く、さらに報徳金や夫食を借りていない無難の者の方が中難より多く返済している。無難の者は穀物を貸与されなくても、中難や極難よりも多い額を返済するということを納得した上で、村として夫食米を受けることになる。それを納得して村全体で飢饉から脱出に向けて進むのであるが、右のような返済が実際に行われていることは、「村」を救済し飢民を救済することに無難や中難の者が尊徳（報徳）の考え方を相当に納得し、村の復興に協力参加したことを示している。これらのことは、これまで全く検討されることがなかったが、それを可能にさせた尊徳の教諭、「報徳」のもつ特徴や意味を今後考え直していく必要があろう。しかも、御厨地方の場合は飢饉が契機となって報徳仕法を導入しており、ごく短時間に尊徳の考え方や方針がこの地方の無難・中難層に浸透していったといえる。

さらに言えば、単に浸透していったのではなく、「村」や「地域」を復興するという「大利」を理解した領民（特に村役人層を中心に）によるネットワークの存在を提示していると言えよう。

（5）報徳仕法と「地域」、ネットワーク

小田原領農村への報徳仕法は、天保飢饉直後の夫食と報徳金貸与によって飢民を救済すること、またその後の村柄旧復を行ううえでの報徳金貸し付けが中心であった。その他に金銭を報徳加入金として差し出したり、縄索いをして貯めた金銭を加入金とするなど、さまざまな仕法が行われてきた。こうした中で、本書では用水堀や悪水堀の開削修復普請と道普請について検討した。これらの普請は一村内での問題ではなく、隣村・周辺村など広

域に関連する事柄である。農民たちはその普請を強制的ではなく、普請が行われていることを聞きつけ手伝いに駆けつけた。隣村の普請であっても「一村同様」の気持ちで自ら進んで参加したという。例として取り上げた足柄上郡竹松村（南足柄市）や西大井村（大井町）の用水・悪水堀の普請では三〇か村以上の村から三〇〇人もの人足が駆けつけたという。掘普請の情報が周辺の村々に伝わる、その情報を自ら判断して普請場に駆けつけるというネットワークの問題を指摘できた点が本論の大きな成果と言えよう。そのネットワークの根底にあったのは、得た情報を自ら判断して、「一村同様」「一和」などの思いから「地域」や「村」の復興・再建に取り組むことができるという意識であったと思われる。その意識こそ、尊徳による報徳仕法の実践から得た考え方なのだろう。

これら公共性のある普請を通しての「地域」の繋がりだけでなく、本書では報徳指導者（尊徳の指示のもとで各地の報徳仕法を指導した者）のネットワークについて、三島宿の朝日与右衛門の仕法実施を彼らが尊徳に嘆願した事例を紹介した。各地の主立った報徳指導者が連名して、特定の家の仕法実施を尊徳に願うという事例は他には見られず、彼らが仕法を嘆願した理由もはっきりしていない。しかし、彼らの間でネットワークが形成されていたことは確かであり、そのネットワークを利用して与右衛門家の仕法を尊徳に嘆願していることは興味深い。ネットワークの形成については今後検討していかなければならないが、報徳指導者によるネットワークの存在、さらに前述の用水・悪水堀普請の情報を伝えたネットワーク、それらが重層的に絡み合って展開しているという報徳仕法の視点を持った「報徳」研究は今後大きな意味を持つであろう。

（6）成立期小田原宿報徳社の再検討

報徳思想が今日まで継承されてきたことを考えた場合、報徳社運動の意義は極めて大きい。報徳社運動は特に明治期の金融や殖産、国民生活での勤倹貯蓄運動などで大きな役割を果たした。小田原宿に誕生した報徳社は、下館の信友講とともに日本で最初にできた報徳社として、世界で最も早く成立した信用組合と位置付けられてきた。本書では小田原宿報徳社の誕生から再編時期の報徳社構成メンバーや活動内容について、報徳社の記録から確認してみた。

小田原宿報徳社成立当時の世話人三名のうち、竹本屋幸右衛門と尾島屋忠次郎は農民出身であり、幸右衛門は甲州出身だが、出奔して相模に至り、小田原宿で小さな旅籠屋を営むことになった。弘化〜嘉永期に再編された同報徳社の世話人片野屋治右衛門は越後国の出身だが、やはり出奔して小田原に至っている。このように、小田原宿報徳社の世話人の中にはアウトロー的な者も含まれており、構成メンバーにも同様な者が含まれている。

成立期の報徳社は尊徳から下付された趣法金一六〇両と構成員自らが出し合った金銭を構成メンバーに貸与し運用していた。再編後は縄索いの金銭などを報徳社に差し出すことで、その金銭を構成メンバーの互助的資金として貸与し運用している。小田原宿報徳社の報徳金貸し付けは構成メンバーの互助的な範囲に止まり、従来から指摘されてきたような、宿や町、地域の救済、復興を目的とした組織でなかった。また、報徳社活動の事務を当初竹本屋幸右衛門が行っていたが、彼の死後、運用に関して不明な点があって困ったと述べていることからも、設立当初の小田原宿報徳社は私的運用の性格が強かったことを示し、とても「地域」復興を目指した組織とはいえない。にもかかわらず、近世における報徳社（小田原宿報徳社と下館信友講）は世界で最も早期に成立した信用組合と位置付けされてきた。この時期の報徳社を信用組合と同列に議論して良いのか、まずこの議論もできていないのが現状であり、これまでの成立期の報徳社研究には多くの問題・課題を孕んでおり、根本から検討し直す必要があると言わざるをえない。また、幕末から明治期にかけての報徳社の質的な変化、果たした役割の議論を今後深めていかなければならない。

（7）小田原仕法の「畳置」

小田原仕法は弘化三年（一八四六）七月に「畳置」になったが、その原因について、農民身分出身の尊徳の高名を妬み、藩政に介入することを嫌い、尊徳によって藩政を左右されてたまるものかという勢力が強く、尊徳の排斥に至ったというのが一般的な指摘であった。だが、これは史料の裏付けが全くない感情論と言わざるをえない。史料には「報徳之儀、故障之次第有之」とあり、小田原藩政の上で、「報徳」の継続には支障があるので「畳置」くと述べている。さらに「全政事に差障」という文言も見られる。なぜ「畳置」になるのかという理由を尊徳は小田原藩に問いただしていない。当時、小田原藩は大磯沖などの海防での出費も予想されており、尊徳が主張する「御分限」の設定や節約など、報徳仕法を実施できる状況になかった。社会の動きの中から、藩として「報徳」仕法を継続しないと判断したが、農村への復興仕法までを否定したわけではなかった。

「畳置」によって、小田原仕法に投入された報徳金約五〇〇〇両が尊徳に返金されることになったが、尊徳はそれに五〇〇〇両加えた一万両を小田原藩に差し出すと申し出ている。それを海防費用にあてることさえ示唆したが、藩は受け取ろうとせず、早々に五〇〇〇両を返金すると返答している。藩は海防の費用を何らかの方法で調達できると見込んでいたのかもしれない。しかしながら、藩は尊徳への返金ができず、遅延しがちであった。にもかかわらず、尊徳への返金という態度は変えていない。つまり、藩政のうえで報徳仕法の継続はしないという方針が明らかとなり、尊徳も「畳置」の理由を「全政事に差障」という以上に糺していない。もともと尊徳への報徳仕法実施の依頼内容が曖昧なままに領内に進められてきた仕法の「畳置」を物語っているが、この問題は海防問題など小田原藩政展開の議論と合わせて深めていく必要があろう。

これまで、尊徳や「報徳」の顕彰を目的に著された伝記や聞き書きなどの史料を根拠に多くの著作や論文が公にされてきた。そこには誇張された記述や、事実関係が疑わしい記述があっても、何らの疑問をもつこともなく、事実とされ、尊徳や「報徳」の顕彰の道具として使われてきた。

客観的に記された史料や、日記・書翰などを基本史料として一点一点検討し直し、正しい事実関係のうえに立って尊徳による小田原仕法を藩政の展開との関わりのなかで、仕法の導入から「畳置」までを見直すと、全く別の視点が必要となり、また新たな事実関係を提示できたと思っている。今後は「報徳」仕法そのものを他領や幕府領を含めて再検討しなければならない。まだまだ多くの課題を抱えているが、私なりに新たな「尊徳」「報徳」仕法の研究の一歩を踏み出せたのではないかと感じている。

註

（1）平野哲也氏は『江戸時代村社会の存立構造』（御茶の水書房、二〇〇四年一二月）の第四章「百姓の生業の多様と選択」において、北関東農村では「農村荒廃」現象の激しが強調されるが、江戸時代中期以降の芳賀郡（栃木県）の百姓は、さまざまな場面で生活を楽しみ、娯楽に興じ、そのために盛んに金銭を費やし」たりする姿をみると、「個々の百姓家レベルで、単純に貧窮化していたと断じてよいのか」との疑問を提示する。また、領主や「前期的資本」の収奪にさらされるばかりの百姓の姿が析出されてきた」と従来の研究姿勢を批判し、「生活文化の豊かさを享受し、米穀作以外の諸稼ぎに意欲的に乗り出していく百姓の主体性が発見できた」、あるいは「農村荒廃」現象は百姓の積極的な市場対応・戦略が生み出した、結果としての耕地の荒廃、離農行動だった」と述べるなど、新たな「農村荒廃」現象が提示されるようになった。こうした研究成果を受けて、単に農民の貧窮化からの報徳仕法・尊徳仕法研究のあり方は見直していく必要があると感じる。

（2）拙稿「幕末期における針ケ平・堤ケ原の開発訴願運動」（『伊那』三九巻九・一〇号、一九九一年九・一〇月）、「幕末期の開発訴願運動――信州伊那郡片桐村針ケ平・堤ケ原の開発をめぐって――」（北原進編『近世における地域支配と文化』（大河書房、二〇〇三年）。

（3）拙稿「小田原領東筋代官の回村指導報告書」（『かいびゃく』四七巻一一・一二、四八巻一号、一九九八年一一月・一二月・一九九九年一月）。

あとがき

平成二五年（二〇一三年）三月刊行の『報徳学』（一〇号）という雑誌に早田旅人氏が「日本近世史のなかの二宮尊徳・報徳仕法」（後に『報徳仕法と近世社会』東京堂出版〈二〇一四年〉に所収）と題して、終戦から今日に至る報徳仕法（尊徳仕法）や報徳思想（尊徳の思想）の研究史を整理された。早田氏自身は報徳仕法が行われた各地の仕法の実態を分析し、数多くの研究論文を発表している若手のすぐれた研究者である。その彼が前掲研究史の中で「一九九〇年代以降、小田原藩仕法を主な検討対象に報徳仕法研究をリードするのが松尾公就である」として拙稿を紹介してくれた。もちろん私が小田原藩仕法や報徳仕法研究をリードしたこともないし、そのように思ったこともなかったが、右のように評していただいたことに感謝するとともに、私が小田原藩領の報徳仕法研究を行ってきたことに少しは意味があったのかもしれない。

私が二宮尊徳や報徳仕法・報徳思想と関わるようになったのは、昭和五八年（一九八三）四月に報徳博物館（財団法人報徳福運社運営）に勤務してからである。当時の私は二宮尊徳や報徳仕法などの研究をするつもりは全くなく、研究を始めたのは後年のことであった。そこに至るまでの経緯を記すことで、それぞれにお世話になった方々への感謝としたい。

私が長野の伊那谷から出て立正大学文学部史学科に入学したのは昭和四九年（一九七四）四月のことであった。大学の教養部は埼玉県熊谷市のはずれにあり、都会の大学に憧れて入学したつもりが、二年間片田舎で学生生活を送ることになった。入学と同時に古文書研究会に入り、すぐには読めない古文書を先輩たちから叱られながら、教えてもらいながら解読する訓練の日々が続いた。史学科に入学したというより、古文書研究会に入学したようなものであった。当時の古文書研究会は茨城県筑波山山麓の村々（現在の筑波市周辺）の古文書調査を行っていた。先輩に同行させてもらいながら古文書調査をしていた頃からすでに四〇年の歳月が過ぎ、懐かしく、貴重な時間と経験をした思い出である。

学部三年生になった昭和五一年に、都立大学から北島正元先生が立正大学に移って来られ、以後先生の指導を仰ぐことになる。この年の一〇月に茨城県水戸市で開催された地方史研究協議会の大会報告で、古文書研究会の代表として発表することになった。発表の準備である先輩の下宿に泊まり、白川部達夫氏（現東洋大学教授）から厳しい指導を受けたことも忘れられない思い出となっている。その報告のテーマは「寛永期土浦藩の新田村落成立と小農民経営」で、これは私の卒業論文の主要な部分でもあった。

大学院修士課程入学直後の昭和五三年五月、古文書研究会の合宿中に旧池田村（現筑波市）を調査し、旧名主宅の桜井家で膨大な量の古文書群と出会い、整理することになった。その古文書の中に延享三年（一七四六）四月の「原地新田検地帳」や「流作場検地帳」があり、奥付けには「神尾若狭守」の名前があった。一目で近世初頭の検地帳とは異なっていることは判ったが、神尾若狭守が「胡麻油と百姓は絞れば絞るほど出るものなり」と放言したと言われる神尾春央であることなどは、恥ずかしながら全く知らなかった。大学院時代の五年間は桜川流域の流作場新田検地と享保改革末期の幕府の年貢増徴政策・新田政策の研究に取り組むことになった。その成果を関東近世史研究会の例会で報告し、他の大学の大学院生と親交させていただくようになった。研究会では自らの勉強不足に恥じ入り、刺激を受けたものである。

私は修士課程に入学した頃から東京都国分寺市の市史編纂室でアルバイトをするようになった。同市史編纂事業を通して北原進先生（立正大学名誉教授）や先輩の太田和子氏・青木直巳氏らに大変世話になった。

大学院時代の北島先生の授業では芝原拓自『所有と生産の歴史理論』をはじめ、中村哲『奴隷制・農奴制の理論』、堀米庸三『ヨーロッパ中世世界の構造』（岩波書店）、世良晃志郎『封建社会の法的構造』（創文社）などを取り上げた歴史理論の勉強会は刺激的で、緊張感ある時間であった。大学院時代の最後の二年間は北島先生の体調が思わしくなく、大学での授業もままならない状況であった。昭和五八年三月に博士後期課程を終えた私は、四月から神奈川県小田原市の報徳博物館に勤務することになった。半年間、開館準備を経て一〇月に同館は開館したが、その一か月後に北島先生は旅立たれた。

報徳博物館では尊徳・報徳関係史料の整理や展示などの業務に携わるとともに、『かいびゃく』（一円融合会発行）という雑誌に短い記事を書くこともあった。同誌の表紙に尊徳や報徳にゆかりのある地や建物、人物などの写真を載せ、本文に一～二ページ程度でその解説文を載せる機会があった。昭和六二年の二宮尊徳生誕二百年記念事業が一段落した頃から『神奈川県文化財図鑑　歴史資料編』（神奈川県文化財保護課編）の刊行にむけて、二宮家伝来資料に解説を付す作業を進めた。私も史料解説の執筆者として多くの関係史料を読む機会に恵まれた。しかし、そこに求められたのは、二宮尊徳を顕彰し「報徳」を賛美することであって、史料を歴史的に理解し、尊徳と「報徳」を客観的に議論するものではなかった。

その頃の私は、まだ大学院時代から行ってきた享保改革末期の新田政策と開発、年貢増徴政策などを研究したいという思いが根強く、二宮尊徳や報徳仕法を研究する気持ちは全くなかった。そんな私の状況を知ってか、大学・大学院時代の同僚である武井達夫は、会うたびに尊徳研究・報徳仕法研究を私に勧めてくれた。今でも私の研究の最大の理解者である。

その後、法政大学名誉教授の村上直先生（故人）と国士舘大学教授の阿部昭先生を中心に「小田原市史」通史編（近世篇）の編纂が始まり、執筆者の一人として誘っていただき、小田原藩領の報徳仕法を担当することになった。これが契機となり、小田原藩領の仕法に関する先学の研究を学び、『二宮尊徳全集』の史料を読み直すようになった。その成果として、一九九七年から九八年にかけて、報徳博物館に事務局があった一円融合会の月刊誌『かいびゃく』に「小田原藩政の展開と報徳仕法」と題し、一〇回にわたって掲載した。これが私の小田原藩領報徳仕法研究の出発点となった。

小田原市史編纂事業の終了後、村上先生をはじめ、編纂事業に携わった数名が集まり、小田原近世史研究会を立ち上げ、二〜三か月に一度のペースで勉強会を行うようになった。この研究会の例会の様子は「会報」という形で会員に伝えられ、間もなく一〇〇回を迎える。また、これまでに同会編で『交流の社会史――道・川と地域――』（岩田書院、二〇〇五年）と『近世南関東地域史論――駿豆相の視点から――』（岩田書院、二〇一二年）の二冊の論集を刊行することができた。

平成一一年三月、私は報徳博物館を去らねばならなくなった。市史編纂室にいた下重清氏（東海大学非常勤講師）の誘いもあって私は小田原地方史研究会の例会に参加するようになった。報徳博物館を離れたことで経済的に厳しい情況になったが、私にとっては制約のない自由な発想と意見、疑問を論文という形で発表することができた。

例会を通して忌憚のない意見交換ができ、両研究会の活動は私にとって勉強の場であると同時に報徳仕法研究の歩みでもある。これらの研究会を通して、下重清・馬場弘臣・宇佐美ミサ子・木龍克己・中根賢・早田旅人・荒木仁朗・椿田有希子・井上弘・山口博氏らに大変御世話になり、私に研究成果をまとめるよう勧めてくれたのも彼らであった。本書は、多くの仲間の協力と先生や先輩たちの指導や助言があってまとめることができたものであり、この場をかりて御礼申し上げる次第である。

本書は、立正大学より授与された博士（文学）の学位請求論文「二宮尊徳の仕法と藩政改革」の大部分で構成されている。審査の労をとっていただいた同大学文学部教授奥田晴樹・北村行遠・東京学芸大学名誉教授竹内誠の各先生には心から御礼申し上げたい。

最後に、厳しい出版事情のなかにも拘わらず、本書の出版を承諾していただいた勉誠出版の社長岡田林太郎氏、編集部長の吉田祐輔氏、編集や校正を担当していただいた高橋伸拓氏（二〇一四年退職）および黒古麻己氏には多大な迷惑をお掛けした。そして私が研究することを支え続けてくれた妻繁子に心から感謝する次第である。

二〇一五年四月

小田原の自宅にて

著　者

索　引

本索引は、見出し、図表、キャプション、注を除く本文を対象とし、人名・事項にわけて掲出した。

人　名

【あ】

【か】

【さ】

【ま】

【や】

事　項

【か】

【さ】

【た】

【な】

【は】

【ま】

【や】

【ら】

【わ】

著者紹介

松尾 公就（まつお・きみなり）

1955年　長野県生まれ
1983年　立正大学大学院文学研究科博士後期課程単位取得、退学
現　職　報徳博物館学芸員、立正大学・成城大学非常勤講師を経て
　　　　現在　昭和館図書情報部長。
専　門　日本近世史
論　文　「幕末期の開発訴願運動」（北原進編『近世における地域支配と文化』大河書房、2003年）、「二宮金次郎像の変遷と「応召（徴）」」（昭和館編『昭和のくらし研究』4、2006年3月）、「尊徳仕法にみる「分度」再検討」（『小田原地方史研究』27、2014年5月）など。

二宮《にのみや》尊徳《そんとく》の仕法《しほう》と藩政改革《はんせいかいかく》

著　者　松尾公就
発行者　池嶋洋次
発行所　勉誠出版㈱
〒101-0051 東京都千代田区神田神保町三―一〇―二
電話　〇三―五二一五―九〇二一㈹

二〇一五年五月二十五日　初版発行

印刷・製本　シナノパブリッシングプレス

ISBN978-4-585-22077-0　C3021